Riggert / Lübben

Rechnernetze

Lehrbücher zur Informatik

Begründet von
PROF. DR. MICHAEL LUTZ UND PROF. DR. CHRISTIAN MÄRTIN

weitergeführt von
PROF. DR. CHRISTIAN MÄRTIN
Hochschule Augsburg Fachbereich Informatik

Zu dieser Buchreihe

Die Werke dieser Reihe bieten einen gezielten Einstieg in grundlegende oder besonders gefragte Themenbereiche der Informatik und benachbarter Disziplinen. Alle Autoren verfügen über langjährige Erfahrung in Lehre und Forschung zu den jeweils behandelten Themengebieten und gewährleisten Praxisnähe und Aktualität.

Die Bände der Reihe können vorlesungsbegleitend oder zum Selbststudium eingesetzt werden. Sie lassen sich teilweise modular kombinieren. Wegen ihrer Kompaktheit sind sie gut geeignet, bestehende Lehrveranstaltungen zu ergänzen und zu aktualisieren.

Die meisten Werke stellen Ergänzungsmaterialien wie Lernprogramme, Software-Werkzeuge, Online-Kapitel, Beispielaufgaben mit Lösungen und weitere aktuelle Inhalte zur Verfügung.

Lieferbare Titel in dieser Reihe

- Rainer Oechsle, Parallele und verteilte Anwendungen in Java
- Wolfgang Riggert / Ralf Lübben, Rechnernetze
- Georg Stark, Robotik mit MATLAB
- Rolf Socher, Theoretische Grundlagen der Informatik

Wolfgang Riggert
Ralf Lübben

Rechnernetze

Ein einführendes Lehrbuch

7., aktualisierte und erweiterte Auflage

HANSER

Autoren:
Prof. Dr. Wolfgang Riggert, Hochschule Flensburg
Prof. Dr.-Ing. Ralf Lübben, Hochschule Flensburg
Herausgeber:
Prof. Dr. Christian Märtin, Hochschule Augsburg

Bibliografische Information der Deutschen Nationalbibliothek:
Die Deutsche Nationalbibliothek verzeichnet diese Publikation in der Deutschen Nationalbibliografie; detaillierte bibliografische Daten sind im Internet über
http://dnb.d-nb.de abrufbar.

Kolbergerstraße 22 | 81679 München | info@hanser.de
Internet: www.hanser-fachbuch.de

Lektorat: Frank Katzenmayer
Herstellung: Frauke Schafft
Covergestaltung: Max Kostopoulos
Coverkonzept: Marc Müller-Bremer, www.rebranding.de, München
Titelbild: © istockphoto.com/Ani_Ka
Satz: Eberl & Koesel Studio GmbH, Altusried-Krugzell
Druck und Bindung: CPI books GmbH, Leck
Printed in Germany

Print-ISBN 978-3-446-47280-8
E-Book-ISBN 978-3-446-47382-9
E-Pub-ISBN 978-3-446-47383-6

Vorwort zur 7. Auflage

Trends wie die zunehmende Globalisierung, der digitale Wandel oder die Nachhaltigkeit in allen Bereichen der Wirtschaftstätigkeit betreffen auch immer die Netzwerke als Basisinfrastruktur. So zeigt die Globalisierung, dass die Verbindungen zwischen Systemen, Menschen, Geschäftsprozessen und Orten nicht nur verteilter, sondern auch zunehmend komplexer werden und dadurch die Bedeutung der Netzwerke steigen, sowie ihre Architektur und Sicherheit herausfordern. Die Digitalisierung setzt Netzwerke voraus, die flexibel auf neue Herausforderungen reagieren und sich innovativen Dienstleistungen und Prozessen anpassen. Begleitet wird die steigende Automatisierung durch zeitsensitive und ausführungskritische Aspekte, die eine zuverlässige und zeitgerechte Zustellung der übertragenen Daten sicherstellen müssen. Aus diesen Erkenntnissen resultiert die Einschätzung, dass bis 2023 mehr als 60 % der Unternehmen Netzwerke als den Kern ihrer digitalen Strategie einschätzen [PiSK19]. Die technologischen Trends, die diese Entwicklung unterstützen, konzentrieren sich auf fünf Bereiche:

- **IoT (Internet of Things):** Anwendungen nutzen zunehmend die Daten von Sensoren, die als Microservices nahe an den erfassenden Devices entstehen. Damit ergeben sich nicht nur Anforderungen an die Sicherheit, sondern auch Fragen des Datentransports.
- **Künstliche Intelligenz:** Um das Potenzial zu erschließen, bedarf es Rechenleistung zur Entscheidungsunterstützung vor Ort. Dies bringt neue Gesichtspunkte der Verteilung automatisierter Systeme mit sich.
- **Mobilität:** Nutzer sind es heutzutage gewohnt, alle benötigten Dienste und Applikationen auf jedem Gerät unabhängig vom Ort zu nutzen. Hierzu sind Wireless-Verbindungen notwendig, die Skalierbarkeit, Sicherheit und ausreichende Kapazität zur Verfügung stellen.
- **Sicherheit:** Durch die zunehmende Digitalisierung der Wirtschaft erhöhen sich die Angriffsflächen für Hacker. Das Netzwerk muss daher Bedrohungen frühzeitig erkennen und darauf angemessen reagieren.

- **Datenverkehr:** Durch die weiter wachsende Nutzung von Videodaten und das Auftauchen von Virtual und Augmented Reality steigt der Austausch von Daten, die besondere Anforderungen an die Qualität der Übertragung stellen.

Vor diesem Hintergrund greift die neue Auflage Gesichtspunkte wie Sicherheit, QoS (Quality-of-Service) und aktuelle Wireless-Technologien auf. Damit sollen aktuelle Entwicklungen antizipiert und dem Lehrenden/Lernenden ein zukunftsorientiertes Lehrbuch angeboten werden. Wir - das Autorenteam - hoffen, dass uns dieser Anspruch gelingt.

Ergänzendes Material zum Buch steht unter dem Link *plus.hanser-fachbuch.de* zur Verfügung. Online ist auf HanserPlus umfangreiches Zusatzmaterial erhältlich: Quizzes, Linksammlungen und die Lösungen zu den Aufgaben.

Inhalt

Ergänzendes Material auf https://plus.hanser-fachbuch.de

Lösungen zu den Kapitelfragen

Die Abbildungen des Buches

Mind Maps

Quizzes auf Basis von Kahoot!

1 Netzwerkgrundlagen und -architektur

Lernziele

Nach der Beendigung dieses Kapitels sollte der Leser in der Lage sein, folgende Fragen zu beantworten:

- Wie sind Netzwerke hinsichtlich ihrer Topologie aufgebaut?
- Aus welchen Basiskomponenten bestehen Netzwerke?
- Wie ist der Netzzugang geregelt?
- Was sind die Vorteile eines Schichtenmodells?
- Welche Funktionalität ist auf welcher Ebene des Schichtenmodells angesiedelt?

Kapiteleinführung

Netzwerke schlagen ein neues Kapitel in der Informationsverarbeitung auf. In vielen Unternehmen bilden sie heute das Rückgrat der Informationsinfrastruktur. Angefangen von Netzwerken, die nur fünf Rechner verbinden, reicht das Spektrum moderner Lösungen bis hin zu weltweiten Verbünden, in denen viele Rechnerwelten eine integrative Einheit mit größtmöglicher Produktivität bilden. Triebfeder für die fortschreitende Vernetzung ist das Internet. Als leistungsfähige Werbeplattform und Vertriebskanal für viele Arten von Produkten und Dienstleistungen überwindet es traditionelle Marktgrenzen mit Geschäftsmodellen wie E-Commerce. Infolge dieses Booms werden leistungsfähige Netzwerke, die eine Vielzahl von Nutzern innerhalb akzeptabler Antwortzeiten bedienen, eine notwendige Voraussetzung.

Im Vordergrund für den Betrieb und den Ausbau von Netzwerken stehen drei Anforderungen:

- Die Geschwindigkeit muss für die Partner des Datenaustausches zufriedenstellend ausfallen, ohne dass große Schwankungen in der Antwortzeit, selbst zu Spitzenlastzeiten, auftreten.
- Das Management der Netzkomponenten und der Endstationen muss einfach sein.
- Die Kosten des Betriebes müssen in vertretbarem Rahmen liegen.

Getrost der Prämisse *„Nichts ist so beständig wie der Wandel“* fällt es zunehmend schwerer, Leitlinien für eine zukunftssichere Netzplanung aufzustellen. In einer Welt, in der sich die Innovationszyklen ständig verkürzen, Produkte innerhalb eines Quartals veralten und das Internet alle Geschäftsbereiche umwälzt, bleiben auch die Netzwerktechnologie und ihre Prinzipien kaum ausgespart. Dennoch lassen sich einige Trends erkennen:

- Zukünftige Anwendungen verlangen die Übertragung großer Datenmengen. Dazu zählen Augmented- und Virtual-Reality-Anwendungen, Streaming-Dienste mit hohen Datenraten für Full-HD-Videos oder Cloud-Gaming-Dienste, bei denen Video- und Kontrolldaten in Echtzeit übertragen werden. Aber auch die Übermittlung von Röntgenbildern hoher Auflösung zwischen medizinischen Einrichtungen oder gar die Übertragung des Operationsgeschehens zwischen Krankenhäusern ist keineswegs nur Vision, sondern schon Realität.
- Die Zukunft zeigt eine Applikationslandschaft, die hohe Ansprüche an Antwortzeit und Güte der Übertragung stellen wird. Den durch die neuen Anwendungen dramatisch wachsenden Ansprüchen an die Bandbreite gesellt sich eine revolutionäre Veränderung des Verkehrsmusters hinzu. Die alte 80/20-Regel, nach der 80% der Datenlast im Segment oder dem Unternehmen verbleiben und nur 20% die Segmentgrenze überschreiten, wird durch Client/Server-Architekturen, das Internet und die VLAN-Bildung regelrecht auf den Kopf gestellt. Dieser Wandel, gekoppelt mit der Dezentralisierung der Datenquellen allgemein, macht die Datenflüsse eines Netzes unvorhersehbar und hochdynamisch.
- Die Veränderungen in den Anwendungen, in der Zahl der Netzbenutzer und im Verkehrsmuster machen verständlich, warum Organisationen gezwungen sind, permanent Teile ihres Netzes neu zu strukturieren und auf Technologien mit höherer Bandbreite umzustellen.

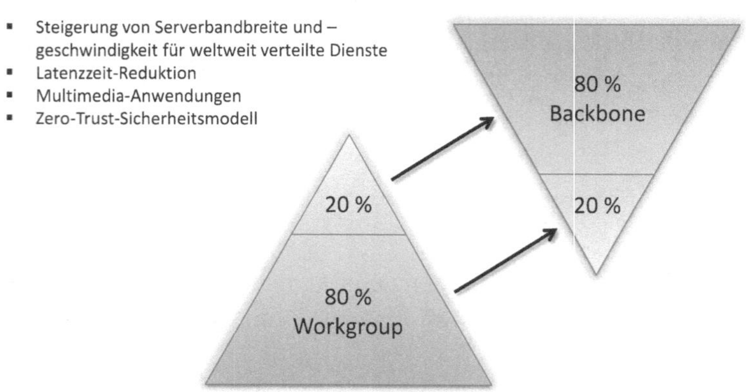

Bild 1.1 Veränderte 80/20-Regel

Dennoch existieren auch in diesem Meer von Unwägbarkeiten einige Fixpunkte. Diese Begriffe bilden praktisch die unverrückbaren Säulen des Netzgebäudes, um die sich alle neuen Entwicklungen ranken und an denen sie sich orientieren. Zu den Grundprinzipien gehören Aspekte wie:

- Kommunikationsrichtung und Anzahl der Kommunikationspartner,
- Topologie/Architektur und Ausdehnung,
- Protokolle und Dienste,
- Signalcodierung und Übertragungsmedium,
- Fehlerbehandlung und Datenflusskontrolle,
- Wegewahl/Routing.

Netzwerke bieten mehr als nur die Befreiung des PCs aus seinem isolierten Wirkungsbereich. Häufig fallen in diesem Zusammenhang Begriffe wie Server, Netzwerkbetriebssysteme oder Adapter sowie der Verweis auf zahlreiche Vorteile wie Kostenreduzierung oder Produktivitätssteigerung.

1.1 Basiselemente eines Netzwerkes

Eine Netzstruktur basiert auf vier Elementen:

- den **Rechnern oder Knoten**, die verbunden werden sollen,
- den **Infrastrukturkomponenten**, die den Anschluss und die Kopplung der Rechner im Gesamtkontext leisten. Zu ihren Aufgaben gehört es, Datensignale zu regenerieren und dann zu übertragen (Signalisierung), Informationen über die möglichen Wege im Netzwerk bereitzustellen, andere Geräte über Fehler im Netz zu informieren, Datenverkehr gemäß den Dienstgüteanforderungen zu klassifizieren oder Datenströme anhand von Sicherheitsrichtlinien zu erlauben oder zu unterbinden,
- der **Verkabelung**, die die physikalische Verbindung der einzelnen Elemente sicherstellt. Neben der kabelgebundenen Möglichkeit existiert die Anbindung von Endgeräten an die Netzwerkinfrastruktur über drahtlose Alternativen,
- dem **Protokoll**, das die Regeln für einen Nachrichtenaustausch festlegt. Dazu gehört die Definition von Nachrichtentypen und der Übertragungseinheit, d.h. des Datenpaketes, seines Inhaltes und seiner Größe und Struktur, sowie den Austauschprinzipien zwischen den Netzteilnehmern.

Damit sich der Netzwerkzug in Bewegung setzen kann, fehlen noch die Schienen, die Weichen und der Fahrplan:

- **Netzwerkkarte:** In jedem in das Netzwerk zu integrierenden Rechner muss eine Netzwerkkarte installiert sein. Erst über diese Weiche kann der Teilnehmer an den Leistungen des Verbundes partizipieren. Jede Anfrage oder Mitteilung an andere Teilnehmer wird über dieses Medium in das Netzwerk eingespeist. Die Netzwerkkarte ist zuständig für die Übertragung und den Empfang aller Nachrichten.
- **Verbindung:** Die Verbindung zwischen den Netzwerkkarten und damit zwischen den einzelnen Teilnehmern in Form der Schienen wird über Netzwerkkabel oder drahtlos hergestellt. Für kabelgebundene Verbindungen stehen zwei Typen zur Auswahl: Twisted-Pair-Kabel oder Glasfaserkabel. Sie unterscheiden sich hinsichtlich der zulässigen Geschwindigkeit und technischer Parameter des Übertragungsmediums: elektrischer oder Lichtimpuls.
- **Netzwerkfähiges Betriebssystem:** Für die Kommunikation müssen die Teilnehmer eines Netzwerkes dieselbe Sprache sprechen, diese Regeln werden in Protokollen beschrieben und müssen letztendlich in Software umgesetzt werden. Heutzutage implementieren nahezu alle Betriebssysteme diese Softwarekomponenten, um über Netzwerke miteinander zu kommunizieren. Weiterhin benötigen die Betriebssysteme passende Treiber, um Hardware zur Kommunikation wie Netzwerkkarten zu unterstützen. Der Weg dahin führte aber über spezielle Varianten wie Novell Netware, das zu Spitzenzeiten einen Marktanteil von 80 % besaß.

Die Vorteile eines Netzwerkes erstrecken sich auf unterschiedliche Bereiche:

- **Datenverbund** gewährt den Zugriff auf räumlich verteilte Daten.
- **Lastverbund** gestattet eine optimale Prozessorauslastung. Damit kann eine Verteilung der Rechenlast zu Spitzenzeiten erreicht werden.
- **Funktionsverbund** erweitert die lokale Funktionalität durch den Zugriff auf gemeinschaftlich netzwerkweit genutzte Ressourcen.
- **Leistungsverbund** ermöglicht im Falle einer algorithmischen Zerlegung eines Problems die Verteilung der Rechenlast auf mehrere Knoten. Ein typisches Beispiel hierfür ist die Berechnung von Schlüsseln der symmetrischen Verschlüsselungsalgorithmen.
- **Verfügbarkeitsverbund** stellt eine Mindestleistung bei Ausfall einzelner Komponenten zur Verfügung. Fällt ein Netzknoten aus, kann der Anwender im Idealfall einen Nachbarrechner nutzen, ohne auf die netzweiten Ressourcen verzichten zu müssen. Lediglich die lokalen Anwendungen bleiben von der Bearbeitung ausgeschlossen. Damit wächst die Verfügbarkeit des Gesamtsystems.

Die Leistungsfähigkeit eines Netzwerkes lässt sich anhand dreier Faktoren beurteilen:

- **Bandbreite:** Sie ist der Ausdruck für die Kapazität, die das Medium bewältigen kann. Sie misst das Informationsvolumen, das von einem zu einem anderen Ort in einer gegebenen Zeitspanne übertragen werden kann. Die übliche Maßeinheit ist Bit/s.
- **Durchsatz:** Er gibt die aktuell transportierte Menge an Daten an und spiegelt damit die augenblickliche Verkehrssituation und kein theoretisches Maximum wider.
- **Goodput:** Er ist das Maß für die übertragenen Nutzdaten, d.h. der reinen Nettodaten ohne den verwaltungsmäßig notwendigen Protokolloverhead.

1.2 Netzwerkkategorien

Netzwerke werden zur besseren Systematisierung, zur einfacheren Verwaltung und zur übersichtlicheren Fehlersuche in Kategorien eingeteilt. Eine gängige Typisierung unterscheidet nach:

- Personal Area Network (PAN),
- Reichweite,
- administrativer Verantwortung,
- Topologie,
- Technologie.

Der geografische Bereich, den ein Netzwerk abdeckt, wird aufgeteilt in:

- Personal Area Network (PAN),
- Local Area Network (LAN),
- Metropolitan Area Network (MAN),
- Wide Area Network (WAN).

PANs sind Netze mit geringer Reichweite, die das Umfeld einer Person abdecken, z.B. zur Kommunikation von Computern, Smartphones und Wearables. Häufig wird hierzu Bluetooth als drahtlose Funktechnologie verwendet.

LANs sind Netzwerke von Unternehmen. Jedes Unternehmen hat ein starkes Interesse daran, diese Infrastruktur unter eigener Kontrolle zu betreiben und zu warten, um das Herzstück der Informationstechnologie autonom zu halten. Es ist dabei auf das Firmen- oder Campusgelände und in seiner Ausdehnung ohne Zusatzmaßnahmen auf 500 m beschränkt.

> Die eingesetzte Technologie und der verwendete Kabeltyp bestimmen wesentlich die exakten Entfernungsrestriktionen und die Anzahl der Knoten, die ein LAN bilden.

Unter einem **MAN** ist ein Regionalnetz mit einem Ausdehnungsradius von ca. 100 km zu verstehen. Ein **WAN** hingegen ist keiner geographischen Beschränkung unterworfen.

MANs bilden häufig Verbindungsnetze zwischen Institutionen. Ihr Hauptaugenmerk liegt auf der Bildung von Kommunikationsverbünden jenseits der geographischen Unternehmensgrenzen unter eigener Administration und Kontrolle.

WANs verbinden die unterschiedlichen LANs der Unternehmen über eine gesonderte Infrastruktur, die sich im Besitz spezialisierter Dienstleister befindet. Ähnlich wie das Autobahnnetz, das Orte nicht direkt verbindet, besitzt ein WAN keine explizit angebundenen Teilnehmerstationen. Benutzer sind also immer Teil eines LANs oder MANs, die entweder regional begrenzt verbunden oder aber unter Zuhilfenahme eines WANs räumlich unbegrenzt gekoppelt werden.

> WANs sind Netzwerke, die Routing-Protokolle zur Wegewahl der zu übertragenen Informationen nutzen. LANs hingegen beruhen in der Regel auf dem Broadcast-Prinzip, wie es vom Rundfunk her bekannt ist.

Ein flexibler, zukunftsfähiger Netzaufbau setzt ein entsprechendes Design voraus. Der Topologie kommt große Bedeutung zu, denn schließlich bildet sie das Rückgrat des Netzes, das nur mit großem Aufwand verändert werden kann. Eine Topologie lässt sich hinsichtlich dreier Merkmale beurteilen:

- **Skalierung:** Wie verhält sich der Aufbau bei einer Erweiterung oder Reduzierung von Stationen?
- **Fehlertoleranz:** Wie reagiert das Netz auf den Ausfall einer Station oder einer Verbindung zwischen Rechnern?
- **Verkabelungsaufwand:** Welcher Aufwand entsteht, um alle Stationen anzuschließen?

Unter Berücksichtigung dieser Fragestellungen lassen sich mehrere Grundformen beschreiben sowie eine Kombination dieser:

- **Bus:** Dieser Aufbau verwendet ein zentrales Kabel. Die einzelnen Rechner müssen sich vergleichbar den Haltestellen einer Buslinie gesondert an dieses Medium anschließen. Dazu ist ein eigenes Anschlusskabel für jeden Rechner notwendig. Die Enden der Buslinie müssen durch einen Abschlusswiderstand ordnungsgemäß terminiert werden. Bei dieser Topologie wird nur sehr wenig Kabel benötigt. Rechner können sehr einfach am Netzverkehr teilnehmen, aber auch durch Lösen der Verbindung zum zentralen Kabel wieder zu Kommunikationsinseln werden. Sobald aber das Buskabel unterbrochen wird, kommt das gesamte Netzwerk zum Erliegen.

- **Ring:** Jede Station besitzt genau einen linken und einen rechten Nachbarn. Der Ring ist gerichtet, d.h. die Nachrichten werden in definierter Weise weitergeleitet. Diese Tatsache birgt allerdings das Problem, dass bei Ausfall einer Station der Ring unterbrochen ist, d.h. dass Signale diese Stelle nicht passieren können und demzufolge das Gesamtnetz seine Funktionsfähigkeit verliert. In der Praxis werden durch einen zweiten entgegen gerichteten Ring entsprechende Vorkehrungen getroffen, um immer einen geschlossenen Ring zu gewährleisten. Als Vorteil zeichnen diese Struktur die einfache Erweiterbarkeit und der geringe Kabelbedarf aus.
- **Stern:** Bei diesem Aufbau besitzt jeder Rechner eine eigene Verbindung zu einer zentralen Verteilereinheit. Zwar wird deutlich mehr Kabel als bei der busförmigen Variante benötigt, jedoch sind bei einem Ausfall eines Netzkabels keine anderen Rechner betroffen. Herausragendes Merkmal eines Sterns ist seine leichte Ausbaufähigkeit und seine Ausfallsicherheit. Einziger Schwachpunkt ist die zentrale Verteilerstelle, deren Ausfall nicht kompensiert werden kann.
- **Baum:** Ausgehend von einem Wurzelknoten verzweigt sich das Netzwerk in mehrere Äste. Die Wurzel und Knoten stellen hierbei Infrastrukturkomponenten zur Weiterleitung von Daten dar. Die Knoten am Ende sind Endgräte wie PCs und Laptops. Kommt es zu Ausfällen an der Wurzel oder in den mittleren Schichten, werden Äste voneinander getrennt.
- **(Voll-)Vermascht:** Knoten haben eine oder mehrere Verbindungen zu weiteren Knoten. Ist jeder Knoten mit jedem anderen verbunden, wird dies als vollvermascht bezeichnet. Die Vollvermaschung bietet einen hohen Schutz gegenüber Ausfällen von Knoten und Verbindungen, erfordert aber einen hohen Aufwand bei der Verkabelung. Deswegen haben häufig nur Knoten mit zentraler Funktion viele Verbindungen, so dass beim Ausfall von Verbindungen alternative Wege möglich sind. Prominentestes Beispiel ist das Internet. Dieses besteht aus einer Vermaschung von vielen wiederum vermaschten Netzen.

Derzeit hat sich der Stern und als dessen Erweiterung der Baum als „State of the Art“ im LAN durchgesetzt. Im Kernbereich von Netzen werden häufig zentrale Elemente redundant ausgelegt und miteinander vermascht, sodass Ausfälle einzelner Infrastrukturkomponenten nicht zum Gesamtausfall oder zur Segmentierung des Netzwerkes führen. Typisch ist diese Topologie für die Vernetzung im Bereich der LANs auf Basis von Ethernet.

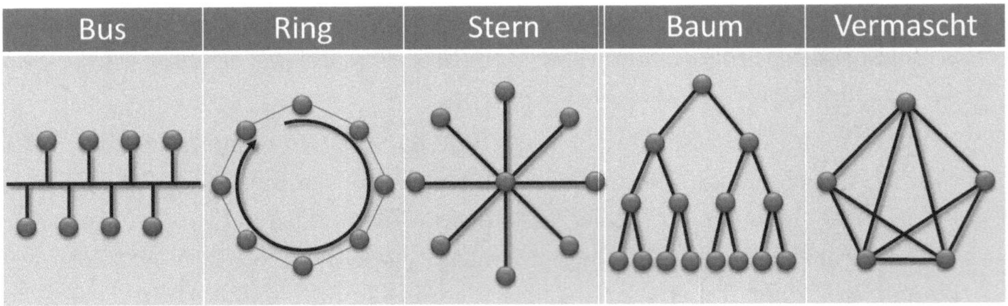

Bild 1.2 Netzwerktopologien

Tabelle 1.1 Topologievergleich

	Bus	Ring	Stern	Baum	Vermascht
Verkabelungsaufwand	++	+	-	+	-
Skalierbarkeit	+	++	++	++	++
Fehlertoleranz	+	-	+	+	++

Die physikalische Topologie beschreibt den Aufbau des Netzwerkes, d. h. die Form, in der die Kabel verlegt sind. Die logische Topologie verweist auf den Pfad, den die Daten von der Quelle zum Ziel nehmen. Beide Formen können übereinstimmen (Ethernet), müssen es aber nicht (Token Ring).

Ein weiterer Ansatz, ein Netzwerk zu beschreiben, legt seine verwendete Technologie zugrunde. Dabei werden Merkmale wie Topologie, Kabeltyp, Entfernungsrestriktionen, Kontrollinformationen oder Adressen beleuchtet.

1.3 Netzwerkarchitekturen

Die Gestaltung und der Aufbau betrieblicher Anwendungssysteme sind stark mit den IT-technischen Möglichkeiten verwoben. Dies zeigt sich in mehreren Paradigmenwechseln, die sich im Laufe der Evolution der Informationstechnologie und der sie begleitenden Option der Verteilung der Ressourcen vollzogen haben.

Stand mit dem Aufkommen von Rechner zunächst die Verarbeitung von Massendaten und die Bewältigung von Routinetätigkeiten im Vordergrund, so hat sich dieses Bild zu einer flexiblen Nutzung der vielfältigsten Aufgaben durch mobile Geräte gewandelt. Drei Entwicklungslinien lassen sich ausmachen:

- monolithische Anwendungssysteme,
- Client/Server-Architekturen,
- Cloud-Computing.

Monolithische Anwendungssysteme

Das charakteristische Merkmal dieser Form der Datenverarbeitung ist ein zentraler Rechner (Mainframe) mit angebundenen Terminals, die selbst über keine Rechenkapazität verfügen und folglich nur als reine Präsentationsgeräte genutzt werden können. Diese Architektur verbindet Funktionalität und Datenverwaltung als untrennbare Einheit. Die Verbindung mit anderen Rechensystemen ist schwierig bis unmöglich, sodass diese Konstellation denkbar integrationsfeindlich ist. Aber nicht nur die mangelnde Integrationsmöglichkeit stellt eine Hürde dar. Weitere Probleme:

- die Unterstützung neuer Anforderungen verlangt stets neue Systeme,
- die schneller als der Leistungszuwachs steigenden Kosten,
- die teure Pflege und Wartung,
- die mangelhafte Skalierbarkeit.

Peer-to-Peer- und Client/Server-Architekturen

Mit dem Aufkommen der PCs als kleine preiswerte Recheneinheiten Mitte der 1980er-Jahre und der gleichzeitigen Möglichkeit der Vernetzung dieses neuen Gerätetyps, ergab sich das Potenzial der räumlichen begrenzten Verteilung von Rechenkapazität. Diesem Gedanken folgend sind heutige Anwendungssysteme verteilte Systeme, deren Funktionalität und Datenbestand als kooperierende Elemente betrachtet werden. Die Verteilung kennt zwei Ausprägungen, die sich danach richtet, wer und durch wen die Ressourcen betreut werden:

- In einer **Peer-to-Peer-Umgebung** arbeitet jeder Rechner gleichberechtigt und jeder Nutzer administriert seine eigenen Betriebsmittel.
- In einer **Client/Server-Architektur** werden Anwendungen und Datenbestände auf verschiedene Rechner im Netz verteilt. Aus Sicht des Anwenders erscheint das verteilte System aber als integrierter Dienst.

Dem letzten Gedanken folgend lassen sich Rechner grundsätzlich in zwei verschiedene Gruppen einteilen: Server und Clients. Server sind Rechner, die ihre Ressourcen und Dienste der Allgemeinheit zur Verfügung stellen, Clients sind Leistungsnehmer. Diese Art der Gruppierung ist das heute vorherrschende Verarbeitungsprinzip und wird als Client/Server-Architektur bezeichnet. Es beschreibt die Vorstellung, dass die Kooperation einem Grundschema folgt:

- Die Initiative einer Zusammenarbeit geht vom Client aus, indem er Aufträge an einen Dienstanbieter, den Server, schickt, der seine Bereitschaft bekundet hat, für bestimmte Dienste verfügbar zu sein. Dabei gilt eine „1 : n-Beziehung“ in beide Richtungen. Der Client kann im Laufe der Verarbeitung auf mehrere Server zugreifen und ein Server kann verschiedene Clients bedienen. Aus der Sicht des Servers – also des Empfängers einer Anforderung – heißt diese Verteilung, er bietet nur bestimmte Dienste an, sodass ihn keine beliebigen überraschenden Nachrichten erreichen können. Auch nimmt er Anforderungen nur entgegen, wenn er „frei“ ist.

Dennoch kann die Auslastung nur prognostiziert werden, sodass Unsicherheit darüber besteht, welche Kapazität er vorhalten muss, um für alle Anwendungsfälle gewappnet zu sein. Dieser Informationsmangel kann zur Verschwendung von Ressourcen führen, wenn keine gleichmäßige Auslastung vorliegt und Lastspitzen mit der gleichen Performance wie ein unterdurchschnittlicher Verkehr bedient werden sollen.

Welche Auswirkungen eine Vernetzung dezentraler Knoten auf einzelne Nutzer hat, zeigen folgende drei Aspekte:

- **Räumliche Trennung:** Ressourcen in einem Netz haben zu ihrem Kommunikationspartner eine räumliche Distanz. Daraus ergibt sich eine Verzögerung der Signale, die sich letztlich in der Übertragungsdauer niederschlägt. Dem Nutzer begegnet dieser Aspekt durch die Antwortzeit. Aber auch die verfügbare Bandbreite, die Verzögerung von Sendungen oder die Fehlerrate des Mediums können den Nutzer beeinträchtigen.
- **Unabhängigkeit der Knoten:** Die einzelnen Rechner eines Netzes handeln autonom, d. h. sie unterliegen keinem Abstimmungsmechanismus hinsichtlich anderer Teilnehmer. Die Entscheidung zum Senden einer Nachricht treffen die Rechnerknoten ohne Rücksicht auf den Zustand des Netzes und seiner Elemente.
- **Heterogenität der Knoten:** Die Knoten des Netzes unterscheiden sich hinsichtlich Hardware, Betriebssystem und Anwendung. Zur Teilnahme am Netzbetrieb bestehen keine Voraussetzungen hinsichtlich bestimmter Ausstattungsmerkmale. Zum Datenaustausch zwischen den Knoten ist damit keine Kenntnis der genauen Konfiguration eines Partners erforderlich.

Tabelle 1.2 Vor- und Nachteile von Peer-to-Peer- und Client/Server-Netzwerken

Vorteile Peer-to-Peer	Vorteile Client/Server
preiswerte Implementierung	zentralisierte Administration – alle Daten können zentral gesichert werden
kein Netzwerkadministrator notwendig	Skalierbarkeit und flexible Architektur
	verbesserte Sicherheit
Nachteile Peer-to-Peer	**Nachteile Client/Server**
geringe Skalierbarkeit, wenn die Kommunikationsbeziehungen mit Anzahl der Knoten steigt	Server verlangen höherwertige Ausstattung
Sicherheitsprobleme	Administrator notwendig
jeder Nutzer benötigt bedingt Administrationskenntnisse	Single Point of Failure in Form des Servers

Welche Dienste letztlich ein Server erbringt, hängt von der Konfiguration des Anwendungssystems ab. Das Drei-Schichten-Modell der Anwendungsentwicklung, das Präsentations-, Anwendungs- und Datenhaltungsschicht unterscheidet, ist häufig der Orientierungsmaßstab. Der Verteilungsaspekt der Software selbst spielt eine bedeutende Rolle. Geleitet von dem Verlangen nach hoher Leistung und kurzen Antwortzeiten ist die Frage nach der optimalen Aufteilung der Komponenten auf die drei Basiskategorien keineswegs trivial, sondern hängt im Gegenteil von einer Vielzahl von Rahmenbedingungen ab. Neben diesem Aspekt ermöglicht dieses Konzept erst den Entwurf der Anwendungen, wie sie heutzutage den Anwenderalltag dominieren. Nur die Verteilung und die Verbindung durch Netzwerke erlaubt die flexible Auswahl der Orte, an denen die Anwendung betrieben und die Daten gespeichert werden. Daraus resultiert ein weiteres Designkriterium: Wo werden die einzelnen Schichten räumlich platziert und über welche Netzwerkverbindung werden sie erreicht? Daran lässt sich ablesen, welche Bedeutung Breitbandnetzen zukommt.

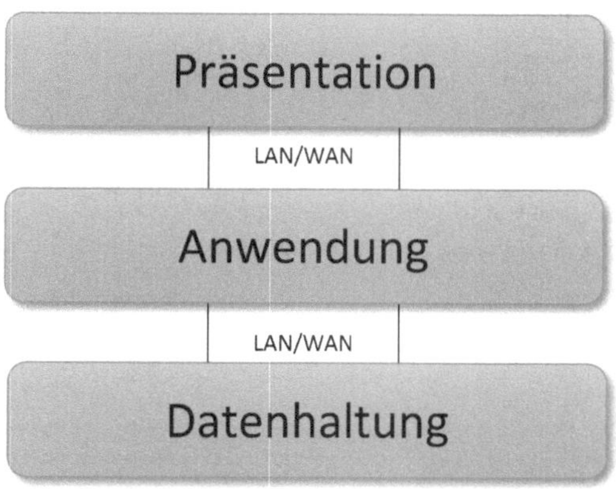

Bild 1.3
3-Schichten-Modell

Cloud-Computing

Während die Client/Server-Architektur dadurch geprägt ist, dass die Ressourcen in der Verfügungsgewalt des einzelnen Unternehmens oder der einzelnen Organisation liegen und oft nur unzureichend genutzt werden, geht die nächste Idee einen Schritt weiter und verlagert die Anwendungs- oder Datenschicht in das Internet.

Cloud-Computing beschreibt die Bereitstellung von gemeinsam nutzbaren und flexibel skalierbaren IT-Leistungen über Netzwerke. Idealtypisches Merkmal ist die Verfügbarkeit im Self-Service-Modus in Echtzeit. Zusammengefasst beschreiben fünf charakteristische Eigenschaften das Cloud-Computing:

- Verfügbarkeit von Ressourcen nach Bedarf,
- Breitbandzugriff,

- Zusammenführung von Ressourcen,
- flexible Buchungsmöglichkeit der Ressourcen,
- Abrechnung nach Verbrauch.

Cloud-Computing bietet den Nutzern eine Umschichtung von Investitions- zu Betriebsaufwänden. Insbesondere für Unternehmen, die noch über keine eigene IT-Infrastruktur verfügen, bietet sich mit diesem Angebot eine Alternative. Kriterien für die Nutzung dieser IT-Dienstleitungen orientieren sich an der Art des Services, dessen Bedeutung für den Kunden, dem Standardisierungsgrad und Sicherheitserwägungen. Cloud-Computing bietet verschiedene Servicemodelle (Tabelle 1.3) an:

Tabelle 1.3 Serviceebenen des Cloud-Computings

Typ	Beschreibung
Infrastructure as a Service (IaaS)	Zurverfügungstellung von Infrastrukturkomponenten wie Speicher oder virtualisierten Servern und deren Nutzung über das Netz
Platform as a Service (PaaS)	Bereitstellung von Laufzeit- und Entwicklungsplattformen, um Anwendungen auch mit Datenbankanbindungen zu erstellen
Software as a Service (SaaS)	Angebot von Software als beständige Leistung, um Geschäftsprozesse auf der Plattform des Dienstleisters mit Internettechniken zu nutzen.

Cloud-Computing basiert auf zwei grundsätzlichen Ausprägungen:

- Public Cloud oder
- Private Cloud.

Während die erste Form auf einer variablen individuell abzurechnenden Grundlage für jedermann zur Verfügung steht, wendet sich die zweite Variante an eine vorab definierte Nutzergruppe, für die Betrieb und Management durch ein beteiligtes Unternehmen oder eine gemeinsame Organisation vorgenommen wird. Mit der Hybride Cloud gibt es eine dritte Form, die als „Mischangebot" die Private mit der Public Cloud verbindet.

Das ausschlaggebende Motiv für eine Entscheidung zugunsten des Cloud-Computing ist das Potenzial der Kostensenkung. Begleitende Argumente sind in:

- der Konzentration auf das Kerngeschäft,
- der schnellen Realisierbarkeit,
- der großen Flexibilität und Skalierbarkeit

zu sehen. Die Geschwindigkeit der Verfügbarkeit der Dienste verschafft dem Nutzer Vorteile beim Markteintritt und der Umsetzung von Geschäftsideen. Auf der anderen Seite können Entwickler ihre Applikationen auf temporären Plattformen testen, ohne auf die Installation von Testumgebungen zu warten. Neben diesen ökonomischen und technischen Vorteilen liegt der Wertmutstropfen im Bereich des Datenschutzes und der Datensicherheit. Das mangelnde Vertrauen hierin stellt das größte Hemmnis für eine zügige Marktentwicklung dar. Aber auch Aspekte der Interoperabilität zwischen Cloud-Anbietern, die Ausgewogenheit zwischen Individual- und Standardlösung und die organisatorischen Rahmenbedingungen in den Unternehmen sowie die Abhängigkeit von einer leistungsstarken und stabilen Netzverbindung erweisen sich als Probleme. Auf der anderen Seite sieht sich auch der Anbieter der Cloud Infrastrukturproblemen gegenüber:

- die mangelnde Interoperabilität beeinträchtigt ein Wechsel potenzieller Nutzer,
- die Erfolgsabhängigkeit von der Komplexität des Soft- und Hardwareangebots – insbesondere Anwendungssysteme wie ERP-Software erfordern spezialisiertes Know-how durch die Komplexität der Optionen,
- die Einhaltung der vereinbarten Service-Level-Agreements mit den Kunden.

Die Idee der Verlagerung von Anwendungen und Infrastrukturkomponenten überzeugt nicht nur durch die technische Machbarkeit, sondern auch durch ihre handfesten Vorteile. Diese Vorteile beurteilen kleinere und mittlere Unternehmen mit wenig IT-Know-how naturgemäß anders als große Unternehmen. Letztlich ergibt sich aber eine weitere Option zur Gestaltung der IT-Landschaft.

1.4 Netzzugang und Pakettransport

Eine Kernfrage ist die Regelung des Zugangs der einzelnen Stationen zum Übertragungsmedium. Für die Ankopplung eines Rechners sind zwei Verfahren denkbar:

- **Aktive Ankopplung:** Der Netzteilnehmer nimmt das gesamte Paket vom Medium, prüft es daraufhin, ob es an ihn gerichtet ist, und generiert es für die Nachfolgestationen vollständig neu. Der Netzknoten fungiert als Paketregenerator, ein Konzept, das bei Einsatz von Glasfaserkabeln geboten ist, da optische Signale nicht aufspaltbar sind.
- **Passive Ankopplung:** Jede Station auf dem Weg zum Ziel prüft das Paket. Damit wird das Ursprungssignal des Paketes im Zeitverlauf immer schwächer, sodass nach einer bestimmten Anzahl passierter Teilnehmer, die Qualität nicht mehr ausreicht, um die Wertigkeit des Signals eindeutig zu erkennen.

Auf die Art der Ankopplung hat die einzelne Station jedoch keinen Einfluss. Sie wird von der zugrunde liegenden Technologie bestimmt. Ebenso verhält es sich mit der Steuerung der Konkurrenzsituation der einzelnen Teilnehmer, die sich um das Senderecht und die Übertragungskapazität bewerben. Auch für die Koordination des Zugriffs kommen zwei Strategien in Frage:

- **Wahlfreier Zugriff:** Alle Stationen arbeiten unabhängig voneinander und versuchen autonom einen Zugriff, sobald das Medium nicht belegt ist. Für diesen Vorschlag sind keine Kontroll- und Steuerinformationen notwendig.
- **Verteilt gesteuerter Zugriff:** Alle Stationen erhalten einen Zugriff, sobald sie im Besitz einer Sendeberechtigung sind, die sie zuvor beantragen und erhalten müssen. Die Existenz dieser Sendeberechtigung macht ein Management für die Vergabe und ihren Fehler- und Verlustfall notwendig.

Die grundlegende Idee des Informationstransportes in Netzwerken besteht darin, Nachrichten in kleine Einheiten, sog. Pakete oder Frames, zu zerlegen, diese mit Adress- und Steuerdaten zu versehen und sie dann zuzustellen. Vor einer Übertragung der Daten erfolgt ihre logische Gruppierung in Pakete. Diese Fragmente der Ursprungsdaten sind leichter zu handhaben und für den Nutzer besser zu interpretieren. Darüber hinaus besitzen Pakete mehrere Vorteile:

- Die Paketeinteilung hindert Rechner daran, die Netzwerkbandbreite zu monopolisieren.
- Gehen Pakete auf dem Übertragungsweg verloren, muss nicht die gesamte Information neu gesendet werden, sondern nur Teile.
- Abhängig von der Auslastung können Pakete unterschiedliche Wege zum Ziel nehmen.

Das Konzept erinnert an die Versendung von Postpaketen. Auch dort wird eine Sendung zunächst in mehrere Einzelteile gestückelt, die den Größen- und Gewichtsanforderungen der Post entsprechen. Anschließend werden sie verpackt und mit den Empfängerdaten beschriftet. Als letzter Schritt erfolgt dann die Übergabe an das Verteilsystem der Post. Damit wird die Übertragung beliebig großer Informationsblöcke möglich, d. h. das Volumen unterliegt keinerlei Größenbeschränkungen. Allerdings können die einzelnen Pakete verschiedene Wege durch das Netz nehmen (Wegewahl) und müssen - abhängig von der Technologie - möglicherweise häufiger fragmentiert werden.

Je nach Distanz zwischen den kommunizierenden Rechnern unterscheiden sich die für die Paketzustellung verwendeten Verfahren:

- **Teilstrecken- oder Store-and-Forward-Netze** übertragen die einzelnen Pakete als eigenständige Einheiten vollständig getrennt voneinander. Für das Auffinden des optimalen Weges durch den Netzdschungel nutzen sie spezielle Algorithmen. Die Folge dieser Art des Paketversands ist, dass die einzelnen Pakete ihren Empfänger in beliebiger Reihenfolge erreichen und dort erst wieder zu einer einheitlichen Sendung zusammengesetzt werden müssen. Allerdings können die einzelnen Pakete auf ihrem Weg zum Ziel auch Staus umgehen und trotz längerer Strecke ihr Ziel schneller erreichen als Pakete, die auf den kürzesten aber verstopften Weg warten. Voraussetzung für eine erfolgreiche Paketvermittlung ist eine ausreichende Zwischenspeicherkapazität der Vermittlungsstellen, denn erst nach genauer Kenntnis des Ziels und der Informationen über die Strecke dorthin kann der Knoten eine verlässliche Entscheidung über den weiteren Weg in Richtung Ziel treffen.

- **Diffusions- oder Broadcast-Netze** sind auf kleine Entfernungen ausgerichtet. Die Nachricht erreicht alle angeschlossenen, aktiven Knoten und der Empfänger wählt das an ihn gerichtete Paket aus. Dieses Verfahren verlangt keine aufwendige Wegewahl und keine Zwischenspeichermöglichkeit. Wohl aber müssen alle potenziellen Empfänger das Paket daraufhin prüfen, ob es an sie adressiert ist. Hierfür sind einerseits CPU-Ressourcen der einzelnen Netzknoten notwendig, andererseits verlangt die Prüfung eine gewisse Zeitdauer.

Der Kommunikationsfluss zwischen den Netzteilnehmern verläuft abhängig von der Technologie in drei Formen:

Kommunikationsrichtungen

Simplex: In dieser Variante läuft der Nachrichtenfluss nur in eine Richtung, nämlich vom Sender zum Empfänger - Kabelfernsehen oder Rundfunk.

Halbduplex: Hier kann zwar jeder Knoten senden und empfangen, aber nicht beides gleichzeitig - Ampelregelung zur Verkehrsführung auf einer normalen Straße mit halbseitiger Baustelle.

Vollduplex: Jeder Knoten kann sowohl Nachrichten senden als auch gleichzeitig empfangen. Für den Netzbetrieb ist dieses Verfahren charakteristisch, da kein Netzteilnehmer ausschließen kann, dass er während einer Sendung Kontrollinformationen empfangen muss, um seine Übertragung einzustellen. Gleiches gilt für einen Server, der Anforderungen von vielen Clients erhält und diese simultan verarbeitet.

Das ursprüngliche Ethernet wird im Halbduplex-Modus betrieben, das heutzutage verbreitete, modernere Switched-Ethernet nutzt einen Vollduplex-Modus. Beim WLAN spielt allerdings der Halbduplex-Gedanke weiterhin eine entscheidende Rolle.

Die unterschiedlichen Formen können als Gradmesser der Übertragungskapazität gelten. Dabei lassen Vollduplex-Verbindungen, da sie in beide Richtungen simultan übertragen, als die ausgereifteste Variante die doppelte Datenübertragungsrate zu. Aber auch die Zahl der involvierten Netzteilnehmer kann Rückschlüsse auf die Netzleistung geben.

Anzahl der Kommunikationsteilnehmer

Unicast: Hierbei handelt es sich um die klassische Form des Datenaustausches in Form einer Punkt-zu-Punkt-Verbindung, bei der einem Sender genau ein Empfänger zugeordnet ist.

Anycast: Stellt eine Unicast-Verbindung zu der nächstgelegenen Station einer Gruppe her.

Multicast: Eine ausgewählte Gruppe ist das Ziel der Nachricht. Daraus ergeben sich mehrere Einsatzfelder:

- **Content-Push-Distribution:** Informationsdienste wie Wetter, Nachrichten, Börsenkurse, Software-Updates.
- **Verteilung zentraler Datenbestände:** Informationskioske, Produktdatenblätter, Service- und Schulungsunterlagen, Videokonferenzen.

Broadcast: Eine Sendung wird allen erreichbaren Stationen des Netzes zugestellt. Dieser Mechanismus findet z. B. bei der Ermittlung der logischen Adresse eines Rechners oder im Netzwerkmanagement Anwendung.

Das Anycast-Konzept wird insbesondere durch die neue Internet Protocol Version 6 (IPv6) unterstützt.

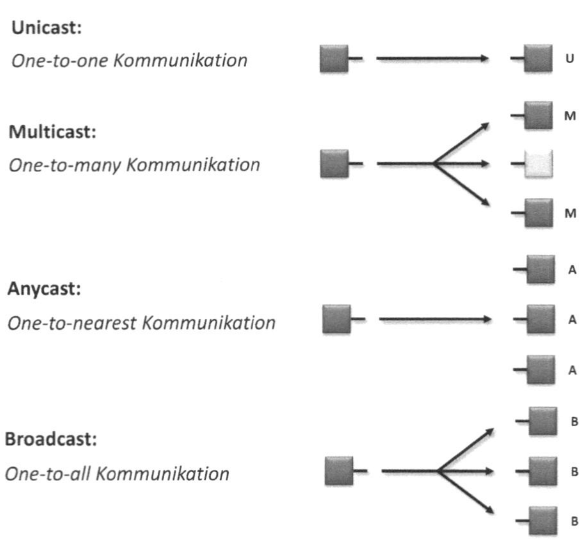

Bild 1.4 Anzahl der Kommunikationsteilnehmer

Die Übertragungsform selbst trennt zwischen **Leitungs- und Paketvermittlung.** In Analogie zum Telefondienst wird bei der Leitungsvermittlung für die Dauer der Sitzung bzw. des Telefongespräches eine exklusive Verbindung zwischen den

Kommunikationspartnern aufgebaut. Eine Alternative bietet sich mit der Paketvermittlung an, deren Ablauf dem der Briefpost entspricht. Die zu übermittelnde Nachricht wird zu mehreren Paketen zusammengestellt, mit Absender- und Empfängeradresse versehen und einer bekannten Versandstelle übergeben. Jedes Paket nimmt nun - ähnlich wie ein Brief - einen Weg durch das Beförderungsnetz, ohne dass der Absender den genauen Weg kennen muss. Im Gegensatz zur Leitungsvermittlung besteht zwischen Absender und Adressat keine ständige Verbindung.

Die **Leitungsvermittlung** hat den Vorteil, dass Dienstgüten im Hinblick auf die Übertragungsgeschwindigkeit jederzeit eingehalten werden können und die Signallaufzeiten konstant sind, d. h. keine variablen Verzögerungen zwischen Sender und Empfänger auftreten. Allerdings ist der Verbindungsaufbau zeitintensiv. Kommunikationsbeziehungen mit mehreren Partnern bedürfen eines wiederholten Aufbaus und beide Teilnehmer müssen mit gleicher Kapazität senden und empfangen. Gleiches gilt, wenn nur kurze Nachrichten übertragen werden. Dann kann die Verbindungsverwaltung mehr Zeit als die eigentliche Übertragung beanspruchen.

Bei der **Paketvermittlung** durchqueren die Pakete das Netz als unabhängige und eigenständige Einheiten und können in den Vermittlungsknoten zwischengespeichert werden. Hierin liegt ein wesentlicher Vorteil, da nun die Übertragungsgeschwindigkeit zwischen einzelnen Teilstrecken keine Begrenzung mehr darstellt. Damit wird das Netzwerk aber zu einem Netzwerk von Warteschlangen. Jeder zu passierende Netzknoten empfängt das Paket und leitet es an seine Ausgangsschnittstelle, die aber Ziel vieler Sendungen sein kann, sodass die Möglichkeit von Überlastsituationen entsteht. Die Existenz der Warteschlangen erzeugt Verzögerungen in der Paketzustellung oder Paketverluste, wenn die Warteschlangen überlaufen. Die Paketverluste verursachen Paketwiederholungen (Retransmission) und haben damit eine weitere Belastung des Übertragungsweges zur Folge. Für den Anwender ist dieser Ablauf transparent. Er benötigt und erhält keinerlei Informationen über den Übertragungsweg, der sich zudem dynamisch ändern kann. Die Paketvermittlung weist insbesondere dann einen großen Vorteil auf, wenn Informationen nur sporadisch übertragen werden (Aufruf einer Webseite, Abrufen/Versenden von E-Mails), da Zeiten, in denen das Übertragungsmedium ungenutzt ist, es durch andere Teilnehmer verwendet werden kann. Hierdurch kann eine Steigerung der Auslastung erreicht werden.

Ein lokales Netz besitzt nur eine begrenzte Ausdehnung. Häufig ist es auf eine Abteilung oder ein Gebäude ausgelegt. Im Zeitalter des Intra-/Internets sind Kommunikationsinseln aber ein Fremdkörper, sodass es nur folgerichtig sein kann, eine unternehmensweite Vernetzung anzustreben. Folgende Sachverhalte sind dabei zu beachten:

- **Gemeinsame Datenbestände sorgen für aktuelle Information:** Die wohl wichtigste Aufgabe eines Netzwerkes ist die zentrale Speicherung von Datenbeständen. Änderungen und Aktualisierungen der Daten finden ihren sofortigen Niederschlag im System, ohne dass es der individuellen Abstimmung und des bidirektionalen Austausches der Anwender bedarf.

- **Transparenz:** Zu den Basiseigenschaften verteilter Systeme gehört es, ihre Komplexität vor dem Benutzer geheim zu halten. Dies geschieht hinsichtlich des Ortes, des Zugriffs, der Namen, der Replikation oder des Ausfalls. Der Zugriff auf Netzressourcen bildet damit keinen gesonderten und schwierigen Vorgang, sondern im Gegenteil, das Netzwerk erweitert die Möglichkeiten des Anwenders, ohne dass dieser seine bisherigen Arbeitsgewohnheiten ändern muss.
- **Teilung teurer Peripherie:** Aufgrund der Ablage von Programmen und Daten auf einer zentralen Station muss auch nur diese mit großen Speichermedien ausgestattet sein. Die einzelnen Rechnerknoten selbst benötigen nur noch eine geringe Speicherkapazität. Darüber hinaus können hochwertige Geräte in das Netzwerk integriert werden, die, einmal angeschafft, allen Anwendern gleichermaßen zur Verfügung stehen.
- **Zentrale Programmverteilung:** Da jeder Rechner über das Netzwerk erreicht werden kann, gibt es die Alternative, ein Anwendungsprogramm nur einmal auf einem zentralen Server zu installieren und von allen Anwendern gleichermaßen nutzen zu lassen oder eine gezielte Verteilung dieses Programms über das Netzwerk auf bestimmte Rechnerknoten vorzunehmen. Auf diese Weise ist es nicht mehr notwendig, jeden einzelnen Arbeitsplatz aufzusuchen, um dort Installation, Wartung oder Aktualisierung auszuführen.
- **Kontrollmöglichkeiten:** Da Netzwerkressourcen nicht im Überfluss existieren, besteht der Bedarf nach einer gerechten Zuteilung. Spätestens hier sind Einsichten in das Nutzungsmuster nötig, um die Erfassung, Abrechnung und Aufbereitung der Leistungen zu ermöglichen. Dass diese Auswertung zuvor erfasste Daten voraussetzt, zeigt, dass eine gewisse Nutzerkontrolle unumgänglich ist.
- **Verschlechterung der Antwortzeiten:** Da ein Wesensmerkmal eines Netzwerkes die gemeinsame Nutzung von Ressourcen ist, besteht auf dem Weg zu zentralen Elementen eine Konkurrenz zwischen allen Teilnehmern. Diese Situation schließt ein, dass jeder Nutzer nur über einen bestimmten Anteil der Übertragungskapazität verfügen kann. Je höher die Nutzerzahl, desto geringer die Kapazität des Einzelnen. Als Folge eines sinkenden Bandbreitenanteils steigt die Antwortzeit. Der Verteilungsaspekt der Software selbst erlangt damit eine bedeutende Rolle. Geleitet von dem Verlangen nach hoher Performance und kurzen Antwortzeiten, ist die Frage nach der optimalen Verteilung keineswegs trivial, sondern hängt im Gegenteil von einer Vielzahl von Rahmenbedingungen wie Lokalität oder Netzdesign ab.

- **Notwendigkeit eines Netzadministrators:** Durch die Verteilung der Daten und Programme auf heterogene, autonome, miteinander kooperierende Rechnersysteme erhöht sich die Komplexität des Gesamtsystems, dessen Pflege, Wartung und Ausbau viel Aufwand und technisches Know-how erfordert.
- **Sicherheit:** Da verteilte Systeme allen Benutzern den gemeinsamen Gebrauch der Ressourcen ermöglichen, treten Sicherheitsanforderungen auf:
  - Autorisierung – ist der Benutzer berechtigt, auf Netzressourcen zuzugreifen?
  - Vertraulichkeit – werden die Daten nur von den Berechtigten verarbeitet?
  - Integrität – erreicht die Nachricht den Empfänger unverändert?
  - Authentisierung – ist der Kommunikationspartner derjenige, der er vorgibt zu sein?
  - Nichtabstreitbarkeit – ist das Absenden bzw. Empfangen der Nachricht eindeutig beweisbar?

Auf dem Weg zu einem Netzwerk ist es aber nicht nur bedeutsam, die genauen Anforderungen festzulegen, sondern auch deren Umsetzung. Zu den wichtigen Eigenschaften, die heutige Netzwerke umfassen sollten, gehören:

- **Skalierbarkeit:** Einem Netz müssen problemlos weitere Knoten hinzuzufügen sein. Mit dieser Eigenschaft wird dem weiteren Ausbau und der flexiblen Reaktion auf geänderte Rahmenbedingungen sowie der stetigen Zunahme des Vernetzungsgrades Rechnung getragen.
- **Robustheit:** Die Netzinfrastruktur muss durch Stabilität und Fehlertoleranz geprägt sein. Da Netzwerke in Client/Server-Umgebungen zu einer kritischen Komponente für das gesamte Unternehmen geworden sind und der Unternehmenserfolg entscheidend auf einem funktionstüchtigen Netz beruht, bedeuten minimale Ausfallzeiten einen Wettbewerbsgewinn.
- **Migration:** Das Netzdesign muss den leichten Übergang auf neue Techniken und Netztopologien zulassen. Der stete Wandel in der Informationsverarbeitung bringt die Notwendigkeit mit sich, einen Übergang auf technologische Änderungen zu ermöglichen, ohne die gesamte Netzinfrastruktur auszutauschen. In diesem Sinne wird Investitionssicherheit für ein Netzdesign großgeschrieben.
- **Autokonfiguration:** Neue Netzkomponenten müssen ohne großen Aufwand integrierbar sein. Nicht nur höhere Bandbreite für Multimedia-Anwendungen steht auf der Wunschliste der Netzbetreiber, sondern auch zunehmend die Möglichkeit, alle Daten von Sprache bis Video über eine Netzinfrastruktur abzuwickeln. Derartig komplexe Anforderungen können nur durch spezielle Kopplungsgeräte erbracht werden. Der einfache Austausch alter gegen neue Geräte, ohne Störung des Netzbetriebs, ist hier die Idealvorstellung.

1.5 ISO/OSI-Referenzmodell

Die Beschreibung der Möglichkeiten, wie eine Station in das Netzwerk integriert wird, zeigt, dass es allgemeiner Verhaltensrichtlinien bedarf, auf deren Grundlage sich Stationen miteinander unterhalten und sich gegenseitig verstehen. Sende- und Empfangsstationen müssen sich an bestimmte Spielregeln halten, damit die Übertragungswünsche der Netzteilnehmer nicht im Chaos enden.

Zur Veranschaulichung der Struktur eines Kommunikationsablaufs zwischen zwei Teilnehmern dient ein logisches Modell. Die Grundidee besteht darin, den Kommunikationsvorgang in eine Hierarchie von Funktionsschichten zu gliedern. Jede Schicht bietet der ihr übergeordneten Schicht Funktionen an und kann Dienste der unter ihr liegenden Schicht in Anspruch nehmen, ohne ihre Funktionsweise zu kennen. Dem Anwender bleibt die Schichtung verborgen. Die Schichten der gleichen Ebene kommunizieren über Protokolle miteinander. Sie beinhalten definierte Regeln, nach denen die beiden Kommunikationspartner zusammenarbeiten und der nächst höheren Ebene ihre Dienstleistung anbieten.

Die Kommunikation zwischen Rechnern in offenen, heterogenen Systemen wird heutzutage durch das ISO/OSI-Referenzmodell beschrieben. Das Referenzmodell ist ein konzeptioneller Rahmen, der Funktionen und Schemata für den Kommunikationsvorgang enthält. Dieser Rahmen teilt den Kommunikationsvorgang in sieben aufeinander aufbauende Schichten ein, denen allgemeine Vereinbarungen und Inhalte zugrunde liegen. Allerdings enthält diese Spezifikation keine Implementierungsvorgaben, sodass eine generelle Umsetzung in Produkte nicht möglich ist. Sie dient lediglich als Leitlinie für den Entwurf und die Implementierung von Standards, Geräten und Kommunikationsverfahren. Der Vorteil dieser Vorgabe beruht in erster Linie auf der offenen allgemein verbindlichen Vorstellung eines Kommunikationsvorganges in Form eines Architekturmodells. Darüber hinaus dient die Beschreibung der Funktionen der einzelnen Schichten als Basis für eine präzise Spezifikation von Protokollen und schafft dadurch letztlich eine weitgehend herstellerneutrale Begriffswelt. Daher ist es theoretisch möglich, das Protokoll einer einzelnen Schicht durch eine Neuentwicklung zu ersetzen, ohne die Funktionen der anderen Schichten zu beeinträchtigen.

Die Protokolle regeln den Kommunikationsablauf, ähnlich wie die Unterhaltung zweier Personen bestimmten Vereinbarungen folgt. Jede Schicht des Senders nutzt ihr eigenes Protokoll, um virtuell mit der entsprechenden Schicht des Empfängers zu kommunizieren. Die ausgetauschten Informationen werden in sog. **PDUs** (Protocol Data Units) übertragen. Diese PDUs enthalten je nach Schicht Prüfdaten, Adressen oder Informationen über übergeordnete Protokolle.

Der Prozess des Durchwanderns der OSI-Schichten macht eine permanente Neuaufteilung der Informationen notwendig, da alle Protokolle nur bestimmte Paketgrößen akzeptieren – **Fragmentierung**. Zur Übertragung selbst werden die PDU-spezifischen Informationen an die zu übertragenen Daten angeheftet – **Encapsulation**. Auf Empfängerseite verläuft der Prozess analog – **De-Encapsulation**:

1. Lesen der schichtspezifischen Information.
2. Abtrennen der PDU-spezifischen Daten.
3. Weiterleiten der verbliebenen Daten an die übergeordnete Schicht.

Den Ablauf auf drei Ebenen verkürzt zeigt folgendes Beispiel:

Verkürztes Philosophenmodell

Der Philosoph Hill in England möchte seinem chinesischen Kollegen Xiu eine wichtige Fachfrage stellen. Ihr Kommunikationsmedium wäre die Fachsprache der Philosophen. Nun spricht Herr Hill nur englisch, Herr Xiu nur chinesisch. Um dennoch eine Verständigung zu ermöglichen, bedienen sich beide der Hilfe von Dolmetschern. Wie gewöhnlich verfasst Herr Hill seine Frage in Englisch und übergibt diese einem Dolmetscher, der sie in eine beliebige Zwischensprache z. B. italienisch übersetzt. Wie kommt nun die Nachricht vom Dolmetscher des Herrn Hill zum Dolmetscher des Herrn Xiu? Da beide Philosophen Computer-Freaks kennen, die ständig über das Internet miteinander Nachrichten austauschen, lassen sie ihre ins Italienische übersetzte Frage einfach von diesen übermitteln. Beide Computernutzer müssen dazu kein Wort italienisch kennen; sie haben lediglich die Aufgabe, die Worte korrekt zu übertragen. Sobald die Nachricht den chinesischen Computer-Freak erreicht, übergibt er diese dem Dolmetscher, der sie ins Chinesische transformiert und Herrn Xiu überreicht. Auf diese Art können zwei Philosophen miteinander sprechen, ohne die Muttersprache ihres Partners zu beherrschen.

Wie Bild 1.5 verdeutlicht, findet die eigentliche Übertragung ausschließlich auf der untersten, der Technikschicht statt. Diese Ebene und die Übersetzungsschicht können ohne Funktionseinbuße ausgetauscht werden. Falls der italienische Dolmetscher ausfällt, könnte Französisch als Zwischensprache dienen bzw. falls die Internetnutzung nach China untersagt ist, kann auf Fax ausgewichen werden. Damit wird deutlich, dass die Protokolle bis auf die Schnittstellen voneinander unabhängig und beliebig ersetzbar sind.

Im Unterschied zu den Diensten oder Funktionen, die für die vertikale Kommunikation zwischen den Schichten verantwortlich sind, regeln Protokolle die Kommunikation zweier Partner auf gleicher Ebene, also in horizontaler Richtung. In diesem Sinne ist die Einigung auf Italienisch als Übersetzungs- und das Internet als Transportmedium die Verständigung auf Protokolle.

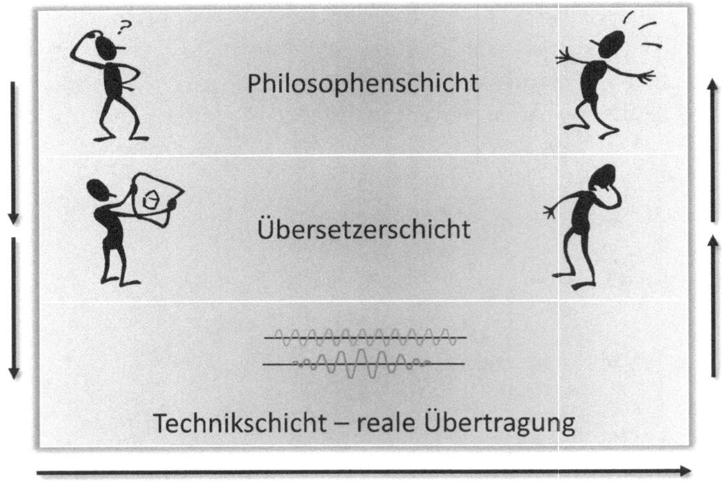

Bild 1.5 Philosophenmodell mit drei Schichten

Die detaillierte und standardisierte Kommunikation nach dem ISO/OSI-Referenzmodell im Netzwerkumfeld basiert auf sieben Schichten. Die Gesamtheit der sieben OSI-Schichten wird oft als Stack bezeichnet. Die untersten Schichten dieses Modells präsentieren netzorientierte Funktionen, die oberen werden als anwendungsbezogen eingestuft. Der Ablauf erfolgt beim Sender streng von oben (Schicht 7) nach unten (Schicht 1) und beim Empfänger in der umgekehrten Richtung.

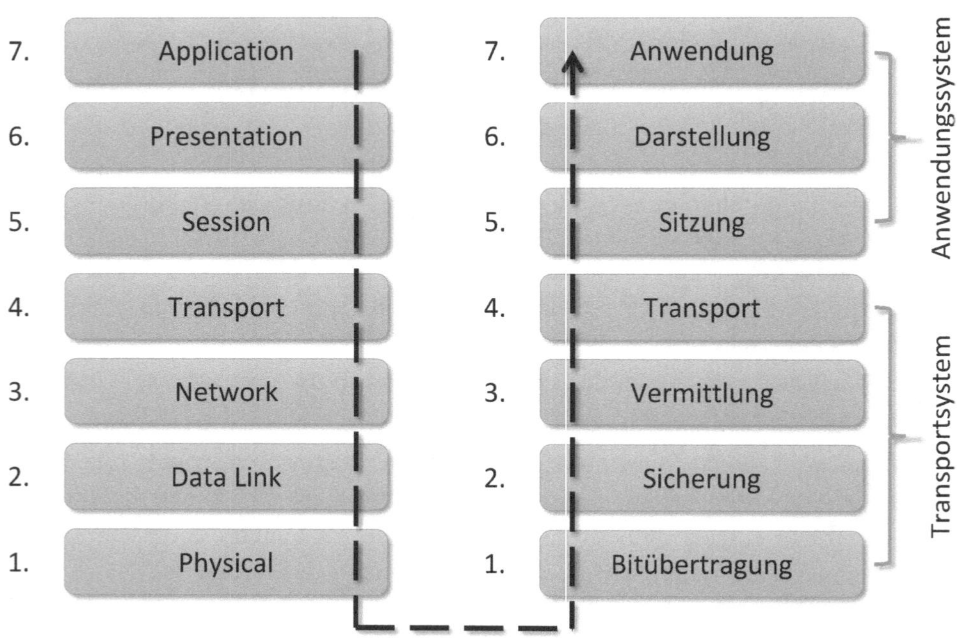

Bild 1.6 ISO/OSI-Referenzmodell

Neben dem OSI-Modell existiert die Vorstellung der Internetwelt in Form des DoD (Department-of-Defense)-Modells über eine funktionale Gliederung des Kommunikationsvorganges. Eine Gegenüberstellung beider Konzepte zeigt das nachfolgende Bild 1.7.

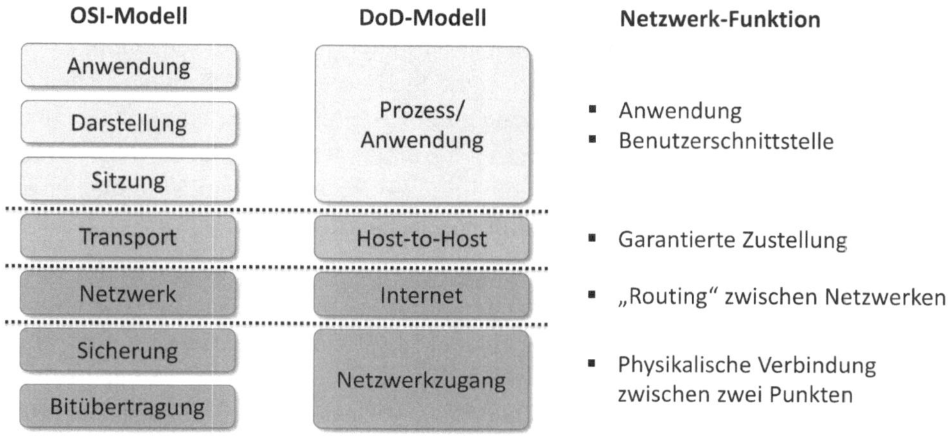

Bild 1.7 Vergleich: ISO/OSI-Referenzmodell – DoD-Modell

Was ist nun der Inhalt der einzelnen Schichten?

- **Bitübertragungsschicht:** Hier werden die elektrischen, mechanischen und funktionalen Parameter zur physikalischen Übertragung festgelegt. Die Grundfunktion besteht in der Bereitstellung der physikalischen Verbindung und deren kontinuierlicher Betriebsbereitschaft. Zur Gewährleistung dieser Anforderungen sind mehrere grundlegende Details zu klären:
  - Wie wird gewährleistet, dass ein Bit der Wertigkeit 1 sowohl vom Sender als auch vom Empfänger als solches erkannt wird?
  - Welcher elektrischen Größe entspricht eine logische Eins, welcher eine logische Null?
  - Wie viele Mikrosekunden soll die Dauer der Übertragung eines Bits dauern?
  - Wie wird eine Verbindung aufgebaut und wie wird sie eingestellt?
  - Kann eine Übertragung in beide Richtungen erfolgen?
    In Netzwerken werden drei Medien genutzt:
    - **Kupfer:** hier beruht die Signalisierung auf elektrischen Impulsen.
    - **Glasfaser:** hier bildet ein optisches Signal die Grundlage der Signalisierung.

- **Luft:** hier werden Radio- oder Lichtwellen über die Luft übertragen.

  In allen drei Formen ist es notwendig, den Beginn und das Ende einer Übertragung mitzuteilen. Dies geschieht über besondere Bitfolgen. Um die Bitfolgen selbst mit semantischem Inhalt zu versehen, ist ein Codierungsschema erforderlich, das Gruppen von Bits zu logischen Einheiten zusammenfasst. Auf diese Weise gelingt es, Buchstaben, Zeichen und Zahlen abzubilden. Die Bitfolgen selbst müssen entsprechend des Mediums signalisiert werden. Hierzu sind bestimmte Schemata notwendig, die vor allem auch eine zweifelsfreie Erkennung des übermittelnden Symbols durch den Empfänger ermöglichen müssen. Zur Spezifikation der Funktionalität gehören außerdem Vereinbarungen zur Festlegung von Kabeln und Steckern.

- **Sicherungsschicht:** Die primäre Aufgabe dieser Schicht besteht in der Gruppierung des übertragenen Bitstroms in logische Einheiten. In Abhängigkeit von der eingesetzten Netztechnologie entstehen Rahmen oder Frames unterschiedlichen Inhalts und variierender Größe. Die auf diese Weise zusammengefassten Rohdaten enthalten eine Prüfsumme, sodass auf der Übertragungsstrecke entstehende Veränderungen der Bitfolge erkannt werden. In Abhängigkeit davon, ob eine Fehlerkorrektur eingeleitet wird oder nicht, wird zwischen gesichertem und ungesichertem Dienst unterschieden. Darüber hinaus findet eine funktionale Trennung in zwei Aufgabenbereiche statt:
  - **Media Access Control (MAC):** Steuerung des Zugriffs auf das Übertragungsmedium. Dazu lassen sich zwei Methoden unterscheiden: **kontrolliert**, d. h. jede Station nutzt ein ihr zugeteiltes Zeitintervall zur Übertragung, und **wettkampfbasiert**, d. h. die sendewilligen Stationen konkurrieren um die Übertragungsmöglichkeit.
  - **Logical Link Control (LLC):** Verwaltung der logischen Verbindung, Fehleranalyse und Flusskontrolle. Dafür gilt es drei Fragen zu beantworten: Welche Knoten kommunizieren miteinander? Wann beginnt und endet eine Kommunikation? Welche Fehler können während der Kommunikation auftreten?

    Die Adressen dieser Ebene werden als physikalische Adressen angesehen. Sie erlauben den Pakettransport innerhalb eines lokalen Netzwerkes, geben aber keine Auskunft darüber, in welchem Netzwerk und wo sich die Station befindet. Damit haben diese Adressen keine Bedeutung über die Grenze des lokalen Netzes hinaus. Die Bedeutung im lokalen Netzwerk ergibt sich daraus, dass üblicherweise keine Punkt-zu-Punkt-Verbindungen existieren, sondern viele Stationen miteinander vermascht sind.

- **Netzwerkschicht:** Um ein Paket zustellen zu können, ist eine Adresse erforderlich. Dazu dient eine logische Adressierung, auf deren Grundlage im nächsten Schritt ein Paketleitweg der Nachricht vom Quell- zum Zielrechner gewählt wird. Dieses als **Routing** bekannte Verfahren sucht einen günstigen Pfad nach unterschiedlichen Kriterien. Dazu können eine gleichmäßige Lastverteilung, hoher Durchsatz, geringe Kosten oder höchstmögliche Sicherheit zählen. Durch ein hierarchisches Adressschema entsteht zudem ein logisches Netzwerk, das im Gegensatz zum physikalischen Netzwerk der Sicherungsschicht keine Verbindungseinzelheiten wie Kupfer- oder Glasfaserkabel oder die Signalisierung kennt. Dementsprechend lässt sich eine **physikalische Topologie**, die die Anordnung der Knoten und deren Verbindung kennt, von der **logischen Topologie**, die den Weg beschreibt, wie ein Netzwerk Pakete zwischen den Knoten transferiert, unterscheiden. Die Schicht wird benötigt, um einzelne lokale Netze miteinander zu verbinden und Pakete zwischen diesen Netzen weiterzuleiten.

- **Transportschicht:** Diese Ebene stellt einen universellen Transportservice bereit. Sie richtet sich schwerpunktmäßig auf den Verbindungsaufbau, den Unterhalt und den Abbau mit gesicherten Qualitätsmerkmalen. Die Transportqualität sichert, dass
  - die richtigen Bits übertragen,
  - die Reihenfolge nicht verändert,
  - keine Bits verschluckt,
  - keine Sequenzen doppelt übertragen

  werden. Um den Datenstrom zwischen Sender und Empfänger den Netzcharakteristika optimal anzupassen, existieren Datenkontrollalgorithmen, die für eine gleichmäßige Auslastung der Verbindung sorgen, bei Überlast die Datenrate drosseln oder bei freiem Medium die Übertragungskapazität bis zur Leistungsgrenze ausschöpfen.

> Die logischen Einheiten der Ebene 2 bis 4 tragen unterschiedliche Bezeichnungen. Die Protocol Data Units (PDUs) auf der Transportebene heißen Segmente, diejenigen der Schicht 3 Pakete und auf Schicht 2 wird von Frames gesprochen.

- **Sitzungsschicht:** Hier werden die Synchronisation und der Dialogablauf zwischen zwei Kommunikationsteilnehmern geregelt. So wird diese Schicht zum Ort, an dem das Netzwerkbetriebssystem einen wichtigen Teil seiner Funktionalität entfaltet.
- **Darstellungsschicht:** Prozessoren stellen Informationen in einem bestimmten Code dar. Big-Endian-CPUs wie die meisten RISC-Prozessoren verwenden das MSB-Format (Most Significant Byte), Little-Endian-CPUs wie die Intel-Familie stützen sich auf die LSB-Darstellung (Least Significant Byte). Unterscheiden sich die Darstellungsformate der am Kommunikationsprozess beteiligten Rechner, kommt es notgedrungen zu Fehlinterpretationen. Um diesen Effekt

zu vermeiden, erfolgt eine Umsetzung auf ein einheitliches Format. Im Netzwerkbereich wird üblicherweise dem Big-Endian-Konzept gefolgt.

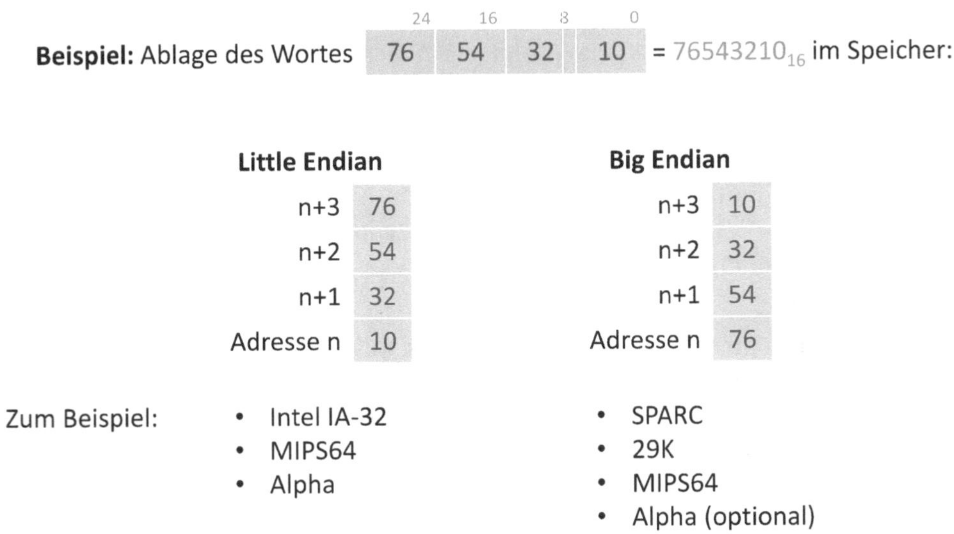

Bild 1.8 Bytedarstellung nach Prozessortyp

Neben der reinen Darstellung der Daten erfüllt diese Schicht noch zwei weitere wichtige Aufgaben:

- **Datenkompression:** die Reduktion der Datenumfänge verringert die Netzlast.
- **Verschlüsselung:** die Umwandlung der Daten in eine Form, die durch Unberechtigte nicht gelesen werden kann.

- **Anwendungsschicht:** Der Inhalt dieser Ebene zielt auf Programme, die als Erweiterungen der Betriebssystemfunktionalität angesehen werden können. Hierunter fallen viele Protokolle, die im Zuge der Internetverbreitung Popularität erlangt haben, wie HTTP (Hyper Text Transfer Protocol), FTP (File Transfer Protocol), SMTP (Simple Mail Transfer Protocol) oder auch EDIFACT (Electronic Data Interchange for Administration, Commerce and Transport). Die auf diesen Protokollen beruhenden Anwendungen selbst sind dieser Schicht allerdings nicht zuzurechnen. Sie stehen außerhalb dieser Modellvorstellung.

Das Schichtenmodell gibt einen Einblick in die Merkmale, die bei einer fehlerfreien und nach einem Standardverfahren ablaufenden Kommunikation berücksichtigt werden müssen. Im Einzelfall, wenn alle Schichten für den Datenaustausch gefüllt sind, entsteht nicht nur der Bedarf nach Verarbeitungskapazität in Form leistungsfähiger Rechner, sondern auch nach Sicherung einer Dienstqualität bezüglich der Antwortzeit. Dabei ist zu beachten, dass jede Schicht ihre spezifischen

Steuer-, Kontroll- und Verwaltungsfunktionen der ursprünglichen Nutzlast hinzufügt. Damit wird bei einem Durchlauf durch die Kommunikationshierarchie das Verhältnis von Nutz- zu Protokollinformation immer ungünstiger. Die ursprünglich kleine Nachricht wird durch schichtspezifische Daten derart aufgebläht, dass ein hoher Anteil der Übertragungskapazität nur für den Transfer dieser Steuerdaten verbraucht wird (siehe Bild 1.9).

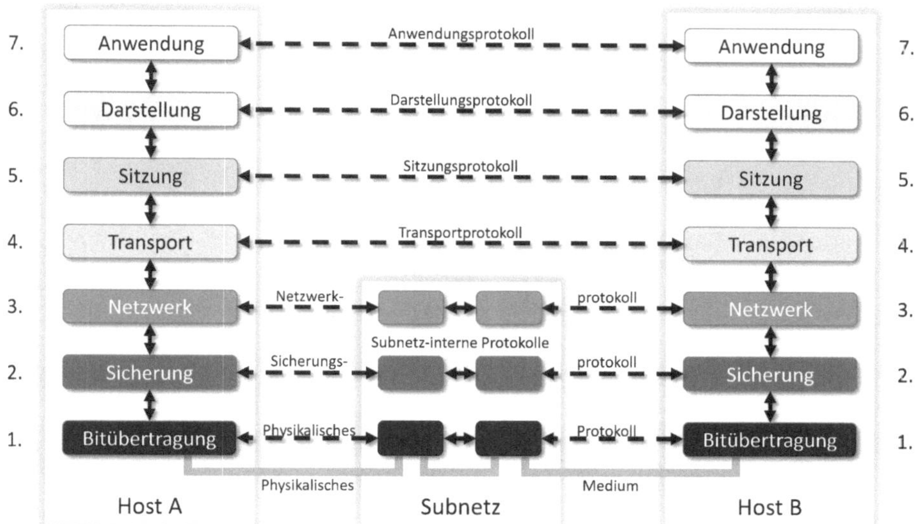

Bild 1.9 Nutzdaten vs. Overhead

Die bisherige Beschreibung des Kommunikationsvorganges macht keine Aussagen über die Reaktion bzw. Rückmeldung des Empfängers einer Nachricht. Tatsächlich kann der Ablauf danach unterschieden werden, ob eine Antwort erwartet wird oder nicht:

- **Verbindungsorientierte Protokolle** richten vor Aufnahme des Datenaustausches eine Verbindung mit dem Partner ein und erwarten hierfür dessen Zustimmung. Sollte diese ausbleiben, kommt es zu keiner Verbindung, ansonsten wird eine dauerhafte Kommunikationsbeziehung eingerichtet.
- **Verbindungslose Protokolle** hingegen leiten einen Kommunikationsvorgang ein, ohne sich der Zustimmung des Partners zu vergewissern. Daher können Reaktionen des Partners auf den Sendewunsch nicht berücksichtigt werden. Aber auch elementare Dienste wie die Paketwiederholung im Verlustfall oder die Reduktion der Übertragungsleistung bei Überlast bleiben unbeantwortet. Grundsätzlich ist dem Sender unbekannt, ob der Empfänger erreichbar ist, ob er die Nachricht erhält und wenn, ob er sie lesen kann. Der Empfänger hingegen ist nicht darüber informiert, dass eine Nachricht an ihn verschickt wurde.

Diese Einschränkung mutet strikter an, als sie tatsächlich ist. Da während eines Nachrichtenaustausches mehrere Protokolle des Schichtenmodells genutzt werden, können diese sowohl der einen als auch der anderen Klasse angehören. Täglich lässt sich dieses Szenario in der Internetkommunikation beobachten, bei der das Internet-Protokoll in die Kategorie der verbindungslosen und das TCP-Protokoll in die Kategorie der verbindungsorientierten Dienste fällt. Dieses Nebeneinander ergänzt sich in der Funktionalität und sichert einen angemessenen Overhead, da nicht jede Schicht die gleiche Funktionalität wiederholt anbieten muss.

Noch Fragen ...? Ja ...

Welches ist die weitreichendste Entwurfsentscheidung?

Die Entscheidung jegliche Daten in Paketform zu übertragen, dominiert die gesamte Netzarchitektur.

Was ist ein großes Problem dieses Konzeptes?

Da jedes Protokoll ein eigenes Paketformat definiert, kommt es zu unterschiedlichen Paketlängen. Folge dieser Abweichungen sind Fragmentierungen und häufiges „Umpacken“. Im Gegensatz zur Leitungsvermittlung stehen den Kommunikationspartnern die Verbindungsressourcen nicht mehr exklusiv zur Verfügung, sondern alle Pakete auf einen Pfad teilen sich diesen. Einerseits kann dies zu Schwankungen der Dienstgüte während der Kommunikation führen, andererseits erlaubt es eine sehr effiziente Ausnutzung der Übertragungskanäle.

Hat das OSI-Modell noch eine Relevanz?

Ja, nach wie vor richten sich alle Hersteller nach dieser Schichteneinteilung oder der des DoD-Modells.

Gibt es dokumentierte Standards im Netzwerkbereich?

Ja, Standards sind hier als Übereinkommen definiert und werden als Request for Comment (RFC) bezeichnet. Die Gesamtheit dieser RFCs finden sich unter https://www.rfc-editor.org

1.6 Zusammenfassung

Die Weiterentwicklung des Netzwerkgeschehens bleibt schwer vorherzusagen. Dennoch sind einige Trends unverkennbar: die zunehmende Nutzung mobiler Dienste auf unterschiedlichen portablen Geräten, der steigende Bedarf an multimedialen Inhalten verknüpft mit der Erwartung nach Dienstgüten und die Verschmelzung der Dienste, die vormals analog nun die digitale Welt erobern.

Das Kapitel gibt einen Überblick über Basisbegriffe von Netzwerken, der natürlich nicht erschöpfend sein kann. Sowohl zusätzliche Aspekte wie Protokolle oder Betriebssystemdetails als auch eine feinere Untergliederung bestehender Technologien sind denkbar. Neben dem Wissen um grundsätzliche Inhalte sollte der Leser in der Lage sein, Vor- und Nachteile von Netzwerken abzuwägen, aber auch erste technische Merkmale wie Zugang der Stationen zum Übertragungsmedium, Bausteine einer Netzstruktur oder Leitungs- versus Paketvermittlung detailliert beurteilen zu können.

Besonderes Gewicht dieses einführenden Kapitels liegt auf der Basisidee des ISO/OSI-Referenzmodells, das entscheidend den Standardisierungsgedanken in der Netzwerkwelt geprägt hat. Die sieben Schichten und ihre Funktionen sollten daher jedem, der sich mit Netzwerken auseinandersetzt, geläufig und vertraut sein.

Weiterführende Literatur: [KuRo14, Odom17]

Weiterführende Internetquellen:

- ISO/OSI-Modell: [Seve00]
- Arten von Netzwerken: [Kara00]

1.7 Wissensüberprüfung

1. Auf welcher Schicht findet eine Segmentierung des Datenstroms statt?
2. Wie heißt die PDU der Sicherungsschicht?
3. Welche Schicht ist für die Datendarstellung, die Kompression und die Verschlüsselung zuständig?
4. Welche Vorteile besitzt die Schichtenbildung des ISO/OSI-Referenzmodells?
5. Wie lauten die vier Schichten des DoD-Modells?
6. Welche Netzwerktopologien kennen Sie?
7. Welche Vorteile besitzt das leitungsvermittelnde Verfahren im Vergleich zum paketvermittelnden Dienst?
8. Beschreiben Sie, wie verbindungsorientierte Protokolle des Internets eine zuverlässige Übertragung bereitstellen.
9. Skizzieren Sie die wahlfreie Zugriffsmethode.
10. Erläutern Sie die Begriffe:
    - Unicast,
    - Anycast,
    - Multicast,
    - Broadcast.

2 Übertragungsmethoden und -medien

Lernziele

Nach Beendigung dieses Kapitels sollte der Leser in der Lage sein, folgende Fragen zu beantworten:

- Was ist der Zweck der Signalisierung und der Codierung in Netzwerken?
- Welche Verfahren existieren, um Bits zu signalisieren?
- Was bedeutet die strukturierte Verkabelung für den Netzwerkaufbau?
- Welche Bedeutung kommt der Backbone-Architektur zu?
- Was sind die Charakteristika der Medien Kupfer und Glasfaser?

Kapiteleinführung

In den Anfängen der Netzwerke erforderte jede Kommunikationstechnologie ihre eigene spezifische Verkabelung, d. h. es gab keine Standardisierung im Sinn einer allgemein gültigen strukturierten Verkabelung. Token Ring war zunächst nur für den Kabeltypen 1 und 3 von IBM definiert, Ethernet kannte nur Koaxialkabel. Die Folge war ein Nebeneinander verschiedener Topologien, Medien und Steckverbindungen. Dies wirkte sich insbesondere bei Umzügen von Mitarbeitern folgenschwer aus. Neu- und Nachverkabelungen waren an der Tagesordnung. So entstand der Wunsch nach einer einheitlichen Verkabelung unabhängig von der bisher und zukünftig eingesetzten Technik. Die Struktur soll es ermöglichen, Veränderungen im Unternehmen flexibel zu begegnen, ohne dass es zu Störungen oder Unterbrechungen des Netzbetriebs kommt.

Als weitere Anforderung kommen Ansprüche an die Verkabelung hinzu, die sich aus dem Verkehrsmuster ergeben, wie es die Client/Server-Architektur erzeugt. Der typische Datenpfad verläuft wie folgt: Ein Client sendet einen Auftrag an einen Server. Dieser erledigt den empfangenen Auftrag, indem er dem Client eine für ihn unbestimmte Menge von Paketen zurückgibt. So löst ein Druckauftrag nur eine Ausführungsbestätigung, das Herunterladen einer Software, aber einen Strom von Paketen aus. Damit entsteht asymmetrischer Datenverkehr durch Clients, die Anfragen stellen, und Server, die diese beantworten. Besitzen die Server nicht die ausreichende Bandbreite, um die Ergebnisse zuzustellen, bleiben die Anfragen der Clients unbeantwortet. Zusätzlich kommt erschwerend ein stetiges Wachstum der Anzahl der Clients hinzu. Vor diesem Hintergrund wird deutlich, dass der Anordnung und Platzierung der Server und Clients im Netzwerk eine herausragende Bedeutung zukommt. Hierbei spielen nicht nur Verkabelungsaspekte eine Rolle. Auch die strategisch günstige Einbindung aller Arten von netzwerkfähigen Geräten wird zu einem zentralen Gesichtspunkt.

2.1 Übertragungsverfahren – Signalisierung

Gemäß der Modellvorstellung des ISO/OSI-Referenzmodells erfolgt der Datenaustausch zwischen zwei oder mehreren räumlich getrennten Rechnern logisch über Pakete, physikalisch aber als Bitstrom. Zur Darstellung der einzelnen Bits kommen grundsätzlich zwei Übertragungsvarianten in Betracht:

- **Analog:** Die Menge der codierten Werte ist kontinuierlich und entspricht einem unendlichen Zahlenvorrat. Die Übertragung von Informationen nutzt stetige Veränderungen elektrischer Spannungen, um die Werte Null und Eins darzustellen.
- **Digital:** Ein digitales Zeichen gehört zu einem endlichen Zeichenvorrat mit gut unterscheidbaren Elementen. Der Übergang von einem digitalen Zeichen zu einem anderen erfolgt sprungartig, im Gegensatz zum fließenden ineinander Übergehen des analogen Verfahrens.

Bei der analogen Übertragung wird der Verlauf der Spannung in Form einer Sinuskurve interpretiert. Dabei wird die Variation der Amplitude, der Frequenz oder der Phase als Maßstab für die Codierung der beiden Zustände Null und Eins verwendet. Folgend ein paar Codierbeispiele: Die Frequenzmodulation nutzt die Anzahl von Schwingungen pro Zeit als Interpretation. So steht z. B. eine Schwingung für eine Eins und zwei Schwingungen im gleichen Zeitintervall für eine Null. Die Amplitudenmodulation interpretiert eine „flache“ Schwingung als Null und eine „hohe“ als Eins. Die Phasenmodulation interpretiert eine Schwingung von unten nach oben als Null und von oben nach unten als Eins, da es sich hierbei um eine Phasenverschiebung der Welle um 180° handelt. In den Übertragungsnormen V.xx finden praktisch alle Verfahren Eingang. So basieren die Normen V.27 auf der Phasen-, V.23 auf der Frequenz- und V.32 auf der Amplitudenmodulation, die ihren Ursprung in den Vorschlägen der „Data communication over the telephone networks“ der ITU-T haben. Heutige Modulationsverfahren nutzen häufig Kombinationen der Verfahren und mehrere Abstufungen pro Schwingung, sodass pro Symbol (z. B. eine Schwingung) mehr als 1 Bit übertragen wird. Ein Beispiel wäre eine

Amplitudenmodulation mit 4 Stufen. Dies entspricht 2 Bit, womit sich 4 Kombinationen darstellen lassen.

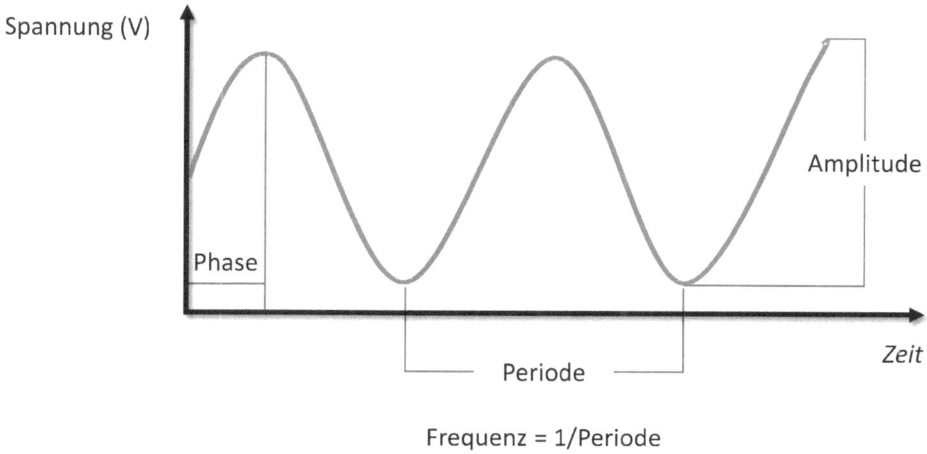

Bild 2.1 Analoge Übertragung

Paradoxerweise wird häufig die Meinung vertreten, die digitale Übertragung löse alle Probleme der Datenübermittlung, da sie exakt zwischen zwei Zuständen unterscheiden kann. Tatsache ist jedoch, dass die analoge Technik aufgrund ihres fließenden Charakters weit mehr Informationen darstellen kann. Dazu bedient sie sich wechselnder Spannungsgrößen oder variierender Frequenzen. Diese Übertragungsverfahren werden als Multilevel-Codierung bezeichnet und von den digitalen Formen wie ISDN oder ADSL nachgebildet, um die gewünschten Datenraten zu erreichen.

Durch eine geeignet gewählte Übersetzung wird aus den digitalen Informationen ein analoges Signal erzeugt und umgekehrt. Die Aufgabe dieser Konvertierung ist es, den zu übertragenden Bitstrom an die Eigenschaften des Übertragungsmediums so anzupassen, dass Verfälschungen ausgeschlossen sind und das höchstmögliche Volumen transportiert werden kann.

Die einfachste Form der Codierung wäre, die Zustände Null und Eins in zwei verschiedenen Spannungen abzubilden. Dieser als reine Bitcodierung bekannte Vorschlag leidet jedoch unter dem Problem, dass bei langen Sequenzen von Nullen oder Einsen der Takt zwischen Sender und Empfänger verloren geht. Das Ergebnis wäre eine Fehlinterpretation bzw. ein Verlust von Bits. Die Ursache hierfür liegt darin, dass die Abstimmung zwischen Sender und Empfänger über den Zeitpunkt und die Zeitdauer der Sendung niemals exakt sein kann. Kleine Schwankungen bewirken eine Verschiebung des Fensters für Beginn und Ende des Bits, sodass mit zunehmender Zeitspanne das Fenster auswandern kann. Zur Unterdrückung dieses Problems dient die Manchester-Codierung. Dieses Konzept sieht einen Sprung zwischen den Zuständen „hoch" und „niedrig" für jedes Bit vor. Die Pegeländerung findet jeweils zur Intervallmitte der Bitdarstellung statt, und zwar nach der Systematik:

- 0: von niedrig nach hoch,
- 1: von hoch nach niedrig.

Dieser Spannungswechsel pro Bit macht die Taktrückgewinnung unproblematisch, sodass es zu keinen Fehlinterpretationen kommt. Dabei wird der erste Teil der Darstellung als Taktinformation, der zweite als eigentlicher Dateninhalt interpretiert.

Im Laufe der Zeit haben sich immer ausgereiftere Verfahren entwickelt, um die Taktinformationen möglichst effizient mit den Daten zu mischen. Das NRZI-Verfahren (Non-Return-to-Zero-Inverted) ändert bei jedem Wert von Eins den Pegel, lässt ihn aber bei einer Null unverändert. Um lange Folgen von Nullen vor einer Fehlinterpretation zu schützen, erfolgt eine Transformation von jeweils 4 Bits in eine 5 Bitfolge. Diese redundante Konstruktion lässt aus den ursprünglich $2^4 = 16$ jetzt $2^5 = 32$ Zeichengruppen entstehen. Tabelle 2.1 zeigt ein Beispiel dieser sogenannten 4B/5B-Codierung. Diese Aufteilung dient mehreren Zwecken:

- Neue Zeichengruppen können neuen Anwendungen dienen.
- Nicht belegte Zeichengruppen werden als verboten definiert. Ihr Auftreten ist ein untrügliches Zeichen für Übertragungsfehler.
- Die Codierung der Gruppen ist so gewählt, dass die Lauflänge von Bitmustern limitiert ist. Auf diese Weise kann sichergestellt werden, dass nie mehr als eine maximale Anzahl von Nullen oder Einsen hintereinander gesendet werden.

Von den 32 Zeichen werden 16 als Datensymbole verwendet, 6 als Kontrollindikatoren und die restlichen bleiben undefiniert.

Das MLT-3-Verfahren (Multi-Level 3) leitet sich vom NRZI-Konzept ab, nur dass jetzt die Codierung der Einsen über drei Ebenen (positiver Spannungspegel, 0, negativer Spannungspegel) erfolgt.

Die Umrechnung für die 16 ursprünglichen auf 32 neue Datenwerte zeigt Tabelle 2.1.

Tabelle 2.1 4 Bit/5 Bit-Codierung

HEX-Wert	4-Bit	5-Bit
0	0000	11110
1	0001	01001
2	0010	10100

HEX-Wert	4-Bit	5-Bit
3	0011	10101
4	0100	01010
5	0101	01011
6	0110	01110
7	0111	01111
8	1000	10010
9	1001	10011
A	1010	10110
B	1011	10111
C	1100	11010
D	1101	11011
E	1110	11100
F	1111	11101

Einen Vergleich der unterschiedlichen Codierungsverfahren zeigt Bild 2.2.

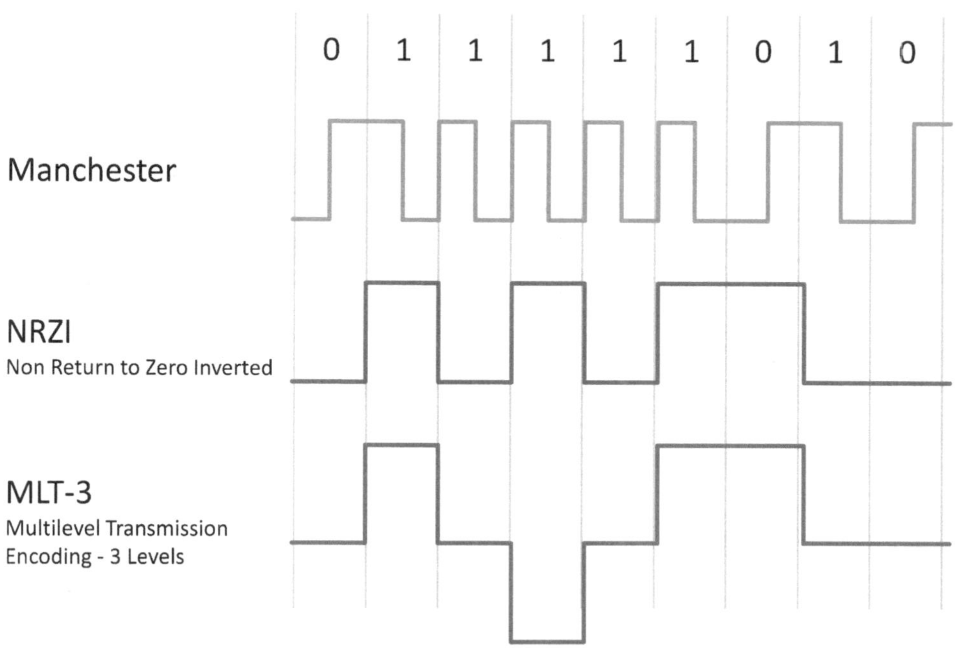

Bild 2.2 Codierungsverfahren

Multiplexing ist eine Methode, unterschiedliche logische Datenströme über ein physikalisches Medium zu versenden. Dieses Konzept kommt sowohl bei analogen als auch bei digitalen Verfahren in mehreren Realisierungen vor:

- **Frequenzmultiplexing:** Analoge Signale nutzen typischerweise diese Form. Dazu werden mehrere Kanäle über eine physikalische Verbindung geführt und jedem Kanal eine andere Frequenz zugewiesen.
- **Zeitmultiplexing:** Digitale Signalübertragungen basieren vornehmlich auf diesem Konzept. Die Benutzer wechseln sich zu verschiedenen Zeitpunkten in der Benutzung der Verbindung ab, sodass ein ineinander verschachtelter Datenstrom von Paketen der verschiedenen Anwendungen entsteht.

Zur erfolgreichen Übertragung ist Synchronität zwischen Sender und Empfänger notwendig; dabei werden die beteiligten Taktgeneratoren zeitlich aufeinander abgestimmt. Da es bei der Datenkommunikation per Definition keinen gemeinsamen Takt gibt, muss immer explizit synchronisiert werden. Doch wie wird dies erreicht?

- **Synchron:** Sender und Empfänger werden durch eine Bitfolge in den gleichen Zeittakt versetzt. Dazu kann die Taktinformation in ein Datenpaket verpackt werden, wie es durch die Präambel als Sequenz für den Framebeginn bei Ethernet geschieht. Aber auch die Übertragung eines Taktsignals über einen gesonderten Kanal ist möglich (z. B. der D-Kanal bei ISDN).
- **Asynchron:** Die Zeichenfolgen einer Übertragung werden für den Empfänger zu einem zufälligen, nicht voraussehbaren Zeitpunkt gesendet. Um die Nachricht als solche zu erkennen, versieht der Sender sie mit besonderen Anfangs- und Endsymbolen.

Als Folge der Synchronität muss der Empfänger das erhaltene Signal zur richtigen Interpretation für eine gewisse Zeitdauer zum richtigen Zeitpunkt abtasten. Dazu ist ein bestimmtes Abtastintervall notwendig, bis das Signal auf dem Medium in eine stabile Form übergeht. Die Zwischenzeiten, in denen das Signal ungültige Messwerte annimmt, werden ignoriert. In dieser scheinbaren Selbstverständlichkeit liegt eine große Herausforderung; denn die ständig steigenden Übertragungsbedürfnisse münden in immer schnellere Übertragungsverfahren, die zu einer Verkürzung der Zeitschranken zur Sendung und Erkennung eines Symbols führen. Folglich muss die Technologie zur eindeutigen Erzeugung und Identifizierung eines Signals immer präziser werden.

Noch Fragen ...? Ja ...

Warum werden Signale überhaupt codiert?

Würden Signale nicht codiert, kämen sie als reine Wellenform, die nicht interpretierbar wären. Nur codierte Signale geben die Möglichkeit, darin Daten zu übertragen.

Wie viele Arten der Datencodierung gibt es?

Im Laufe der Zeit haben sich unterschiedliche Codierungsschema mit unterschiedlichen Vorteilen entwickelt. Bekannt sind das Manchester-Verfahren, die NRZ- und NRZI-Codierung für die Datenübertragung bzw. ASCII, BCD und Unicode für Zeichen.

Welche Verfahren werden in heutigen Netzwerken genutzt?

4B/5B und 8B/10B werden in Fast Ethernet und Gigabit-Ethernet verwendet, 100G-Ethernet setzt 66B/68B ein.

2.2 Strukturierte Verkabelung

Die Entwicklung im Netzwerkbereich hat zu einigen Vereinfachungen geführt. So hat sich die Starrheit der Kombination von LAN-Technologie und Verkabelung gelöst. Die Standardisierungsbestrebungen in diesem Bereich haben es ermöglicht, die wichtigsten LAN-Varianten durch unterschiedliche Übertragungsmedien zu realisieren. So entsteht die Wahlfreiheit, ein LAN durch Twisted-Pair- und Glasfaserkabel aufzubauen.

Die Weiterentwicklung der Verkabelungsmethoden mündete darin, alle denkbaren Kommunikationsarten von Sprache über Text bis Video zu erlauben. Ausdruck der Umsetzung dieses Anspruchs ist ein allgemeines Strukturmodell für die Verkabelung, das als Prinzip der strukturierten Verkabelung Eingang in die Normung gefunden hat.

Strukturiert bedeutet, dass möglichst wenig unterschiedliche Übertragungsmedien die Übertragung möglichst vieler Anwendungen erlauben.

Diesen Anforderungen wurde durch den internationalen Standard ISO/IEC 11801 sowie durch die Europanorm EN 50713 Rechnung getragen. Die EN 50713 definiert die Topologie und die übertragungstechnischen Kenndaten hersteller- und anwendungsneutraler Infrastrukturen für unabhängige, flexible und zukunftssichere Verkabelungen. Die Umsetzung erfolgt durch die Bildung von Hierarchiestufen, die topologisch und administrativ zusammengehören. Der Übergang von einer Hierarchiestufe zur nächsten findet dabei an definierten Punkten mit bestimmten Geräten statt.

Strukturierte Verkabelung

Primärbereich (Primärverkabelung): Hierbei handelt es sich um eine gebäudeübergreifende Verkabelung mittels redundanter Kabeltrassen auf Lichtwellenleiterbasis, die an Gebäudeverteilern beginnen bzw. enden. Aufgrund der relativ großen Entfernungen kommen hierfür ausschließlich Glasfaserkabel zum Einsatz.

Sekundärbereich (Sekundärverkabelung): Grundlage ist eine gebäudeinterne Verkabelung – Backbone –, die die Gebäudeverteiler mit einzelnen Etagenverteilern auf Grundlage von Kupfer- oder Glasfaserkabeln verbinden.

Tertiärbereich (Tertiärverkabelung): Eine sternförmige Verkabelung auf Etagenebene, die die Endgeräte mit Etagenverteilern verbindet, bildet die Strukturierungsebene zum Endgerät.

Die Umsetzung dieses Stufenkonzeptes ist zukunftssicher, einfach zu warten und betriebssicher. Die strukturierte Verkabelung lässt auf den einzelnen Ebenen unterschiedliche Kabelarten zu. So schlägt der EIA/TIA 568 Commercial Building Wiring Standard drei grundsätzliche Kabelarten für den Tertiärbereich vor: Koaxial-, Twisted-Pair- und Glasfaserkabel.

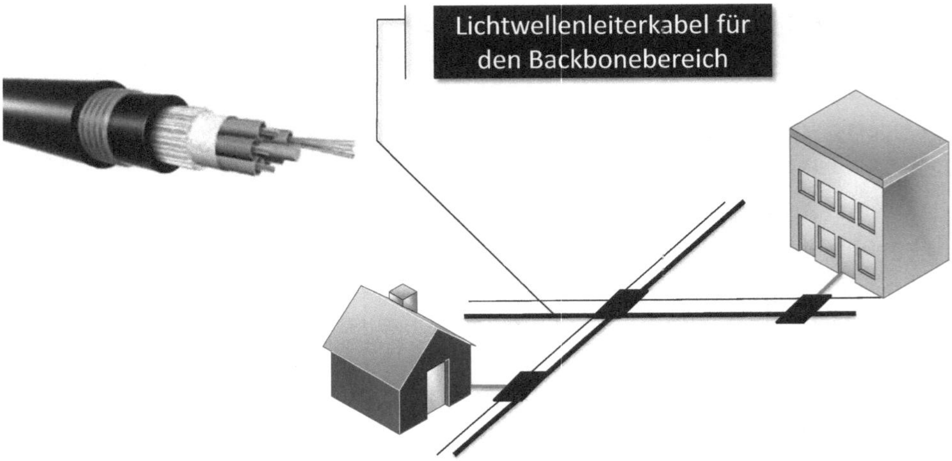

Bild 2.3 Primärverkabelung

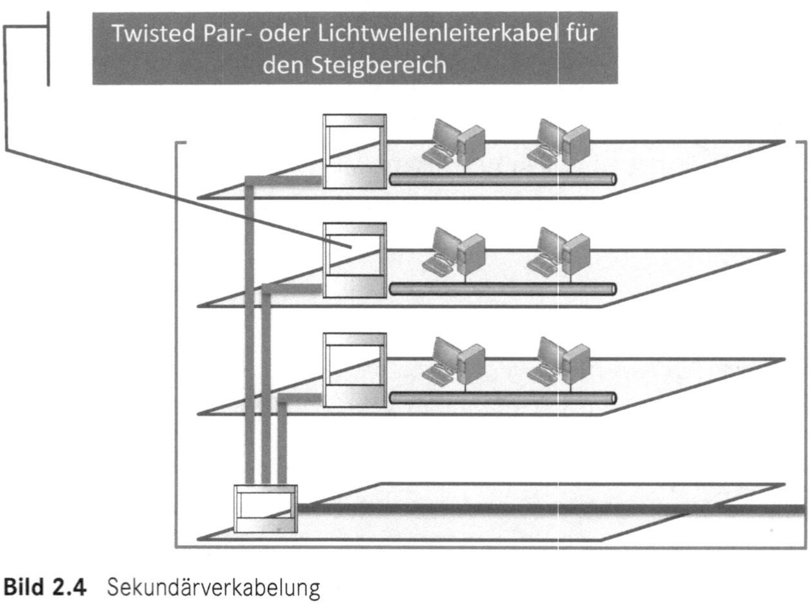

Bild 2.4 Sekundärverkabelung

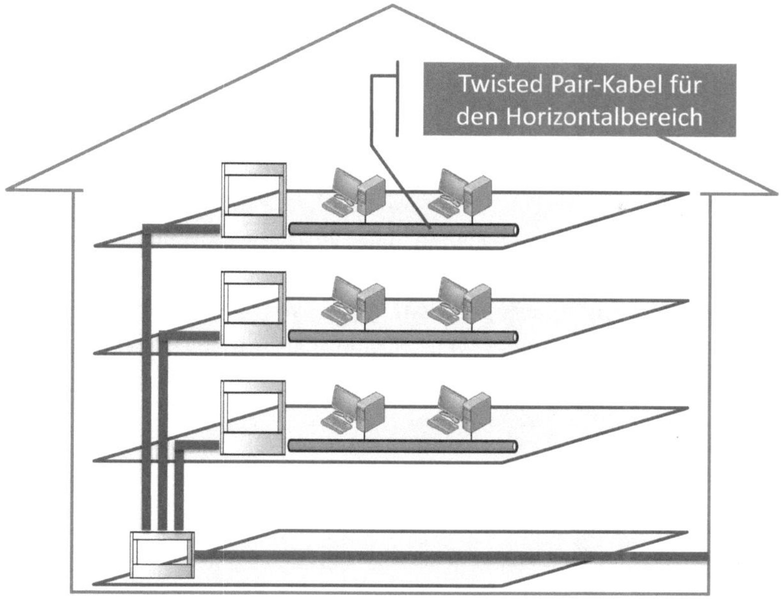

Bild 2.5 Tertiärverkabelung

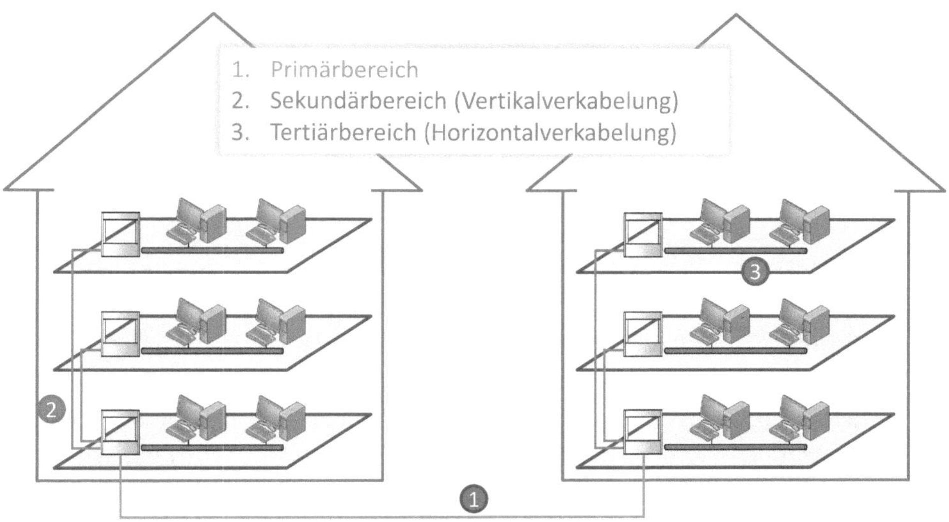

Bild 2.6 Strukturierte Verkabelung auf einen Blick

Mit der Realisierung der strukturierten Verkabelung gehen zwei Konzeptionen für das Netzdesign einher:

- **Distributed Backbones** beinhalten die genaue Abbildung der strukturierten Verkabelung. Gebäudeverteiler stellen dabei Switches dar. Der Übergang von einem LAN-Segment in ein anderes erfordert stets das Passieren zweier Koppelungselemente, was Leistungseinbußen nach sich ziehen kann. Bei den derzeit angebotenen leistungsfähigen Switches spielt dieses Argument jedoch eine zunehmend geringere Rolle.

- **Collapsed Backbones** verdichten das Etagen-Backbone durch Verzicht auf die Sekundärebene auf einen einzelnen sehr leistungsfähigen Netzknoten. Dadurch entsteht eine Sterntopologie mit der Möglichkeit zum zentralen Management. Da der Switch bzw. Layer-3-Switch das Backbone darstellt und diese Komponente sehr ausgeprägte Leistungsmerkmale aufweist, ergibt sich die Möglichkeit der Skalierung der Leistungsfähigkeit des Backbones. Andererseits stellt der zentrale Netzknoten einen „Single Point of Failure" dar, sodass es hier besonders ausfallsicherer Komponenten bedarf.

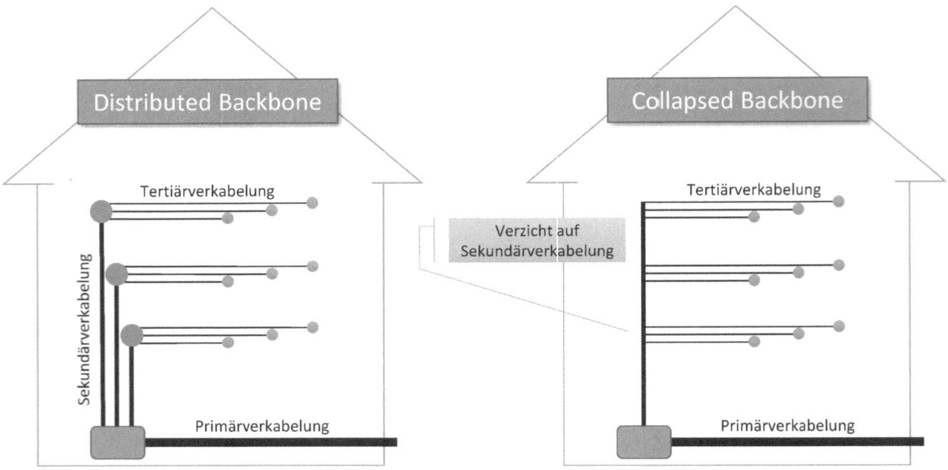

Bild 2.7 Distributed und Collapsed Backbone

Die Struktur des Distributed Backbones besticht durch ihre leichte Administrierbarkeit und ihr ausreichendes Leistungsverhalten, wenn Server und Arbeitsstationen im gleichen, relativ kleinen Segment angesiedelt sind. Zunehmend komplexere Organisationen fördern den Trend, dezentrale Komponenten zugunsten eines zentralen Informationszugriffs und -managements aufzugeben. Sinkende Kosten und die Verwaltung nur einer Netzkomponente motivierten diese Strukturänderung in Richtung Collapsed Backbones zusätzlich. Dennoch lassen sich beide Backbone-Konzepte kontrovers diskutieren:

Distributed Backbone

Vorteile:

- Der Aufbau einer Ringstruktur ermöglicht eine gute Fehlerredundanz.
- Ein geringer Verkabelungsaufwand reduziert die Investitionskosten.

- Durch die geringere Ausdehnung des Tertiärbereiches besteht eine Präferenz für den Erhalt der Kupferverkabelung.

Nachteile:

- Strukturelle Änderungen können nur mit großem Aufwand realisiert werden.
- Übergänge in andere Segmente verlangen das Passieren mehrerer Koppelungskomponenten.
- Mehrere Kopplungskomponenten steigern die Komplexität und stellen einen „Point of Failure“ dar.
- Dezentrale Strukturen erfordern Stromzuführungen und gesonderte Klimaanlagen.

Collapsed Backbone

Vorteile:

- Jede Verbindung kann die gesamte Bandbreite in Anspruch nehmen.
- Durch einen zentralen Verteiler verringert sich die Zahl der aktiven Komponenten, es lässt sich leichter eine redundante Infrastruktur aufbauen und es fallen geringere Verwaltungs- und Wartungskosten an.
- Die Notwendigkeit nur eines zentralen Verteilerraumes verringert die Gebäudekosten.
- Zum Übergang in andere Segmente wird allenfalls die Hälfte der Kopplungselemente des Distributed Backbones benötigt.

Nachteile:

- Durch die Zentralisierung entsteht erheblicher Verkabelungsaufwand.
- Die Anzahl der benötigten Anschlussports in der zentralen Komponente entspricht der Anzahl anzuschließender Geräte.
- Mit dem zentralen Knoten entsteht ein „Single Point of Failure“.

2.3 Glasfaserverkabelung

Die strukturierte Verkabelung wird zunehmend zum entscheidenden Aspekt der gesamten Gebäudevernetzung. Dabei nimmt die Bedeutung der Glasfaser durch ihre herausragenden Übertragungseigenschaften via Lichtwellen stetig zu.

Der Markt für Glasfaserprodukte ist bei weitem kein Nischenmarkt mehr. Interessanterweise wird er in den USA, dem Land der ungeschirmten Twisted-Pair-Verkabelung, stark vorangetrieben. Eine Vorreiterrolle übernehmen dabei zwei

Arbeitsgruppen, die FOLS (Fiber-Optic LAN Section) der TIA (Telecommunications Industry Association) und die OIDA (Optical Industry Developing Association). Sie beeinflussen die Standardisierung maßgeblich. Glasfaser war lange das bevorzugte Medium für Backbones im Primär- und Sekundärbereich, nicht aber für den Tertiärbereich. Trotz vieler Vorteile hat diese Verteilung weiterhin Bestand:

- Glasfaser bis zum Arbeitsplatz erspart die gesamte EMV-Problematik (Elektromagnetische Verträglichkeit).
- Eine unbemerkte Verletzung der mikroskopisch kleinen Faser ist praktisch nicht möglich.
- Bei einer Kupferleitung gestaltet sich die Fehlersuche sehr aufwendig, weil die Störquelle in der Buchse, im Stecker oder im Kabel liegen kann. Zur konkreten Analyse ist demzufolge eine aufwendige Messtechnik erforderlich. Bei Lichtwellen-Leitungen (LWL) treten Störungen sehr viel seltener auf. Im Fehlerfall ist die Erkennung einer defekten Faser über eine Beschädigung oder Verformung der Schirmung ohne Einsatz von Werkzeugen möglich, was eine erhebliche Erleichterung der Administration bedeutet.
- Durch die steigende zulässige Leitungslänge für Glasfaser reduziert sich die Anzahl der Schnittstellen und damit der potenziellen Störquellen. Diese systembedingte Eigenschaft wirkt sich äußerst vorteilhaft auf die Kosten des Netzbetriebs aus. Glasfaser reift damit zu einer sicheren und wirtschaftlichen Alternative der Übertragungstechnik heran.

2.3.1 Historie

Im Jahre 1966 entwickelte Charles Kao das erste Glasfaserkabel. Die kommerzielle Fertigung begann 1970 mit einem Stufenprofil und 20 dB/km Dämpfung. Bereits 1972 wurde das Kabel so weit verbessert, dass Werte von 4 dB/km erzielt wurden. In den Folgejahren nahm die Entwicklung von Kabeln, Steckverbindungen, Lichtquellen und Detektoren einen stürmischen Verlauf, sodass bereits 30 Jahre später die Technik als weitgehend ausgereift gilt.

2.3.2 Kabelaufbau

Bei Glasfaser wird Licht einer bestimmten Wellenlänge zur Datenübertragung genutzt. Der für das menschliche Auge sichtbare Bereich liegt im Spektrum von 400 - 720 nm. Für die LWL-Technik wird ein Bereich ab 800 nm genutzt, weil es dort drei Bereiche gibt, in denen ein Dämpfungsminimum existiert. Diese sog. Fenster liegen bei 850 nm, 1310 nm und 1550 nm. Eine Ausnahme bildet lediglich die Plastik-LWL-Technik, deren geringste Dämpfung bei 650 nm zu finden ist.

Das Fenster um 850 nm mit einer theoretischen Dämpfung von ca. 2 dB/km wird hauptsächlich für kurze Verbindungen mit kostengünstigen Lasern oder LEDs (Light Emitting Diode) verwendet.

Pro Verbindung werden zwei Fasern – Sende- und Empfangsleitung – benötigt. Glasfasern werden durch den Durchmesser des Faserkerns charakterisiert, in dem sich das Licht ungebrochen ausbreitet und durch den Glasmantel, der dafür sorgt, dass kein Licht aus der Faser austritt. Als Außendurchmesser hat sich eine Größe von 125 µm durchgesetzt, für den Durchmesser des Kerns sind Werte von 50 bzw. 62,5 µm typisch. Alle Glasfasern bestehen aus Substrukturen (Bild 2.8):

- dem optischen Kern (Core) als Träger des Lichtes aus dotiertem Siliziumdioxid, der einen Durchmesser von 8 µm, 50 µm oder 62,5 µm aufweist,
- dem optischen Mantel (Cladding) aus hochreinem Quarzglas, der das Licht beugt, es auf den Kern begrenzt und einen Durchmesser von 125 µm besitzt,
- einer substraten Ebene (nicht in allen Fasern) aus Glas, die zwar kein Licht transportiert, aber den Durchmesser und die Kabelstärke beeinflusst,
- dem Primary Coating aus Acrylat als erster mechanischer Schutzschicht,
- einem Secondary Coating, das die relativ empfindliche erste Schicht und den Kern schützt.

Der Gesamtdurchmesser der Glasfaser summiert sich somit auf 250 bis 900 µm. Kern und Mantel bilden eine mechanisch nicht trennbare Einheit. Nur bei PCS-Fasern (Polymer-Cladding-Silicia) bestehen sie aus separaten Schichten.

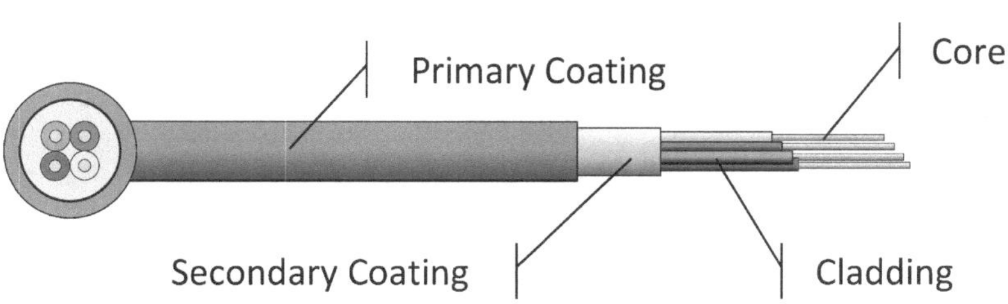

Bild 2.8 Glasfaseraufbau (Quelle: Leoni [20])

2.3.3 Arbeitsweise

Glasfaser weist durch die Art des Mediums einige Besonderheiten auf:

- Das Licht wird im Kern geführt; an der Grenzfläche von Kern und Mantel wird es reflektiert. Der Brechungsindex des Lichtes im Kern muss folglich größer als der des Mantels sein.

- Der Einkopplungswinkel des Lichtes als Winkel zwischen Ausbreitungsrichtung des einfallenden Lichtes zur optischen Achse darf einen maximalen Öffnungswinkel nicht überschreiten. Der zulässige Wert kann zwischen 0 und einem Wert liegen, dessen Größe von der lokalen Brechzahl abhängt.
- Die Ausbreitungsgeschwindigkeit des Lichtes verringert sich in Abhängigkeit vom Brechungsindex. Dieser gibt den Faktor an, um den sich die Ausbreitungsgeschwindigkeit des Lichtes in einem Medium im Vergleich zum freien Raum reduziert.

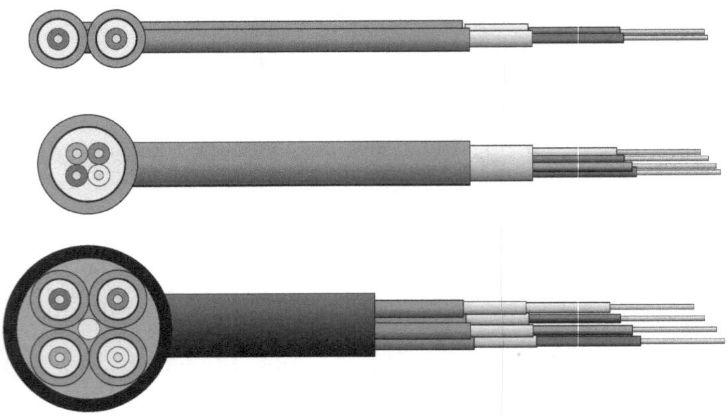

Bild 2.9 Unterschiedliche Glasfaserkabel (Quelle: Leoni [20])

2.3.4 Eingesetzte Technik

Eigentlich ist es eher Zufall, dass für Lichtwellenleiter Quarzglas verwendet wird. Jedes andere lichtdurchlässige Material wäre bei entsprechend geringer Dämpfung ebenfalls geeignet. Das zeigt die Verwendung von Polymeren bei Plastikfasern, die preiswerter und einfacher zu fertigen sind, deren Dämpfung aber leider sehr hoch ist. Glas hingegen ist ein sehr reines, zugfestes und elastisches Material, das eine geringe Dämpfung aufweist. Tabelle 2.2 zeigt eine Übersicht von Plastikfasern.

Tabelle 2.2 Plastikfasern

Kürzel	Faserart	Kerndurchmesser
POF	Reine Plastikfaser	980 - 1000 µm
PCS	Glas mit Weichplastik	200 µm
PCF	Glasfaser mit Plastik	verschieden
HCS	Glas mit Hartplastik	50 - 1000 µm

Zur Steigerung der Übertragungsrate für das Glasfasermedium bedienen sich die Entwickler eines physikalischen Tricks. Da sich Licht unterschiedlicher Wellenlänge nicht gegenseitig beeinflusst, werden zukünftig über eine Glasfaser nicht nur Licht einer Wellenlänge (= Farbe, z. B. weiß) verschickt, sondern mehrere Wellenlängen (etwa die Farben blau, grün, rot). Dieses als Dense Wavelength Division Multiplexing (DWDM) bezeichnete Verfahren teilt eine einzelne Faser damit in viele „virtuelle" Verbindungen, von denen jede eine unterschiedliche Wellenlänge darstellt. Da jede Wellenlänge eine bestimmte Datenmenge transportiert, lässt sich der Datendurchsatz der bereits bestehenden Glasfaserinfrastruktur um das n-fache steigern, wobei n der Anzahl der verwendeten Farben entspricht. Da die Zahl der Farben praktisch unbegrenzt ist, sind der Bandbreite kaum Grenzen gesetzt. Fast alle DWDM-Systeme arbeiten mit einer Wellenlänge von 1550 nm. In der ITU-Norm G.692 sind Wellenlängen und Kanalabstände definiert. Der typische Kanalabstand, d. h. die Wellenlängenunterschiede zwischen benachbarten Kanälen liegt bei 1,6 oder 0,8 nm. Der Vorteil dieser dichten Anordnung liegt in der Möglichkeit, optische Verstärker einzusetzen, mit denen alle Kanäle simultan auf rein optischer Ebene verstärkt werden können. Kritischer technischer Faktor eines DWDM-Systems ist die Stabilität des Sendelasers. Um eine Wellenlängenkonstanz im Nanometer-Bereich zu erreichen, sind weitgehende elektrische und thermische Stabilisierungen notwendig, die die Komponenten im Vergleich zu Standardlasern aufwendig und teuer machen.

Im Gegensatz zur konventionellen Technik auf Basis von Kupferkabeln erfordert der Einsatz von Glasfaserkabeln neuartige Komponenten und Verbindungstechniken:

- **Verbindungstechnik:** Die Verbindung von Faserenden erfolgt durch die Spleißtechnik, wobei Heiß- und Kaltspleißen unterschieden wird. Beide Faserenden müssen dazu an der Stirnseite genau aufeinanderstoßen, um das Licht verlustarm passieren zu lassen. Nur dann kann eine niedrige Dämpfung garantiert werden. Um diese Anforderung zu gewährleisten, werden spezielle Werkzeuge eingesetzt, sog. Cleaver, die die Faser zunächst anritzen und dann ruckartig auseinanderziehen. Das Zusammenfügen beider Enden erfolgt auf mechanische Weise oder durch relativ hohe Temperaturen. Beim mechanischen kalten Spleißen werden beide Faserenden mittels eines Metallspleißes verbunden, in dem die Fasern in einer V-Nut zusammengepresst werden. Beim Schmelzspleißen erfolgt die Faserverbindung mittels einer Funkenstrecke eines Lasers oder Gasbrenners. Dementsprechend ist diese Technik aufwendig und teuer.
- **Optoelektrische Wandler:** Auf der Einkoppelseite wird ein elektrisches Signal, wie es die Netzwerkkarte erzeugt, in einen Lichtimpuls umgesetzt. Wird die Strahlungsquelle direkt an die Faser angekoppelt, wird eine geringe Leistung (ca. 10 – 15 %) in den Faserkern eingekoppelt. Durch eine zwischenge-

schaltete Optik lässt sich der Strahl wesentlich besser bündeln, sodass sich die Leistung auf 30 % erhöhen lässt. Für eine **Pigtail-Ankopplung,** bei der die Strahlungsquelle unmittelbar mit der Faser verbunden ist, lassen sich grundsätzlich zwei Instrumente verwenden:

- **LEDs** sind Halbleiter, die unter steuerbaren Bedingungen Licht aussenden. Sie sind preiswert, erzeugen aber ein Licht hoher Strahlungsbreite (hohe Modendispersion) und eignen sich daher nur für kurze Übertragungsstrecken.
- **Laser** erzeugen stark gebündeltes Licht mit deutlich weniger Eigenwellen und erreichen demzufolge größere Reichweiten.

Der Unterschied zwischen der Verwendung von LEDs und Lasern liegt in der Einkopplungsart des Lichtes. LED nutzt die Vollanregung, Laser aktiviert nur wenige Moden (siehe Abschnitt 2.3.5). Der Betrieb einer Mehrmodefaser mit LED regt mehrere Hundert Lichtmoden an. Durch das parabelförmige Brechzahlprofil der Gradientenfaser werden die Laufzeitunterschiede zwar auf ein Minimum reduziert, dennoch kommt es aufgrund der Vielzahl der Moden zu einer verhältnismäßig hohen modalen Dispersion. Wird hingegen eine Mehrmodefaser mit einem Laser betrieben, so wird die Lichtleistung mit wenigen Moden im Faserzentrum betrieben, mit der Folge, dass die Dispersion sinkt. Umgekehrt wird beim Empfang eines Signals auf der Auskoppelseite das Licht auf eine Fotodiode geführt, um optische Impulse wieder in elektrische zurück zu verwandeln. Oft werden relativ großflächige Detektoren (ca. 1 mm^2) verwendet, da ihre Ankopplung besonders leicht ist.

2.3.5 Qualitätsparameter

- **Geschwindigkeit und Brechungsindex:** Alle elektromagnetischen Strahlungen breiten sich im Vakuum mit Lichtgeschwindigkeit, d. h. ca. 300 000 km/s aus. In einem dichteren Medium wie Glas sinkt die Geschwindigkeit. Dabei laufen kürzere Wellenlängen etwas langsamer als die längeren. Das Verhältnis der Laufzeit zur Lichtgeschwindigkeit ergibt den Brechungsindex, der gemäß dieser Definition von der Wellenlänge abhängig ist. Im Glas beträgt er ca. 1,5, das entspricht einer Ausbreitungsgeschwindigkeit von 200 000 km/s = 20 cm/ns.
- **Modenanzahl und -höhe:** Das eingekoppelte Licht besteht aus vielen Eigenwellen, die als Moden bezeichnet werden. Ein hoher Mode als Ausbreitungsweg des Lichtes im Glasfasermedium – erzeugt durch einen spitzen Einkopplungswinkel des Lichtes – führt zu häufigen Totalreflexionen. Die Signallaufzeit erhöht sich dadurch, wobei gleichzeitig die Signalintensität infolge der Viel-

zahl von Brechungen stark abnimmt. Da ein einzelnes Signal aus mehreren Moden besteht, erhöht sich die zeitliche Differenz ihres Eintreffens am Faserende, je länger die Entfernung ist. Dieser Effekt wird als **Modendispersion** bezeichnet und fällt umso bedeutender aus, je größer der Kerndurchmesser ist. In Gradientenfasern wird dieser Effekt durch konzentrische Brechzahlen weitgehend kompensiert. Strahlungsquellen besitzen verschiedene spektrale Breiten. Laserdioden sind mit einer Strahlungsbreite von < 1 nm viel schmaler als LEDs mit > 50 nm, sodass allein durch den Unterschied des Einspeisungsmediums Differenzen in der Laufzeit entstehen.

- **Bandbreiten-Längenprodukt:** Die Bandbreite stellt ein Maß für das Dispersionsverhalten und die erzielbare Bitrate in einem Glasfaserkabel dar. Je länger der Impuls durch eine Faser wandert, desto stärker verbreitert er sich und desto größer müssen die Abstände zwischen den einzelnen Impulsen ausfallen. Deshalb ist es sinnvoll, in die Beurteilung der maximal möglichen Übertragungsfrequenz die Länge zu integrieren. Die Maßzahl drückt aus, dass die Bandbreite umgekehrt proportional zur Länge ist und damit das Produkt aus Bandbreite und Länge konstant bleibt. Die Einheit ist MHz*km. Eine Faser mit 1200 MHz*km kann also eine Frequenz von 1200 MHz über einen Kilometer übertragen bzw. eine Übertragungsfrequenz von 2400 MHz über 0,5 km.
- **Lichtverluste:** Inhomogenitäten der Quarzfaser verändern den Brechungsindex. Auch in den hochwertigsten Glasfasern treten leichte Inhomogenitäten und Verunreinigungen auf. Ein kleiner Teil der Energie des Lichtstrahls wird von diesen Unregelmäßigkeiten des Materials zerstreut, wie Sonnenstrahlen in einem rauchgefüllten Raum. Dieser als **Rayleigh-Streuung** bezeichnete Effekt wächst mit zunehmender Wellenlänge. Darüber hinaus können mechanische Belastungen der Faser den Kerndurchmesser und den Brechungsindex verändern und Strahlungsverluste erzeugen. Hinzu kommen externe Fehler, die auf schlecht polierte oder verschmutzte Faserendflächen und Steckverbindungen zurückzuführen sind.
- **Dämpfung:** Von einer punktförmigen Quelle breitet sich die Strahlung gleichmäßig in alle Richtungen aus. Die Leistung pro Fläche nimmt aber im Quadrat der Entfernung ab. Anders als bei Kupferkabeln fällt mit steigender Wellenlänge die Dämpfung und steigt dann wieder an. Diese Wellenbewegung führt zur Existenz dreier optischer Fenster mit niedriger Dämpfung bei 850 nm, 1310 nm und 1550 nm.

Definition: Leistungsverlust

Die Größe des Leistungsverlustes *D* bestimmt sich nach der Formel:

$D = 10\log(P_1/P_2)$ in dB mit:

P_1 = Lichtleistung am Kabeleingang, P_2 = Lichtleistung am Kabelausgang

Die Dämpfung als Minderung der Übertragungsleistung eines Signals über eine Übertragungsstrecke ist von der Wellenlänge abhängig. Sie wird als logarithmisches Verhältnis von Eingangs- zu Ausgangsleistung angegeben und beruht auf zwei Ursachen: der Absorption (ein kleiner Teil wird reflektiert, ein weiterer Rest dringt in die Materie ein) und der Streuung durch Inhomogenitäten (Dichteveränderungen) im Glasfaserkabel. Für die Energieentnahme durch Absorption sind Molekularstrukturen des Basismaterials und Verunreinigungen des Faserkerns verantwortlich. Zusätzlich kann bei starken Biegungen der Totalreflexionswinkel überschritten werden, sodass die Moden in die Mantelhülle reflektiert werden. Die Dämpfung ist damit nicht nur durch die Kabelspezifikation gegeben, sondern kann auch durch fehlerhafte Verlegung oder Produktion verändert werden. Die Lichtsignale erleiden aber nicht nur eine Dämpfung, sondern auch eine Verzerrung. Ausgesendete Lichtimpulse treffen beim Empfänger verschwommen ein, weil die Moden des Signals leichte Laufzeitunterschiede aufweisen.

- **Numerische Apertur:** Der Sinus des Akzeptanzwinkels gibt an, bis zu welchem Grad das Licht auf die Stirnfläche der Faser auftreffen darf, um noch durch den Kern reflektiert zu werden. Je größer er ist und je größer der Kabeldurchmesser ausfällt, desto mehr Strahlung kann die Faser aufnehmen und führen. Werden zwei Fasern mit unterschiedlicher Apertur zusammengefügt, dann sollte die sendende Faser eine kleinere Apertur und einen geringeren Kerndurchmesser aufweisen.
- **Reflexion:** An der Grenzfläche zweier Medien unterschiedlicher Brechzahl entsteht eine Reflexion. Sie beträgt bei Glas und Luft 3,5 %, was einer Dämpfung von 0,15 dB entspricht. Mit Glas/Luft/Glas wie bei einer Steckverbindung addiert sich dieser Wert zu 0,3 dB **(Fresnel-Verlust)**. Bei balliger Politur wird die gesamte Luft zwischen den Faserenden herausgedrückt, sodass der Übergang Glas/Glas fast keine Reflexion mehr erzeugt. In Kombination mit einem Schrägschliff sind die verbleibenden Reflexe so steil, dass sie den Akzeptanzwinkel überschreiten und die Faser verlassen. Ein anderes Mittel gegen Reflexe bei Steckerübergängen ist das Einfügen von Indexpaste. Diese Technik ergibt einen reflexfreien Glas/Gel/Glas-Übergang. Nicht zu vermeiden sind Reflexionen an den freien Enden der Faser d. h. beim Senden oder Empfangen. Das dann rückläufige Signal kann durch Überlagerung zu Störungen führen.
- **Spektrales Dämpfungsfenster:** Die Dämpfung in einer Faser entsteht durch die Rayleigh-Streuung und die Filterwirkung des Kernglases. Für 950, 1200 und 1400 nm existieren Dämpfungsmaxima, dazwischen bei 850, 1300 und 1550 nm liegen Bereiche geringer Dämpfung. Es gelten etwa folgende Richtwerte (für Gradientenfasern): Dämpfung bei 850 nm max. 3,5 dB/km und bei 1300 nm max. 1,0 dB/km. Völlig anders verhalten sich Plastikfasern. Sie wei-

sen zwei Minima mit vergleichsweise hoher Dämpfung bei 660 nm mit ca. 140 dB/km und bei 780 nm mit ca. 300 dB/km auf.

- **Regenerierung:** Auf langen Verbindungen werden die Lichtsignale gedämpft und verzerrt. Zur Überbrückung großer Distanzen müssen die Signale daher regeneriert werden. Drei Möglichkeiten werden dafür unterschieden:
  - „1R" - Reamplify,
  - „2R" - Reamplify, Reshape,
  - „3R" - Reamplify, Reshape, Retime.

  Reshape und Retime erfolgen nach der opto/elektrischen Umwandlung durch elektronische Schaltungen, für Reamplify existieren rein optische Lösungen. Verbreitet ist die Erbium-Variante. Erbium wird dem Siliziumkern der Faser auf einer Länge von einigen Metern beigemischt. Die Erbium-Ionen werden durch eine externe Quelle geladen. Da der geladene Zustand instabil ist, lösen Photonen der eintreffenden Lichtsignale eine Entladung in Lichtform aus und verstärken auf diese Weise das Eingangssignal.

2.3.6 Glasfaserprofile

Monomodefaser

Bei einem Kerndurchmesser von 9 µm kann sich Licht, das eine Wellenlänge von 1,3 µm besitzt, nur noch annährend gradlinig ausbreiten. Folglich bleiben die qualitätsbeeinträchtigenden Wirkungen gering. Die verwendeten Laser liefern weitgehend „reines" Licht, sodass die Wirkung der chromatischen Dispersion relativ gering ausfällt. Monomodefasern zeichnen sich durch besondere Qualitätsmerkmale hinsichtlich Dämpfung (weniger als 0,5 dB/km) und Entfernung aus. Das Bandbreiten-Längen-Produkt liegt bei 100 GHz*km. Verglichen mit 1 GHz*km für Multimodefasern zeigen sich die Vorzüge dieses Kabeltyps. Das primäre Einsatzgebiet ist daher im Weitverkehrsbereich zu sehen.

Multimode-Stufenfaser

Der Glasfaserkern besitzt einen konstanten, aber höheren Brechungsindex als der Mantel, sodass es an der Grenzfläche zu einer Totalreflexion des Lichtes kommt, die diesem Typ ihren charakteristischen „Zick-Zack-Lauf" des Lichtes verleiht. Der Faser-Durchmesser ist mit 50 µm relativ groß im Vergleich zur Wellenlänge des Lichtes. Diese unterschiedlichen Größenverhältnisse bedeuten, dass im Gegensatz zur Monomodefaser der Effekt der Modendispersion auftritt, mit der Folge, dass das Bandbreiten-Längen-Produkt wesentlich geringer ausfällt. Aufgrund der unterschiedlichen Wege, die die verschiedenen Wellenlängen des Lichtes durch die Faser nehmen, benötigen die einzelnen Moden eine unterschiedliche Zeitspanne, um die Glasfaserstrecke zu durchqueren. Die einzelnen Moden erreichen folglich das Faserende zu unterschiedlichen Zeiten, sodass der Outputimpuls zur Erkennung eines Signals wesentlich länger sein muss als der Inputimpuls. Dieses als Modendispersion bekannte Phänomen beschränkt die mögliche Anzahl von Lichtimpulsen pro Zeiteinheit und bildet eine Obergrenze für die zu übertragende Bandbreite. Der Kabeltyp eignet sich damit vornehmlich für den Campusbereich. Charakteristisch sind die Außenmaße von 50 und 62,5 µm. In Europa dominiert der Kerndurchmesser von 50 µm mit einem Manteldurchmesser von 125 µm, in Amerika herrscht die Faser des Typs 62,5/125 µm vor.

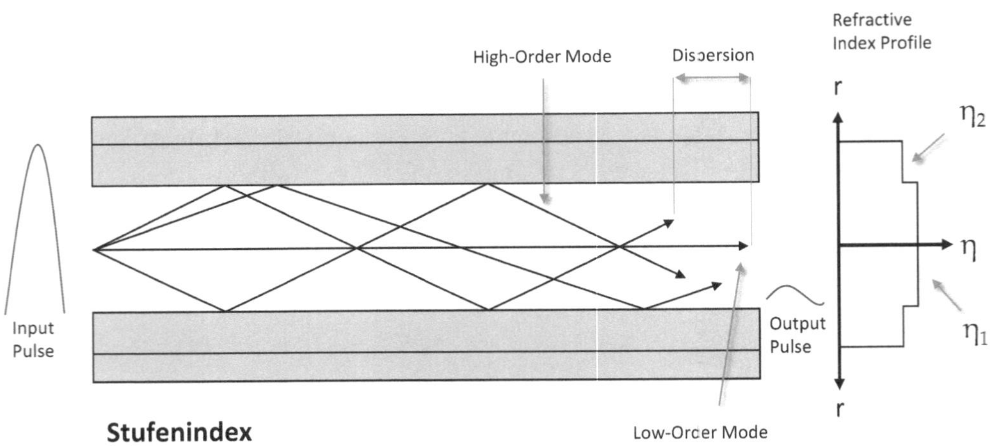

Bild 2.10 Multimode-Stufenfaser

Multimode-Gradientenfaser

Dieser Kabeltyp besitzt einen von der Kernmitte zur Grenzfläche parabelförmig verlaufenden Brechungsindex, sodass sich das Licht sinusförmig im Kern bewegt. Dieses Design nutzt den Effekt aus, dass Moden sich im Bereich eines niedrigeren Brechungsindex schneller als bei einem höheren ausbreiten. Die Laufzeit der unterschiedlichen Moden durch den Faserkern konvergiert folglich, sodass die zeitliche Ausdehnung von Input- und Outputimpuls nahezu übereinstimmen. Damit sinkt die Modendispersion und das Bandbreiten-Längen-Produkt steigt. Dieser Glasfasertyp hat sich zum Standard im Campusbereich entwickelt.

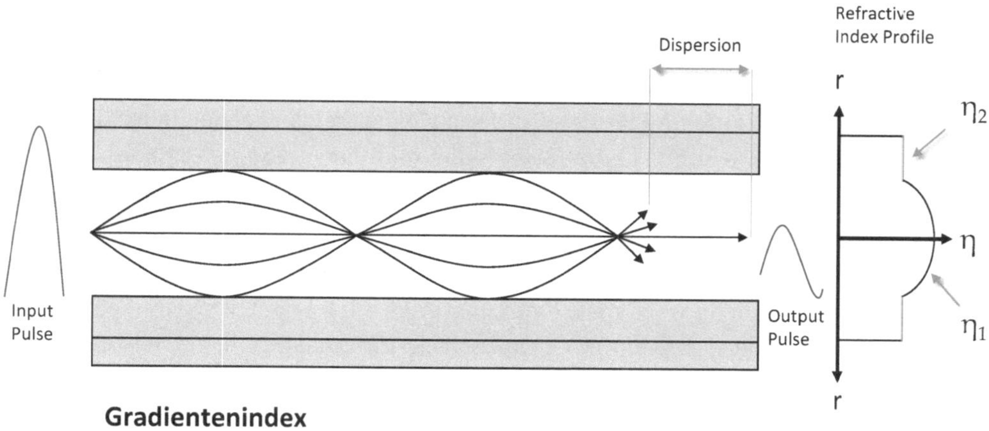

Bild 2.11 Multimode-Gradientenfaser

Eine Gegenüberstellung der einzelnen Glasfasertypen bezüglich der Qualitätsparameter zeigt Tabelle 2.3.

Tabelle 2.3 Vergleich der Glasfasertypen

	Multimode-Stufenfaser	Multimode-Gradientenfaser	Monomodefaser
Reichweite	1 - 2 km	2 - 4 km	> 20 km
Dämpfung	5 dB/km bei 850 nm 3 dB/km bei 1300 nm	2,7 dB/km bei 850 nm 0,8 dB/km bei 1300 nm	1 dB/km bei 850 nm 0,5 dB/km bei 1300 nm
Numerische Apertur	0,29	0,2	0,0

2.3.7 Glasfaserkabelarten

Neben den Fasertypen gibt es bei Glasfaserkabeln noch ein weiteres Unterscheidungsmerkmal, und zwar danach, ob die einzelnen Fasern direkt ummantelt sind oder ob sie in einem gelgefüllten Röhrchen einzeln oder mit anderen Fasern zusammengeführt werden. Dabei dient das Coating dem Schutz der Faser vor mechanischen Belastungen über einen Temperaturbereich von - 20 °C bis + 80 °C:

- **Vollader:** Alle an das Kabel angreifenden Längs- und Querkräfte wirken direkt auf die Adern, sodass eine Zugentlastung notwendig wird. Gleiches gilt für Temperaturunterschiede, die ungleich auf Mantel und Faser wirken und ausgeglichen werden müssen. Vor diesem Hintergrund kommt dieser Typ am häufigsten im Tertiärbereich zum Einsatz, insbesondere als Patch- und Anschlusskabel. Für den Außenbereich ist er hingegen ungeeignet.

- **Hohl- oder Bündelader:** Bei diesem Typ verlaufen mehrere Fasern gemeinsam mit Kunststoff umhüllt in einem gelgefüllten Hohlraum, der einen optimalen Schutz gegen Feuchtigkeit und Querkräfte (Nagetierschutz) bietet. Damit ist insbesondere eine Eignung für den Primärbereich gegeben, allerdings verträgt dieses Kabel nur kleine Biegeradien und benötigt einen hohen Aufwand beim Spleißen für Steckerverbindungen.
- **Break-Out-Kabel:** Sie vereinen mehrere komplette Volladerkabel durch einen gemeinsamen Kabelmantel und kombinieren quasi die beiden Kabeltypen. Dementsprechend weisen sie einige Vorteile auf, wie die Stressfreiheit der Fasern gegenüber Temperaturschwankungen. Ihr Einsatzgebiet ist bevorzugt der Sekundär- und Tertiärbereich.

2.3.8 Steckverbindungen

Stecker ermöglichen eine lösbare Verbindung zwischen zwei Faserenden und sollten selbst nach vielen Steckvorgängen nur eine geringe Dämpfung aufweisen, möglichst wenig Reflexionen erzeugen, stabil, preiswert und einfach in der Montage sein. Steckerarten gibt es in mehreren Varianten: **zylindrische** bzw. **konische Faserführungen** mit und ohne Berührung der Enden, **Schrägschliff** der Fasern mit und ohne Linsen und Materialien von Keramik über Hartmetall bis Kunststoff. Dabei ist zu beachten, dass Hartmetall und Keramik präziser zu bearbeiten sind als weiche Materialien.

Fast alle Stecker besitzen eine Verdrehsicherung, damit die Faserenden nicht aufeinander reiben. Sie werden durch eine Überwurfmutter oder einen Bajonettverschluss in ihrer Position gehalten. Überwurfmuttern können sich bei Vibration lockern und lösen, Bajonetthalterungen erfordern einen Federweg. Konische Führungen müssen gut zusammenpassen. Sie sind ungefedert, nicht nachpolierbar und weisen fast immer einen Luftspalt auf. Kleben und Polieren der Faser ist zwar umständlicher, aber stabiler als Ritzen und Brechen.

Die häufigsten Fehlerquellen bei allen LWL-Steckern mit der Folge einer hohen Dämpfung beruhen auf folgenden Ursachen:

- **Stirnflächenabstand:** Um eine konstante Dämpfung bei vielen Steckzyklen zu erreichen, wird ein kleiner Spalt eingehalten, dessen Genauigkeit die Dämpfung entscheidend beeinflusst.
- **Achsenversatz:** Dieser Effekt entsteht bei unpräziser Führung der Fasern in der Kupplung oder bei zu großer Bohrung, wenn der Kern nicht genau in der Mitte des Mantels liegt.
- **Kippwinkel:** Bei konischen Steckern, die zu lang sind oder sich berühren, kippen die Faserenden gegeneinander.

- **Oberflächenfehler:** Bei schlechter Politur oder nach wenigen Steckzyklen durch Zerreiben von Staub kann es zu Beschädigungen der Faserstirnflächen kommen.
- **Kerndurchmesser:** Werden zwei Fasern mit unterschiedlichem Kerndurchmesser gespleißt oder gesteckt, entsteht ein Dämpfungsverlust, da die Faserenden nicht präzise aufeinanderpassen.

Prinzipiell lassen sich Steckertypen in drei Kategorien einteilen:

Steckertypen

NC-(non contact) Verbinder: Sie gehören der ersten Generation von Fasersteckern an. Die Faserenden liegen nicht aneinander, sondern sind durch einen Luftspalt getrennt. Ein Vertreter ist der im LAN-Bereich selten anzutreffende SMA-Stecker.

PC-(physical contact) Verbinder: Diese Stecker besitzen Führungsnuten, die die Verbindung nur noch mit einer definierten Winkelstellung erlauben (rüttelfeste Bajonetthalterung). Sie werden konvex poliert, sodass die Faserkerne direkt zueinander in Kontakt kommen (Glas/Politur/Glas) und sind mit einem Federmechanismus versehen, sodass die Verbindung mit hoher Präzision und definiertem Anpressdruck hergestellt werden kann. Bekanntester Vertreter ist der ST-Stecker.

APC-(angled physical contact) Verbinder: Ein rechteckiges Plastikgehäuse mit einem Schnapphalter kennzeichnet diesen Steckeraufbau. Die Endflächen und damit die Faserstirnflächen stehen in einem definierten Winkel zueinander, der bewirkt, dass das von der Fasergrenzfläche zurückgestreute Licht in den Mantel reflektiert wird (Schrägschliff). Typische Vertreter sind FC- und SC-Verbindungen.

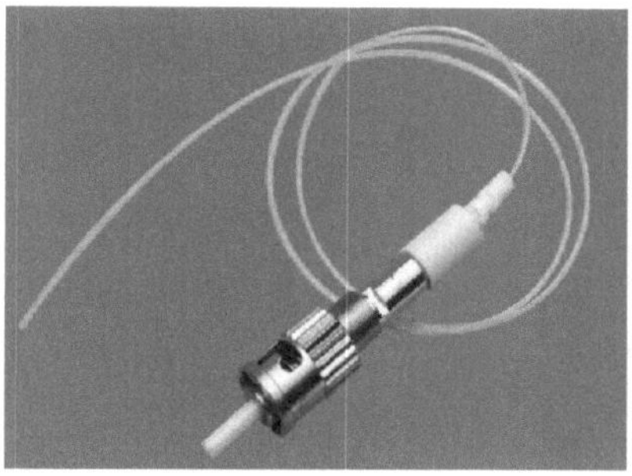
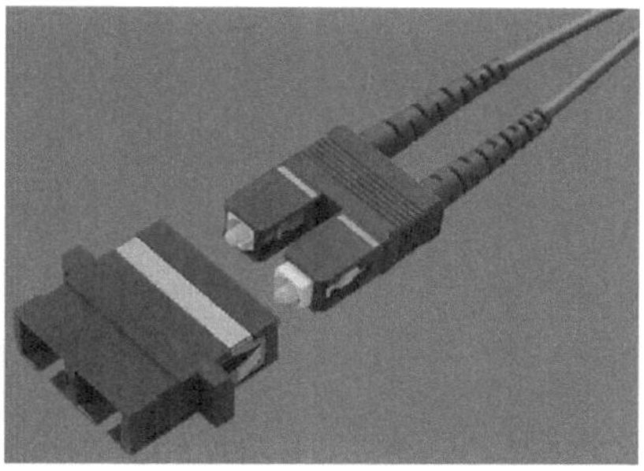

Bild 2.12 ST-Stecker und SC-Stecker

2.3.9 Bewertung

Da Glas ein Isolator ist und die Glasfaser ein geschlossenes System darstellt, werden externe Störfelder weder aufgenommen noch abgegeben. Aus diesem Aufbau resultieren eine Menge von Vorteilen, aber auch Nachteile. Die Bewertung erstreckt sich auf mechanische, übertragungstechnische und wirtschaftliche Aspekte.

Mechanische Aspekte

Vorteile:

- Kleine Kabeldurchmesser wirken platzsparend bei gleichzeitig geringem Gewicht. Dies macht sich insbesondere beim Management von Patchfeldern bemerkbar.
- Flexible und handliche Kabel ermöglichen eine einfache Verlegung.
- Glasfasern weisen eine geringere Brandlast als Kupferkabel auf.

Nachteile:

- Das Anbringen von Steckern und das Spleißen ist aufwendig.
- Im Gegensatz zu anderen Medien sind Biegeradien verstärkt zu beachten.
- LWL-Komponenten und hier insbesondere die LEDs unterliegen einem Alterungsprozess.

Übertragungstechnische Aspekte

Vorteile:

- Bei hoher Signaldichte ist eine große Bandbreite erzielbar.
- Die geringe Signaldämpfung und damit ein geringer Leistungsverlust des Lichtes entlang des Kabels ermöglichen große Übertragungsdistanzen. Da bei Glasfaser die Dämpfung nicht von der Übertragungsrate, sondern von der Wellenlänge des Lichtes abhängt, sind Übertragungsgeschwindigkeiten im MBit/s- und GBit/s-Bereich ohne große Dämpfungsverluste möglich.
- Da keine aktive und passive Beeinflussung der Übertragung durch elektromagnetische Störungen existiert, sind niedrige Fehlerraten, Abhörsicherheit und eine hohe Netzverfügbarkeit gegeben.
- Beschädigungen durch Überspannungen, statische Entladungen oder Blitzschlag sind nicht möglich.
- Die Trennung von Sender- und Empfängerfaser lässt keine Signalüberlagerung zu.

Wirtschaftliche Aspekte

Vorteile:

- Die Energie- und Betriebskosten eines Übertragungskanals sind gering.
- Es sind keine Etagenverteiler erforderlich, da im Gegensatz zu üblichen LAN-Technologien die maximale Netzausdehnung größer ist. Alle aktiven Komponenten gemäß des Collapsed Backbone befinden sich an zentraler Stelle, was das Netzmanagement erleichtert.
- Durch die große Bandbreite und Übertragungsdistanz ergibt sich eine Flexibilität bei der Gestaltung des Netzaufbaus.

- Die außergewöhnlich hohe Zuverlässigkeit der Glasfaser verringert die Betriebskosten durch eine Minimierung der Netzausfälle.
- Die Glasfaser verlängert den Lebenszyklus einer Verkabelung. Damit steigt die Investitionssicherheit der Netzwerkinfrastruktur.

Nachteile:

- Es existiert ein höherer Investitionsbedarf für aktive Komponenten.
- Die Anbindung analoger Sprachverbindungen ist aufwendig.
- Der Konfektionierungsaufwand ist abhängig vom Steckertyp.
- Die Bestimmung des Dämpfungsbudgets ist schwierig.

2.4 Twisted-Pair-Verkabelung

Twisted-Pair (TP) ist die generelle Bezeichnung für Kupferkabel mit einem oder mehreren verdrillten Leitungspaaren. Ursprünglich wurde dieser Kabeltyp im Fernmeldebereich eingesetzt. Der Durchbruch in die Computerwelt kam zu Beginn der 1980er-Jahre, als ein Ersatz für die teuren Koaxialkabel gesucht wurde. Die wachsende Leistungsfähigkeit machte es bald notwendig, Twisted-Pair in Bereiche zu untergliedern, um den Netzbetreibern die Entscheidung bei der Wahl der angemessenen Kabel zu erleichtern.

Fast alle Dienste benötigen zur Signalübertragung zwei Paare, d. h. vier Adern: ein Paar für das Senden, das andere für den Datenempfang. Um eine Störung der Signale auf den Leitungspaaren zu verhindern, sind die Adern symmetrisch gegeneinander verdrillt. Dadurch neutralisieren sich die elektromagnetischen Felder, die von stromleitenden Adern ausgehen, weitgehend. Der Grad der Verdrillung wird durch die Schlagzahl pro Längeneinheit angegeben.

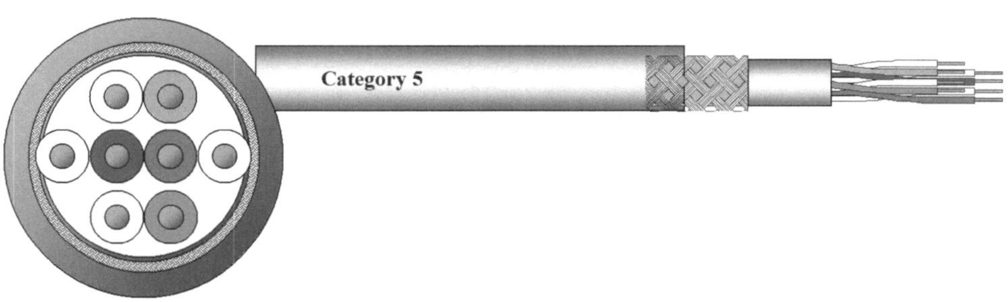

Bild 2.13 Aufbau eines Kupferkabels mit 8 Adern

Bei der Übertragung digitaler Signale gibt es eine Vielzahl von Merkmalen, die die Qualität des Kabels bestimmen. Hochfrequenz-Eigenschaften wie Wellenwiderstand, Rückflussdämpfung, Nebensprechdämpfung und Rauschabstand sind die wichtigsten Faktoren. TP-Kabel werden grundsätzlich nach zwei Kriterien unterschieden: geschirmt oder ungeschirmt. Geschirmte TP-Kabel gibt es mit einer gemeinsamen Abschirmung (S-UTP), die als Mantel alle Adern umschließt, mit einer Einzelabschirmung für jedes Adernpaar (STP) und mit einer Kombination aus Einzelabschirmung und gemeinsamer Abschirmung um alle Adern (S-STP) - siehe Tabelle 2.4.

Tabelle 2.4 Twisted-Pair-Kabeltypen

Kabeltyp	Beschreibung
STP 100 Ω	paarweise geschirmtes Kabel mit einem Gesamtschirm aus Metallgeflecht. Beispiel: IBM Typ N-Kabel
FTP 100 Ω (Foiled-TP)	Aufbau wie STP 100 Ω, jedoch mit einer äußeren Gesamtabschirmung aus aluminiumbeschichteter Kunststofffolie. Bevorzugter Typ für Kabel der Kategorien 6 und 7
S/UTP 100 Ω	keine Schirmung für die einzelnen Adernpaare, wohl aber eine Gesamtschirmung aus Metallfolie und/oder Metallgeflecht
UTP 100 Ω	Kabel ohne jede Schirmung der Adernpaare

2.4.1 Qualitätsparameter

Mehrere Eigenschaften spiegeln die Leistungsfähigkeit der Kupferkabel wider. Für die Wahl von symmetrischen Kabeln spielen insbesondere Widerstand und Dämpfung eine entscheidende Rolle:

- **Wellenwiderstand:** Dieses Maß ist neben dem mechanischen Aufbau vor allem von der Übertragungsfrequenz abhängig. Gute Übertragungsergebnisse werden bei einem homogenen Widerstand erreicht, z. B. ist der Wellenwiderstand bei der Ethernet-Verkabelung auf 50 Ω festgelegt. Leitungen werden bei Ethernet mit Abschlusswiderständen entsprechend des Wellenwiderstandes abgeschlossen, um Reflexionen der Welle am Ende der Leitung zu unterbinden.
- **Dämpfung:** Ein elektrisches Signal erfährt im Zuge seiner Ausbreitung über ein Medium Leistungsverluste. Das bedeutet, dass das empfangene Signal kleiner als das gesendete ist. Diese Einbußen werden in erster Linie vom Widerstand und dem Isolationsmaterial bestimmt. Ziel ist es, diese Verluste möglichst gering zu halten, um eine große Übertragungsentfernung zu gewährleisten. Die Berechnung der Dämpfung D erfolgt nach der Formel:

$D(L) = -20 \times \log (|U_{ein}| \,/\, |U_{aus,L}|)$

mit: U_{ein} Spannung am Leitungseingang

$U_{aus,L}$ Spannung am Leitungsausgang der Leitung der Länge L

Der Dämpfungswert wird in dB/100 m oder dB/km angegeben, da die Dämpfung mit der Länge des Kabels wächst.

- **Nebensprechen:** Dieser Vorgang beschreibt einen unerwünschten Leistungsübergang von einem Adernpaar auf ein anderes. Das Übersprechen entsteht auf der gesamten Länge der Übertragungsstrecke und ist eine Folge unvermeidlicher Kapazitätsreduktion (vgl. Folgeseite) im Kabel. Die Messung erfolgt an beiden Enden der Übertragungsstrecke.
- **Nahnebensprechdämpfung (NEXT):** Der Wert bezeichnet das Leistungsverhältnis zwischen Eingangssignal (*TX*) und dem am nahen Ende gemessenen Übersprechen (*Nah*). Je höher die Signalfrequenz ist, desto größer ist das Übersprechen:

$NEXT\,[\mathrm{dB}] = -10 \times \log (Nah/TX)$ in dB/km

- **Attentuation to Crosstalk Ratio (ACR):** Der ACR-Parameter setzt die beiden Werte NEXT und Dämpfung ins Verhältnis. Ist die Dämpfung des Nutzsignals gleich oder größer der Dämpfung des Übersprechens, so kann der Empfänger das Signal nicht mehr vom störenden Übersprechen trennen.
- **Ausbreitungsgeschwindigkeit des Signals:** Das elektrische Signal breitet sich in einem Kupferkabel wie eine Welle aus:

$V = a \times c$

MIT: *c Lichtgeschwindigkeit = 300 000 km/s*

a Nennausbreitungsgeschwindigkeit

Der Parameter *a* hat unmittelbare Auswirkungen auf die maximale Ausdehnung von LANs.

- **Induktivität:** Dieser Effekt tritt in jedem stromdurchflossenen Leiter auf und bewirkt eine Verzerrung des Signals. Der Wert steigt mit zunehmendem Abstand der Adern eines Paares und sinkt mit zunehmendem Leiterquerschnitt sowie Abstand des Schirms. Der Abstand der Adern eines Paares kann dabei durch die Dicke der Isolationsmaterialien beeinflusst werden.
- **Kapazität:** Auch dieser Parameter führt zu Signalverzerrungen und ist abhängig vom Abstand der Adern. Jedoch steigt die Kapazität mit sinkendem Abstand. Dieser Umstand zeigt, dass die Forderung nach geringer Induktivität

und gleichzeitig abnehmender Kapazität einen Kompromiss beim Abstand der Leiter voneinander fordert. Im Gegensatz zur Induktivität besitzt die Wahl des Isolationsmaterials einen entscheidenden Einfluss auf die Kapazitätseigenschaft. Brandverhalten, Verarbeitungsmöglichkeiten, Langzeitstabilität und Materialfestigkeit schränken die Auswahl erheblich ein.

- **Maximale Bitrate:** Die Übertragungskapazität eines Übertragungsmediums *C* ist nicht unendlich, sondern nach einem Gesetz von Shannon durch den Störabstand *SNR* und die Bandbreite *B* begrenzt: $C = B \times \log_2(1 + SNR)$. Nach dieser Gesetzmäßigkeit ist die gleiche Bitrate auch durch eine Steigerung der Bandbreite bei Verringerung von *SNR* zu erzielen.
- **Minimaler Biegeradius:** Dieser Parameter spielt für das Verlegen eine große Rolle, denn beim Biegen oder Knicken verändert sich der Adernabstand und damit die elektrische Eigenschaft des Kabels. Eine Verringerung des Adernabstandes induziert einen wachsenden Wellenwiderstand und eine abnehmende Übertragungsenergie und folglich eine „Fehlinterpretation“ der Signale.

Neben der Betrachtung der Schlüsseleigenschaften stellt sich bei jeder Verkabelung auch die Frage nach einer optimalen Schirmung. Dabei besteht für Kabel mit einer hochfrequenten Übertragung die Wahl zwischen Kabeln mit Folienschirmung (Pimf-Kabel = paarweise in Metallfolie) oder einer Kombination aus Folie und Geflecht. Die konstruktiven Unterschiede zwischen Folien- und Geflechtschirm bewirken ein unterschiedliches Schirmungsverhalten. Während sich eine Folie besser zur Abschirmung von hohen Frequenzen eignet, zeigt ein Geflechtschirm bei niedrigen Frequenzen die bessere Wirkung. Den idealen Schutz bietet folglich die Kombination aus beiden. Eine Schirmung besitzt allgemein den Vorteil, dass elektromagnetische Felder, die durch die Stromführung in den Adern entstehen, sich nicht über andere Leitungspaare ausdehnen. Andererseits bieten sie auch Schutz gegen äußere Störfelder. Geschirmte Kabel sind wesentlich stabiler und umfeldunabhängiger als ungeschirmte.

Aber nicht nur die geschirmten TP-Kabel stehen im Blickpunkt, auch im Bereich ungeschirmter Kabel hat sich eine stürmische Entwicklung vollzogen. Derzeit haben in Europa UTP-Kabel einen Marktanteil an Neuverkabelungen von 50 %, weltweit sogar 75 %. Dies ist vor allem darauf zurückzuführen, dass mit ihnen auch Gigabit-Ethernet-Übertragungen möglich sind.

2.4.2 EIA/TIA-568-Standard

Um ein einfaches und herstellerübergreifendes System zur Qualitätsbestimmung von Netzwerkkabeln einzuführen, hat sich ein Standard herausgebildet, der Grenzwerte für den Wellenwiderstand, die Dämpfung und das Nahnebensprechen vorschreibt. Diese Norm – als EIA/TIA-568 (Electronic Industries Association/

Telecommunications Industry Association), Titel: Commercial Building Wiring Standard bekannt – beschränkt sich ausschließlich auf die Tertiärebene der strukturierten Verkabelung (Wiring Closet). Ihr Ziel ist die Sicherstellung dienstneutraler Anforderungen. Dabei finden insbesondere die Eigenheiten des amerikanischen Marktes Berücksichtigung. Für die vier grundsätzlichen Kabelarten, die zwischen Endgeräten und Etagenverteiler verwendet werden können – Koxial-, STP-, UTP- und Glasfaserkabel –, werden sieben Anwendungsklassen, Category 1 bis 7, unterschieden. Dabei ist wichtig, dass alle Komponenten des Verkabelungssystems die Ansprüche der Anwendungsklasse erfüllen. Zum System gehören neben dem Kabel auch Wanddosen, Patchkabel, Steckverbindungen und Verteilerschränke.

Die Pinbelegung der 8 Adern eines Twisted-Pair-Kabels nach dem Standard TIA-568 A folgt einem festen Prinzip. Die orangefarbenen und grünen Adern senden und empfangen Daten, blaue und braune Adern dienen als Reserve für höhere Bandbreiten. Ab dem Gigabit-Ethernet-Standard werden alle acht Adern für Übertragungszwecke genutzt. Die Streifen der Adern zeigen darüber hinaus die Polarität an: gestreifte Adern sind positiv, einfarbige negativ.

Pin	Adernfarbe
1	weiß/grün
2	grün
3	weiß/orange
4	blau
5	weiß/blau
6	orange
7	weiß/braun
8	braun

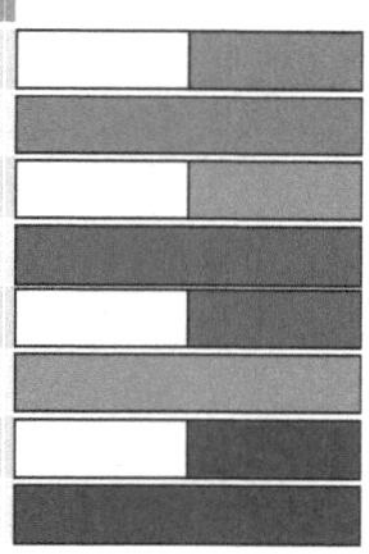

Bild 2.14
Pinbelegung für TIA-568 A

Der Standard TIA-568B besitzt eine geringfügig veränderte Adernfolge. Hier gilt die Adernzuordnung: orange gestreift, orange, grün gestreift, blau, blau gestreift, grün, braun gestreift, braun. Ein Vergleich zeigt, dass die grünen und orangefarbenen Adern vertauscht sind.

Eine Fehlerquelle besteht in der gleichzeitigen Verwendung beider Standards TIA-568 A und TIA-568B. Für eine einwandfreie Funktion müssen beide Kabelenden bei der Ethernet-Verkabelung von PCs mit Hub/Switches den gleichen Anschlussstandard verwenden. Bei der direkten Ethernet-Verbindung zweier PCs, muss ein Ende den Standard TIA-568 A verwenden und das andere TIA-568B. Diese Art von Kabel wird auch als Crossover-Kabel bezeichnet, da die Sende- und Empfangsadernpaare vertauscht sind. Heutzutage erkennen Geräte mit modernen Ethernet-Anschlüssen die Vertauschung der Adernpaare automatisch, was als Auto Medium Dependent Interface X bezeichnet wird, wobei das X für Crossover steht. ■

Jede Kabelader muss mit einem bestimmten Kontakt des Steckers verbunden werden. Im TP-Umfeld hat sich der RJ-45-Stecker als Standard durchgesetzt.

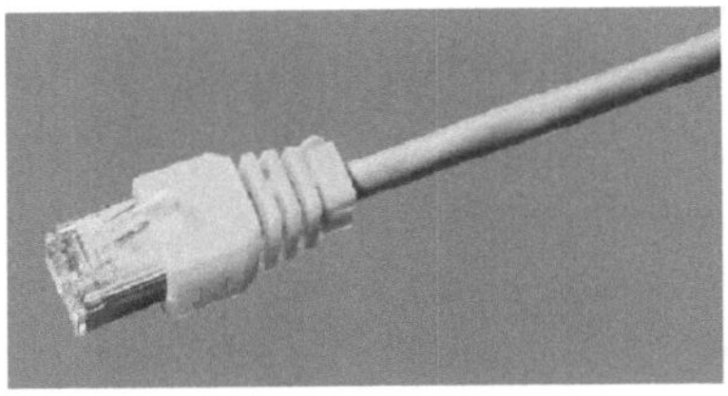

Bild 2.15
RJ-45-Stecker

2.4.3 ISO/IEC-Standard 11801 und EN 50173

Bezieht sich die Definition nicht nur auf die Kabel, sondern schließt die gesamte Übertragungsstrecke mit Steckern und Anschlussdosen ein, wird nicht mehr von Category, sondern von Klasse gesprochen. Dabei gilt als Annäherung, dass Klasse D der Category 5, Klasse E der Category 6 und Klasse F der Category 7 entspricht. Als weltweiter Standard jenseits der speziellen Gegebenheiten des US-Marktes entstand auf der Grundlage des EIA/TIA 568-Standards ein Vorschlag der ISO/IEC (International Electrotechnical Commission) mit dem Titel: „Customer Premises Cabling“, der durch die CENELEC (Comite Europeen de Normalisation Electrotechnique) im Juli 1995 in die EN 50173 umgesetzt und als DIN EN 50173 unter der Überschrift „Leistungsanforderungen an strukturierte Verkabelungsschemata“ auf deutsche Verhältnisse übertragen wurde. Dieses Konzept beschreibt die Leistungsanforderungen für:

- die Topologie der Verkabelung,
- die Spezifikation der Kabel und der Anschlusstechnik,
- die Leistungsfähigkeit der Übertragungsstrecke,
- die Prüfverfahren.

Die zugrunde liegenden Prüfverfahren beziehen sich auf die Spezifikation TSB-67 als Teil des EIA/TIA-Standards. Diese legt alle elektrischen Parameter von Netzkabeln bis zur Category 5 und die Genauigkeit der Testgeräte fest. Ferner enthält sie Angaben dazu, was genau zu einer Verkabelung gehört und welche Komponenten nicht mehr das Ergebnis beeinflussen.

Die Angaben für Kabel und Anschlusstechniken beziehen sich auf die durch die EIA/TIA-568 vorgegebenen Kategorien 1 bis 5, erweitert um entsprechende Werte für die gesamte Übertragungsstrecke (Link). Angepasst für ISO/IEC 11801 bzw. EN 50173 können die Anwendungsklassen A bis F wie in Tabelle 2.5 beschrieben werden.

Tabelle 2.5 Anwendungsklassen

Anwendungsklasse	Beschreibung
Klasse A	Diese Klasse ist für Sprach- und andere Niederfrequenzübertragungen mit Frequenzen bis maximal 100 kHz gedacht. Hierunter fallen Nebenstellenanlagen und ISDN CCITT X.21 und S_0-Anschlüsse.
Klasse B	Anwendungen mit mittleren Datenraten bis 1 MHz Bandbreite fallen in diese Klasse. Dazu gehören in erster Linie Telefondienste.
Klasse C	Diese Kategorie ist für Anwendungen mit hohen Bitraten bei kurzen Entfernungen bis zu einer maximalen Frequenz von 16 MHz spezifiziert. Kandidaten hierfür sind alle konventionellen LAN-Technologien.
Klasse D	Diese Klasse beschreibt Anforderungen für eine maximale Bandbreite von 100 MHz. Damit werden zwar viele LAN-Technologien erfasst, Hochgeschwindigkeitstechniken liegen aber jenseits des Definitionsbereichs.
Klasse E	Normvorschlag der ISO/IEC für 200 MHz auf Basis von RJ-45 Steckverbindungen, die zu Category 5 kompatibel sind.
Klasse F	Normvorschlag der deutschen Sektion der ISO mit Frequenzen bis zu 600 MHz auf der Basis neuer Stecker.

Die Beziehung der Anwendungsklassen ISO/IEC 11801 zu den Übertragungsmedien gemäß TIA/EIA- 568 A zeigt Tabelle 2.6.

Tabelle 2.6 Anwendungsklasse und Kategorie

Kategorie	Category 5	Category 5e	Category 6	Category 7	Category 8
Klasse	D	D+	E	F	F
Bandbreite	100 MHz	100 MHz	200 MHz	600 MHz	2000 MHz
Reichweite	100 m	100 m	100 m	100 m	30/100 m
Stecker	RJ-45	RJ-45	RJ-45	GG-45	GG-45

Ein allgemeines Problem der Verkabelung stellt die Ähnlichkeit zwischen alten und neuen Standards dar. Category 5- oder Klasse D-Kabel, die zwischen 1995 und 1999 produziert wurden, erfüllen die Bedingungen nach TSB67. Die nach dem ab 1999 geltenden Standard TSB95 hergestellten Kabel erfüllen strengere Anforderungen. Aus der Kennzeichnung der entsprechenden Kabel ist dieser Unterschied oft nicht ersichtlich.

Ähnliches gilt für die Category 6- oder Klasse E-Kabel. Die Differenz in den definierten Parametern betrifft insbesondere den Übergang zu Category 6 A bzw. Klasse E_A.

Ein neuer Category 8-Standard wurde 2016 von der ANSI/TIA-568 vorgestellt. Er definiert zwei neue Kategorien für vierpaarige Kupferkabel mit einer Frequenz bis zu 2000 MHz und einer Reichweite von 100 m für 10G-Ethernet und 30 m für die Geschwindigkeiten darüber:

- Class I Kanal (Category 8.1-Kabel): Hierbei handelt es sich um ein minimales Kabeldesign U/FTP oder F/UTP, das vollständig rückwärts kompatibel und interoperabel mit Class EA bzw. Category 6 A mit RJ-45 Stecker ist,
- Class II Kanal (Category 8.2 Kabel): F/FTP oder S/FTP ist interoperabel mit Class FA bzw. Category 7 A mit TERA/GG-45/ARJ-45 Steckern.

Die EMV (Elektromagnetische Verträglichkeit) stellt ein Problem für Kupferkabel dar. Der Inhalt von Gesetzen (EMVG, Bundesgesetzblatt 1992, Teil I) könnte vermuten lassen, dass die Verkabelung selbst ein unkritischer Faktor ist. In der Theorie sorgt zwar die Verdrillung der ungeschirmten Twisted-Pair-Kabel dafür, dass sich die EMV-Wirkung der einzelnen Adern gegenseitig aufhebt, Störungen in der Symmetrie der Verdrillung können in der Praxis jedoch dazu führen, dass die Schutzanforderungen nicht mehr eingehalten werden können. Ein Ausweg besteht nur in der Verwendung gut geschirmter Kabel. Da die UTP-Kabel im Gegensatz zum geschirmten Kabel kein geschlossenes System bilden, können nennenswerte Nebensprechwirkungen auf benachbart liegende Kabel auftreten. Dieser als **Impulse Noise oder Random Noise** bezeichnete Effekt hängt im Wesentlichen von der Schlaglänge der Paare ab und lässt sich durch eine Wahrung des Abstandes zu anderen elektrischen Quellen reduzieren.

Alle Gigabit-Ethernet-Verfahren übertragen die Signale bidirektional auf allen vier Paaren. So werden unter Gigabit-Ethernet durch das PAM-5-Schema (Pulse-Amplitude Modulation) 250 Mbit/s über jedes Paar transferiert. Damit werden aber auch die Qualitätsparameter der bisherigen zwei-paarigen Übertragungen unzureichend. Die Arbeitsgruppe der ISO/IEC und das EIA/TIA als Anwenderkonsortium bemühen sich daher, neue Grenzwerte für kritische Parameter zu definieren:

- **PS-Next (power sum near-end-crosstalk)** misst den kumulativen Effekt von Next auf alle vier Adernpaare. PS-Next wird für jedes Paar auf der Grundlage des Next-Effektes auf die anderen drei Paare bestimmt.
- **PS-ACR (power sum attentuation-to-crosstalk ratio)** gibt in dB an, um wie viel das Datensignal auf dem einen Paar stärker ist als das Rauschen auf den verbleibenden drei Paaren sein darf.
- **Rückflussdämpfung** gibt Aufschluss über die Kabelgüte hinsichtlich der Signalreflektion. Da das Eingangssignal und der reflektierte Anteil entgegengesetzte Ausbreitungsrichtungen aufweisen, ist das Verhältnis zwischen Sendesignal und reflektiertem Anteil negativ.
- **Propagation Delay** beschreibt die Zeitspanne in Nanosekunden, die eine Signalausbreitung für 100 m benötigt.

- **Delay Skew** misst die Differenz der Signalausbreitung in Nanosekunden zwischen dem schnellsten und langsamsten Kabelpaar. Ein Unterschied entsteht durch die Verdrillung der Kabel, die zur Unterdrückung von Störeinflüssen für jedes Paar individuell ist oder durch die Verwendung unterschiedlichen Isoliermaterials.
- **Fernnebensprechdämpfung FEXT:** Da sich das Übersprechen entlang der gesamten Kabellänge ausbreitet, entsteht auch am Ende der Übertragungsstrecke ein Effekt. Aufgrund der Dämpfung ist der Fernpegel jedoch wesentlich niedriger als der Nahpegel.

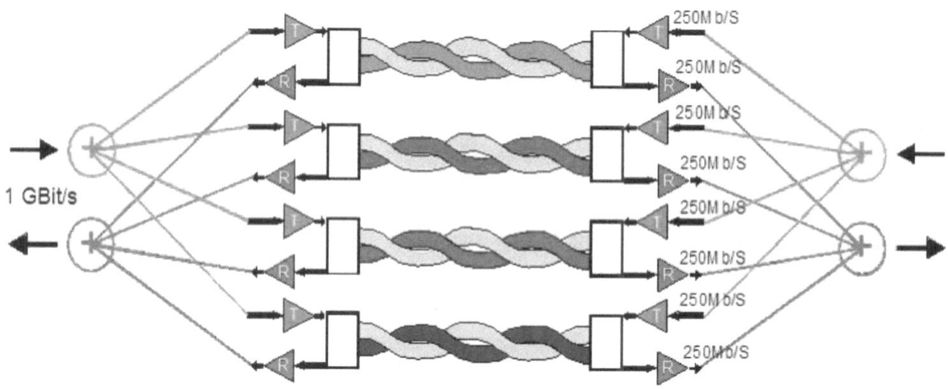

Bild 2.16 PS-Next bei Gigabit-Ethernet

- **Alien Crosstalk:** Die größte technische Herausforderung bei der Übertragung von 10 GBase-T war die Unterdrückung bzw. das Vermeiden des Alien Crosstalk. Durch das aufwendige PAM16-Codierungsverfahren bei 10G-Ethernet ergeben sich wesentlich kleinere Spannungsunterschiede zwischen den einzelnen logischen Zuständen im Vergleich zu 100Base-T. Dies führt zu einer deutlich höheren Empfindlichkeit des Signalwegs gegenüber eingekoppelten Störsignalen. Störsignale auf dem Signalweg der betreffenden Übertragungsstrecke können insbesondere durch benachbarte Datenkabel- oder Steckverbinder hervorgerufen werden, aber auch durch systemfremde Quellen.

2.4.4 Bewertung

Die Bewertung erstreckt sich wie bei Glasfaser auf mechanische, übertragungstechnische und wirtschaftliche Aspekte.

Mechanische Aspekte

Vorteile:

- Flexible und handliche Kabel ermöglichen eine leichte Verlegung.
- Das Anbringen von Steckern ist einfach.

Nachteile:

- Ein höherer Aufwand entsteht durch notwendige bautechnische Maßnahmen. Im Gegensatz zur Glasfaser müssen bei Kupfer und dessen EMV-Anfälligkeit Kabel und Stromleitungen gesondert verlegt und gegeneinander abgesichert werden.
- Brandschutzmaßnahmen verursachen weit höhere Kosten als bei Glasfaserkabeln, die ohne metallische Komponenten gegenüber Feuer unempfindlicher sind.
- Kupferkabel sind nur für eine bestimmte Zuglast ausgelegt. Werden die Grenzwerte etwa beim Verlegen überschritten, drehen sich Kabel teilweise auf, was zu einer Veränderung der elektrischen Eigenschaften führt.

Übertragungstechnische Aspekte

Vorteile:

- Bei Ethernet-Installationen unterstützt der Autosensing-Mechanismus die Erkennung der Übertragungsgeschwindigkeit. Aufgrund der Komplexität der unterschiedlichen optischen Fenster und anderer Parameter ist dies bei Glasfaser nicht möglich.

Nachteile:

- LWL-Kabel lassen größere Bandbreiten als Kupferkabel zu.
- Eine hohe Signaldämpfung durch eine schlechte Leitfähigkeit verursacht Leistungsverluste.

Wirtschaftliche Aspekte

Vorteile:

- Das Kabel und die aktiven Komponenten sind preiswert.
- Daten- und Telefonverkehr können über eine Verkabelung geführt werden, während der Telefonverkehr über Glasfaser teurere elektro/optische Wandler an der Benutzerschnittstelle erfordert.

- Der Investitionsschutz der Verkabelung ist weitgehend sichergestellt. Mittlerweile unterstützen alle LAN-Technologien Twisted-Pair-Kabel als Übertragungsmedium.

Nachteile:

- Die Investitionssicherheit für zukünftige Technologien, z. B. 100G-Ethernet, ist nicht gegeben, da aufgrund des physikalischen Aufbaus der Leistungsfähigkeit Schranken gesetzt sind.
- Die Längenrestriktion der LAN-Technologien erfordert oftmals zusätzliche Etagenverteiler.

Neben diesen Aspekten sind aber auch noch andere Faktoren von Bedeutung. So besteht in einigen EU-Ländern und in den USA eine große Präferenz für UTP-Kabel aufgrund ihrer weiten Verbreitung und ihrer bisherigen Nutzung als Telefonkabel. Ihre Verwendung auch für die Vernetzung senkt die Installations- und Investitionskosten in die Infrastruktur beträchtlich.

Patchpanel sind ein Mittel, um Kabel und Kabelverbindungen in einem Schrank zu organisieren. Die von den Wandanschlüssen kommenden Kabel werden hinten in den Patchpanels gesteckt und mit kurzen Patchkabeln anschließend von vorn separat mit den Anschlüssen der Netzwerkgeräte verbunden. Dieses Vorgehen vereinfacht es, die Verbindungen zwischen zwei Geräten zu verändern. Um eine Verbindung zu modifizieren, bedarf es nur eines Umsteckens des Patchkabels auf der Vorderseite des Panels.

Noch Fragen ...? Ja ...

Was ist eigentlich „Dark Fiber"?

Bei Dark Fiber handelt es sich um eine vorhandene, aber unbenutzte Glasfaserinfrastruktur, die von Anwendern gemietet werden kann. Zukünftige Nutzer müssen daher die optischen Komponenten selbst hinzufügen.

2.5 Zusammenfassung

Kupfer- und Glasfaserverkabelungen besitzen unterschiedliche Charakteristika hinsichtlich technischer Faktoren, Geschwindigkeit und Kosten. Die Wertung dieser Merkmale ist notwendig, um in konkreten Fall eine Entscheidung für einen Verkabelungstypen zu treffen. Häufig ist mit dieser Entscheidung zusätzlich eine Architekturvorgabe verknüpft, deren Beachtung das Layout und die Zukunftsfähigkeit des Netzes festlegen.

Die Bedeutung der Verkabelung schlägt sich in neuen Normen und der ständigen Anpassung bestehender Vorgaben nieder. Ende 2007 wurde die EN 50173 unter dem Titel „Informationstechnik – anwendungsorientierte Kommunikationskabelanlage" verabschiedet. Teil 1 nimmt auch die Singlemode-Faser OS2 und Kunststofffasern (POF: Polymer-Optical-Fiber) auf, die für Wellenlängenmultiplexing (CWDM) geeignet sind. Damit erweitert sich der Anwendungsbereich der OS2-Fasern vom WAN- auf den LAN-Bereich.

Im Sekundärbereich kommen seit einiger Zeit verstärkt laseroptimierte Fasern (OM3) zum Einsatz. Diese ermöglichen kostengünstige Verbindungen bis 300 m, bei denen VCSEL-Dioden (Vertical Cavity Surface Emitting Laser) die 10-GBit/s-Signale erzeugen. Die OM3-Faser ist für die Wellenlänge von 850 nm optimiert.

Neue Technologien bedeuten zumeist auch neue Steckertypen und neue Qualitätsparameter für die eingesetzte Verkabelung. Damit besteht immer auch eine Wechselwirkung zwischen technologischem Fortschritt und dessen Umsetzung in physikalischen Komponenten.

Weiterführende Literatur: [AnBe09]

Weiterführende Internetquellen:

- Kabeltypen: [Netz00a]
- Netzwerk-Konfigurator: [Netz00b]

2.6 Wissensüberprüfung

1. Welche Strukturbereiche unterscheidet die strukturierte Verkabelung?
2. Welches Medium wird am wenigsten durch elektromagnetische Störungen beeinträchtigt?
3. Entspricht ein Distributed Backbone der strukturierten Verkabelung?
4. Welchen Mechanismus nutzt die asynchrone Übertragung zur Taktsynchronisation?
5. „Die Modenanzahl beeinträchtigt die Reichweite der Glasfaser". Stimmen Sie zu?
6. Aufgrund welcher Eigenschaft wird der Informationsgehalt von Zeichen gemessen?
7. Welche Modulationsarten gibt es?
8. Geben Sie einen Überblick über Fehlerquellen bei LWL-Steckverbindungen.
9. Lässt sich IP-Telefonie über Glasfaserkabel abwickeln? Diskutieren Sie!
10. Welche Qualitätsparameter werden bei Twisted-Pair-Kabeln üblicherweise verwendet?

3 Ethernet-Technologie

Lernziele

Nach der Beendigung dieses Kapitels sollte der Leser in der Lage sein, folgende Fragen zu beantworten:

- Welche Varianten von Ethernet sind gebräuchlich?
- Welche Bedeutung besitzen die Felder eines Ethernet-Frames?
- Welches sind die Merkmale von Ethernet bezüglich der Schicht 1 und 2?
- Was ist die Funktion und die charakteristische Methode des Medienzugriffs bei Ethernet?
- Welche Eigenschaften machen Ethernet zur am weitesten verbreiteten LAN-Technologie?

Kapiteleinführung

Ethernet ist eine Familie von Standards für LANs unter dem Schirm der IEEE (Institute of Electrical and Electronics Engineers). Die Technologie hat sich gegen mehrere Mitbewerber wie Token Ring oder Apple Talk durchgesetzt. In Zuge dieses Prozesses entstanden unterschiedliche Varianten hinsichtlich der genutzten Medien und der unterstützten Geschwindigkeit. Eines hat sich jedoch nicht verändert: das Rahmenformat. Hierin liegt einer der Gründe für den Erfolg von Ethernet. Unabhängig von der konkreten Implementierung blieb die Basistransporteinheit konstant. Diese Konstanz bildet die Voraussetzung für eine nahtlose Migration zwischen den einzelnen Varianten gepaart mit einer automatischen Erkennung der jeweiligen Geschwindigkeit. Die folgenden Abschnitte zeichnen die Entwicklung nach und geben einen Überblick über die herausragenden Merkmale.

3.1 Historie

Ethernet ist die weltweit am häufigsten installierte LAN-Technologie. Sie beantwortet die Frage, wie einzelne Stationen des Netzwerkes Zugang zu dem sie verbindenden Medium erhalten, wie sie sich untereinander abstimmen und in welchen Informationseinheiten sie Nachrichten austauschen. Die Einfachheit der Installation, die Flexibilität und die Vielseitigkeit der Technologie machten Ethernet in kurzer Zeit zum Schlüssel der Kommunikation im lokalen Bereich.

Ethernet wurde Anfang der 1970er-Jahre entwickelt und als IEEE 802.3-Standard bekannt. Die Arbeitsgruppe P802 des IEEE beschäftigt sich in zahlreichen Untergruppen mit allen Aspekten der LAN-Technologie.

Tabelle 3.1 IEEE-Standardisierungsgruppen

<table>
<tr><td>802.0 Overview, Architecture, Management</td><td colspan="3">802.2
Logical Link Control
ISO 8802-2, 1989</td><td colspan="3"></td><td>802.10
SILS
1992</td></tr>
<tr><td></td><td colspan="6">802.1 MAC-Bridging</td><td></td></tr>
<tr><td></td><td>802.3
CSMA/CD
ISO 8802-3, 1990</td><td>802.4
Token Bus
ISO 8802-4, 1990</td><td>802.5
Token Ring
ISO 8802-5, 1990</td><td>802.6
MAN</td><td>802.11
WLAN</td><td>802.12
Demand Priority</td><td>802.14
CATV</td></tr>
</table>

Die Wurzeln des Ethernets liegen in Hawaii. Die dortige Universität baute Anfang der 1970er-Jahre ein Funknetz auf, um für die Inselgruppe eine Kommunikationsplattform zu schaffen. Robert Metcalfe, damals noch Student und späterer Gründer der Firma 3Com, verfeinerte das einfache Verfahren, übertrug es auf kabelgebundene Medien und prägte in Anlehnung an die ursprüngliche Übertragung via Äther den Namen Ethernet. Das Ethernet ähnelt in seiner Funktionsweise der Funktechnik, die Informationen in ein homogenes, passives Medium entlässt. Ohne Intelligenz auf dem Übertragungsweg übernehmen die Endstationen die Verarbeitung. Am 22. 5. 1973, so die Legende, notierte Metcalfe erstmals den Begriff Ethernet in einem Entwurf. Damals arbeitete er in den Forschungslabors des Xerox Palo Alto Research Centers an dem Problem, Workstations mit Laserdruckern zu verbinden und griff dazu auf die Prinzipien des Alohanet (Netz auf Hawaii) zurück. 1976 veröffentlichte Metcalfe erste Ergebnisse in der Literatur.

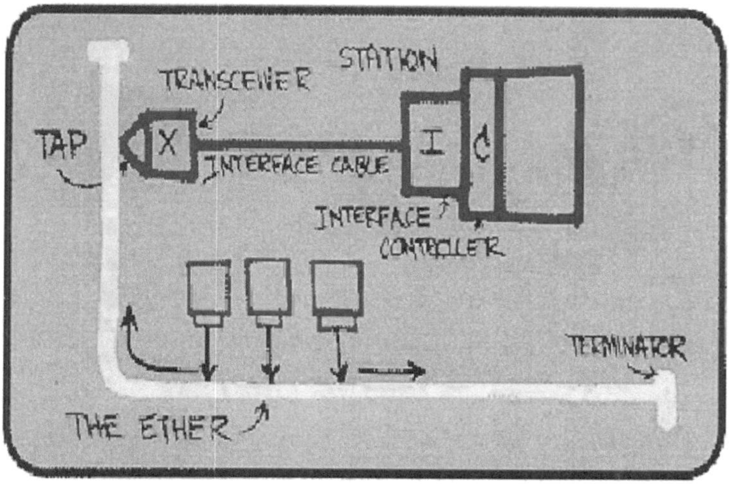

Bild 3.1 Ethernet-Entwurf von R. Metcalfe

Daraufhin trat die Digital Equipment Corporation 1979 an Metcalfe mit der Bitte heran, ein LAN-Verfahren zu entwerfen, das die Xerox-Patente nicht berührte. Metcalfe erreichte jedoch, dass Xerox in die Entwicklung einbezogen wurde. Zusammen mit der Firma Intel formte sich schließlich die DIX-Gruppe (DEC, Intel, Xerox), die das 3 MBit/s-Experimentiernetz von Xerox schnell auf die Ethernet-Version 1.0 umstellte. Tabelle 3.2 gibt einen kurzen Einblick in die Entwicklung von Netzwerken generell:

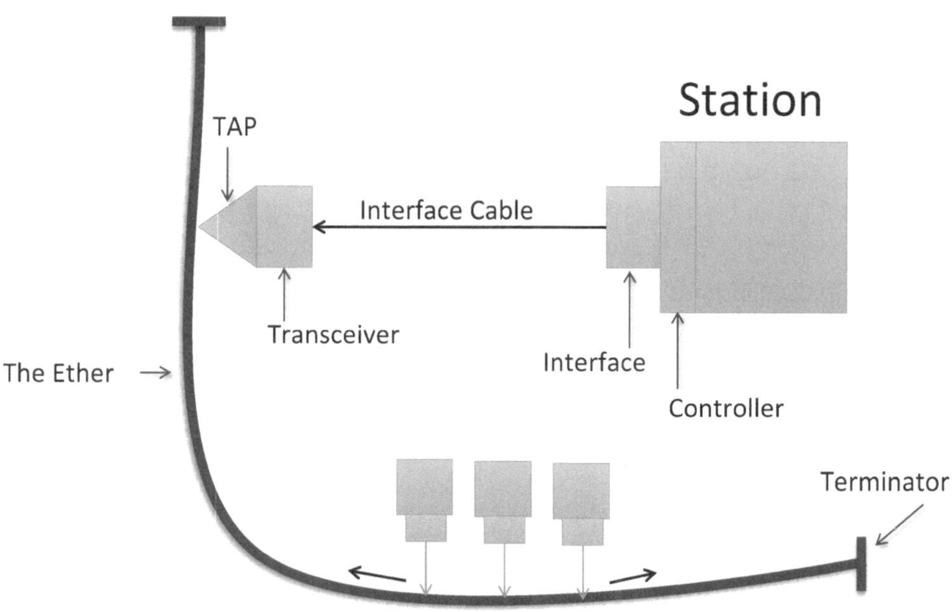

Bild 3.2 Ethernet-Entwurf

Tabelle 3.2 Ethernet-Historie

Jahr	Ereignis
1973	Die Firma Xerox entwickelt den Prototypen eines Kommunikations-Controllers mit der Übertragungsrate von 3 Mbit/s.
1976	Ethernet wird erstmals der Öffentlichkeit vorgestellt.
1979	Die Entwickler R. Metcalfe (Xerox-PARC) und G. Bell (DEC) entwickeln Ethernet zu einem LAN-Standard weiter.
1980	Ein Konsortium der Firmen DEC, Intel und Xerox, die sog. DIX-Gruppe, veröffentlicht die erste Ethernet-Spezifikation: Ethernet-Version 1.
1982	Das IEEE nimmt die Idee des Ethernet in die neu gegründete Arbeitsgruppe 802.3 auf und erarbeitet die neue Spezifikation mit dem CSMA/CD-Verfahren für das „gelbe" Kabel: Ethernet-Version 2.
1983	Arbeiten an der Cheapernet-Variante beginnen.
1985	Der Ethernet-Standard wird als ISO/DIS 8802/3 veröffentlicht. Das RFC 948 ermöglicht erstmals die Unterstützung der TCP/IP-Protokolle auf IEEE-802.3-Netzwerken.
1986	Der Ethernet-Standard für die 10Base2-Verkabelung mit Cheapernet wird verabschiedet.
1990	Die IEEE-802.3-Spezifikation wird als ISO-Standard akzeptiert.
1991	Der 10Base-T-Standard wird veröffentlicht.
1992	Ethernet ermöglicht mit 10Base-F auch den Betrieb über Glasfaser-Strecken.
1993	Zwei 100 MBit/s-Varianten werden als Fast-Ethernet und 100 VG Anylan standardisiert.
1998	Gigabit-Ethernet auf Glasfaser wird standardisiert.

Einen wahrhaften Boom erlebte Ethernet mit der Verbreitung der PCs. Zwischen 1989 und 1993 stieg der Anteil vernetzter Rechner in den USA von 10 % auf 60 %, in den meisten Fällen auf der Basis von Ethernet.

Die Architektur basiert auf der Definition von Funktionen der beiden unteren Schichten des ISO/OSI-Referenzmodells für die Festlegung der physikalischen Eigenschaften der benötigten Netzkomponenten, des Zugriffsverfahrens der Stationen auf das Netz und des Aufbaus der versendeten Nachrichten.

Das Zugriffsverfahren und die Spezifikationen der physikalischen Ebene werden von der IEEE in unterschiedlichen Arbeitsgruppen durchgeführt (siehe Tabelle 3.3).

Tabelle 3.3 IEEE-Ethernet-Arbeitsgruppen

Arbeitsgruppe	Spezifikation
IEEE 802.3a	10Base2
IEEE 802.3i/3 l	10Base-T
IEEE 802.3j	10Base-F
IEEE 802.3r	10Base5

Arbeitsgruppe	Spezifikation
IEEE 802.3k	10 Mbit/s-Repeater
IEEE 802.3 t	120-Ω-Koax in 10 Mbit/s-Segmenten
IEEE 802.3u	100Base-X
IEEE 802.3v	150-Ω-Koax in 10 Mbit/s-Segmenten
IEEE 802.3x	Vollduplex mit Flusskontrolle
IEEE 802.3z	1000Base-X Gigabit-Ethernet
IEEE 802.3 aa	100Base-T Revision Nr. 1
IEEE 802.3 ab	1000Base-T auf vierpaarigem 100-Ω-Kabel der Category 5
IEEE 802.3 ac	Frame Tagging (4 zusätzliche Bytes für die VLAN-Bildung)
IEEE 802.3 ae	10GbE
IEEE 802.3 ak	10 GBase-CX4
IEEE 802.3 bz	2,5 und 5 Gps auf Cat5e- und Cat6-Netzwerkkabeln.
IEEE 802.3 ba	40GbE und 100GbE

Aufgrund der Entwicklungshistorie wohnt dem Begriff „Ethernet" eine Zweideutigkeit inne. Er kann sich sowohl auf die Version der DIX-Gruppe beziehen als auch auf den Standard nach IEEE 802.3.

Die unterschiedlichen Implementierungen von Ethernet folgen einer **Namenskonvention**: Der erste Abschnitt verweist auf die Übertragungsgeschwindigkeit, der zweite auf den Übertragungstypus und der Dritte auf das Medium bzw. die zulässige maximale Entfernung. Auf diese Weise entstehen die Bezeichnungen 10Base5 oder 100Base-T.

Base bedeutet, dass das übertragene Signal die gesamte verfügbare Bandbreite nutzt und nicht auf eine Trägerfrequenz moduliert wird.

3.2 Paketaufbau

Neben der Bezeichnung hat die Historie auch im Paketformat ihre Spuren hinterlassen. Für die ursprüngliche Ethernet-Definition gemäß 10Base5 auf Koaxialkabeln existieren drei Rahmenformate:

- der Standard der DIX-Gruppe,
- der Standard nach IEEE 802.3,
- das Novell-NetWare-Format.

Allgemein besteht der Ethernet-Rahmen aus mehreren Einzelfeldern:

Tabelle 3.4 Ethernet-Paketfelder

Präambel	7 Bytes zur Synchronisation der Stationen
Start Frame Delimiter	1 Byte
Destination-Adresse	6 Bytes zur Identifikation der Zielstation, z. B. $08\text{-}00\text{-}04\text{-}60\text{-}50\text{-}01_{(16)}$
Source-Adresse	6 Bytes zur Identifikation der Datenquelle z. B. $08\text{-}00\text{-}04\text{-}67\text{-}45\text{-}31_{(16)}$
Pakettyp (DIX-Gruppe) oder Längenfeld (IEEE)	2 Bytes: IP $0800_{(16)}$, ARP $0806_{(16)}$
Nutzdaten	maximal 1500 Bytes, minimal 38 Bytes
Prüfsumme CRC	4 Bytes für eine zyklische Redundanzprüfung

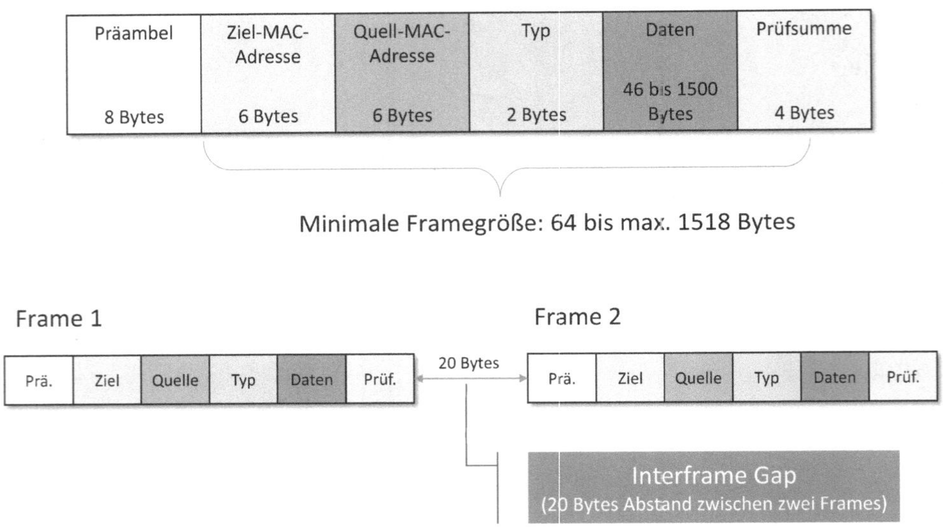

Bild 3.3 Ethernet-Paketstruktur

Unabhängig vom benutzten Rahmenformat ist die digitale Signalcodierung bei allen Varianten gleich. Da in einem Ethernet-Netzwerk eine Übertragung gleichbedeutend mit dem Vorhandensein eines Signals auf dem Übertragungsmedium ist und kein synchroner Taktmechanismus besteht, muss im Falle einer Kommunikation eine Station ein Signal erkennen. Die **Präambel** dient diesem Erkennungsprozess. Sie besteht aus sieben Bytes alternierender Nullen und Einsen und dem achten Byte mit der Folge „11" am Ende. Eine Station entdeckt den Spannungswechsel, wenn ein anderer Rechner mit einer Übertragung beginnt und nutzt die Präambel zur Einstellung auf den Sendetakt.

In der DIX-Version des Rahmens bestanden zunächst zwei Felder Präambel und Start-of-Frame, deren Bitmuster aber gemeinsam der Präambel der späteren Version der IEEE entsprach. Ähnliches gilt für das Längenfeld der IEEE-Ausprägung, das dem Typfeld der DIX-Version gleicht. Die Unterscheidung, ob es sich bei einem Frame um eine Längen- oder Typangabe handelt, geschieht über den Inhalt. Ist der Wert größer oder gleich 0x0600 Hex bzw. 1536 dezimal, handelt es sich um eine Typangabe, andernfalls um einen Längeneintrag.

Jedes an ein Netzwerk angeschlossenes Gerät muss nach der Spezifikation der ISO über eine eigene unverwechselbare Hardwareadresse verfügen. Die Vergabe der 6-Byte-Zahl hat eine Unterorganisation der IEEE nach der folgenden Systematik übernommen:

I/G	U/L	Herstellerkennung	Gerätenummer
1 Bit	1 Bit	22 Bit	24 Bit

Das I/G-Bit (Bit 47) unterscheidet zwischen einer individuellen Adresse (I/G=0) und einer Gruppenadresse für Multicasts oder Broadcasts (I/G=1).

Das U/L-Bit (Bit 46) wird zur Abgrenzung der von der IEEE (U/L=0) und lokalen Netzbetreibern (U/L=1) vergebenen Adressen benutzt. Die gesamte 48-Bitsequenz wird als MAC-Adresse bezeichnet und als eine 12-stellige Hexadezimalzahl ausgedrückt, wobei die linken/ersten 6 Ziffern den Hersteller beschreiben und die letzten/zweiten 6 Ziffern die Seriennummer des Interfaces spezifizieren.

Heutzutage sind allerdings Netzwerkkarten verfügbar, deren MAC-Adresse per DIP-Switches oder gar per Software beliebig einstellbar ist. Damit geht die Eindeutigkeit verloren.

Tabelle 3.5 gibt einen Auszug einiger Hersteller, mit denen ihnen zugewiesenen Werten für die erste Zahlengruppe. Die vollständige Liste der MAC-Adress-Blocks ist unter [Ieee00] einsehbar.

Tabelle 3.5 Herstellerkennung der MAC-Adresse

Ziffern in Hexadezimal	Hersteller
00000C, 00067C, 0006C1, 00070D, 001011	Cisco Systems
00104B, 002085, 0020AF, 006008, 006097	3Com Corporation
000063, 00060D, 0060B0, 080009	Hewlett-Packard
0000F4, 00A0D2	Allied Telesyn
000143	IEEE 802
0004AC, 000629, 002035, 08005 A	IBM

Die **Source-Adresse** ist jeweils eine Unicast-Adresse des jeweiligen Hosts bzw. dessen Netzwerkkarte. Die **Destination-Adresse** kann eine Unicast-, Multicast- oder Broadcast-Adresse sein. Dementsprechend bedeutet ein „FFFF FFFF“ als Destination-Adresse eine Broadcast an alle erreichbaren Ethernetknoten. Im TCP/IP-Umfeld beschreiben Spezifikationen die Kapselung der Rahmen auf ethernetbasierten Netzen:

- RFC 894 (1984): „Standard for the Transmission of IP Datagrams over Ethernet Networks“ legt die Werte für das Typfeld fest. Die Vergabe der zulässigen Werte des Typfeldes wird von Xerox verwaltet und beinhaltet die in Tabelle 3.6 zusammengefasste Zuweisung.

Tabelle 3.6 Werte des Typfeldes

Wert in Hexadezimal	Beschreibung
000-05DC	IEEE 802.3-Längenfeld des Wertebereiches 0 bis 1500
0101-01ff	Experimentelle Zwecke
0800	DoD Internet Protocol (Department of Defense)
0806	ARP
8035	RARP
6003	DECNET Phase IV, DN Routing
8037	IPX (Internetworking Packet Exchange von Novell)
809B	Ethertalk (AppleTalk over Ethernet)
814C	SNMP over Ethernet (Simple Network Management Protocol)
86DD	IPv6

Die **Prüfsumme** wird nach dem zyklischen Redundanzverfahren (Cyclic Redundancy Check) auf der Basis eines Polynoms berechnet:

- Das Verfahren basiert auf einem Polynom vom Grade k, wobei Bitketten mit den Koeffizienten 0 und 1 nach folgender Systematik betrachtet werden:

  $1\ 1\ 0\ 0\ 0\ 1 \approx x^5 + x^4 + x^0$ mit $k = 6$
- Zur Polynomberechnung werden die Regeln des Exclusive OR verwendet, d. h. kein Übertrag wird berücksichtigt.
- Zu Beginn der Berechnung werden k Nullbits an der niederwertigen Seite des Ethernet-Paketes angehängt. Anschließend wird die neu entstandene Bitkette durch das Polynom gemäß des Exclusive OR verknüpft und die Bitsumme mit dem Divisionsrest übertragen.

Prüfsummenberechnung

1. Bitsumme eines Paketes: 1101011011
2. Polynom: 10011 ≈ $x^4 + x^1 + x^0$
3. Anhängen von $k = 4$ Nullbits: 11010110110000
4. Berechnung:

11010110110000 : 10011 = 1100001010

```
10011
 10011
 10011
  00001
  00000
   00010
   00000
    00101
    00000
      01011
      00000
       10110
       10011
        01010
        00000
         10100
         10011
           01110
           00000
            1110 Rest
```

Übertragener Rahmen: 11010110111110

Ursprungsrahmen + Rest

Aufgrund der stürmischen Entwicklung der Netzwerktechnologie und den damit verbundenen sich wandelnden Anforderungen an die Infrastruktur hat das Ethernet-Paket einige Erweiterungen erfahren:

- Das Aufkommen von virtuellen LANs als logische Unterteilung von Netzwerken machte es notwendig, eine Kennung für die einzelnen VLANs einzuführen. Ein Tag Protocol Identifier und ein Tag-Control-Feld von jeweils 2 Bytes verlängern das Paket von 1518 Bytes auf 1522 Bytes (ohne Präambel). VLAN Tagging ist in IEEE 802.1Q definiert und erlaubt die Bildung logischer Netze in einem lokalen Netz über Gebäude hinweg. Neben der Identifizierung von VLANs erlaubt der Tag zusätzlich die Bildung von Prioritäten zur Übertragung. Die Bedeutung der dafür reservierten 3 Bits im TCI-Byte regelt der Standard IEEE 802.1p.

- Der IEEE 802.3z (Gigabit-Ethernet) Standard führt einen Burstmodus ein. Dieser erlaubt die Übertragung mehrerer Pakete hintereinander. Dieser Mechanismus ist nur für Gigabit-Ethernet und neuere Varianten definiert. Es soll die Übertragung vieler kleiner Pakete beschleunigen.
- Jumbo-Pakete mit einer Größe von 9000 Bytes sind auf Vollduplex-Verbindungen beschränkt und setzen ein angepasstes Auto-Negotiation-Protokoll voraus.

3.3 Zugriffsverfahren: CSMA/CD

Die MAC-Ebene – als Schicht 2a in das ISO/OSI-Referenzmodell eingeordnet – legt das Zugriffsverfahren der Stationen auf das Übertragungsmedium fest. Das gewählte Konzept ist vollständig unabhängig von den darunterliegenden physikalischen Gegebenheiten in Form von Kabelspezifikationen oder Steckverbindungen. In Ethernet kommt der CSMA/CD-Mechanismus (Carrier Sense Multiple Access with Collision Detection) zum Einsatz. Dieses Verfahren ermöglicht einen mehrfachen Zugriff (Multiple Access) der an das Netzwerksegment angeschlossenen Stationen, sodass sich diese das Übertragungsmedium teilen. Das Verfahren gewährleistet allen Stationen jederzeit einen gleichberechtigten Zugriff auf das Netz. Das CSMA/CD-Verfahren dient als Steuerungsinstanz, das jeder Station Sende- und Empfangsmöglichkeiten einräumt, Sendekonflikte vermeidet und die Datenintegrität erhält.

Ausdehnung eines Ethernet-Netzwerkes

Kollisions-Domäne

Eine Kollisions-Domäne umfasst alle Netzwerkgeräte, die gemeinsam um den Zugriff auf ein Übertragungsmedium der Schicht 2 des OSI-Referenzmodells konkurrieren.

Broadcast-Domäne

Eine Broadcast-Domäne umfasst alle Netzwerkgeräte, die als Broadcast gesendete Pakete erhalten. Da Geräte auf OSI-Schicht 2 Broadcasts weiterleiten, umfasst eine Broadcast-Domäne häufig mehrere Kollisionsdomänen.

Die Konkurrenz um das Medium ist typisch für das ursprüngliche Ethernet. Durch die schnelle Verbreitung von Switches und der wachsenden Zahl von Hosts mit Vollduplex-Verbindungen verliert der CSMA/CD-Mechanismus ständig an Bedeutung. In den neuen Varianten ab 10G-Ethernet ist er in der Standardisierung nicht mehr enthalten.

Allerdings nutzen WLANs mit CSMA/CA weiterhin eine Variante des CSMA/CD-Verfahrens.

Die grundlegende Vorstellung von CSMA/CD ist, dass alle Netzwerkteilnehmer die Chance zur gleichberechtigten Nutzung des Netzwerkes besitzen. Das Übertragungsmedium ist daher eine zwischen allen Netzstationen geteilte Ressource. Dennoch kann nur eine Station zur gleichen Zeit Informationen übertragen. Diese Tatsache erfordert Regeln, die den Zugriff sendewilliger Stationen auf das Medium steuern.

Ein gesendeter Rahmen durchquert das Netz vollständig und wird von jeder Station daraufhin geprüft, ob er an sie adressiert ist. Diese Prüfung findet anhand der Zieladresse statt. Trifft dies zu, wird der Rahmen kopiert, ansonsten verworfen. Die Folge dieses Konzeptes ist, dass jede Station jede Übertragung „sieht“. Damit liegt eine Sendung nach dem Broadcast-Prinzip vor. Der Steuerungsmechanismus unterscheidet mehrere Phasen:

- **Carrier Sense – Überwachung von Aktivitäten auf dem Kabel:** Bevor eine Ethernet-Station Daten senden darf, muss sie sich vergewissern, dass das Medium nicht durch eine andere Station belegt ist. Sie erreicht dies durch eine Überwachung des Kabels (**Busy Waiting**). Diese Fähigkeit zur Entdeckung von Aktivitäten konkurrierender Stationen wird „Carrier Sense“ genannt. Für die betreffende Station bedeutet dies, sie muss ihren Übertragungswunsch zurückstellen (**Deferring**). Wird das Medium allerdings als frei erkannt (**Idle State**), erfolgt nach Verstreichen einer bestimmten Zeitspanne (**Interframe Gap**) die Übertragung bei weiterhin gleichzeitigem Abhören des Mediums auf Kollisionen (**Listening while Talk**). Die Zustände des Belegtseins bzw. Nichtbelegtseins werden anhand der Pegelwerte nach 0,75 bzw. 1,25 Bitzeiten ermittelt. Tritt nach diesen Zeitpunkten ein Pegelwechsel auf, so ist ein Trägersignal auf dem Kabel und das Medium somit belegt (Bild 3.4).

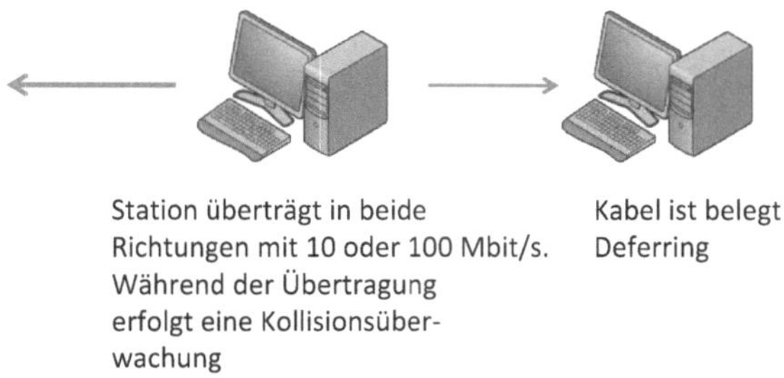

Bild 3.4
Überwachung des Sendevorgangs

- **Sendevorgang:** Die Datenübertragung des bitseriellen Datenstroms beginnt mit der Präambel (10101010) und dem anschließenden Ethernet-Rahmen. Hierbei kann es vorkommen, dass mehrere Stationen zur gleichen Zeit das Medium als frei erkannt haben und aktiv auf das Netz zugreifen. Dadurch entsteht zwangsläufig eine Überlagerung der von den einzelnen Stationen gesendeten Signale, sodass die codierte Information verloren geht. Dieser Vorgang wird als **Kollision** bezeichnet. Da jede Station gleichzeitig den Empfang überwacht, wird diese Signalverfälschung sofort entdeckt (**Collision Detection**).

> Da im Falle des klassischen Ethernets nach dem Broadcast-Verfahren übertragen wird und die Ausbreitung der Sendung den Bereich der möglichen Kollisionen umfasst, entsprechen sich Broadcast- und Kollisions-Domäne. Werden Switches oder Router als Verbindungselemente zwischen Stationen eingesetzt, unterscheiden sich Kollisions- und Broadcast-Domäne.

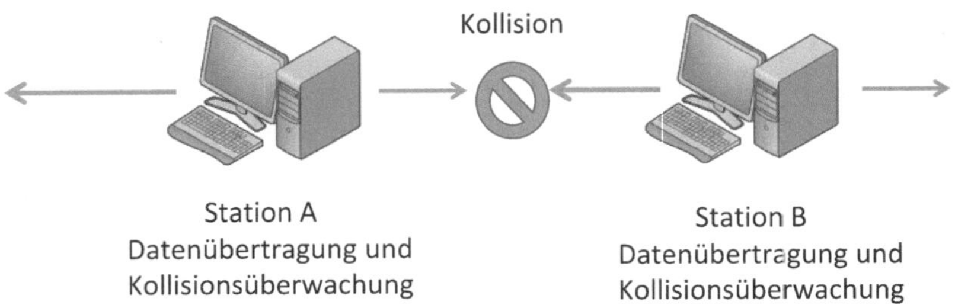

Bild 3.5 Kollisionserkennung

- **Multiple Access:** Alle Stationen haben die gleiche Möglichkeit des Zugriffs auf das Medium.
- **Collision Detection – Kollisionserkennung:** Hat eine der Stationen der Kollisions-Domäne eine Kollision festgestellt, erzeugt sie ein **32 Bit-JAM-Signal**, das zur Erkennung an alle Stationen weitergereicht wird und die Unterbrechung jeglicher Übertragung veranlasst. Dieses Signal besteht aus der Bitkombination: 10101010-10101010-10101010-10101010. Kollisionen können nur innerhalb eines sehr kurzen Intervalls nach Übertragungsbeginn auftreten, wenn die Signale noch nicht alle aktiven Stationen des Segmentes passiert haben. Diese Slot-Time definiert den maximalen Zeitraum bis zur eindeutigen Belegung des Mediums durch eine Station.

Alle Netztechnologien definieren eine **Slot-Time** als Zeitspanne, in der ein Bit gesendet werden kann. Damit die elektronischen bzw. optischen Komponenten eine binäre 1 oder 0 erkennen, benötigen sie eine minimale Dauer, in der das Bit gesetzt oder ungesetzt ist. Ethernet nutzt 100 Nanosekunden (ns) als Slot-Time bzw. **Bitzeit**, d. h. diese Zeitspanne wird benötigt, um ein Bit zu signalisieren. Ein Byte erfordert folglich 800 ns. Für einen 64 Byte-Frame (als kleinster zulässiger 10Base-T Frame) als Folge von 512 Bit werden folglich 51,2 Mikrosekunden (64 × 800) benötigt. Die Slot-Time ist die Grundlage für die Bestimmung der Kabellänge als der größten zulässigen Ausdehnung. ■

- **Übertragungswiederholung:** Nachdem eine Kollision aufgetreten ist, warten die beteiligten – durch das JAM-Signal informierten – Stationen eine zufällige Zeitspanne ab – definiert in Einheiten von Slot-Time – und beginnen den Sendeprozess erneut. Da die Wartelänge nicht koordiniert, sondern pro Station zufallsabhängig ist, besteht die Erwartung, dass eine der Stationen diesen Vermittlungsvorgang gewinnt und das Medium belegt, bevor die Konkurrenten zum Zuge kommen. Nach der ersten Kollision warten die Stationen 0 oder 1 Slot-Time, nach der zweiten 0,1,2 oder 3, nach der dritten wird die nächste Wartezeit zufällig zwischen 0 und 2^3-1 gewählt. Allgemein wird nach i Kollisionen eine Zufallszahl zwischen 0 und 2^i-1 bestimmt und diese Anzahl Time-Slots übersprungen. Aufgrund der verwendeten Exponentialfunktion mit der Basis 2 wird dies Verfahren auch als Binary Exponential Backoff bezeichnet. Dieser Prozess endet mit dem 16. Sendeversuch (**Attempt Limit**) und friert bereits nach dem 10. Versuch die Wartezeit ein. Der Algorithmus erlaubt eine dynamische Anpassung an die Anzahl sendebereiter Stationen; denn die Wahrscheinlichkeit, dass zwei Stationen bei einem Zufallsintervall von $2^{10} = 1024$ erneut kollidieren würden, ist sehr gering.

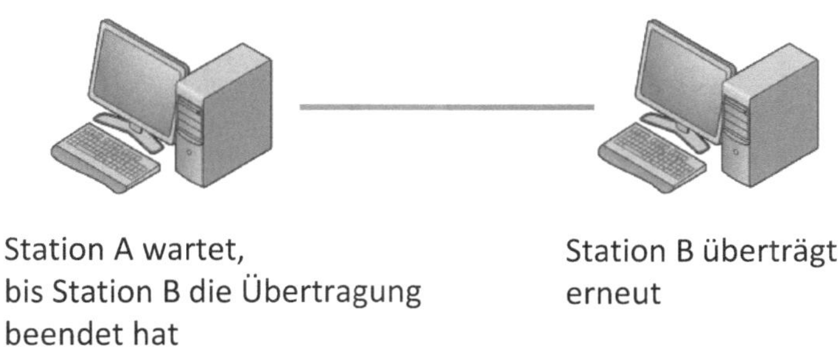

Bild 3.6 Erneuter Sendeversuch

Den Kollisionsvorgang in Form des Backoff-Algorithmus verdeutlicht Bild 3.7.

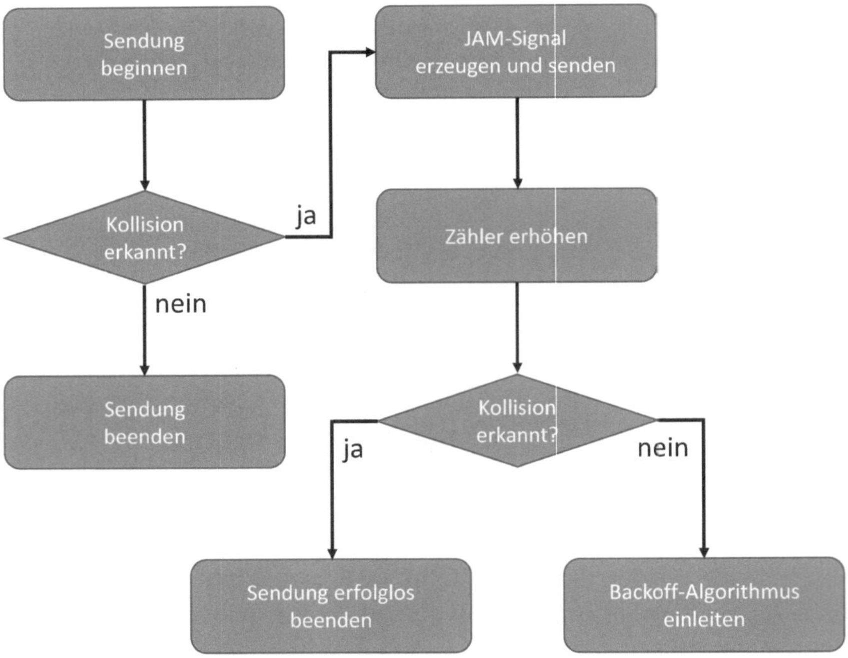

Bild 3.7 Backoff-Algorithmus

Kollisionen können in zwei Gruppen eingeteilt werden:

- **Early-Kollisionen** sind eine normale Erscheinung in Ethernet-Netzen und bedeuten demzufolge keine Fehlfunktion. Kollisionen treten zumeist zu Beginn auf, da spätestens nach der minimalen Paketlänge alle weiteren angeschlossenen Stationen den Sendevorgang erkannt haben und keinen Sendeversuch starten.
- **Late-Kollisionen** im Gegensatz dazu deuten immer auf einen Fehler in der Verkabelung oder in der Netzwerkkarte hin. Sie treten auf, weil eine Station aufgrund der Überlänge des Kabels ein JAM-Signal empfängt, obwohl sie ihre Übertragung bereits beendet hat und daher glaubt, ihre Sendung erfolgreich abgeschlossen zu haben.

Neben diesen Ausnahmesituationen definiert die 802.3-Spezifikation eine Reihe von Schritten, die jede Station beim Empfang von Ethernet-Paketen auszuführen hat, da der CSMA/CD-Mechanismus keine Quittungen liefert:

- **Fragmentprüfung:** Im Ethernet sehen alle Stationen alle Pakete ohne Rücksicht darauf, ob sie der Adressat sind oder nicht. Die erste Station in Senderichtung prüft die Vollständigkeit des Paketes und nimmt es im Fehlerfall vom Netz. Handelt es sich um ein gültiges Paket, wird die Empfängeradresse geprüft und gegebenenfalls die Information interpretiert.

- **Integritätsprüfung:** Wenn eine Station ein Paket als an sich gerichtet erkennt, prüft sie es auf seine Integrität. Dazu zählen die Prüfung der korrekten Länge und der Prüfsumme als Fehlererkennungsmechanismus.

Das Ursprungsethernet versteht sich als Halbduplex-Verfahren. Um die der einzelnen Station zur Verfügung stehende Bandbreite zu erhöhen, kann Ethernet jedoch auch im Vollduplex-Modus betrieben werden. In diesem Fall spielt der CSMA/CD-Algorithmus keine Rolle, da keine Konkurrenzsituation zwischen Stationen zu klären ist. Aktuelle Komponenten nutzen nahezu ausschließlich den Vollduplex-Modus.

Vollduplex-Ethernet kann in drei Situationen genutzt werden. Eine Verbindung:

- von einem Switch zu einem ausgewählten Host,
- von einem Switch zu einem Switch,
- von einem Host zu einem Host über ein Crossover-Kabel.

Im Laufe der Zeit erfuhr der CSMA/CD-Mechanismus einige Anpassungen:

- **Datenflusskontrolle** ist ein Verfahren, das von der IEEE unter 802.3x standardisiert wurde, um die Übertragung zwischen zwei im Vollduplex-Modus operierenden Stationen unter 10-, Fast-, Gigabit- und 10G-Ethernet zu steuern. Ein Knoten, der keine Pakete mehr verarbeiten kann, ist nun in der Lage, dem Sender mitzuteilen, die Senderate zu reduzieren. Dieser Mechanismus betrifft nur benachbarte Knoten, keine vollständigen Ende-zu-Ende-Verbindungen über viele Vermittlungsstellen. Die verlangsamte Datenübertragung gilt für eine bestimmte Zeitspanne. Sie reduziert den Durchsatz und führt in der Folge zu einer längeren Übertragungsdauer. Das Pause-Paket besitzt den Feldtypen 8808 und legt in den Nutzdaten die Länge der Pause fest.
- **Auto-Negotiation** erlaubt es zwei Knoten, die bestmögliche Verbindung zwischen ihnen festzulegen. Die Stationen tauschen Informationen über die Übertragungsgeschwindigkeit, den Operationsmodus (Halbduplex, Vollduplex) und das Vorhandensein der Datenflusskontrolle aus. Auf Twisted-Pair-Verbindungen wird zur Aushandlung der Parameter eine modifizierte Form des Normal Link Pulse (NLP)-Signals genutzt. Auf Glasfaserkabeln muss ein anderer Mechanismus verwendet werden. Sowohl als Kupfer- als auch als Glasfaservariante unterstützt 10G-Ethernet dieses Verfahren nicht. Die Prioritätsreihenfolge zeigt Tabelle 3.7.

Tabelle 3.7 Auto-Negotiation-Prioritätsreihenfolge

A	1000Base-T vollduplex
B	1000Base-T halbduplex
C	100Base-TX vollduplex
D	100Base T4
E	100Base-TX halbduplex
F	10Base-T vollduplex
G	10Base-T halbduplex

- **Link Aggregation** ist eine nach IEEE 802.3ad standardisierte Methode, die mehrere physikalische Verbindungen zu einer logischen kombiniert, um die Bandbreite zwischen zwei Knoten zu erhöhen. Das neu entstehende Verbindungsbündel wird als eine Verbindung interpretiert, sodass der Spanning-Tree-Algorithmus hier keine isolierte Wirkung entfaltet (vgl. Kapitel 9).

3.4 Signalverlauf

Die zeitliche Dimension des CSMA/CD-Verfahrens lässt sich folgendermaßen skizzieren:

Zu einem Zeitpunkt t_0 beginnt die Station A mit dem Versenden eines Ethernet-Frames. Das Aussenden selbst nimmt die Zeit T_1 in Anspruch, also die Spanne von t_0 bis t_0+T_1 wird für die Rahmengenerierung benötigt. Die Signallaufzeit von A zu einer Station B beträgt T_2, sodass der Frame um die Zeit T_2 verzögert bei B eintrifft. Die Ankunft bei B findet demnach in der Zeitspanne t_0+T_2 bis $t_0+T_2+T_1$ statt. Hat die Station B ebenfalls einen Sendewunsch, prüft sie die Leitung und findet diese vor Eintreffen des Rahmens von A also zeitlich vor t_0+T_2 als unbesetzt vor, sodass sie mit dem Sendeprozess beginnen kann. Beginnt B mit der Sendung seines Rahmens zum Zeitpunkt $t_0+T_1-T_2$, trifft der Rahmenanfang bei A zum Zeitpunkt $t_0+T_1-T_2+T_2 = t_0+T_1$ ein, da die Signallaufzeit von A nach B der von B nach A entspricht. Genau zu diesem Zeitpunkt hat A die Frame-Generierung beendet, sodass keine Kollision entsteht. Erzeugt die Station B in der Zeitspanne $[t_0+T_1-T_2, t_0+T_2]$ ihren Rahmen, bleibt eine mögliche Kollision von A unerkannt. Für den korrekten Ablauf des CSMA/CD-Verfahrens muss daher gelten: $t_0+T_1-T_2 \geq t_0+T_2$ bzw. $T_1 \geq 2T_2$.

> **!** **Ethernet-Distanz für 10 Mbit/s**
>
> Da T_1 von der Framelänge und T_2 von der Leitungslänge abhängt, gilt, dass bei fester Rahmengröße die Netzausdehnung begrenzt sein muss. Beide Parameter bestimmen sich als:

T_1 = (Framelänge in Bit) × 10^{-7} s

T_2 = Kabellänge / (0,66 × Lichtgeschwindigkeit)

Damit ergibt sich durch Einsetzen:

(Framelänge in Bit × 10^{-7} s ≥ 2× Kabellänge / (2/3) × 3 × 10^8 m/s

bzw. (Framelänge in Bits) ≥ Kabellänge / 10 m

Da die minimale Framelänge in Ethernet 64 Byte = 512 Bit beträgt, ergibt sich für die Kabellänge ein Wert von 5120 m. Leider kommt ein weiteres Problem hinzu. Repeater übertragen die Signale nicht verzögerungsfrei, sondern benötigen zur Regenerierung etwa 3 µs. Um die maximale Netzausdehnung zu bestimmen, müssen also die Signallaufzeiten berechnet werden.

T_2 = 5120 m / [(2/3) × 3 × 10^8] m/s

= 25 µs

Die Signallaufzeit durch ein 500 m Segment beträgt damit ca. 2,5 µs. Für ein Ethernet-Netzwerk mit vier Repeatern, das fünf Segmente nach der 5-4-3-Regel verbindet, ergibt sich eine maximale Signallaufzeit von

5 × 2,5 µs + 4 × 3 µs = 24,5 µs.

Die minimale Paketgröße von Ethernet basiert auf ähnlichen Überlegungen: Da jede Station den Sendevorgang beginnen kann, wenn sie das Medium als frei erkennt, muss ein Ethernet-Paket eine Mindestlänge aufweisen, um zu verhindern, dass die sendende Station bereits mit der Übertragung endet und an einen erfolgreichen Abschluss glaubt, obwohl eine Kollision auftrat. In diesem Falle würde eine Kollision erst nach Sendeabschluss erkannt und es bestände keine Möglichkeit der Retransmission. Nur wenn das Paket eine entsprechende Länge aufweist und alle Stationen passiert, kann ein vorzeitiges Senden einer weiteren Station unterbunden werden. Die minimale Paketlänge P hängt damit von der Weglänge D zur entferntesten Ethernet-Station und zurück ab.

Berechnung der minimalen Paketlänge

Framelänge in Bit = ($Ü$ × (2 × Kabellänge))/V

mit $Ü$ = Übertragungsgeschwindigkeit

V = Signalausbreitungsgeschwindigkeit

Für Ethernet gilt: $Ü$ = 10 Mbit/s

Kabellänge = max. 2500 m

V = 33 % der Lichtgeschwindigkeit

Framelänge = (10 × (2 × 2500))/100 = 500 Bit ≈ 64 Byte

Die Interframe Gap von 96 Bitzeiten als die Zeitspanne zwischen zwei Ethernet-Rahmen erfüllt eine besondere Funktionen: Sie ermöglicht es anderen Stationen, das Senderecht zu erlangen und verhindert damit die Monopolisierung der Übertragung durch eine Station.

Aufgrund der Interframe Gap besteht zwischen der Paketgröße und der übertragenden Paketanzahl keine lineare Beziehung. Bild 3.8 drückt diesen Sachverhalt aus.

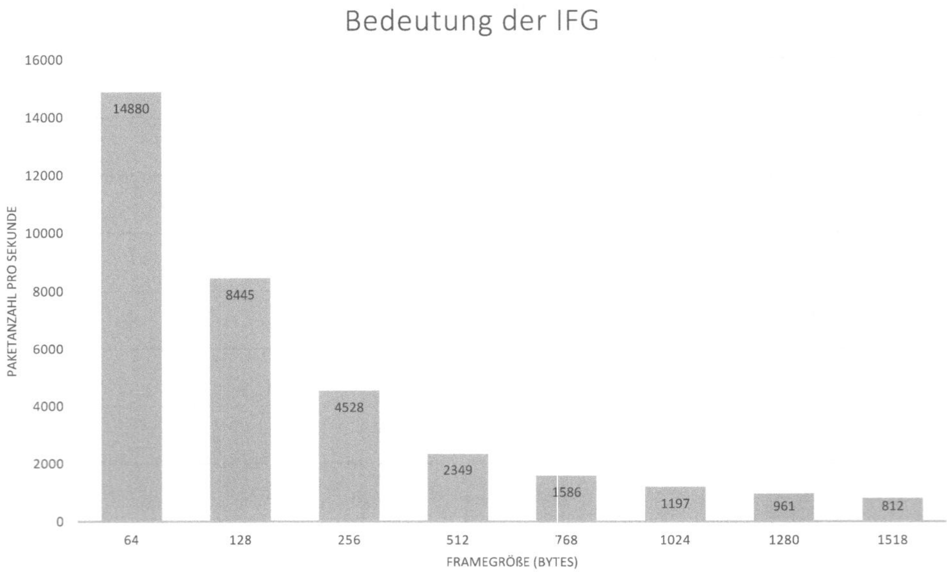

Bild 3.8 Interframe Gap: Zusammenhang Paketgröße – Paketanzahl bei 10 Mbit/s

3.5 Standards

Ethernet wurde im Laufe der Zeit auf unterschiedliche Medien adaptiert. Obgleich CSMA/CD-Netzwerke damit physikalisch sehr verschiedene Formen unterstützen, müssen sie einige Standardvereinbarungen bezüglich Übertragungsrate, Übertragungsart oder maximaler Segmentlänge einhalten. Ethernet basiert auf der Basisband-Signalisierung, die Teil des Namens der Varianten ist. Dieses Verfahren nutzt die gesamte Bandbreite des Mediums. Im Gegensatz dazu wird im Broadband-Konzept zunächst das Signal moduliert, bevor es gesendet wird. Radio- und Kabelfernsehübertragungen gehören in diese Kategorie. Um dem Anwender ein Maximum an Konfigurationsmöglichkeiten einzuräumen, wurden vier Basisband-Varianten standardisiert:

- 10Base5 (Thicknet),
- 10Base2 (Cheapernet),
- 10Base-T (UTP),
- 10Base-F (Glasfaser).

Diese ursprünglichen Ethernet-Standards sind in der Praxis heutzutage kaum noch zu finden.

10Base5

Diese Spezifikation bildete den Ausgangspunkt für Ethernet-Netzwerke. Sie ist als „gelbes Kabel" bekannt geworden. Alle Stationen sind über diesen Kabeltypen an Transceiver gebunden, die ihrerseits untereinander das eigentliche Netz bilden (Bild 3.9).

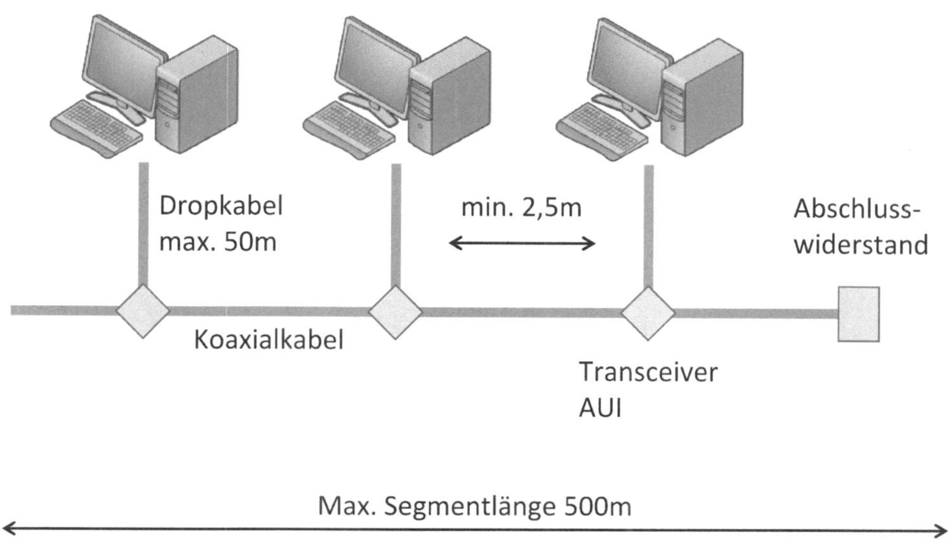

Bild 3.9 10Base5-Konfiguration

Die Länge des auf diese Weise entstehenden Ethernet-Busses darf 500 m nicht überschreiten. Bei Längen jenseits dieser Grenze kommen Repeater zur Signalregeneration zum Einsatz. Beide Enden des Kabels sind mit einem Abschlusswiderstand zu versehen, um Signalreflexionen zu unterdrücken. Diese entstehen an den Kabelenden und erzeugen Stehwellen. Übertragene Daten interferieren dort, erzeugen Datenverstümmelungen und verhindern eine weitere Übertragung. Auf dem Kabel selbst sind im Abstand von 2,5 m Markierungen als Anhaltspunkte für die Transceiver-Montage angebracht. Der Anschluss einer Ethernet-Station erfolgt ausschließlich über einen Transceiver und niemals direkt. Der Transceiver stellt das Verbindungsglied zwischen Koaxialkabel und Endgerät her. Gemäß der Definition von Ethernet und seiner Positionierung auf der unteren Schicht des ISO/OSI-Referenzmodells, enthält er einen Leitungstreiber zur Sendung, einen Signalempfänger und einen Mechanismus zur Kollisionserkennung. Zur zweifelsfreien Signalerkennung und -generierung erfüllt er strenge Implementationsvorschriften, z.B. kontrollierte Signalanstiegs- und -abfallzeiten von 25 ± 5 ns. Zusätzlich unterbricht er den Sendevorgang nach einer Kollisionserkennung (JAM-Funktion). Die wesentlichen Kennwerte des 10Base5-Standards zeigt Tabelle 3.8.

Tabelle 3.8 Parameter des 10Base5-Standards

Eigenschaft	Wert
Kabeltyp	Koaxialkabel 50 Ω
Signalisierungstechnik	Basisband
Codierung	Manchester
Topologie	Bus
max. Segmentlänge	500 m
max. Stationszahl pro Segment	100
max. Netzausdehnung	2500 m
Mindestabstand zwischen zwei Stationen	2,5 m
max. Anzahl Kopplungselemente	5 Segmente über 4 Repeater
Stecker	AUI – 15-poliger Transceiverkabelanschluss
max. Länge des Drop-Kabels	50 m
Übertragungsgeschwindigkeit	10 Mbit/s

10Base2

Netze auf der Basis dieses Kabeltyps schließen die Stationen direkt an das Kabel über T-Verbinder gemäß BNC-Technik an. BNC (Bayonet-Neill-Concelmann)-Stecker verbinden zwei Koaxialkabel und zeichnen sich durch gute Hochfrequenzeigenschaften aus. Netzwerkkarten dieser Technologie verwenden On-Board-Transceiver und können wesentlich leichter Endgeräte in das Netz integrieren. Zudem sind sie aufgrund des geringeren Hardware-Aufwandes (Einsparung von Transceiverkabel und Transceiver) auch wesentlich preisgünstiger. Diese Vorteile gehen aber zulasten der maximalen Ausdehnungsparameter.

Tabelle 3.9 Parameter des 10Base2-Standards

Eigenschaft	Wert
Kabeltyp	Koaxialkabel 50 Ω
Signalisierungstechnik	Basisband
Codierung	Manchester
Topologie	Bus
max. Segmentlänge	185 m
max. Stationszahl pro Segment	30
max. Netzausdehnung	925 m
Mindestabstand zwischen zwei Stationen	0,5 m
max. Anzahl Kopplungselemente	5 Segmente über 4 Repeater
Stecker	BNC
Übertragungsgeschwindigkeit	10 Mbit/s

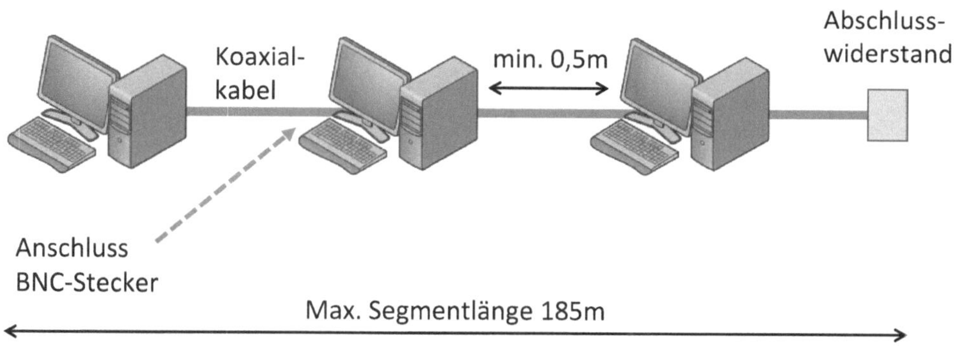

Bild 3.10 10Base2-Konfiguration

Die auf Koaxialkabel beruhenden Varianten von Ethernet unterliegen einer Beschränkung, die unter dem Namen **5-4-3-Regel** bekannt ist. Die Zahlen beschreiben folgende Limitierung:

- 5 - die Zahl der maximalen Kabelsegmente,
- 4 - die Zahl der maximal einsetzbaren Repeater, um ein Segment auszudehnen,
- 3 - die Zahl der Segmente, die Teilnehmerstationen besitzen dürfen.

In die Berechnung fließt nur die maximale Entfernung ein. Die Länge der Dropkabel zwischen Verbinder und Station spielt bei der Ausdehnung keine Rolle.

10Base-T

Die Standardisierung bezüglich dieses Mediums richtet sich in erster Linie auf die Bedürfnisse des amerikanischen Marktes mit seiner weit verbreiteten UTP-Verkabelung aus. Eine wesentliche Änderung, abgesehen von Längenbegrenzungen, ist dabei die Topologie in Form eines Sterns. Dies macht den Einsatz von Hubs als Konzentratoren mit Ports für jede angeschlossene Station notwendig. Bevorzugter Stecker dieses Mediums ist der RJ-45-Stecker oder „Westernplug", der auch aus der ISDN-Technik als Anschluss für den S_0-Bus bekannt ist, mit der in Tabelle 3.10 dargestellten Belegung.

Tabelle 3.10 PIN-Belegung des RJ-45-Steckers

Kontakt	Signal
1	Transmit +
2	Transmit -
3	Receive +
4	nicht belegt
5	nicht belegt
6	Receive -
7	nicht belegt
8	nicht belegt

Die Adernpaare eines CAT-5-Kabels sind farbig markiert. Jede Farbe hat eine bestimmte Bedeutung. Das orange Adernpaar sendet Daten, das grüne hingegen empfängt Daten. Ist die Ader gestreift, bedeutet das, dass sie positiv ist, ist die Ader einfarbig, so ist sie negativ. Blaue und braune Adern dienen als Reserve. Sie werden erst ab Gigabit-Ethernet genutzt. Bei TP-Kabeln wird also zwischen Sende- und Empfangsleitungspaaren unterschieden. Diesem Sachverhalt muss bei der Kaskadierung von Repeatern durch ein Kabel, das Sende- und Empfangsleitungen kreuzt oder durch Umschaltbarkeit am Repeaterport Rechnung getragen werden.

Dieser Ethernet-Standard nutzt Hubs als Vermittlungsinstanz. Innerhalb des Hubs entspricht das Signalisierungssystem einem Bus, wie in den Koaxialvarianten. Sollen nur zwei Stationen miteinander verbunden werden, ist kein Hub erforderlich. Die Verbindung kann über Crossover-Kabel hergestellt werden.

Tabelle 3.11 Parameter des 10Base-T-Standards

Eigenschaft	Wert
Kabeltyp	TP-Kabel 100 Ω
Signalisierungstechnik	Basisband

Eigenschaft	Wert
Codierung	Manchester
Topologie	Stern
max. Länge zwischen Station und Hub	100 m
max. Anzahl Kopplungselemente	5 Segmente über 4 Repeater
Stecker	8-poliger RJ-45
Übertragungsgeschwindigkeit	10 Mbit/s

Die 5-4-3-Regel gilt für das Twisted-Pair-Ethernet gleichermaßen. Statt Repeater gehen hier die Hubs in die Berechnung ein.

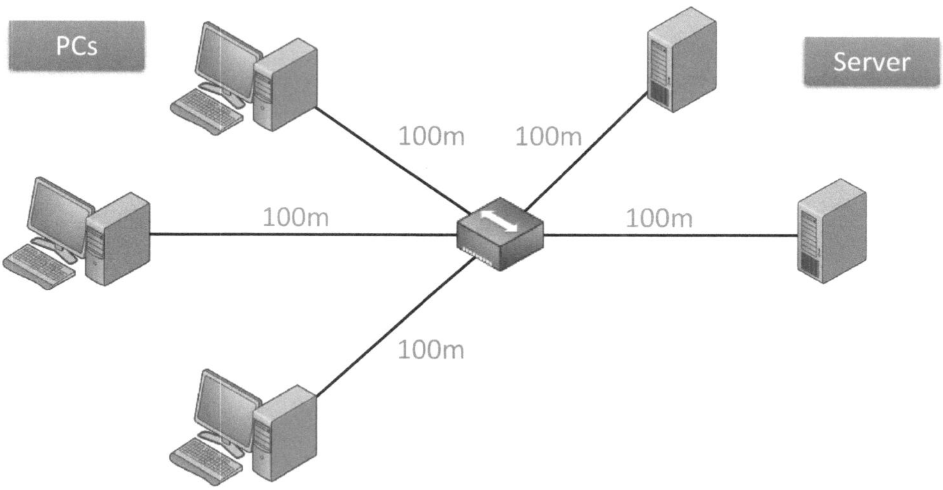

Bild 3.11 Twisted-Pair-Ethernet

10Base-F

Das jüngste Mitglied in der Gruppe der Ethernet-Übertragungsmedien ist die Glasfasertechnik, die sich in drei Teilgruppen gliedert:

- **10Base-FP** beschreibt die Verbindung von einem Transceiver zu einem passiven Hub. Da die durch dieses Verfahren übertragenen Signale nicht kompatibel zu den beiden anderen Ethernet-Glasfasertechniken sind, erfordert eine Verbindung von Segmenten unterschiedlicher Glasfaserstandards den Einsatz von Repeatern.
- **10Base-FL** beschreibt die Funktionen der Datenübertragung zwischen einem Transceiver und einem aktiven Hub. Die Daten werden allerdings asynchron weitergeleitet. Als weitere Besonderheit kommt hinzu, dass eine Signalauf-

frischung durch Repeater vorgeschrieben ist, sodass die üblichen Repeater-Regeln für Ethernet auch für diese Glasfaser-Variante zutreffen.

- **10Base-FB** verbindet sowohl aktive Hubs untereinander als auch Endgeräte mit Hubs. Dieser Standard stellt damit das flexibelste und realistischste Szenario dar. Hinzu kommt, dass dieses Verfahren die synchrone optische Übertragung in repeaterfreien Backbone-Strukturen ermöglicht, die es auch erlaubt, Ports als redundante Verbindungen zu konfigurieren. Hierbei wird bei einem Verbindungsausfall automatisch auf den Ersatzport umgeschaltet und auf diese Weise ein erhebliches Maß an Fehlertoleranz erreicht.

Diese Glasfaservarianten haben sich nicht in einer nennenswerten Installationszahl niedergeschlagen, sodass ihre Bedeutung gering blieb.

Tabelle 3.12 Parameter des 10Base-F-Standards

Eigenschaften	Wert
Kabeltyp	Glasfaserkabel
Signalisierungstechnik	Basisband
Codierung	Manchester
Topologie	Stern
max. Segmentlänge	2000 m
Stecker	ST
Übertragungsgeschwindigkeit	10 Mbit/s

3.6 Fehlerquellen

Neben Verkabelungsproblemen in einem Netzwerk gibt es Fehlerquellen, die direkt mit der eingesetzten LAN-Technologie zusammenhängen. Durch Ethernet verursachte Fehler und Störungen lassen sich in folgende Kategorien einteilen:

- **Early Collisions:** Kollisionen sind das Ergebnis mehrerer gleichzeitig sendender Stationen. Eine übermäßig hohe Kollisionsrate lässt häufig auf einen Verkabelungsfehler schließen.
- **Late Collisions:** Diese Kollisionen ereignen sich außerhalb des Fensters von 512 Bitlänge, der minimalen Paketlänge im Ethernet. Verantwortlich dafür können zwei Umstände sein: Eine Station ist defekt und hält sich nicht an die CSMA/CD-Konventionen oder die Konfigurationsregeln bezüglich der Kabellänge sind verletzt worden. Dann wird die max. Signallaufzeit von 57,6 ms überschritten.

- **Short Frame:** Aufgrund fehlerhafter Netzkarten können Rahmen unterhalb von 64 Byte erzeugt werden.
- **Jabber:** Pakete, die die max. Länge von 1526 Byte überschreiten, deuten ebenfalls auf eine defekte Netzkarte hin. Eine Ausnahme bilden Jumbo-Frames, die unter bestimmten Bedingungen durch neuere Technologien genutzt werden dürfen.
- **Negative Frame Check Sequence:** Hier stimmt die Prüfsumme des Ursprungspaketes mit der beim Empfänger erzeugten nicht überein. Die Ursache liegt häufig in der Verkabelung.
- **Ghosts:** Als Ergebnis einer fehlerhaft arbeitenden Netzkarte können Paketfragmente entstehen.

Tabelle 3.13 Ethernet-Fehler und Ursachen

Ursache/Fehlertyp	Kollision	Short Frames	Jabber	FCS	Ghost
CSMA/CD	✓				
Software-Treiber		✓	✓	✓	✓
defekte Netzkarte	✓	✓	✓	✓	✓
fehlerhafter Transceiver	✓		✓	✓	✓
zu viele Repeater	✓				
Kabel zu lang	✓			✓	
Kabel fehlerhaft	✓		✓	✓	✓
Terminierung	✓		✓	✓	✓

3.7 Verfahrensbewertung

Ethernet hat sich einerseits als zukunftssichere Technologie in Bezug auf die Steigerung der Datenraten erwiesen, anderseits als kompatibel zwischen den einzelnen Generationen, was eine kontinuierliche Entwicklung der Netzwerkinfrastruktur ermöglicht.

Vorteile:

- CSMA/CD ist ein einfach zu implementierendes Verfahren. Es benötigt durch die Verwendung des Backoff-Algorithmus kein zentrales Management.
- Bei geringer Last erhält eine sendewillige Station schnell Zugang zum Übertragungsmedium.
- Das JAM-Signal wird von allen Stationen als Kollisionsindikator erkannt, sodass der Zeitverzug für eine erneute Übertragung meist gering ist.

Nachteile:

- Kollidieren Pakete einer Station häufig, wird diese benachteiligt.
- Der Sendeversuch kann prinzipiell mit einem Misserfolg enden. Allerdings ist die Wahrscheinlichkeit hierfür denkbar gering.
- CSMA/CD ist kein deterministisches Verfahren, das den Stationen einen Zugriff innerhalb einer Zeitspanne garantiert. Folglich ist es nicht echtzeitfähig und für Multimedia-Anwendungen ungeeignet. Erweiterungen, die unter den Begriff Time-Sensitive Networking bekannt sind, integrieren Mechanismen, um auch diesen Anwendungsfall abzudecken.

Neben den mit dem Zugriffsverfahren verbundenen Aspekten, gerät zunehmend die relativ geringe Größe der Nutzlast von 1500 Bytes in den Fokus der Diskussion. Die eingeschränkte Transportmöglichkeit erscheint heutigen Anwendungen als bei Weitem nicht ausreichend. Wenn bereits Bilder einer Digitalkamera ein Volumen von 3 MB und mehr produzieren, wird die Lücke deutlich, die zwischen der ursprünglichen Idee und den aktuellen Anforderungen klafft. Durch die Modifikation der MTU von 1500 auf 9000 Bytes lässt sich die Datenübertragung signifikant beschleunigen. Das sechsmal größere Paket verursacht deutlich weniger Verwaltungsaufwand. Das verbesserte Verhältnis von Nutzlast zu Overhead führt zu weniger Fragmenten, sodass die Zahl der Interframe Gaps sinkt und Adress- und Prüfinformation für weniger Frames erforderlich werden. Allerdings gelten zwei Restriktionen:

- Jumbo-Frames sind nur in Gigabit-Netzwerken zulässig bzw. definiert.
- Alle an der Übertragung beteiligten Komponenten müssen „Jumbo-Frames" unterstützen. Trifft dies nicht zu, erkennen die Geräte „Jabber" als Pakete, die die zulässige MTU überschreiten und verwerfen sie.

Vor- und Nachteile von Jumbo-Frames:

- Die Probleme der begrenzten Paketgröße zeigen sich an einem einfachen Beispiel. Verlangt eine Speicherumgebung das Zusammenspiel von Ethernet mit Fibre Channel, treten Diskrepanzen auf, da Fibre Channel eine maximale Paketgröße von 2148 Bytes definiert. Bei einer Übertragung bedeutet dieser größere Transportcontainer, dass jedes FC-Paket in zwei Fragmente geteilt werden muss, die gesondert übertragen werden. Die negativen Folgen sind vermehrte Berechnungen von Prüfsummen, das Erstellen weiterer Header und das Entstehen von Interframe Gaps, was unweigerlich zulasten der verfügbaren Netzkapazität geht.
- Der Vorteil differiert nach Anwendung. Bei einem Transfer großer Dateien sind steigende Übertragungsraten und sinkende Zeitdauern des Transfers zu beobachten, bei kleinen Dateien kann sich ein Geschwindigkeitsverlust ergeben. Bei Telefonie über das Internet (VoIP) ist eher mit negativen Effekten zu rechnen. Die Zusammenstellung der größeren Pakete erfordert mehr Zeit, was zu steigenden Latenzzeiten führt und damit die Übertragungsqualität beeinträchtigt.

Um die Paketgröße zu prüfen, mit der die unter Windows aktuell bekannten Interfaces arbeiten, dient der Befehl:

```
netsh interface ipv4 show interfaces
```

Programme wie LANBench, IPerf, IPerf3, NetPerf messen die Übertragungsraten im Netzwerk, mturoute prüft die Paketgröße, mit der zwei Geräte kommunizieren. ■

Noch Fragen . . .? Ja . . .

Kennt Ethernet keine Sicherheits- oder Fehlererkennungsmerkmale?

Nein, lediglich die Prüfsumme weist auf übertragungstechnische Probleme hin. Ob ein Empfänger eine Sendung erhält, wird nicht geprüft.

Existiert ein Nachfolger für Ethernet?

Nein, bisher zeichnet sich kein Vorschlag ab. Die kontinuierlichen Geschwindigkeitssteigerungen des Ethernet-Standards haben bisher für die Zukunftssicherung gesorgt. ■

3.8 Zusammenfassung

Ethernet ist der populärste LAN-Standard in heutigen Netzwerken. Er ist darauf angepasst, sporadisch auftretenden Datenverkehr zu handhaben. Die Ursprungsversion nutzt den CSMA/CD-Algorithmus, um den Stationen einen geregelten Zugang zum Übertragungsmedium zu gewähren. Die Entwurfskriterien umfassten Aspekte wie Einfachheit, geringe Kosten, Fairness oder hohe Übertragungsleistung. In der Entwicklungsgeschichte hat sich Ethernet gegen alle weiteren Technologien im LAN-Sektor wie Token Ring oder Apple Talk durchgesetzt und stete Verbesserungen sowohl in der Geschwindigkeit als auch in den Kopplungsgeräten sichern diese Position bis heute. Diese Vorteile haben auch dazu geführt das Ethernet heutzutage nicht nur in LANs eingesetzt wird, sondern auch im MAN- und WAN-Bereich Fuß fasst. Durch den Einsatz von Glasfaser können einzelne Verbindungen bis zu 80 km überbrücken. Lernende sollten nicht nur die Basistechniken und das Paketformat beherrschen, sondern auch Kenntnisse über die unterschiedlichen Varianten besitzen und die von Ethernet zu Ethernet unterschiedlichen Verkabelungsmöglichkeiten beurteilen können. Die neueren heutzutage gängigen Varianten von Ethernet erläutert das Folgekapitel.

Weiterführende Literatur: [Come11, KuRo14]

Weiterführende Internetquellen zum Thema Ethernet: [Ethe00, Fast14, Grun00, Spur00]

3.9 Wissensüberprüfung

1. Welche Entfernungsrestriktionen gelten bei 10Base2, 10Base5 und 10Base-T?
2. Zwischen welchen Geräten können Vollduplex-Verbindungen genutzt werden?
3. Welche drei elementaren Mechanismen verbergen sich hinter der Abkürzung CSMA/CD?
4. „Ethernet ist nicht für Multimedia-Übertragungen geeignet". Warum?
5. Ethernet-Frames müssen für die Kollisionserkennung mindestens 64 Byte lang sein. Warum?
6. Wie unterscheiden sich die Rahmenstrukturen von 10Base-T und 10Base5?
7. Welche Bedeutung hat die Prüfsumme im Ethernet-Frame?
8. Was bedeutet die 5-4-3-Regel?
9. Was sind die Vor- und Nachteile der MAC-Adresse?
10. „Wenn ein Zielrechner einen Fehler entdeckt, verwirft er das Paket und informiert den Sender". Stimmt diese Aussage für Ethernet?

4 Ethernet-Standards

Lernziele

Nach der Beendigung dieses Kapitels sollte der Leser in der Lage sein, folgende Fragen zu beantworten:

- Welches ist ein weitverbreitetes Einsatzszenario?
- Wie hat sich der Ethernet-Rahmen entwickelt?
- Welches sind die neuen Eigenschaften und Herausforderungen an Ethernet?
- Wie lässt sich ein nahtloser Übergang zwischen den Standards organisieren?

Kapiteleinführung

Die Konstanz des Frames über alle Varianten hinweg bildet die Voraussetzung für eine nahtlose Migration zwischen den einzelnen Standards gepaart mit einer automatischen Erkennung der jeweiligen Geschwindigkeit. Die folgenden Abschnitte zeichnen die Entwicklung nach. Es zeigt sich, dass der Hunger nach Bandbreite allgegenwärtig ist und die Anpassung von Ethernet an diese Herausforderung priorisiert. Während sich die physischen Grundlagen wie Verkabelung und Infrastrukturgeräte wie Switches ständig weiterentwickeln, bleibt der Kern des Ethernets eine Konstante in der Rasanz des technologischen Fortschritts.

4.1 Fast-Ethernet

Durch die fortschreitende IT-Durchdringung aller ökonomischen Bereiche verlangen die heutigen Netzanwendungen hohe Geschwindigkeiten und eine wachsende Verarbeitungskapazität. Das Netzwerk dient dabei nicht nur zur Übertragung von Programm- und Datendateien, es soll vor allem multimediale Inhalte wie Sprache, Musik und Video transportieren. Diese Informationen sind nicht nur wesentlich umfangreicher, sondern verlangen auch garantierte Übertragungskapazitäten. Kollisionen von Datenpaketen wie im Standard-Ethernet machen es also unmöglich, Sprache so zu übertragen, dass die Daten den Empfänger in der korrekten Reihenfolge mit angemessener Qualität erreichen.

Zur „Temposteigerung" des alten Ethernets stehen prinzipiell zwei Wege offen:

1. **Erhöhung der Übertragungsgeschwindigkeit:** Der naheliegende Weg besteht zweifellos darin, die Übertragungsgeschwindigkeit zu erhöhen. Dieser Weg wurde auch mit der Konsequenz eingeschlagen, dass die Signalisierung geändert werden musste. Die Signale eines mit 100 MBit/s arbeitenden Netzes müssten bei der Manchester-Codierung mit 200 MHz schwingen, was bereits weit in den Frequenzbereich von UKW-Sendern reichen würde.
2. **Verwendung mehrerer paralleler Leitungen:** Bei einer Beibehaltung der bisherigen Signalisierung hieße eine Temposteigerung, dass statt zwei mehrere Adernpaare erforderlich wären. Dieser Vorschlag liefe möglicherweise auf eine neue Spezifikation von Kabeln hinaus.

Fast-Ethernet nutzt den ersten Aspekt zur Steigerung der Übertragungsgeschwindigkeit.

4.1.1 Vorteile

Die Vorzüge einer beschleunigten Übertragung wirken sich in sehr unterschiedlicher Form aus:

- **Investitionsschutz herkömmlicher LAN-Technologien:** Weil sowohl die MAC-Layer-Definitionen als auch das Rahmenformat für Fast-Ethernet mit den Festlegungen für das traditionelle Ethernet übereinstimmen, verlangt die Verbindung beider Techniken keine teure Formatanpassung oder neue Werkzeuge für die Verwaltung und Prüfung unterschiedlicher Protokolle. Aus diesem Grund kann die bisher eingesetzte Soft- und Hardware ohne Modifikationen weiter betrieben werden. Dies bezieht sich insbesondere auf Netzwerkkarten.
- **Investitionsschutz der Verkabelungsinfrastruktur:** Fast-Ethernet benutzt in Anlehnung an den EIA/TIA Commercial Building Telecommunications Wiring Standard UTP-Kabel der Kategorie 3 und 5, sowie STP-Kabel. Diese Verwendung existierender Techniken garantiert eine Rückwärtskompatibilität, sodass die Investitionen für die Kabelinfrastruktur gesichert sind.
- **Flexibilitätsgewinn im Netzdesign:** Durch die Differenzierung der Geschwindigkeiten kann das Netzdesign dem Client/Server-Architekturprinzip angepasst werden. Da die Verkehrsströme in derartigen Umgebungen von den Clients zum Server fließen, werden Server mit höheren Geschwindigkeiten angebunden als Clients. Hierfür stehen an den Switches Uplink-Ports mit höherer Geschwindigkeit zur Verfügung.

- **IEEE 802.3-Standard:** Die 10 MBit/s-Ethernet-Technologie wurde vom IEEE 802.3-Komitee standardisiert. 1993 wurden der IEEE zwei konkurrierende Vorschläge für Nachfolgetechnologien vorgelegt. Das eine Konzept basierte auf den 100Base-X und 100Base-4T+-Spezifikationsentwürfen und stützte sich auf das altbewährte CSMA/CD-Verfahren, der andere Vorschlag das 100Base-VG führte eine vollkommen neue Technologie auf der Basis des Demand Priority Access Protocols ein, das sich vom traditionellen Ethernet grundlegend unterschied. Das Verfahren verlagert die Zugriffsentscheidung von der Station auf einen Hub, der die Berechtigung prioritätsabhängig erteilt. Nach langen Debatten kam das IEEE zum Entschluss, dass das ursprüngliche 802.3-Komitee nun auch die Standardisierung von Fast-Ethernet auf der Grundlage von 100Base-X und 100Base-4T+ übernehmen sollte. Die neue Technologie erhielt die Bezeichnung 100Base-T. Die Standardisierung des Konkurrenzvorschlages lag in den Händen eines neuen 802.12-Komitees, das die Technik unter dem Namen 100VG-AnyLAN festlegte.

4.1.2 Bestandteile

Der 100Base-T-Standard umfasst fünf Komponenten, die MAC-Schicht, die MII-Schicht (Media Independent Interface) und die drei physikalischen Schichten 100Base-TX, 100Base-T4 und 100Base-FX. Ihre Beziehung zueinander zeigt Bild 4.1.

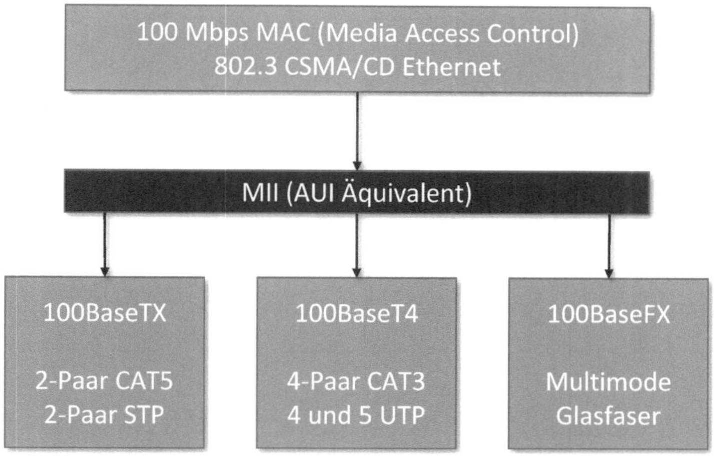

Bild 4.1 Fast-Ethernet – Medienunterstützung

Die **MAC-Schicht** bleibt unberührt und basiert weiterhin auf dem traditionellen CSMA/CD-Protokoll des ursprünglichen 10 MBit/s-Ethernets. Für Anwender besteht folglich nicht die Notwendigkeit, eine neue Technologie erlernen zu müssen.

Die MII-Schicht ist eine neue Spezifikation der Schnittstelle zwischen der MAC-Schicht und den drei physikalischen Schichten. Sie unterstützt alternativ sowohl 10 MBit/s als auch 100 MBit/s und besitzt ein Management-Interface zur Überwachung und Kontrolle der Konfiguration der unteren Schichten. Eine Reconciliation Layer als logische Schnittstelle übernimmt die Aufgabe, die MAC-Signalisierung in die MII-Signale zu transformieren, die MII-Schicht ihrerseits leitet diese an die entsprechenden physikalischen Medien weiter. Die MII-Schnittstelle kennt die in Tabelle 4.1 zusammengefassten Signale.

Tabelle 4.1 Signale der MII-Schnittstelle

Signal	Bedeutung
Transmit Clock	Kontinuierliches Signal, das 25% der nominalen Übertragungsrate beträgt und von der physikalischen Schicht generiert wird.
Transmit Enable	Signalisierung der Reconciliation Layer an die MII-Schicht, dass Daten zur Übertragung anstehen.
Transmit-Coding-Error	Der Empfänger erhält eine Mitteilung über fehlerhafte Datensymbole.
Receive-Date-Valid	Das Signal zeigt die Datenübertragung von der physikalischen an die Reconciliation Layer an.
Receive-Error	Die physikalische Schicht meldet dem Empfänger, dass ungültige Datensymbole übermittelt wurden.
Carrier Sense	Bei einer Medienbelegung wird dieses Signal durch die physikalische Schicht auf 1 gesetzt.
Collision Detected	Bei einer Kollision erhält dieses Signal den Wert 1.

4.1.3 Varianten

Die Spezifikation der physikalischen Schicht hängt vom jeweiligen Substandard ab. Der 100Base-X-Standard für die unterste Schicht gliedert sich in drei Teilbereiche: Physical Medium Dependant (PMD), Physical Coding Sublayer (PCS) und Physical Medium Attachment (PMA).

Die Schicht 1 des neuen Standards unterstützt drei Medientypen:

- 100Base-TX: Kategorie 5,
- 100Base-T4: Kategorie 3,
- 100Base-FX: Glasfaser.

100Base-TX definiert die Spezifikationen für 100Base-T-Ethernet über zwei Leiterpaare. Dabei dient ein Paar zum Senden, das andere zum Empfangen der Daten. Zugelassen sind UTP-Kabel der Kategorie 5 mit dem RJ-45-Anschluss und STP-Kabel des Typs 1 mit dem DB9-Anschluss der Token Ring-Netze. Damit ist gewährleistet, dass die amerikanische FCC-Class-B-Regeln und die noch strengeren europäischen Vorschriften EN 55022B zur elektromagnetischen Abstrahlung bei einer Übertragungsgeschwindigkeit von 100 MBit/s eingehalten werden. Die Länge eines TP-Segmentes beträgt aufgrund der maximal zulässigen Dämpfung von 13 dB bei 12,5 MHZ nur 100 m. Diese Spezifikation führt zu einer maximalen Signallaufzeit von 570 ns.

Da die Übertragungsrate um den Faktor 10 höher liegt als bei Standard-Ethernet, wächst die Frequenz ebenfalls. Diese Tatsache führt zu Codierungsschwierigkeiten. Standard-Ethernet nutzt die Manchester-Codierung, um ein Taktsignal mit jedem Bit zu übertragen, sodass 10 MBit/s in einer 20 MHz Wellenform aufgehen. Für Fast-Ethernet würde das analoge Vorgehen 200 MHz bedeuten. Da Kategorie 5 UTP-Kabel aber nur für 100 MHz konzipiert sind, muss eine Alternative zur Manchester-Codierung gefunden werden. 100Base-TX nutzt daher die MLT-3-Codierung.

Der **100Base-T4**-Substandard gehört zu den neuen Ethernet-Spezifikationen. Die Bezeichnung T4 definiert die Anforderungen an die Kabel, die die Übertragung über vier Leiterpaare der Kategorie 3, 4 und 5 zulassen. Hierbei dienen drei Leiterpaare zum Senden und Empfangen, das vierte dagegen überprüft die Verbindung auf Kollisionen. Die Länge eines Segmentes ist bei einer Signallaufzeit von 570 ns auf 100 m beschränkt. Als Standard-Stecker ist die RJ-45-Technologie definiert, wobei die zwei zusätzlichen Kabelpaare die vier freien Pins des RJ-45-Steckers benutzen.

Zur Datenübertragung findet ein 8B/6T-Code Verwendung, bei der jeweils ein Byte in einen sechsstelligen Code umgewandelt und jede Codegruppe separat auf einer der drei Datenleitungen übermittelt wird. Durch diese Art der Codierung werden die 100 Mbit/s Datenrate auf drei Adernpaare mit jeweils 33,33 Mbit/s unterteilt. Die frequenzvermindernde 8B/6T-Codierung, die jeweils ein Byte auf sechs Symbole abbildet, reduziert die Rate weiter auf 6/8 × 33,33 MHz = 25 MHz. Zusätzlich erfolgt der Datentransfer als Einschränkung unidirektional also im Halbduplex-Betrieb, sodass dieses Verfahren in der Praxis nur für Punkt-zu-Punkt-Verbindungen geeignet ist. Eine Station kann nur senden oder empfangen, aber nicht beides parallel.

100Base-FX beschreibt die Übertragung auf Glasfaseradern des Typs 62,5/125 Mikrometer. Eine Ader empfängt, die andere sendet Daten. Die Segmentausdehnung kann bei einer Signallaufzeit von 570 ns bis zu 400 m erreichen. Als Steckverbindungen sind drei Alternativen zugelassen:

- Duplex SC-Stecker gemäß ANSI X3T9.5 LCF-PMD Revision 1.3 für FDDI,

- MIC (Media Interface Connector) mit einer Codierung als M-Verbinder analog zu FDDI,
- ST-Stecker wie sie in 10Base-F-Ethernet-Netzen verwendet werden.

Die **PCS-Schicht** stellt die direkte Verbindung zur MII-Schicht her und erbringt folgende Funktionen:

- Codierung/Decodierung der Ethernet-Frames in 4B/5B- bzw. 8B/6T-Codegruppen,
- Erzeugung von Carrier-Sense- und Collision-Detect-Signalen.

Die 4B/5B-Codierung für 100Base-FX und 100Base-TX anstelle der Manchester-Codierung ist ein etabliertes Verfahren. Sie wandelt jeweils 4 Bit eines Paketes in eine 5 Bit-Codegruppe um, sodass ein zusätzliches Bit zur Verfügung steht. Aus den ursprünglich $2^4 = 16$ Codegruppe ergeben sich damit $2^5 = 32$ Kombinationen, sodass bei einer effektiven Datenrate von 100 MBit/s tatsächlich 125 MBit/s übertragen werden. Diese Aufteilung hat mehrere Gründe:

- Es entstehen weitere Codegruppen, die neben der Nutzdatenübertragung für andere Zwecke genutzt werden können.
- Die Codierung ist so gewählt, dass die Länge gleicher Bitfolgen begrenzt ist. Dieses Verfahren stellt sicher, dass bei einer beliebigen Codegruppe eine maximale Anzahl von Nullen oder Einsen nicht überschritten wird. Der Datenstrom enthält auf diese Weise ausreichend Taktinformation für den Empfänger, der jederzeit die 100 MBit/s-Datenrate rekonstruieren kann. Damit hat das verwendete Codierungsverfahren eine Effizienz von 100/125 = 80% gegenüber nur 50% bei der Manchester-Codierung des ursprünglichen Ethernets. Der Code ist derart gewählt, dass im Durchschnitt der Anteil von Nullen und Einsen ausgewogen ist. Dies ist aus physikalischen Gründen von Bedeutung, weil sich bei einem Übergewicht einer Art eine Gleichspannungsdrift ergibt, die die Empfindlichkeit des Empfängers reduziert und zum Abbruch der Übertragung führen kann.
- Einige Codes sind als verboten gekennzeichnet. Das Auftreten solcher Sequenzen als untrügliches Zeichen für Übertragungsfehler hilft, die Qualität der Übertragung zu sichern.

Der **Physical Media Attachment Sublayer** (PMA) passt die 4B/5B-Codegruppen der NRZI-Codierung an, bei der eine logische 1 mit einem Wechsel des Signalpegels verbunden ist, eine logische 0 hingegen keinen Wechsel hervorruft. Da eine wesentliche Eigenschaft der 4B/5B-Codegruppen die limitierte Länge der Nullen und Einsen ist, entstehen keine langen Sequenzen von Nullen, sodass der Empfänger stets über ausreichende Taktinformationen verfügt.

4.1.4 Auto-Negotiation-Technologie

Diese Technologie bildet einen Teil der 100Base-T-Definition IEEE 802.3u. Sie dient zur Festlegung des Betriebsmodus jeden Knotens, so z.B., ob ein Rechner über eine 10 Mbit/s oder 100 MBit/s-Netzkarte verfügt, über welchen Kabeltypen er angeschlossen ist und ob er den Vollduplex-Modus versteht. Damit entstehen vier mögliche Kombinationen: 10Base-T Halbduplex, 10Base-T Vollduplex, 100Base-TX Halbduplex und 100Base-TX Vollduplex. Zwei Knoten teilen einander ihre Übertragungsfähigkeiten mit, indem sie untereinander Parameter austauschen und sich auf den größten gemeinsamen Nenner einigen. Der Autosensing-Prozess liefert eine elegante Möglichkeit der Migration.

> Bei Standard- und Fast-Ethernet ist Auto-Negotiation optional, für Gigabit-Ethernet ist diese Technologie vorgeschrieben. Aufgrund verschiedener Wellenlängen in den einzelnen Standards ist Auto-Negotiation nicht für optische Links einsetzbar. Da zudem eine Punkt-zu-Punkt-Verbindung Voraussetzung ist, arbeitet Auto-Negotiation nur in Switched-Ethernet-Umgebungen. ■

Die Basis des Auto-Negotiation-Prozesses bildet der Link-Integrity-Test-Puls-Mechanismus, auch als Fast-Link-Puls-Burst (FLP) bekannt. Zu Übertragungsbeginn und während Sendepausen werden FLPs moduliert, um den verfügbaren Modus zu signalisieren. Aus den Bits des FLP-Bursts extrahiert jede Station ein Link-Codewort, anhand dessen der Empfänger die gemeinsam unterstützten Parameter und Funktionen bestimmen kann. Dabei gilt folgende Prioritätsabstufung:

1. 100Base-TX vollduplex,
2. 100Base-T4,
3. 100Base-TX,
4. 10Base-T vollduplex,
5. 10Base-T.

> **Beispiel 1: Prioritässchema**
>
> Unterstützt eine Station 100Base-T4, 100Base-TX und 10Base-T und der Kommunikationspartner 100Base-TX vollduplex, 100Base-TX und 10Base-T, erkennen beide durch den Auto-Negotiation-Prozess, dass sie 100Base-TX und 10Base-T als Gemeinsamkeit besitzen. Da 100Base-TX im Prioritätsschema höher angesiedelt ist, einigen sich beide auf diesen Betriebsmodus. ■

Beispiel 2

Annahme: Gerät A ist auf 100 MBit/s im Vollduplex-Modus eingestellt, Gerät B ist mit Auto-Negotiation konfiguriert.

Ergebnis: Der Auto-Negotiation-Prozess stellt Gerät B auf 100 MBit/s halbduplex ein und erwartet „Ruhe auf der Empfangsleitung" während der Sendung. Jedes Signal auf der Empfangsleitung wird als Kollision interpretiert. Da aber das fest auf Vollduplex-Betrieb eingestellte Gerät A gleichzeitig sendet und empfängt, unterbricht B häufig aufgrund zu vieler Kollisionen.

Konsequenz: Der Datendurchsatz liegt wesentlich unter dem bei Vollduplex-Betrieb möglichen und unterschreitet wahrscheinlich sogar denjenigen bei korrekt eingestelltem Halbduplex-Modus.

4.1.5 Topologie

Ein Fast-Ethernet-Segment wird als Stern konfiguriert und umfasst höchstens zwei Repeater. Da Fast-Ethernet weiterhin das CSMA/CD-Verfahren verwendet, basiert der maximale Netzdurchmesser auf der Summe der Zeiten für Hin- und Rückweg zur am weitesten entfernten Station. Aufgrund des zehnmal schnelleren Fast-Ethernets wird die entstehende Zeitdifferenz durch eine Verringerung der Entfernungen und der Anzahl zulässiger Repeater pro Segment kompensiert. Die Kabeldistanz zwischen den entferntesten Endbenutzerstationen der gleichen Kollisions-Domäne schrumpft auf 205 m gegenüber 500 m beim herkömmlichen Ethernet und anstelle der 5-4-3-Regel gilt nur noch die 2-1-Regel, d.h. es sind je nach Repeater-Klasse nur noch ein oder zwei Repeater erlaubt, wobei zwei Repeater über ein ca. 5 m langes TP-Kabel zu einer Kaskade zusammengeschlossen werden können. Während alle Repeater der 10Base-T-Klasse grundsätzlich als funktional gleichwertig gelten, teilt Fast-Ethernet die Repeater in zwei Klassen:

- **Repeater der Klasse I** verstärken die an einem Port ankommenden Signale und übertragen sie zum Zielport, indem sie intern eine Umwandlung in Digitalsignale und anschließend wieder eine Rückwandlung in Analogsignale vornehmen. Dadurch entsteht eine größere interne Verzögerung. Diese Umsetzung wird bei der Nutzung unterschiedlicher physikalischer Medien innerhalb der gleichen Kollisions-Domäne erforderlich, z.B. können Repeater dieser Klasse 100Base-TX-Leitungen mit zwei Leiterpaaren von 100Base-T4-Produkte mit vier Leiterpaaren verbinden.
- **Repeater der Klasse II** verstärken die an einem Port ankommenden Signale und übertragen sie ohne Translation auf den Zielport. Mit diesem Repeater-Typ können nur gleichartige Medien innerhalb der Kollisions-Domäne verbunden werden, z.B. TX-Leitungen mit TX-Leitungen.

Um den steigenden Bandbreitenanforderungen von Applikationen zu genügen, können einzelne Ports auf Fast-Ethernet aufgerüstet oder als zweite Möglichkeit die Geräteklasse der Fast-Ethernet-Switches eingesetzt werden. Die Wirkungsweise beider Lösungen verdeutlicht folgende Analogie:

- Stellt Ethernet ein Fahrrad dar und Fast-Ethernet einen Pkw, die beide auf einer einspurigen Straße fahren, so beträgt die Geschwindigkeit 10 km/h zu 100 km/h. Solange kein Verkehr herrscht, können beide Fahrzeuge mit maximaler Geschwindigkeit fahren, sobald aber weitere Verkehrsteilnehmer hinzukommen, müssen sie ihre Geschwindigkeit drosseln. Switching bedeutet in diesem Szenario einfach das Hinzunehmen weiterer Spuren. Bei geringem Verkehr kann das Fahrrad weiterhin 10 km/h fahren; steigt die Zahl der Verkehrsteilnehmer, können diese möglicherweise auf ihrer separaten Spur ebenfalls mit 10 km/h fahren. Dennoch: Ein Fahrrad erreicht nie die Geschwindigkeit eines Pkw und bei weiter steigender Verkehrsdichte müssen die Fahrräder ihr Tempo drosseln.
- Wie Ethernet liefert Fast-Ethernet zunächst nur eine Spur. Bei geringem Verkehr kann der Pkw mit 100 km/h fahren. Erst switched Fast-Ethernet liefert eine Autobahn mit mehreren Spuren, auf denen Höchstgeschwindigkeit erreicht werden kann.

4.1.6 Migration von Standard- zu Fast-Ethernet

Die zwei wichtigsten Bereiche bei einem Übergang betreffen die Verkabelung und die Hubs. Fast-Ethernet verlangt TP-Kabel der Kategorie 5 oder 4-paariges TP-Kabel der Kategorie 3. Der Einsatz von Hubs reduziert sich von vier auf zwei in einer Kollisions-Domäne. Ob es sich hierbei um eine echte Einschränkung handelt, ist mehr als fraglich, da die Switching-Technologie eine elegante Umgehung erlaubt.

Eine typische Überführung eines kleinen, an seine Grenzen stoßenden Ethernet-Netzes in eine größere effizientere Struktur unter Verwendung beider Technologien und einer Kombination von Shared- und Switched-Verbindungen ist in vier Phasen vorstellbar:

1. Fast-Ethernet 10/100-Netzkarten werden an alle neuen Teilnehmer aus Gründen des Investitionsschutzes vergeben.
2. Der Datendurchsatz des 10Base-T-Netzes wird durch eine Verkleinerung der Kollisions-Domäne und dem Einsatz von Switching-Technologie verbessert.
3. Fast-Ethernet-Switching mildert die Bandbreitenengpässe für Server und Power User.
4. Server werden über Vollduplex-Verbindungen erreicht.

Unterstützend wirkt bei einem Übergang vor allem die Auto-Negotiation-Technologie.

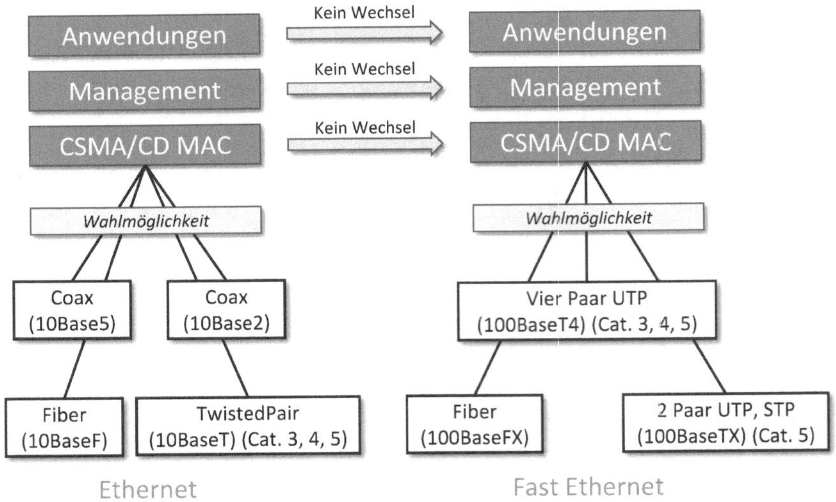

Bild 4.2 Übergang von Standard-Ethernet zu Fast-Ethernet

4.2 Gigabit-Ethernet

Eine der wichtigsten Fragen, die sich Netzwerkadministratoren stellen, ist die, wie sie höhere Bandbreiten in ihre Knoten integrieren können, ohne das bestehende Netz zu zerstören. Gigabit-Ethernet geht hier den gleichen Weg wie seine Vorgängertechnologien und erlaubt eine einfache, inkrementelle Migration.

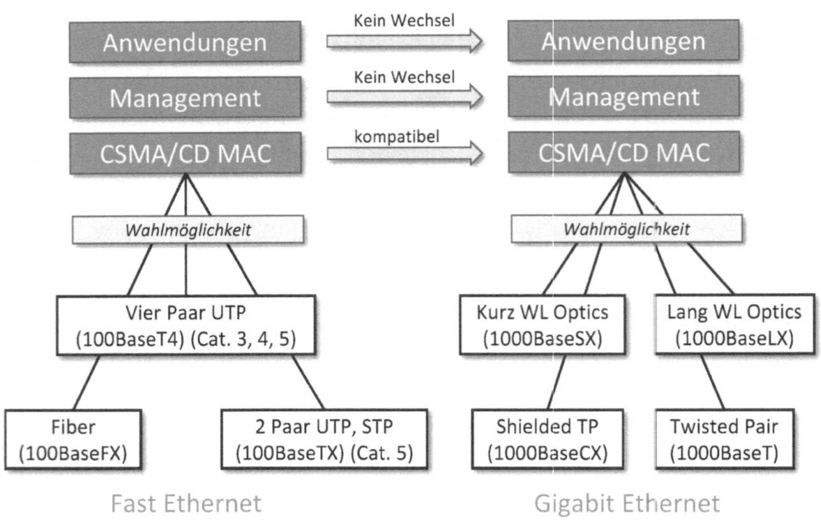

Bild 4.3 Übergang von Fast-Ethernet zu Gigabit-Ethernet

Die Netztopologie für Gigabit-Ethernet folgt den traditionellen Regeln des Ethernets: Alle Ethernet-Techniken nutzen den gleichen Rahmenaufbau nach IEEE 802.3 und die Vollduplex-Möglichkeit. Im Halbduplex-Modus bleibt auch das Zugriffsverfahren mit CSMA/CD unverändert. Damit gilt: Gigabit-Ethernet ist Ethernet, nur schneller. Bild 4.3 zeigt die Randbedingungen des Überganges von Fast-Ethernet zu Gigabit-Ethernet.

Gigabit-Ethernet wurde innerhalb der Arbeitsgruppe IEEE 802.3 als 802.3z im Juni 1998 über Glasfaserkabel standardisiert. Diese Gruppe formulierte mehrere Ziele für das neue Ethernet (Tabelle 4.2).

Tabelle 4.2 Merkmale von Gigabit-Ethernet

Merkmal
▪ eine Bandbreite von 1000 Mbit/s
▪ die weitere Nutzung des 802.3 Ethernet-Rahmenformats
▪ das Erfüllen der 802 Funktionsanforderungen
▪ eine einfache Migration zwischen 10 Mbit/s-, 100 Mbit/s- und 1000 Mbit/s-Ethernet
▪ das Beibehalten der minimalen und maximalen Paketgrößen
▪ die Unterstützung des Halb- und Vollduplex-Betriebes
▪ die Unterstützung von Sterntopologien
▪ die Weiterverwendung des CSMA/CD-Mechanismus mit mindestens einem Repeater pro Kollisions-Domäne
▪ die Unterstützung der ANSI Fibre Channel Spezifikation FC-1 und FC-0
▪ eine Datenflusskontrolle
▪ die Festlegung eines GMII (Gigabit-Ethernet Media Independent Interface)

4.2.1 Physikalische Grundlagen

Der 1000Base-X-Standard basiert auf physikalischer Ebene auf der Fibre Channel Technologie, einem Konzept zur Verbindung von Rechnern und Speichersystemen. Die Architektur von Fibre Channel besteht aus vier Ebenen, von denen die beiden unteren FC-0 (Interface und Medium) und FC-1 (Enode/Decode) in Gigabit-Ethernet benutzt werden. Durch diesen Rückgriff ließ sich die Entwicklungszeit des neuen Standards beschleunigen. Zur Stationsverbindung gab es zunächst drei Varianten:

- eine Multimode-Verbindung mit einer maximalen Länge von 550 m,
- eine Monomode-Verbindung mit einer maximalen Entfernung von 3 km,
- eine kupferbasierte Verbindung mit einer maximalen Länge von 25 m.

Um Verbindungen auch für UTP-Kabel der Kategorie 5 über 100 m zu ermöglichen, waren Vorarbeiten zu leisten. Die Standardisierung dieser Option ist deshalb in eine gesonderte Arbeitsgruppe 802.3ab ausgelagert worden. Die Übertragungsdistanzen liegen ganz erheblich unter den bisher in den Normierungen festgelegten Längen. Würde Gigabit-Ethernet wie die herkömmlichen Technologien über lediglich zwei Leiterpaare übertragen, wäre eine Übertragungsfrequenz von 166 MHz die Folge, womit eine Cat-5-Verkabelung von 100 MHz überfordert wäre. Die gleichzeitige Nutzung aller vier in den Verkabelungsstandards vorgesehenen Leiterpaare halbiert die Frequenz auf 83 MHz. Dieser Vorschlag und die gleichzeitige Übertragung in beide Richtungen stellen erheblich höhere Anforderungen an ein Verkabelungssystem und gefährden zusätzlich die Rückwärtskompatibilität der Steckverbindungen.

Das Zusammenspiel der funktionalen Elemente von Gigabit-Ethernet zeigt Bild 4.4.

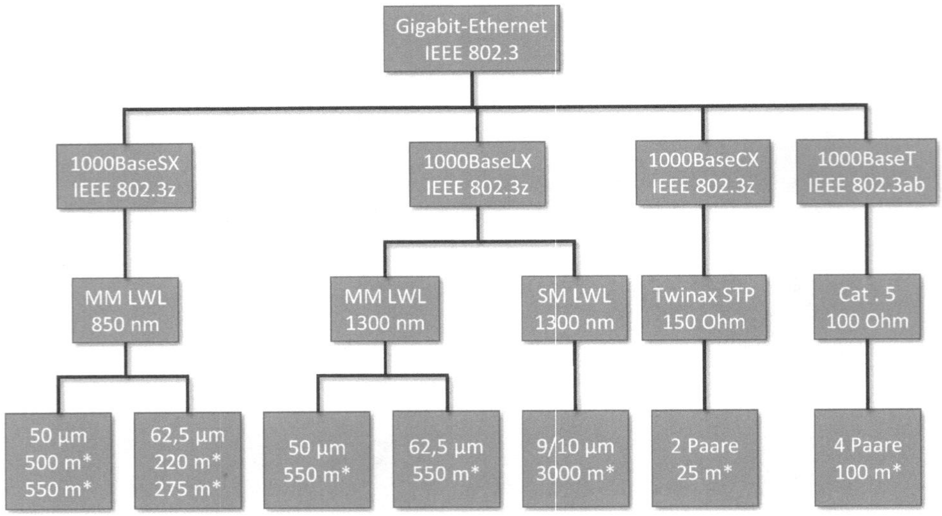

Bild 4.4 Gigabit-Ethernet-Schichten

4.2.2 Varianten

Zwei physikalische Definitionen erlauben die Übertragung von Gigabit-Ethernet über Glasfaserkabel. Die Variante 1000Base-SX (Short Wave) zielt dabei auf den „Low Cost"-Bereich als Tertiärverkabelung oder den Sekundärbereich. Die Wellenlänge des Lasers beträgt 770 - 860 nm, die Signalisierung basiert auf der Fibre-Channel-Spezifikation. Die 1000Base-LX (Long Wave) Definition legt die Wellenlänge des Lasers auf den Bereich von 1270 - 1355 nm fest, basiert auf der gleichen Fibre-Channel-Spezifikation wie die 1000Base-SX-Variante und zielt auf den

Campus-Backbone. Während für die SX-Variante oft aus Kostengründen eine LED-Quelle eingesetzt wird, kennt die LX-Form nur einen Laser. Aufgrund der Schaltzeiten eines LEDs oder Lasers wird das Licht mit geringer oder hoher Intensität auf das Medium gegeben. 1000Base-X nutzt die 8B/10B-Codierung in Verbindung mit dem Non-return to zero (NRZ)-Verfahren.

Ergänzt werden die Spezifikationen durch weitere zwei Festlegungen für Kupferkabel. 1000BaseCX benutzt ebenfalls die 8B/10B-Codierung auf seriellen Leitungen mit 1,25 Gbit/s und 150 Ohm. Dabei ist zu beachten, dass der IBM-Kabeltyp 1 – die traditionelle Token-Ring-Verkabelung – im IEEE 802.3z-Standard explizit als nicht empfehlenswert eingestuft wird.

1000Base-T ist unter der Bezeichnung IEEE 802.3ab standardisiert und überbrückt 100 m auf herkömmlichen UTP-Kabeln der Kategorie 5. 1000Base-T nutzt alle vier Adernpaare des UTP-Kabels und reduziert die Übertragungsgeschwindigkeit auf 250 Mbit/s pro Paar. Dabei erfolgt die Übertragung auf jedem Adernpaar bidirektional. Ob dabei eine aufwendige Neuverkabelung überflüssig ist, hängt davon ab, ob eine vierpaarige Verkabelung bis zur Endstation vorhanden ist und ob gewisse Qualitätsparameter eingehalten werden können. Diese hängen mit dem Übertragungsverfahren zusammen. 1000Base-T nutzt das 4D-PAM5-Codierungsverfahren, das Vollduplex-Übertragungen gestattet. Diese gleichzeitige Kabelnutzung führt naturgemäß zu permanenten Kollisionen, was komplexe Spannungsmuster zur Folge hat. Mit entsprechenden Schaltkreisen für Echo-Unterdrückung, Layer 1 Forward Error Correction und weiteren Konzepten wird der 1-Gigabit-Durchsatz erreicht. In einer übertragungsfreien Periode finden sich neun Spannungsniveaus auf dem Kabel, während einer Übertragung hingegen 17, die das Signal eher analog denn digital erscheinen lassen.

Wie schon Fast-Ethernet kennt auch 1000Base-T das Auto-Negotiation-Prinzip, also die automatische Festlegung der Verbindungsparameter. Die Auto-Negotiation bezieht sich auf die Geschwindigkeit und den Duplexmodus und erfolgt sowohl beim Einschalten als auch beim Umstecken eines Kabels.

Durch die Nutzung aller vier Adernpaare kommt es zu Übersprechen von mehreren signalführenden Adernpaaren auf ein anderes Adernpaar. Die Powersum-Parameter der neuen Kabelkategorien nehmen diesen Effekt in die Kabelmessung als Qualitätsparameter auf. Sie bilden die effektive Summe der Störeinflüsse, wenn auf allen vier Paaren gleichzeitig übertragen wird. Die beiden Maße, die diesen Effekt berücksichtigen, werden als FEXT und ELFEXT bezeichnet. Sie drücken eine Kennzahl aus, die die Signaleinkopplung von einem Leitungspaar auf ein benachbartes misst. Anders als beim Nahnebensprechen NEXT wird das Übersprechsignal am entferntesten Ende der Verbindung bestimmt. Beim FEXT-Verlust handelt es sich dabei um das Verhältnis der am entferntesten Ende der Verbindung gemessenen Signalamplitude und der Signalamplitude, die am nahen Ende der Verbindung an ein anderes Leiterpaar gelegt wird. Der ELFEXT-Parameter ist demgegenüber das errechnete Verhältnis zwischen dem gemessenen FEXT-Verlust und der Dämpfung. Dieser Wert wird dann kritisch, wenn zwei oder mehr Leitungspaare Signale in dieselbe Richtung übertragen.

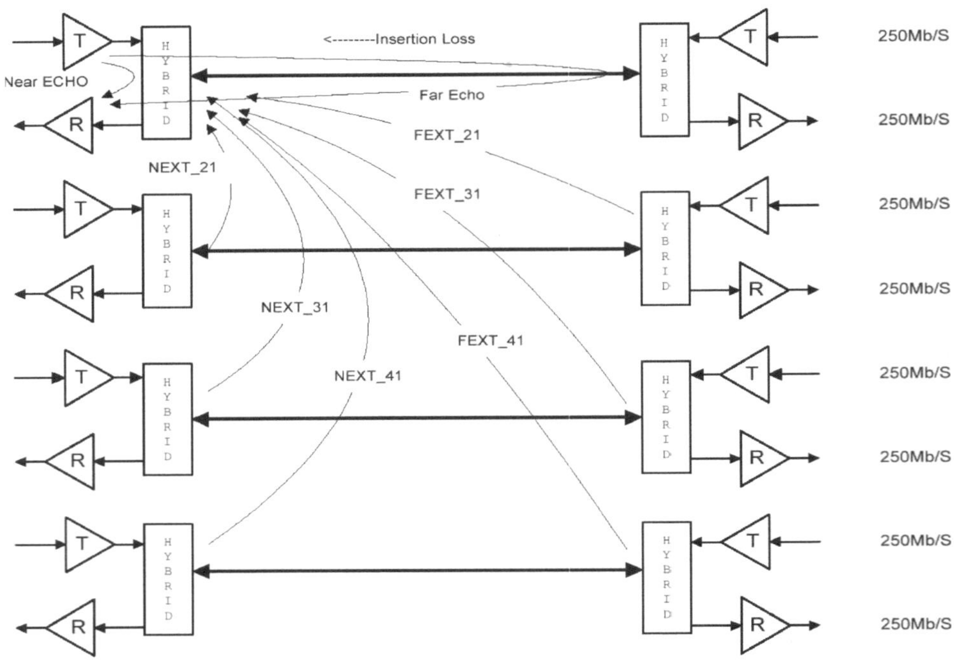

Bild 4.5 ELFEXT-Werte

Zur weiteren Beurteilung der Übertragungsgüte spielen zwei Parameter eine Rolle: **Delay Skew** bezeichnet die Differenz der Signallaufzeiten von Paar zu Paar und der **Return-Loss** oder Rückflussdämpfung misst das reflektierte Signal, das auf dem Impendanzunterschied der Komponenten und des Kabels beruht. Je höher dieser Wert ausfällt, desto schlechter ist die Übertragungscharakteristik.

Die Spezifikation der physikalischen Schicht lehnt sich an diejenige der Fast-Ethernet-Variante an. Sie gliedert sich wie dort in drei Teilbereiche:

- **Physical Coding Sublayer (PCS)** für die Signalcodierung, die hier nach dem 8B/10B-Schema des Fibre Channels erfolgt. Das Verfahren wandelt Gruppen von 8 Bit in Symbole von 10 Bit Länge um, sodass zu den ursprünglichen Datensymbolen weitere Kontrollzeichen hinzukommen.
- **Physical Medium Attachment (PMA)** für die Serialisierung der Daten.
- **Physical Medium Dependent (PMD)** als die unterste physikalische Schicht für die Definition von Kabeln, Steckern und Treibern.

Gigabit-Ethernet ist als Halbduplex- und Vollduplex-Technologie standardisiert. Durch das CSMA/CD-Protokoll wird im Halbduplex-Betrieb die maximale Entfernung zweier Stationen allerdings reduziert.

Um die Arbeitsweise zu erhalten, muss das minimal zulässige Ethernet-Paket erweitert werden. Diese Modifikation basiert auf folgendem Umstand: Da jede Station den Sendevorgang beginnen kann, wenn sie das Medium als frei erkennt, muss ein Ethernet-Paket eine Mindestlänge aufweisen, um zu verhindern, dass die sendende Station bereits mit der Übertragung endet und an einen erfolgreichen Abschluss glaubt, obwohl eine Kollision auftrat. In diesem Falle würde eine Kollision erst nach Sendeabschluss erkannt, und es bestände keine Möglichkeit der Retransmission. Nur wenn das Paket eine entsprechende Länge aufweist und alle Stationen passiert, kann ein vorzeitiges Senden einer weiteren Station unterbunden werden. Die minimale Paketlänge hängt von der Weglänge zur entferntesten Ethernet-Station und zurück ab. Um dieses Problem zu lösen – Gigabit-Ethernet-Pakete werden mit der 100-fachen Geschwindigkeit transportiert –, muss die unterstützte Paketlänge auf 512 Byte erhöht werden. Dabei ist offensichtlich, dass die Zahl 512 einen Kompromiss darstellt, denn um die Übertragungsrate von 64 Byte bei Fast-Ethernet nachzubilden, wären 640 Byte erforderlich.

Die IEEE 802.3z-Arbeitsgruppe hielt die 640-Byte-Erweiterung aber für zu ineffizient und entschied sich für eine verkürzte Variante. Als Tribut an dieses Vorgehen wird die Zahl der zulässigen Repeater auf einen beschränkt und zum anderen die bei den anderen Ethernet-Standards eingebaute Sicherheitsmarge beschnitten. Das ausgewählte Verfahren verlängert Pakete, die kleiner als 512 Byte sind, während Pakete größer als 512 Byte unverändert bleiben. Dieses Verfahren wird als Carrier Extension bezeichnet. Die zusätzlichen Extension-Symbole werden beim Empfänger vor der Berechnung der Prüfsumme wieder aus dem Paket entfernt. Diese Modifikation beeinflusst insbesondere Applikationen mit einem hohen Volumen an kleinen Paketen. Datenverkehr mit exzessivem Anteil an 64Byte-Paketen kann den Durchsatz auf 120 Mbit/s drücken; ein Wert, der nur knapp oberhalb von Fast-Ethernet liegt und nur 12 % der Bandbreitenkapazität ausnutzt. In allgemeinen Anwendungsszenarien variiert die Rahmengröße allerdings im Bereich von 200 bis 500 Byte, was einem Auslastungsgrad von 300 bis 400 Mbit/s entspricht. Diesen Nachteil soll ein spezielles Bursting-Verfahren ausgleichen.

4.2.3 Besonderheiten

Um die Unterauslastung des Mediums im Falle vieler kleiner Rahmen zu verringern, bietet Gigabit-Ethernet das **„Packet Bursting“** an, d.h. die Zusammenfassung vieler Minimalpakete zu einem Größeren. Mit einer Carrier Extension kann es im Extremfall zur Versendung von 448 Füllbytes kommen, ein Ergebnis, das den effektiven Datendurchsatz stark reduziert. Möchte eine Station mehrere Pakete senden, wird das Erste gemäß Carrier Extension aufgefüllt. Alle Nachfolger lassen sich mit dem kleinstmöglichen Abstand bis zu einer maximalen Größe von 8 KByte anfügen. Die Schwierigkeit besteht jedoch darin, dass die meisten Applikationen mit diesem Mechanismus nicht umgehen können und demzufolge neu implementiert werden müssen. Außerdem ergeben sich anwendungsabhängige Probleme. Sendet ein Client in einem Online-Transaktionssystem einen kleinen Rahmen, so kann das Packet Bursting dazu führen, dass die Station sehr lange auf die Bestätigung warten muss, weil keine weiteren Rahmen zur Übertragung anstehen.

Diese Korrekturen treffen nur für Stationen zu, die im Halbduplex-Modus arbeiten. Im Vollduplex-Modus senden und empfangen die Stationen auf getrennten Leitungen, sodass niemals Kollisionen auftreten können und sie nicht darauf warten müssen, die Übertragungsberechtigung zu erhalten. Folglich können weiterhin der reguläre Ethernet-Rahmen und die 96-Bit Interframe Gap Verwendung finden. Der Halbduplex-Modus hat beim Gigabit-Ethernet keine große Verbreitung gefunden. Heutzutage wird Ethernet nahezu nur noch im Vollduplex-Modus betrieben. Die Eigenschaften des MAC-Layers der unterschiedlichen Ethernet-Varianten fasst Tabelle 4.3 zusammen.

Tabelle 4.3 MAC-Layer-Eigenschaften der Ethernet-Varianten

Merkmal	Standard-Ethernet	Fast-Ethernet	Gigabit-Ethernet
Slot Time	512	512	4096
Interframe Gap in ms	9,6	0,96	0,096
Max. Framesize	1518	1518	1518
Min. Framesize	64	64	512
Extend Size in bits	0	0	448
Burstlänge	0	0	8 KByte

Ein Vollduplex-Port stellt einen Puffer zur Verfügung, um Daten zwischen zu speichern, die von einer Station einlaufen, aber vom Empfänger nicht zeitgerecht verarbeitet werden können. Damit ein Pufferüberlauf nicht einen Paketverlust zur Folge hat, integriert Ethernet nun eine Flusskontrolle. Sie verhindert, dass eine Station weiterhin sendet, obwohl der Empfänger keine Pakete mehr entgegennehmen kann. Hierzu wird nach Erreichen eines Schwellwertes ein PAUSE-Paket an den Sender geschickt, das diesen veranlasst, die Sendung einzustellen und erst nach einer definierten Pausezeit fortzusetzen. Die Abstimmung der Flusskontrolle erfolgt über die Auto-Negotiation.

4.3 10G-Ethernet und darüber hinaus

Die Highspeed Study Group (HSSG) zur Fortentwicklung von Ethernet hat hoch gepokert und gewonnen. Der 10-GbE-Standard ignoriert zwar den Kern des Ethernets - das CSMA/CD-Verfahren -, darf sich aber dennoch Ethernet nennen. Da bereits bei 1-Gigabit-Ethernet vorwiegend Switches eingesetzt werden und jede Station an einem Switchport und somit eigener Kollisionsdomäne angeschlossen ist, ist das Verfahren nicht mehr notwendig. Ausgangsmotiv für diesen Sinneswandel war die Anforderung, das Zehnfache der Ethernet-Geschwindigkeit in Kombination mit einer Entfernung von 80 km zu verwirklichen. Beiden Anliegen steht jedoch das herkömmliche Kollisionsverfahren im Wege. Ein Verzicht darauf bedeutete die Gefahr, vom Standardisierungsgremium der IEEE nicht als Arbeitsgruppe unterhalb des 802.3-Standardkomitees anerkannt zu werden. Dass das Gremium dennoch im Sinne der beteiligten Unternehmen entschied, ermöglicht, dass das Hochgeschwindigkeitsverfahren das werbewirksame Etikett Ethernet führen darf.

Was war der Auslöser für die Fortentwicklung von Ethernet? Unternehmen sehen sich hohen Bandbreitenanforderungen im Tertiärbereich durch neuartige Anwendungen wie Storage Area Networks (SAN), Multimedia, Data Warehousing oder Grid-Computing gegenüber. Die sich daraus ergebenden Ansprüche an Zugriffs- und Antwortgeschwindigkeit lassen sich nur mit neuen Technologien ausreichend beantworten. 10-GbE, 40-GbE, 100-GbE, 200-GbE, 400-GbE sind logische Weiterentwicklungen der bisher genutzten Standards und liefern durch die Skalierbarkeit für unterschiedliche Entfernungen, die Verwaltungsmöglichkeit mit herkömmlichen Ethernet-Werkzeugen und durch die preiswerte Beschaffung die folgerichtige Alternative.

4.3.1 Eigenschaften

Die HSSG einigte sich auf einige Kernpunkte für das neue Verfahren: So sollen nur Vollduplex-Verbindungen, d.h. getrennte Hin- und Rückkanäle sowie Sternstrukturen mit Punkt-zu-Punkt-Verbindungen als Netztopologie unterstützt werden. Grundlage hierfür bilden Glasfaserkabel für die eine neue Glasfaserstandardkategorie OM3 für laseroptimierte Multimode-Fasern (LOMMF) entwickelt wurde. Begleitet wird diese Technologie durch VCSELs (Vertical Cavity Surface Emitting Laser), die eine schnellere, besser fokussierende Konversion in Licht innerhalb des 850 nm-Fensters erlaubt. 10-GbE lässt sich daher als MAN- und WAN-Übertragungsmedium positionieren. Derzeit existieren mehrere Optionen:

- 10 GBase-SR zum Anschluss von Multimode-Glasfaser im 850 nm-Bereich.
- 10 GBase-SX zum Anschluss von Multimode-Glasfaser über eine Entfernung von maximal 300 m.

- 10 GBase-LX für Mono- oder Multimode-Glasfaser, mit denen sich eine Reichweite von 15 km erzielen lässt.
- 10 GBase-EX für Monomode-Glasfaser, mit der sich Distanzen bis zu 40 km überbrücken lassen.

Mit der letzten Möglichkeit betritt Ethernet Neuland, denn erstmals wird die Wellenlänge von 1550 nm benutzt und mit der Entfernung von 40 km und mehr der WAN-Markt erschlossen. Mit dem Schritt in das WAN hat die HSSG sich jedoch ein weiteres Problem geschaffen. Da die Hersteller von WAN-Geräten nicht an der Standardisierung beteiligt sind, ist eine Diskussion um die exakte Geschwindigkeit entbrannt. Die LAN-Vertreter favorisieren den exakten Wert von 10 GBit/s als Vielfachem der anderen Ethernet-Varianten, während die WAN-Fraktion eine Geschwindigkeit von 9,58464 GBit/s anstrebt. Dieser Wert leitet sich als Vielfaches der weitgehend identischen WAN-Verfahren SONET (Synchronous Optical Network) und SDH (Synchronous Digital Hierarchy) ab, deren Übertragungsraten mit der Bezeichnung OC-192 bzw. STM-64 angegeben werden. Die Schwierigkeit entsteht an der Nahtstelle des LANs zum WAN, wenn der Ethernet-Verkehr in das WAN-Backbone übergeht.

Die HSSG schlägt einen Kompromiss vor, der beide Geschwindigkeiten vorsieht, aber den Nachteil besitzt, zwei physikalische Schnittstellen unterstützen zu müssen. Werden Ethernet-Daten zwischen LAN und WAN übertragen, wird ein Koppelelement für die entsprechende Umsetzung sorgen. Der MAC-Layer unterstützt damit zwei Datenraten: für LANs die Übertragungsgeschwindigkeit von exakt 10 GBit/s und für WAN-Verbindungen 9,58464 GBit/s, sowie ein medienunabhängiges Interface XGMII.

Der Verzicht auf das CSMA/CD-Verfahren wird ebenso wie der geringfügige Geschwindigkeitsunterschied keine tiefgreifenden Konsequenzen haben. Da die Spezifikation weiterhin das ursprüngliche Rahmenformat verwendet, ist die Abwärtskompatibilität gesichert. Der Ersatz der Netzwerkkarten für Server oder Endstationen ist damit nicht notwendig. Die Übernahme der Frame-Definition garantiert auch, dass Standards wie die Paketpriorisierung oder die Bildung virtueller LANs ihre Gültigkeit behalten. Die Zielvorgaben der neuen Ethernet-Version lassen sich gemäß Tabelle 4.4 zusammenfassen.

Tabelle 4.4 Merkmale von 10-GbE

Merkmal
▪ Beibehaltung des ursprünglichen Frameformates
▪ Einhaltung der IEEE 802 Vorgaben mit Ausnahme des Hamming-Abstandes, d.h. des Mechanismus zur Fehlererkennung
▪ Beibehaltung der minimalen und maximalen Rahmenlänge
▪ Vollduplex-Modus nach IEEE 802.3x

Merkmal
▪ Sterntopologie mit Punkt-zu-Punkt-Verbindungen
▪ optionales medienunabhängiges Interface
▪ Unterstützung von IEEE 802.3ad (Link Aggregation)
▪ zwei physikalische Schnittstellen: LAN: 10GBit/s und WAN: OC-192 bzw. SDH STM-64
▪ drei Interfaces: 10 GBase-SX, 10 GBase-LX und 10 GBase-EX

Für das Zusammenwachsen der Netze spielt der neue 10 GBase-T-Standard eine herausragende Rolle. Im Juni 2006 verabschiedete die IEEE die Norm 802.3an, die 10 GbE über symmetrische Kupferkabel spezifiziert. Wie bei Gigabit-Ethernet überträgt jedes der vier Adernpaare 2,5 GBit/s bidirektional. Als Codierung einigte man sich auf das PAM-16-Verfahren. Triebfeder des neuen Standards sind amerikanische Unternehmen, die traditionell nur ungeschirmte Verkabelungen einsetzen. Im Verlauf der Diskussion türmten sich einige technische Hürden auf, von denen insbesondere das Alien Crosstalk hervorsticht. Alien Crosstalk, das im Rahmen dieser Standardisierungsbemühungen das erste Mal auftritt, gibt an, wie stark Signale eines Adernpaares von einem oder mehreren benachbarten Kanälen beeinflusst werden. Leider lässt sich dieses Phänomen nur schwer erfassen, da es zufällig und unregelmäßig auftritt. Bei geschirmten Verkabelungssystemen ist es allerdings nicht notwendig Alien Crosstalk in der Installation zu messen, wenn die Kabel definierte Anforderungen an die Kopplungsdämpfung erfüllen. Der Grund hierfür liegt darin, dass sich durch das komplexere Codierungsverfahren geringere Spannungsunterschiede zwischen den einzelnen logischen Zuständen ergeben, die eine deutliche Zunahme der Empfindlichkeit gegenüber eingekoppelten Störsignalen verursachen. Die Ursache für Störsignale können dabei sowohl benachbarte Kabel und Steckverbindungen als auch systemfremde Quellen sein. Die höheren Frequenzen haben ihren Ausdruck auch in spezifischen Anforderungen für die Dämpfung, PSNEXT, PSFEXT und Return Loss. Gleichzeitig müssen die Verkabelungssysteme einen hohen Signal-Rausch-Abstand und eine hohe Fremdnebensprechdämpfung aufweisen. Der Alien-Crosstalk-Effekt lässt sich im Gegensatz zu NEXT oder Dämpfung nicht elektronisch kompensieren. Er kann jedoch durch Doppelschirmung von S/FTP-Kabeln und durch modular geschirmte Anschlusstechnik vermieden oder unterdrückt werden.

Eine Beschreibung des Alien-Crosstalk-Phänomens in Formeln oder Regeln ist nicht möglich. Dennoch bestimmt Alien Crosstalk wesentlich die erreichbaren Längenrestriktionen. Die typischen Einsatzszenarien für 10 GBase-T beschreibt Tabelle 4.5.

Tabelle 4.5 10-GbE und Alien Crosstalk

Länge	Alien Crosstalk	Kabeltyp
100 m	62 dB	Cat 7 STP
55 m	47 dB	Cat 6 UTP
100 m	60 dB	Cat 6 STP
100 m	60 dB	Cat 6a

Für 10-GbE gibt es keine Repeater, da der Halbduplex-Modus nicht unterstützt wird.

Die Spezifikation der physikalischen Schicht hängt vom jeweiligen Substandard ab. Der Standard für die unterste Schicht gliedert sich in drei von Fast-Ethernet bekannte Teilbereiche, die zusammen die PHY-Spezifikation der Schicht 1 bilden:

- Physical Medium Dependant (PMD),
- Physical Coding Sublayer (PCS),
- Physical Medium Attachment (PMA).

Die PMD-Ebene ist verantwortlich für die Signalübertragung. Zu ihren typischen Funktionen gehören die Verstärkung, Modulation und Glättung von Signalen. Unterschiedliche PMD-Devices unterstützen dabei unterschiedliche Medien. Optische Transceiver sind ein Beispiel für Geräte der PMD-Schicht. Die PCS-Schicht ist für Codierung/Decodierung der Ethernet-Frames zuständig. Als Codierverfahren für WAN-Anwendungen dient eine Block-Codierung nach 64B/66B, die nur zwei zusätzliche Bits für einen 64 Bit-Datenblock benötigt. Für den LAN-Bereich kommt die bekannte 8B/10B-Codierung zum Einsatz.

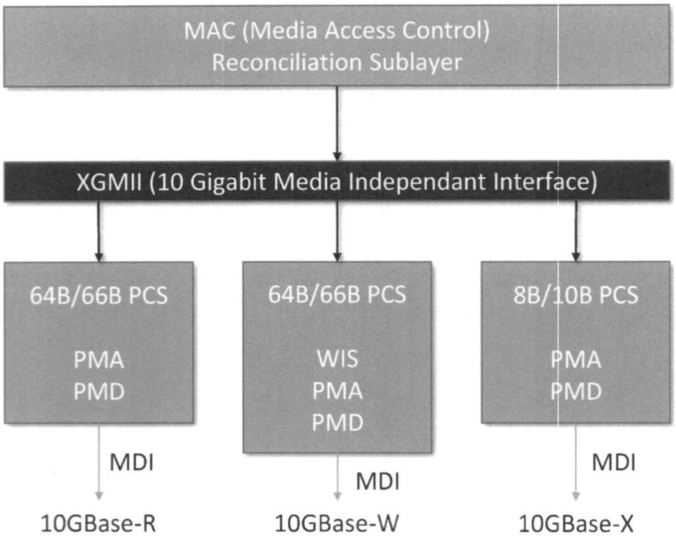

Bild 4.6
10-GbE-Schichten

Aus dieser Ethernet-Variante heraus haben sich auch die Varianten 2,5GBase-T und 5GBase-T entwickelt, welche dasselbe Media Independent Interface verwenden. Die Reduzierung der Datenrate wird durch die Reduzierung der Taktrate erreicht. Eine Segmentlänge von 100 m ist mit Cat6-Kabeln möglich. Der Standard 2,5GBase-T findet aktuell vorwiegend Anwendung im Heimbereich. Insbesondere für die Vernetzung von WLAN- und Ethernet-Netzwerken, da mittlerweile drahtlose Netze bereits Datenraten größer 1 GBit/s bieten.

4.3.2 Vorteile

Da 10-GbE nur den Vollduplex-Modus unterstützt, lässt sich das Ethernet-Protokoll auf unbegrenzte Distanzen ausdehnen. Nur die physikalische Übertragung und deren Medien wirken als begrenzende Faktoren. Damit ist 10-GbE gegenüber Ethernet nicht nur schneller, sondern erschließt sich darüber hinaus völlig neue Anwendungsbereiche.

Worin liegen die Vorteile dieser Variante?

- Es eröffnet sich ein einfacher Weg, Unternehmensnetze auszubauen.
- Die bisher installierten Ethernet-Ports werden nicht wertlos.
- Die Technologie ist schneller, preiswerter und einfacher als alle Alternativen.

Da für die neue Technologie ein Interface spezifiziert wird, das die Datenrate und die Anforderungen von SONET OC-192 bzw. SDH STM-64 erfüllt, wird Ethernet kompatibel mit den Weitverkehrstechniken und ermöglicht eine direkte Verknüpfung von paketbasierten IP/Ethernet-Switches mit der Time-division-multiplexing-Infrastruktur von SONET/SDH. Damit wird ein einfacher Übergang zwischen diesen Technologien geschaffen. Die SONET/SDH-Kapselung erlaubt damit eine Ende-zu-Ende-Verbindung auf Ethernet-Basis.

10-GbE entspricht Ethernet und arbeitet folglich mit dem gleichen Paketformat und dem gleichen MAC-Protokoll. Geringfügige Anpassungen sind lediglich für ergänzende Protokolle, wie in Tabelle 4.6 gelistet, notwendig.

Tabelle 4.6 Anzupassende Protokolle

Name	Beschreibung
802.3ad	Link Aggregation
802.1p	Prioritätssteuerung
802.1Q	VLAN-Unterstützung
MPLS	Layer-3-Switching-Dienst
SNMP	Ethernet-Management
RMON	Remote Monitoring für Ethernet

Der 10-GbE Standard IEEE 802.3ae definiert zwei PHY-Typen: LAN PHY und WAN PHY. Der WAN-Typ ist lediglich eine einfache Erweiterung des LAN-Merkmals.

Tabelle 4.7 LAN/WAN-Spezifikationen

	Bezeichnung	Reichweite	PMD	LWL-Typ
LAN	10 GBase-LX4	300 m	1310 nm WDM	Multimode
	10 GBase-SR	65 m	850 nm seriell	Multimode
	10 GBase-LR	10 km	1310 nm seriell	Monomode
	10 GBase-ER	40 km	1550 nm seriell	Monomode
WAN	10 GBase-LW4	300 m	1310 nm WDM	Multimode
	10 GBase-SW	65 m	850 nm seriell	Multimode
	10 GBase-LW	10 km	1310 nm seriell	Monomode
	10 GBase-EW	40 km	1550 nm seriell	Monomode

LAN PHY und WAN PHY arbeiten über das gleiche PMD und unterstützen daher die gleiche Distanz. Sie unterscheiden sich allein durch die Codierung.

Tabelle 4.8 Unterschiede LAN PHY und WAN PHY

PHY	Seriell LAN	Seriell WAN	4-Adern-LAN
	64B/66B	64B/66B	XAUI 8B/10B
PMD	Seriell 850 nm (65 m) 1310 nm (10 km) 1550 nm (40 km)	WDM 1310 nm (300 m) 1310 nm (10 km)	

Langfristig wird erwartet, dass LAN PHY über einen optischen Switch verläuft und eine Unterscheidung beider Varianten überflüssig wird. Damit definiert 10-GbE einerseits ein LAN PHY, das mit einfacher Codierung die Ethernet-Frames über Glasfaser überträgt und andererseits ein WAN PHY, das Ethernet über die SONET/SDH-Infrastruktur in den Weitverkehrsbereich verlängert. Die WAN-PHY-Schnittstelle verbindet Netzwerkkomponenten wie Router und Switches mit SONET/SDH. Dies erlaubt die Erweiterung von Ethernet auf dieser Technologie bisher verschlossene Bereiche. Über die WAN-PHY-Schnittstelle verhalten sich zwei Router so, als wären sie direkt über einen Ethernet-Link miteinander verbunden.

4.4 Technologische Trends

In den vergangenen Jahren hat sich die Übertragungsrate von 10 GBit/s als wirtschaftliche Lösung zum Aufbau der erforderlichen Kapazität in den Weitverkehrsnetzen der Service-Provider und Rechenzentren erwiesen. Aber bereits heute kommen vermehrt schnellere Ethernet-Standards zum Einsatz. Mit der Spezifikation von 25, 40, 50, 100 und 400 Gigabit-Ethernet stehen weitere Varianten zur Deckung des höheren Bedarfs an Datenübertragungsraten zur Verfügung. Diese sind im Ethernet-Standard IEEE 802.3-2018 aus dem Jahre 2018 bereits enthalten. Weiterentwicklungen des Ethernet-Standards finden kontinuierlich statt, ein Beispiel ist der Standard IEEE 802.3ct-2021 zur Übertragung von 100G- und 400G-Ethernet über DWDM-Systeme mit einer Reichweite von 80 km. Die Reichweite kann sich von wenigen Metern auf Kupferkabeln bis zu 40 km auf Monomodefasern erstrecken. Dabei wird nur noch der Vollduplex-Betrieb unterstützt, während beim Rahmenformat und der minimalen und maximalen Rahmengröße aus Kompatibilitätsgründen keine Änderung erfolgt. Bei den Standards für Kupferkabel und für Multimodefasern werden Varianten spezifiziert, bei denen parallel auf zehn Kabeln/Fasern übertragen wird. Bei Monomodefasern stützt sich die Übertragung auf die WDM-Technik, d.h. einer Datenübertragung mittels vier Wellenlängen auf einer Faser und einer Datenrate von je 25 GBit/s. Die Ergänzung IEEE 802.3ba, die mittlerweile im Standard IEEE 802.3-2018 übernommen wurde, spezifiziert die in Tabelle 4.9 dargestellten Parameter.

Tabelle 4.9 100GBit/s-Standards

Bezeichnung	Reichweite und Medium	Anmerkungen
100 GBase CR10	7 m mit Kupferkabeln	10 Adern mit je 10 GBit/s
100 GBase SR10 (Short Reach)	100 m mit Multimodefasern	10 Multimodefasern mit je 10 GBit/s
100 GBase LR 4 (Long Reach)	10 km mit Monomodefasern	4 Wellenlängen mit je 25 GBit/s auf einer Faser (WDM-Technik)
100 GBase ER 4 (Extended Reach)	40 km mit Monomodefasern	4 Wellenlängen mit je 25 GBit/s auf einer Faser (WDM-Technik mit Halbleiterverstärker)
100 GBase SR 4 (Short Reach)	100 m mit Multimodefasern	4 Multimodefasern mit je 25 GBit/s

Ersichtlich ist, dass für jede Übertragungsrichtung mehrere Adern/Fasern benötigt werden. So nutzt 40 GBit/s vier Übertragungswege zu 10 GBit/s. Komplexer erweist sich die Übertragung bei 100 GBit/s. Die theoretische Option bietet einmal 100 GBit/s, zweimal 50 GBit/s, viermal 25 GBit/s, fünfmal 20 GBit/s oder 10 mal 10 GBit/s an. Die letzte Variante wird bisher bei Multimodefasern eingesetzt und die viermal 25 GBit/s-Variante wird bei Monomode bevorzugt. Um die Daten auf die einzelnen Adern/Fasern zu verteilen, kommt ein Round-Robin-Konzept zum Einsatz.

Mit dem veränderten Übertragungskonzept sind auch andere Verbindungstechniken notwendig. Drei Formfaktoren werden diskutiert:

- CFP (C Formfaktor Pluggable) für 40 und 100 GbE. Er besteht aus 12 Sende- und Empfangsleitungen zu jeweils 10 GBit/s. Aufgrund seiner mechanischen Dimensionierung passt er für Anforderungen von Kupferkabeln und Glasfasern,
- CXP ist dem CFP vergleichbar nur deutlich kleiner,
- QSFP (Quad Small Formfactor Pluggable) entspricht dem CXP in der Größe, erlaubt aber nur je vier Adern für Sende- und Empfangsaktivitäten.

Die Hochgeschwindigkeitsübertragung bleibt naturgemäß nicht ohne Rückwirkung auf die Durchsatzraten von Switches. Switches mit 44 Ports zu 40 GBit/s benötigen rein rechnerisch 1,76 TBit/s Übertragungskapazität.

Die 100 GBit/s-Technologie wird abgesehen von einzelnen Spezialanwendungen noch nicht in nennenswerter Zahl verwendet. In bestimmten Bereichen steigt der Bandbreitenbedarf jedoch massiv. Dazu gehören die Core-Netzwerke, die die zentralen Internetknoten verbinden und die Plattformen der sozialen Netzwerke wie YouTube oder Facebook. So liegt der Bandbreitenbedarf beim Frankfurter Internet-Exchange-Knoten DE-CIX schon bei mehr als 7 TBit/s. Dieser Internet-Knoten bietet auch bereits den darauffolgenden Ethernet-Standard mit bis 400 GBit/s an. Dennoch dürfte insbesondere der Preis der Einführung im Vergleich zur etablierten 10 GBit/s-Variante einem großflächigen Einsatz noch entgegenstehen. Ob der 40 GBit/s-Standard eine Zukunft hat, ist ebenfalls ungewiss, da vielfach die Ansicht besteht, dass dieser Zwischenschritt übersprungen werden sollte, um für die Aufwendungen einen doppelten Technologiewechsel zu vermeiden.

Neben den Kernstandards entwickeln sich rund um Ethernet begleitende Vereinbarungen, die die Akzeptanz der Technologie weiter sichern und die in erster Linie den Stromverbrauch im Auge haben. 10 Gigabit-Ethernet ist zwar hundertmal schneller als Fast-Ethernet, verbraucht aber auch die sechsfache Strommenge. Hinzu kommt die steigende Abwärme in den Switches und die damit verbundene notwendige Regulierung der Raumtemperatur.

- Ein erster Trend versucht, die zahlreichen Netzwerkkarten zu vereinheitlichen. Converged Interface Adapters vereinen die traditionellen Network Interface Cards mit den Host Bus-Adaptern der Fibre Channel-Technologie auf der Basis von 10 Gigabit-Ethernet. Diese Vereinheitlichung reduziert den Stromverbrauch um die Hälfte.

- Energy Efficient-Ethernet möchte erreichen, dass ein LAN-Port nur dann Strom verbraucht, wenn auch wirklich Daten übertragen werden. Im Leerlauf soll der Stromverbrauch auf Null sinken. Damit hält eine Idee im LAN Einzug, die im Umfeld von DSL-Zugängen bereits verwirklicht ist. Für eine neue Übertragung werden die beteiligten Kommunikationsports anschließend mit einem Wecksignal in den aktiven Übertragungsmodus versetzt. Diese IEEE-Norm unter der Bezeichnung 802.3az wurde 2010 verabschiedet. Einen Haken hat dieses Konzept für die Anwender: Die Technologie greift nur, wenn beide Endpunkte den Standard unterstützen.
- Power-over-Ethernet (PoE) widmet sich der Stromversorgung der Ethernet-Komponenten. Wurde die Stromversorgung der angeschlossenen Endgeräte bisher individuell über ein integriertes Netzteil gelöst, etabliert sich zunehmend die zentrale Versorgung über das Datenkabel als Alternative. Insbesondere Voice-over-IP-Telefone und WLAN Access Points spielen hier die Vorreiter. Grundlage ist die Erweiterung des Ethernet-Standards durch die Variante IEEE 802.3af.

Bei der Ethernet-Übertragung werden traditionell nur vier Adern des Kabels für Geschwindigkeiten bis 100 MBit/s genutzt. Die restlichen vier Adern liegen brach. Der neue Standard spezifiziert eine Versorgungsspannung von 48 V bei einem maximalen Strom von 350 mA pro Verbraucher. Unter Berücksichtigung der auf dem Datenkabel entstehenden Verluste führt dies zu einer Leistung von 13 W pro Verbraucher. Neben dem Vorteil einer Verbindung der Bereiche Daten, Sprache und Stromversorgung existiert durch die erhöhte Ausfallsicherheit in Form einer zentralen unterbrechungsfreien Stromversorgung ein weiterer Nutzen, den Anwendungen wie Webcams, Zugangskontroll- und Zeiterfassungssysteme oder RFID-Scanner zu schätzen wissen.

Schwierigkeiten ergeben sich im Fall von Gigabit-Ethernet, wenn alle acht Adern des Datenkabels genutzt werden. Herstellerabhängig werden dann zwei Adernpaare doppelt verwendet (Phantom Power). Der PoE-Standard lässt aber die Aderbelegung und die Steckverbinder identisch. Generell sind zwei Arten der Leistungseinspeisung möglich:

- Endpunkteinspeisung: Der Switch oder Router übernimmt neben der eigentlichen Funktion auch die Einspeisung elektrischer Leistung.
- Mitteneinspeisung: Die Einspeisung erfolgt über ein zusätzliches Gerät, das die Stromversorgung auf die Datenleitung einspeist.
- Die Erkennung von PoE-fähigen Endgeräten erfolgt über definierte elektrische Bedingungen, u.a. einen definierten Widerstand, eine Kapazität, eine Spannungsdifferenz und einen Strom. Diese Parameter gewährleisten eine sichere Erkennung der PoE-fähigen Geräte ohne dabei andere nicht PoE-fähige Geräte zu gefährden. Im Verlauf des Signaturprozesses wird eine geringe Spannung

an das Endgerät gelegt und der sich ergebende Strom gemessen. Damit ist der Widerstand bestimmbar. Bewegt sich der Widerstand im definierten Bereich, wird die Spannung schrittweise erhöht.

Dem IEEE-802.3af-Standard entsprechend wird pro Port eine Leistung von maximal 15 W zur Verfügung gestellt. Bei einem 48-Port-Switch ergibt sich daraus eine Versorgungsleistung von 720 W. Durch Einführung von Leistungsklassen werden auch Endgeräte mit höherer Leistung unterstützt. Die Klassifizierung erfolgt während der Erkennung durch definierte Ströme.

Tabelle 4.10 PoE-Leistungsklassen IEEE-802.3af

Klasse	Einsatzgebiet	Eingangsleistungsbereich des Endgerätes	Nomineller Klassifizierungsstrom
0	voreingestellt	0,44 W - 12,95 W	<5,0 mA
1	optional	0,44 W - 3,84 W	10,5 mA
2	optional	3,84 W - 6,49 W	18,5 mA
3	optional	6,49 W - 12,95 W	28,0 mA

Neuerungen des PoE-Standards in den Erweiterungen IEEE 802.3at und IEEE 802.3bt unterstützen auch Endgeräte mit höheren Leistungsklassen von bis zu 90 W, wobei bei höheren Leistungen alle 4 Adernpaare verwendet werden.

4.5 Zusammenfassung

Ethernet ist der populärste LAN-Standard in heutigen Netzwerken und findet zunehmend Verwendung in WANs. Daher ist den drei Hauptausprägungen von Ethernet, wie sie sich in der Netzwerkinfrastruktur der Unternehmen wiederfinden, jeweils ein eigener Abschnitt gewidmet. Die Trends am Ende des Kapitels geben einen kurzen Überblick über die stete Fortentwicklung und den ungebrochenen Drang nach technologischen Verbesserungen und steigender Bandbreite.

Der aktuelle Standard zu Ethernet ist unter [802.00] zu finden.

Noch Fragen ...? Ja ...

Kann Ethernet seinen Wirkungsbereich ausdehnen?

Ja, die Konvergenz von LAN und Speichernetzwerken macht nicht nur schnelle, sondern auch sichere Varianten notwendig. Ein erster Schritt zu Ethernet im Rechenzentrum ist der Standard DCB (Data Center Bridging) bzw. FCoE (Fibre Channel over Ethernet).

Weiterführende Literatur: [Come11, KuRo14]

Weiterführende Internetquellen zum Thema Ethernet: [Ethe00, Fast14, Grun00, Spur00]

4.6 Wissensüberprüfung

1. Kann sich Ethernet im WAN-Bereich etablieren? Geben Sie ihre Einschätzung wieder?
2. Warum ist der Auto-Negotiation-Prozess so wichtig?
3. Hat sich der CSMA/CD-Algorithmus für alle Ethernet-Standards erhalten?
4. Geben Sie einen Überblick über die in den einzelnen Standards verwendeten Codierungsverfahren.
5. Wird die Präambel des Frames in den aktuellen Ethernet-Varianten noch benötigt?
6. Kann zwischen den einzelnen Standards ohne Berücksichtigung der Verkabelung gewechselt werden?
7. Welche Übertragungsrate erreicht Vollduplex-Fast-Ethernet?
8. Nach welcher Topologie ist 100Base-TX-Ethernet aufgebaut?
9. Wie unterscheiden sich Fast-Ethernet und Gigabit-Ethernet?
10. Gibt es ein Anwendungsszenario für 100-Gigabit-Ethernet?

5 IP-Protokollfamilie

Lernziele

Nach der Beendigung dieses Kapitels sollte der Leser in der Lage sein, folgende Fragen zu beantworten:

- Welche Informationen enthält ein IP-Paket?
- Was bedeuten im Zusammenhang mit TCP/IP ein zuverlässiger Dienst und das Best-Effort-Merkmal?

Kapiteleinführung

Das Internet Protocol (IP) ist die Grundlage für Kommunikation von Computern im Internet, wie wir es heute kennen. Entstanden ist es aus dem ARPANet, einem Projekt, welches in den sechziger Jahren von der Advanced Research Projects Agency (ARPA), einer Institution des amerikanischen Verteidigungsministeriums, ins Leben gerufen wurde.

Welche Köpfe prägten das Internet?

Heutzutage werden mit dem Internet kaum Namen verbunden. Neben vielen Wissenschaftlern ragen vier heraus, die maßgeblich das Aussehen und die Funktion des heutigen Internets beeinflusst haben:

- Leonard Kleinrock erforschte im Vorfeld die Leistungsfähigkeit der Paketvermittlung, welche bis heute die Grundlage der Weiterleitung von Daten im Internet ist.
- Robert Kahn und Vinton Cerf - heute Vizepräsident und Chief Evangelist bei Google - werden oft als „Väter des Internets" bezeichnet. Zusammen entwickelten sie das Transmission Control Protocol (TCP) und das Internet Protocol (IP).
- Tim Berners-Lee ist Vorsitzender des World Wide Web Consortium (W3C), Professor am Massachusetts Institute of Technology (MIT) und seit 2016 Inhaber eines Lehrstuhls an der Universität Oxford. Er steuerte die wesentlichen Ideen des Hypertextes in Form des World Wide Web bei.

Was waren die Hintergründe der Entstehung des Internets?

Die Geschichte des Internets beginnt in den sechziger Jahren. Zwei wesentliche Entwicklungen haben zu der Entstehung beigetragen, einerseits die Idee eines globalen Kommunikationsnetzwerkes von Joseph Carl Robnett Licklider und andererseits die Entwicklung der Paketvermittlung. Grundlegende Ergebnisse, die die Vorteile der Paketvermittlung gegenüber der bis dahin vorherrschenden Leistungsvermittlung aufzeigen, wurden von Leonard Kleinrock erarbeitet. Da J.C.R Licklider in den sechziger Jahren unter anderem leitender Mitarbeiter des ARPA, einer Institution des amerikanischen Verteidigungsministeriums zur Forschungsförderung, war, förderte dieser Forschungstätigkeiten zur Umsetzung seiner Idee unter Verwendung der Paketvermittlung.

Dies führte zur Entwicklung des ARPANets durch Lawrence G. Roberts, wobei weitere Arbeiten zur Paketvermittlung sowohl durch Donald Davies und Roger Scantlebury vom britisches National Physical Laboratory als auch von Paul Baran von der RAND Group eingeflossen sind, welcher resiliente Netzwerkstrukturen für die militärische Nutzung erforschte[Bara64].

Wann wurde nun das Internet in heutiger Form geboren?

Zum Aufbau des ARPANets wurde ein Interface Message Processor (IMP) entwickelt, der mit dem eigentlichen Computer verbunden wurde. Auf diesem IMP wurden die Kommunikationsaufgaben ausgelagert. Hiermit wurden die ersten vier Knoten 1969 vernetzt: die Universität von Utah in Salt Lake City, die Universität von Kalifornien in Los Angeles (UCLA) und Santa Barbara und das Stanford Research Institute (SRI) in Menlo Park. Auch damals bestand dieses Netz aus einer heterogenen Computerlandschaft verschiedenster Hersteller, der IMP vereinheitliche deren Kommunikation. Die erste Nachrichtenübermittlung endete am 29. Oktober 1969 mit einem Systemabsturz [Klei10]:

> *„Am UCLA tippten wir das ‚I' ein und fragten SRI ‚Hast du es erhalten?';‚Habe das I erhalten' kam die Sprachantwort. Wir tippten das ‚o' ein; ‚Hast du das ‚o' erhalten?' und erhielten ‚Habe das ‚o' erhalten. UCLA tippte dann das ‚g' ein und fragte. ‚Hast du es erhalten?' an dieser Stelle stürzte das System ab."*

Zur Kommunikation zwischen den Stationen wurde zuerst das Network Control Protocol (NCP) entwickelt, das die heterogenen Computer über die IMPs vernetzte. Späterer Ersatz wurde die Protokollfamilie TCP/IP, die bis heute die Grundlage für das Internet bietet, von Bob Kahn und Vinton Cerf entwickelt und 1974 veröffentlicht. Das ARPANet wuchs zuerst als Kommunikationsnetzwerk zwischen Forschungsinstitutionen. Entwicklungen der Protokolle wurden in Request for Comments (RFC) veröffentlicht, um einen öffentlichen Konsens bei der Entwicklung zu finden. Durch die öffentliche Verfügbarkeit und breite Unterstützung der TCP/IP Protokolle haben sich diese gegenüber proprietären Varianten durchgesetzt. Das ARPANet wurde bis 1983 auf TCP/IP umgestellt.

Wie und wann wurde das Internet kommerzialisiert?

In den neunziger Jahren existierte das Netzwerk bereits mehr als 20 Jahre, weitestgehend genutzt als Informations- und Austauschnetzwerk im akademischen Umfeld. Verfügbare Dienste waren z. B. das File Transfer Protocol (FTP) zum Austausch von Dateien oder auch Email. Erst durch die Definition des Begriffs WorldWideWeb (WWW) als ein Netzwerk für den Zugang und Austausch von Informationen kam der Durchbruch. Anfang der neunziger Jahre definierte Tim Berners-Lee hierzu die drei Komponenten:

- Hypertext Markup Language (HTML) zur strukturierten Darstellung von Inhalten.
- Universal Resource Identifier (URI) zur eindeutigen Kennzeichnung von Ressourcen, wobei eine Webseite beschrieben in HTML hierbei eine Ressource darstellen kann. Durch Angabe der URI lassen sich Informationen untereinander verknüpfen. Umgangssprachlich wird dies als Link bezeichnet.
- Hypertext Transfer Protocol (HTTP) zur Übertragung von Inhalten wie Webseiten auf Basis von HTML.

Die erste Webseite mit Informationen zum WWW ist heute noch unter *http://info.cern.ch* erreichbar. Berners-Lee schrieb auch die erste Web-Server-Software.

Somit ist das WWW eine Anwendung innerhalb des Internets. Diese wesentliche Anwendung ermöglicht die einfache Erstellung von Inhalten, die Verknüpfung dieser und macht die Inhalte einfach zugänglich. Durch den einfachen Zugang zu Informationen und die ansprechende Darstellung dieser wurde das Internet zu einem allgewärtigen Medium im privaten und geschäftlichen Umfeld. Zu dieser Zeit wurde auch die Internet Society (ISOC) und der Begriff des Internets geprägt. Die Internet Society kümmert sich heutzutage um die Weiterentwicklung und Verwaltung des Internets. Wichtige Gremien innerhalb der ISOC sind u. a. die Internet Assigned Numbers Authority (IANA), die unter anderem für die Vergabe der IP Adressbereiche verantwortlich ist, und das Internet Architecture Board (IAB), das den Schwerpunkt auf die Weiterentwicklung der Protokolle und Architektur bestimmt.

In diesem Kapitel beschäftigen wir uns mit dem Internet Protocol. Darauf aufbauende Anwendungen wie FTP, Email oder auch das WWW werden in diesem Buch kurz im Kapitel 7 angesprochen. Detaillierte Beschreibungen der Historie mit weiteren Referenzen sind unter [Klei10, LCCK09] zu finden, an dieser Stelle wurden die wesentlichen Entwicklungen kurz zusammengefasst.

5.1 IP – Internet Protocol

IP ist ein Standardprotokoll, dessen Spezifikation in den RFCs 791, 950, 919 und 922 mit Aktualisierungen in RFC 1349 zu finden ist. Seine Hauptfunktion besteht darin, Daten vom Sender zum Ziel zu leiten. IP stellt hierfür einen ungesicherten verbindungslosen Dienst zur Verfügung, d. h. es existiert keine Garantie der Paketauslieferung. IP-Pakete können verloren gehen, dupliziert werden oder in unterschiedlicher Reihenfolge das Ziel erreichen. Die Übertragung erfolgt nach dem Best-Effort-Prinzip, bei dem jedes Paket eines Datenstroms isoliert behandelt wird. Das IP-Paket wird gemäß der Modellvorstellung des OSI-Referenzmodells in einem Rahmen der zugrunde liegenden Schicht 2 transportiert, für den Längenrestriktionen existieren. So ist für Ethernet z. B. eine Größe von 1500 Byte typisch. IP besitzt eine maximale Paketgröße von 65 535 Byte. Da es aber in der Lage ist, Pakete zu fragmentieren und wieder zusammenzusetzen, wäre theoretisch eine beliebige Paketgröße denkbar.

IP sieht vor, dass das Protokoll der Schicht 2 mindestens eine maximale Paketlänge (Maximum Transmission Unit (MTU)) von 576 Byte unterstützt. Für Ethernet beträgt die MTU 1500 Bytes, da ein Ethernet-Datenpaket maximal 1518 Bytes lang sein darf. Für IP (Header und Daten) stehen also nur 1500 Bytes zur Verfügung. Deshalb ist die Länge von IP-Paketen oft auf 1500 Bytes begrenzt. IP-Fragmente besitzen alle einen Header, der im Wesentlichen der Kopie des Originals entspricht. Schwierigkeiten entstehen nur bei Verlust eines Fragmentes, da IP das Fehlen eines Bruchstückes als Totalverlust interpretiert.

Zur Realisierung seiner Funktion definiert IP ein eigenes Paketformat, mit einem Header, der im Minimum 20 Byte umfasst (siehe Bild 5.1).

0-3	4-7	8-11	12-15	16-19	20-23	24-27	28-31
Version	IHL	Type of Service		Paketlänge (in Bytes)			
Identifikation				Flags	Fragmentation Offset		
Time to Live		Protokoll		Header Prüfsumme			
Quell-IP-Adresse							
Ziel-IP-Adresse							
Optionen						Padding	
Daten							

Bild 5.1 IP-Header

Die Headerfelder haben folgende Bedeutung:

- **Version:** Spezifiziert die genutzte IP-Version. Gegenwärtig wird ein Wechsel von der Version 4 auf die neue als IP Next Generation bekannte Version 6 vorbereitet.
- **Länge (IHL=IP-Header-Length):** Gibt die Länge des Paketheaders, gemessen in 32-Bit-Worten, an. Diese Angabe ist aufgrund der variablen Länge des Optionsfeldes notwendig.
- **Dienstgüte (Type of Service):** Dieses Feld enthält drei Teilfelder:

0-2	3-6	7 Bit
Priorität	ToS	MBZ

Das Prioritätsfeld, d.h. die Bits 0 - 2, unterscheidet die in Tabelle 5.1 gezeigten Klassen.

Tabelle 5.1 Prioritätsklassen

Bits	Bedeutung
000	Standard
001	Priorität
010	Sofort
011	Flash
100	Flash überschreiben
101	Kritisch
110	Internetzwerkkontrolle
111	Netzwerkkontrolle

Die beiden höchsten Prioritäten (6 und 7) sind für Netzmanagement wie z.B. Routing-Protokolle reserviert, verzögerungssensitive Daten wie Voice over IP nutzen die Klasse 5. Der Defaultwert für regulären Datenverkehr beträgt Null, sodass für individuelle Unterscheidungen die Werte 1 - 4 verbleiben. ■

Das ToS-Feld (Type of Service) spezifiziert die Dienstgüte (Tabelle 5.2).

Tabelle 5.2 ToS-Feld Spezifikation

Bits	Bedeutung
1000	Minimale Verzögerung
0100	Maximaler Durchsatz
0010	Maximale Zuverlässigkeit
0001	Minimale Kosten
0000	Normaler Dienst

Das MBZ (Must Be Zero)-Bit ist für zukünftige Zwecke reserviert. Alle Felder dieses Dienstgütebytes werden von der Version 4 nicht genutzt, sodass alle Werte mit 0 vorbelegt sind. Die Folge hiervon ist allerdings, dass IP keine Übertragungsqualität berücksichtigt.

Routing-Protokolle wie OSPF unterstützen zwar nach Definition die Auswertung der ToS-Bits; jedoch gibt es keine Implementation, die dies realisiert.

Dieser pragmatische Ansatz ist jedoch nicht das einzige Konzept geblieben, einem IP-Netz Leben in Form von Dienstgüten einzuhauchen. Die IETF schlägt in RFC 2475 das Diffserv-Verfahren vor, das das ToS-Feld in DS-Byte umbenennt und über dieses neue Feld IP-Paket-Dienste abbildet.

Diffserv ist für alle Hersteller im Netzwerkbereich mittleweile der Standard zur Festlegung von Dienstgüten. Damit können alle Kommunikationsströme priorisiert werden, unabhängig davon, ob sie über UDP, TCP oder RTP transportiert werden (vgl. Kapitel 8).

- **Paketlänge:** Hier wird die Gesamtlänge des Datenpaketes inklusive Header vermerkt. Zulässig sind Werte bis zu 65 535 Byte. Die genaue Obergrenze kann konfiguriert werden und wird häufig auf 1500 Byte festgelegt, begrenzt durch die zulässigen Paketgrößen in Ethernet.
- **Identifikation:** Jedes Datenpaket wird durch eine eindeutige Integerzahl gekennzeichnet.
- **Flags:** Kennzeichen kontrollieren zusammen mit dem Identifikations-Feld die Paketfragmentierung. Sie geben an, ob das Paket geteilt werden muss (MF-Bit = 1) oder ob das aktuelle Teilstück das letzte der Übertragung ist:

1. Bit	2. Bit	3. Bit
0	DF	MF

  mit der Bedeutung: DF (Don't Fragment) = 0 Fragmentierung erlaubt; DF = 1 Fragmentierung untersagt; MF (More Fragments) = 0 letzte Fragment des Paketes; MF = 1 mehrere Fragmente folgen.
- **Fragmentation Offset:** Da Pakete den Zielrechner in unterschiedlicher Reihenfolge erreichen können, muss dieser in der Lage sein, die korrekte Ursprungssequenz nach einer Fragmentierung herzustellen. Dazu dient dieses Feld, das die relative Lage des Paketes zum Anfangspaket in Byte misst. Dadurch ergeben sich Rückwirkungen auf einige andere Felder der nachfolgenden Pakete des Datenstroms, da sich durch die Fragmentierung die Länge des Gesamtpaketes ändert und die Prüfsumme demzufolge angepasst werden muss. Im ersten Fragment ist dieser Wert immer 0.

- **Time to Live (TTL):** Dieses Feld gibt an, wie lange ein Paket im Internet verbleiben darf. Der Maximalwert beträgt 255, typischerweise werden aber kleinere Werte gewählt. Der Defaultwert beträgt z.B. beim Betriebssystem Linux 64 und bei Windows 128. Er dient vor allem dazu, fehlgeleitete oder kreisende Pakete vom Netz zu nehmen. Jeder zu passierende Knoten dekrementiert den Wert bis dieser Null ist. Der Router, der den Wert Null setzt, verwirft das Paket.

> Ein TTL-Wert von 0 bedeutet, dass das Paket verworfen wird. Dieses Vorgehen beschreibt die Selbstheilung des Netzes gegen endlos kreisende oder nicht zustellbare Pakete.

- **Protokoll:** Diese Angabe betrifft das logisch gemäß des ISO/OSI-Referenzmodells darüber liegende Protokoll, an das IP die Daten seiner Pakete weiterreicht (Tabelle 5.3).

Tabelle 5.3 Protokollnummern

Protokollnummer	Protokoll
1	ICMP
2	IGMP
4	IP encapsulation
6	TCP
8	EGP
17	UDP
89	OSPF

- **Header-Prüfsumme:** Zur Erhaltung der Integrität der Header-Einträge wird das 1er-Komplement der 16-Bit-Summe des Protokollkopfes gebildet.

> Die Header-Prüfsumme muss von jedem Router auf dem Weg zum Ziel wegen der Anpassung des TTL-Eintrags neu berechnet werden.

- **Adressen:** Die Identifikation der einzelnen Stationen im Netzwerk erfolgt anhand logischer Adressen. Die Zuweisung von Adressblöcken geschieht für Unternehmen und Institutionen nach einem einheitlichen Standard durch eine dazu autorisierte Institution (in Deutschland z.B. vom Deutsches Network Information Center (DENIC)). In Zugangsnetzen erfolgt die Konfiguration der Adresse einer Station häufig automatisch. Ein Protokoll zur automatischen Konfiguration ist das Dynamic Host Configuration Protocol (DHCP) (siehe Abschnitt 5.4).
- **Optionen:** Eine IP-Implementation muss nicht notwendigerweise über die Fähigkeit verfügen, Optionen zu generieren, aber sie muss in der Lage sein, Pa-

kete, die Optionen beinhalten, zu verarbeiten. Es gibt zwei Arten von Optionsformaten, die vom Wert der Optionszahl im ersten Byte abhängen: ein separates Typebyte oder ein Type-, ein Längen- und ein oder mehrere Optionsdatenbytes. Das Typebyte besitzt in beiden Fällen den gleichen Aufbau:

0	1	2	3	...	7
Fc	Klasse			Optionsnummer	

wobei Fc (Flag copy) anzeigt, ob das Optionsfeld im Falle einer Fragmentierung in jedes Fragment kopiert werden soll. Die Optionsklasse unterscheidet die in Tabelle 5.4 gezeigten vier Arten.

Tabelle 5.4 Klassennummern

Klassennummer	Bedeutung
0	Kontrolle
1	Reserviert
2	Debugging
3	Reserviert

Die Optionsnummer ist eine 5-Bit Zahl; die Bedeutungen sind in Tabelle 5.5 zusammengefasst.

Tabelle 5.5 Bedeutung des Optionsfeldes

Optionsnummer	Bedeutung
0	End of Option List: Zeigt das Ende der Optionsliste an und wird insbesondere dann verwendet, wenn Optionen die zulässige Paketlänge überschreiten.
1	No Operation: Bewirkt eine Ausrichtung der einzelnen Optionen auf die 32-Bit-Grenze.
2	Security: Wird für Sicherheitsinformationen genutzt (Klasse 0, Fc-Bit = 1).
3	Loose Source and Record Route: Der Sender bietet über diesen Mechanismus den zu passierenden Knoten Routing-Informationen auf der Basis von IP-Adresslisten an. Loose bedeutet in diesem Zusammenhang, dass Zwischenknoten die Informationen wahlweise nutzen dürfen.
4	Internet Timestamp: Klasse 2, Fc-Bit = 0, variables Datenfeld bis zu einer maximalen Länge von 40 Byte.
7	Record Route: Diese Option bietet die Möglichkeit, den Weg eines Paketes durch das Internet aufzuzeichnen (Klasse 0, Fc-Bit = 0).
8	Stream Identifier: Klasse 0, Fc-Bit = 1.
9	Strict Source Routing: Aufzeichnung des Weges durch das Internet (Klasse 0, Fc-Bit = 1) und bindende Nutzung.

- **Padding:** Sobald eine Option genutzt wird, besteht die Notwendigkeit, den Paketheader bis zur nächsten 32-Bit-Grenze mit Nullbits aufzufüllen.

IP kann auf verschiedene Protokolle der Schicht 2 aufsetzen und erweist sich so als äußerst flexibel (siehe Tabelle 5.6).

Tabelle 5.6 RFCs für IP

RFC	Protokoll
877	IP on X.25 Networks
948	IP on IEEE 802.3 Networks
894	IP on Ethernet Networks
1005	IP on Serial Lines SLIP
1088	IP on Netbios Networks
1188	IP on FDDI Networks
1201	IP on ARCNET Networks

5.1.1 Fragmentierung

Wenn ein IP-Paket von einem Netzknoten zu einem anderen weitergeleitet wird, durchquert es verschiedene physikalische Netze mit unterschiedlichen zulässigen Paketgrößen. Daraus resultiert die Notwendigkeit, IP-Pakete zu zerlegen und am Ziel wieder zusammenzusetzen. Sobald eine Fragmentierung einsetzt, laufen in einem Knoten folgende Schritte ab:

- Das DF-Flag wird geprüft, um festzustellen, ob eine Fragmentierung erlaubt ist. Ist das Bit gesetzt, wird ein die maximale Größe überschreitendes Paket verworfen.
- Gemäß der zulässigen Paketgröße wird das Datenfeld des Ursprungspaketes in mehrere Teile zerlegt. Alle neu entstandenen Pakete weisen, mit Ausnahme des letzten Paketes, eine Länge in Vielfachen von 8 Byte auf.
- Alle Datenteile werden in neu erzeugte IP-Pakete eingebettet. Die Header dieser Pakete sind Kopien des Ursprungskopfes mit einigen Modifikationen:
  - Das MF-Flag ist in allen Fragmenten mit Ausnahme des letzten gesetzt.
  - Das Fragment-Offset-Feld enthält Angaben darüber (in 8 Byte-Einheiten), wo das Datenfeld in Relation zum Beginn des nicht fragmentierten Paketes zu finden ist.
  - Enthält das Ausgangspaket Optionen, entscheidet das MSB-Bit des Typebytes darüber, ob die Option in jedes Paketfragment aufgenommen wird. Dies ist bei der Source-Route-Option der Fall.

- Headerlänge und die Paketlänge sind jeweils neu zu bestimmen.
- Die Header-Prüfsumme ist neu zu berechnen.

Die Zielstation setzt alle Paketfragmente zu einem einheitlichen Paket zusammen. Die Zusammengehörigkeit liest sie am Identifikationsfeld ab, das von einer Fragmentierung unberührt bleibt. Dazu werden die empfangenen Pakete am Ziel zunächst in einen Puffer gestellt und ein Timer gestartet. Ist der Timer abgelaufen bevor alle Fragmente eingelaufen sind, wird das Paket verworfen.

Der Zusammenbau (Reassemblierung) fragmentierter Pakete erfolgt nur beim Empfänger (Endgerät).

5.1.2 Routing-Optionen

Das IP-Optionsfeld erlaubt mehrere Methoden, IP-Pakete mit Routing-Informationen zu versehen.

- Die **Loose-Source-Routing-Option** liefert für den Sender eine Möglichkeit, Routern explizite Informationen über den Weg zur Zielstation anzubieten und den eingeschlagenen Pfad aufzuzeichnen. Das zugehörige Optionsfeld besitzt folgenden Aufbau:

10000011	Länge	Zeiger	Pfaddaten

  Dabei gibt das Längenfeld die Länge der Option an, der Zeiger verweist auf die Daten der nächsten zu bearbeitenden IP-Adresse und die Pfaddaten stellen eine Folge von 32 Bit-IP-Adressen dar. Sobald ein Paket die Zielstation erreicht und das Pfaddatenfeld nicht leer ist (Zeiger < Länge), leitet der Empfänger folgende Verarbeitungsschritte ein:

  - Er setzt die nächste IP-Adresse des Pfaddatenfeldes in das Destination-Feld des IP-Headers ein.
  - Er trägt die lokale IP-Adresse in die Pfaddatenliste an die Stelle ein, auf die der Zeiger verweist.
  - Er inkrementiert den Zeiger um 4.
  - Er überträgt das Paket an die neue Zieladresse.
    Dieses Vorgehen stellt sicher, dass die korrekte Route im Pfadfeld eingetragen ist. Dieser Ablauf wird als **loose** bezeichnet, weil ein Rechnerknoten auf dem Weg jede Route und eine beliebige Anzahl von Zwischenstationen eintragen kann, um die nächste Adresse zu erreichen.

- Die **Strict-Source-Routing-Option** nutzt das Prinzip der Loose-Source-Option, allerdings müssen die passierten Knoten die Pfadvorgabe des Optionsfeldes einhalten. Der Feldaufbau ist für beide Varianten gleich mit dem einzigen Unterschied, dass nun im ersten Feld die Bitkombination 1000 1001 (dezimal 137) steht.

Die IETF sieht beide Optionen als veraltet an und empfiehlt sie nicht mehr einzusetzen.

- **Recorded Routing** liefert eine Möglichkeit, den Weg eines IP-Paketes zu verfolgen. Es entspricht dem Mechanismus des Source-Routings, allerdings ist zu Beginn das entsprechende Optionsfeld leer und füllt sich erst, wenn das IP-Paket das Netz durchquert. Dabei ist zu beachten, dass das Optionsfeld ausreichend groß gewählt wird, da sonst vor Erreichen des Ziels kein weiterer Adresseintrag mehr möglich ist und die Routenaufzeichnung unterbleibt. Auch hier entspricht der Feldaufbau dem der anderen Routing-Varianten, im ersten Feld steht nun die Bitkombination 0000 0111 (dezimal 7).
- **Internet Timestamp** ist eine Option, die die Router auf dem Weg zum Ziel zwingt, einen Zeitstempel in das Optionsdatenfeld einzufügen. Der Zeitstempel wird in Sekunden gemessen, kann aber aus zweierlei Gründen nicht zur Leistungsoptimierung eingesetzt werden: Die Genauigkeit lässt zu wünschen übrig, da IP-Pakete in weniger als einer Sekunde weitergeleitet werden. Die Messung ist nur bedingt vergleichbar, da Router ihre Uhren nicht synchronisieren.

5.1.3 Routing

Ein Router im IP-Umfeld besitzt Informationen über mehrere Arten von Zielen:

- Rechner, die direkt an das gleiche physikalische Netzwerk angebunden sind wie der Router selbst,
- Rechner oder Netzwerke, für die der Router explizite Einträge enthält,
- Rechner, die keinen expliziten Eintrag besitzen, werden über einen Defaulteintrag erreicht.

Indirektes Routing tritt auf, wenn der Zielrechner nicht direkt zum Netzwerk der Quelle gehört. Der einzige Weg, das Ziel zu erreichen, besteht darin, einen oder mehrere Router als Vermittlungsstation zu benutzen. Die Adresse des ersten dieser Folge von Routern wird als die indirekte Route bezeichnet. Diese Adresse ist die einzige, die die Quellstation bei unbekanntem Ziel benötigt. Der Router, der das Paket erhält, trägt dann die Verantwortung für die Weiterleitung in Zielrichtung. Durch eine Aneinanderreihung von Routern nach diesem Prinzip entsteht schließlich der vollständige Pfad zur Zielstation. Um den jeweils günstigsten Vermittlungsknoten hinsichtlich bestimmter Merkmale wie Durchsatz, Kosten oder Weglänge auszusuchen, bedarf es weiterer Protokolle, die als Wegewahlalgorithmen oder Routing-Protokolle bekannt sind.

Die Verbindung zwischen IP-Routing-Algorithmen und den Zielarten zeigt Bild 5.2.

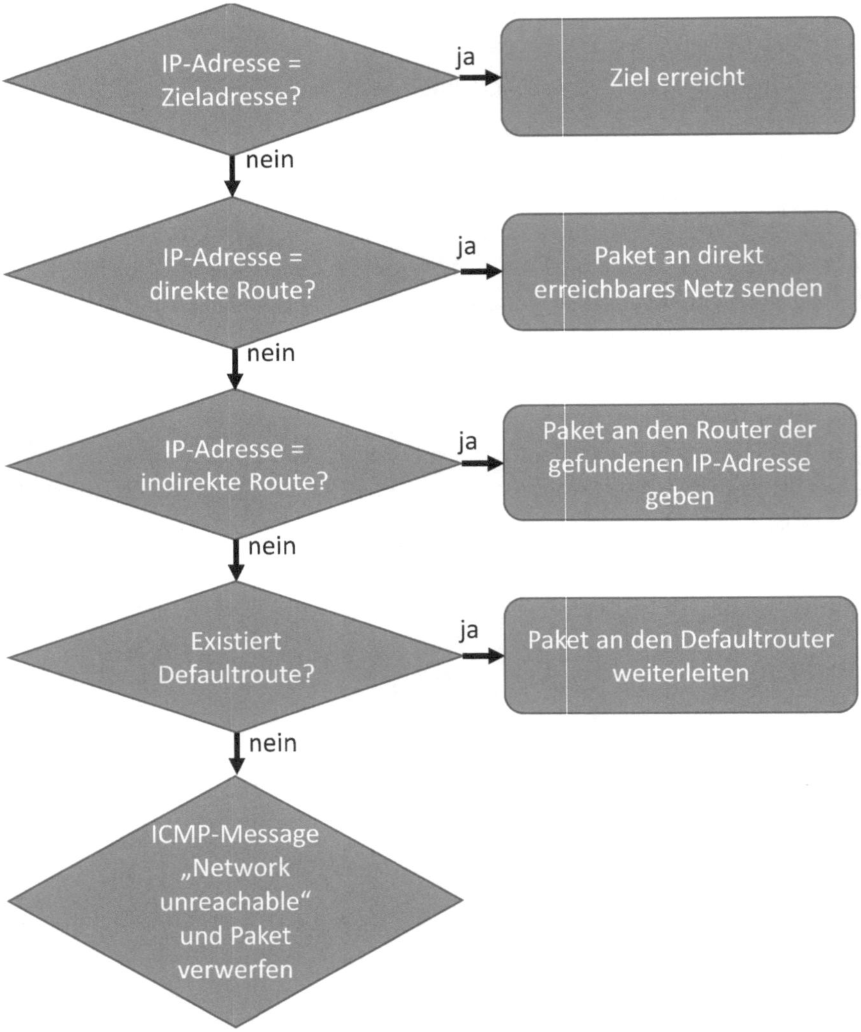

Bild 5.2 Routing-Entscheidung

Noch Fragen ...? Ja ...

Warum benötigt ein Rechner eine IP-Adresse und eine MAC-Adresse?

Die MAC-Adresse ermöglicht den Austausch von Ethernet-Paketen. Diese werden dem Rechner vom Switch im LAN zugestellt. Die IP-Adresse ist für die logisch eindeutige Adressierung im Internet notwendig, aber nicht für die direkte Paketzustellung.

Wie erhält der Endnutzer eine IP-Adresse?

In Europa ist das Reseaux IP Europeens Network Coordination Centre (RIPE NCC) für die Adressvergabe zuständig. Diese Zentrale hat die Verwaltung an Länderorganisationen weitergegeben. In Deutschland ist die DENIC die zentrale Registrierungsstelle.

5.2 ARP – Address Resolution Protocol

ARP übersetzt die bekannte IP-Adresse eines Rechners in seine eindeutige Hardwareadresse (MAC-Adresse). Dies ist wichtig zur Übergabe des IP-Paketes an die entsprechende LAN-Technologie wie z. B. Ethernet, da auf dieser Ebene Rechner über die MAC-Adresse angesprochen werden. ARP arbeitet vollständig automatisch. Die Quellstation verwaltet in einem dynamischen Cache (ARP-Cache) eine Tabelle mit allen bekannten Adressinformationen. Wird die Zieladresse nicht in diesem Cache gefunden, wird der Rechner mit der bekannten IP-Adresse mittels Broadcast aufgefordert, in einem gesonderten ARP-Response-Paket seine MAC-Adresse mitzuteilen (siehe Bild 5.5). Die Adresse des ARP-Replies wird dem ARP-Cache hinzugefügt. Um auf dynamische Situationen wie den Austausch einer Netzwerkkarte mit der zugehörigen MAC-Adresse reagieren zu können, steuert ein Timer die Löschung der Tabelleneinträge.

Damit ergibt sich der folgende Verfahrensablauf: Alle in einem Netz zu übertragenden Pakete werden letztlich an ein lokales Netz übergeben. Dabei können zwei Situationen auftreten:

- Der Zielrechner befindet sich im lokalen Netz. Der Sender erkennt dies, indem er seinen Netzteil der IP-Adresse mit demjenigen des Ziels vergleicht.
- Der Zielrechner ist Teil eines entfernten Netzes, da der Netzteil der IP-Adresse des Senders nicht mit der des Ziels korrespondiert. In diesem Fall nimmt der Sender die MAC-Adresse des Gateways/Routers als sein Ziel. Das Gateway nimmt das Paket entgegen und bestimmt über den IP-Routing-Mechanismus anschließend die IP-Adresse des nächsten Knotens. Dieser kann sowohl bereits das Ziel als auch einen Router auf dem Weg zum Ziel darstellen.

> Der Inhalt des ARP-Caches lässt sich unter Windows mit dem Befehl arp -a ansehen.
>
> Proxy-ARP war in der Vergangenheit auf Cisco-Routern aktiviert. Dieses Merkmal kommt auch dann zum Tragen, wenn kein explizites Default-Gateway auf einem Host eingetragen ist. In diesem Fall liefert der Proxy-ARP Mechanismus die MAC-Adresse des Router-Interfaces. ■

Ein ARP-Request/Reply-Paket weist die in Bild 5.3 skizzierte Struktur auf.

0-3	4-7	8-11	12-15	16-19	20-23	24-27	28-31
Hardware-Adresse							
Protokoll-Adresse							
Hardwareadresslänge in Byte				Protokolladresslänge in Byte			
Operation Code							
Hardware- und Protokolladresse des Senders							
Hardware- und Protokolladresse des Empfängers							

Operation Code

ARP request = 1
ARP reply = 2
RARP request = 3
RARP reply = 4

Die Hardware Adresse entspricht der MAC-Adresse, die Protokolladresse der IP-Adresse.

Bild 5.3 ARP-Header

Die Headerfelder besitzen folgende Bedeutung:

- **Hardware-Adressraum** spezifiziert den Hardwaretypen, z. B. Ethernet.
- **Protokoll-Adressraum** legt den Protokolltyp fest, z. B. gemäß der Typfeld-Definition in Ethernet.
- **Hardwareadresslänge** beschreibt die Länge der physikalischen Adresse, z. B. 6 für IEEE 802.3 und IEEE 802.5.
- **Protokolladresse** definiert die Länge der logischen Adresse, z. B. 4 für IP.
- **Operation Code** bietet als Auswahl 1 für ARP-Request und 2 für ARP-Reply.
- **Quell-/Zieladresse** enthält die physikalische Netzadresse, z. B. MAC-Adresse mit 48 Bit.
- **Quell-/Zielprotokolladresse** enthält die logische Adresse, z. B. die 32 Bit-IP-Adresse.

Anders als die meisten Protokolle besitzt ARP kein festes Headerformat, sondern hängt von der unterliegenden LAN-Technologie wie Ethernet oder Token Ring ab. Grund hierfür ist, dass Hardware- und Protokolladressen generisch definiert wurden. Sobald eine Station ein ARP-Paket erhält, läuft der in Bild 5.4 gezeigte Entscheidungsprozess ab.

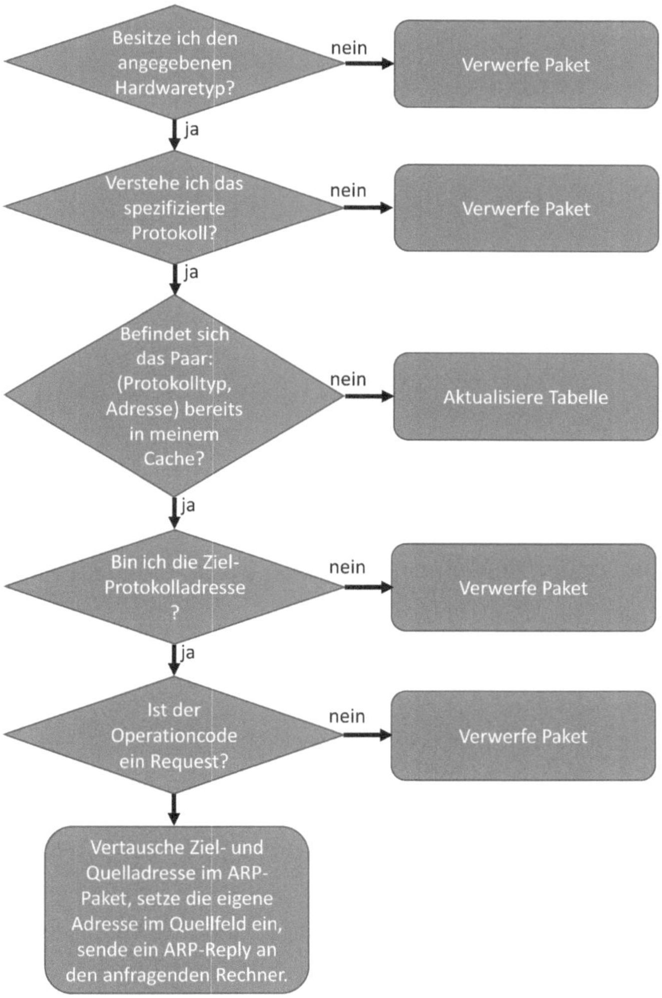

Bild 5.4
ARP-Prüfung

Bild 5.5 zeigt den Ablauf des ARP-Request und -Reply-Prozesses. Der Quell-PC mit der IP Adresse 150.200.1.2 fragt per Ethernet-Broadcast die MAC-Adresse zur IP 150.200.1.12 an. Der Ziel PC, der diese IP besitzt antwortet mit seiner MAC Adresse 00-00-C9-13-3 A-EF.

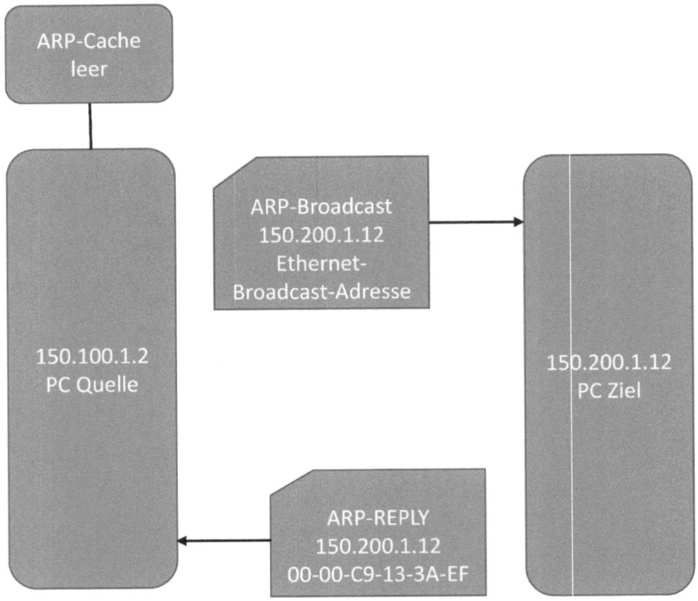

Bild 5.5 ARP-Ablauf

Aber auch der umgekehrte Fall zu ARP ist möglich, bei der zu einer bekannten MAC-Adresse eine unbekannte IP-Adresse erfragt wird. Dieses Protokoll wird als Reverse Address Resolution Protocol (RARP) bezeichnet.

5.3 ICMP – Internet Control Message Protocol

ICMP behandelt Fehler- und Kontrollmeldungen bezüglich IP. Es ist ein integraler Bestandteil jeder TCP/IP-Implementation und in RFC 792 mit einer Aktualisierung in RFC 950 beschrieben. Jeder zu passierende Netzknoten kann auf seiner Basis Reports und Fehlermeldungen an die sendende Station übertragen. ICMP dient daher zur Information der Quelle über mögliche Fehler auf dem Übertragungsweg oder auch der Überprüfung des Übertragungsweges zwischen Quelle und Ziel. Die Protokollnummer von ICMP im IP-Header ist 1. Das ICMP-Paket hat folgenden Aufbau:

0	8	16	31
Type	Code	Prüfsumme	
ICMP-Daten, abhängig vom Nachrichtentypen			

Tabelle 5.7 ICMP-Nachrichtentypen

Typ	Nachrichtenart
0	Echo Reply
3	Ziel unerreichbar
4	Drosselung der Sendeleistung der Quelle
5	Umleitung
8	Echo
9	Router-Advertisement
10	Router-Solicitation
11	Zeitüberschreitung
12	Parameterprobleme
13	Anforderung eines Zeitstempels
14	Zeitstempelantwort
15	Informationsanforderung
16	Informationsantwort
17	Adressmaskenanforderung
18	Adressmaskenantwort

Das Typfeld enthält die Nachrichtenart wie in Tabelle 5.7 angegeben, das Codefeld verfeinert ggf. die Angabe. Als Nutzdaten wird häufig der Anfang der ursprünglichen Daten übernommen. Wenn beispielsweise eine ICMP-Nachricht aufgrund eines Fehlers erzeugt wird, wird der Beginn der Nachricht, die diesen Fehler hervorgerufen hat, mit in der ICMP-Nachricht übertragen. Im Einzelnen besitzen die Nachrichten folgende Bedeutung:

- **Echo Reply (0) und Echo (8)** wird benutzt, um die Erreichbarkeit einer Station zu prüfen. Dazu initialisiert der Sender einen Identifier und eine Sequenznummer, fügt einige Daten hinzu und überträgt die ICMP-Echonachricht an die Zielstation. Der Empfänger ändert das Typfeld auf Echo Reply und sendet die Nachricht zurück. Diesen Mechanismus verwendet das Ping-Kommando.
- **Destination Unreachable (3)** teilt dem Sender die Unerreichbarkeit der Zieladresse mit. Das Codefeld des ICMP-Headers kann die in Tabelle 5.8 gezeigten Werte aufweisen.

Tabelle 5.8 Codes des ICMP-Headers

Code	Bedeutung
0	Netzwerk nicht erreichbar
1	Zielstation nicht erreichbar
2	Protokoll unbekannt
3	Port unerreichbar

Tabelle 5.8 Codes des ICMP-Headers *(Fortsetzung)*

Code	Bedeutung
4	Fragmentierung benötigt, aber Do-Not-Fragment-Bit gesetzt
5	Weg fehlerhaft
6	Zielnetz unbekannt
7	Zielstation unbekannt
8	Quellstation isoliert
9	Zielnetz durch Management untersagt
10	Zielstation durch Management untersagt
11	Netz für diesen Servicetyp unerreichbar
12	Zielstation für diesen Servicetyp unerreichbar
13	Kommunikation durch Filter untersagt
14	Zielprioritätsverletzung
15	Priorität nicht vorhanden

- **Source Quench (4)** zeigt einer Zwischenstation an, dass sie nicht über ausreichend Pufferplatz verfügt, um die Pakete zur Folgestation weiterzuleiten. Stammt diese Nachricht vom Zielrechner, gibt er damit zu erkennen, dass die Pakete für eine ordnungsgemäße Verarbeitung zu schnell einlaufen. Die Sendestation reagiert auf diese Meldung mit einer Drosselung der Übertragungsrate. Das Codefeld dieser Nachricht trägt stets den Wert 0.
- **Redirect (5)** verlangt die Versendung zukünftiger Pakete über den Router, dessen IP-Adresse im ICMP-Paket angegeben ist. Diese neue Station befindet sich stets im gleichen Subnetz wie diejenige, die die Nachricht initialisierte. Handelt es sich bei der angegebenen Adresse um die Quelle, entsteht eine Routing-Schleife.
- **Router-Advertisement (9) und Router-Solicitation (10)** sind optionale Nachrichten zur Ermittlung und Bekanntgabe von Routern. Sie werden in RFC 1256 gesondert beschrieben.
- **Time Exceeded (11)** weist darauf hin, dass das TTL-Feld abgelaufen ist. Stammt diese Nachricht von der Zielstation, zeigt diese an, dass die Zeit zum Zusammensetzen der IP-Fragmente überschritten wurde. Das Codefeld kann dementsprechend zwei Werte annehmen:

Code	Bedeutung
0	TTL-Wert überschritten
1	TTL-Wert beim Reassemblieren der Fragmente überschritten

- **Parameter-Problem (12)** zeigt an, dass bei der Verarbeitung des IP-Headers ein Fehler aufgetreten ist. Das Codefeld kann zwei Werte annehmen:

Code	Bedeutung
0	unspezifizierter Fehler
1	eine geforderte Option fehlt

- **Timestamp Request (13) und Timestamp Reply (14)** dienen der Performancemessung und dem Debugging. Sie werden nicht zur Synchronisation der Rechnerknoten verwendet. Die sendende Station wählt einen Identifier, setzt eine Sequenznummer, trägt einen Originalzeitstempel ein und überträgt den Rahmen. Der Empfänger füllt weitere Zeitfelder, ändert das Typfeld des ICMP-Header auf Timestamp Reply und sendet die Nachricht an die Quellstation zurück.
- **Information Request (15) und Information Reply (16)** werden von Rechnerknoten verwendet, um eine gültige IP-Adresse für das Netz zu bekommen. Dieser Mechanismus ist durch das RARP-Protokoll überflüssig geworden.
- **Address Mask Request (17) und Address Mask Reply (18)** werden verwendet, um die im Netz benutzte Subnetzmaske zu erfahren. Die meisten Stationen werden mit ihrer Subnetzmaske konfiguriert, Diskless Rechner hingegen müssen diese Information von einem Server erhalten. Zum Erhalt einer IP-Adresse setzt ein Rechner zwar RARP ein, für die Subnetzmaske nutzt er aber weiterhin diese Nachricht. Da keine Varianten erforderlich sind, ist das Codefeld mit einer 0 belegt.
- **ICMP-Anwendungen:** Die häufig benutzten Anwendungen PING und TRACEROUTE beruhen auf ICMP-Nachrichten. PING verwendet Echo und Echo Reply, TRACEROUTE verursacht die Generierung von Time-Exceed-Nachrichten durch Versenden von Echo-Paketen mit geringem TTL-Wert, sodass dieser bei der Durchquerung des Netzes abläuft, und wertet die Informationen über die rückmeldende Station aus. Eine systematische Veränderung des TTL-Wertes, beginnend mit dem Wert 1, führt dazu, dass die Nachricht durch die steigende Lebenszeit des Paketes immer weiter im Netz vordringt und auf diese Weise die Sendestation die Zusammensetzung der Route erfährt.

5.4 Dynamic Host Configuration Protocol & Domain Name System

Zwei wichtige Protokolle zur Umsetzung von IP-Netzwerken sind das Dynamic Host Configuration Protocol (DHCP) und das Domain Name System (DNS). DHCP vereinfacht deutlich die Konfiguration von Endgeräten und sorgt für eine automatische Vergabe von IP-Adressen und weiteren Netzwerkeinstellungen, sodass Endgeräte schnell und einfach in ein bestehendes Netzwerk integriert werden können.

DNS dient dazu, Hostnamen, wie sie üblicherweise beim Aufruf von z. B. Webseiten verwendet werden, in IP-Adressen aufzulösen, da Komponenten in IP-Netzwerken nur IP-Adressen verarbeiten.

5.4.1 Dynamic Host Configuration Protocol

Einer Endstation kann eine IP-Adresse auf zwei Arten zugewiesen werden:

- manuell oder
- automatisch.

Die manuelle Zuweisung erfolgt im Betriebssystem. Unter MS-Windows z. B. erscheint unter den Menüpfad: Systemsteuerung → Netzwerk und Internet → Netzwerkverbindungen → Eigenschaften folgende Maske, die beide Arten der Konfiguration erlaubt.

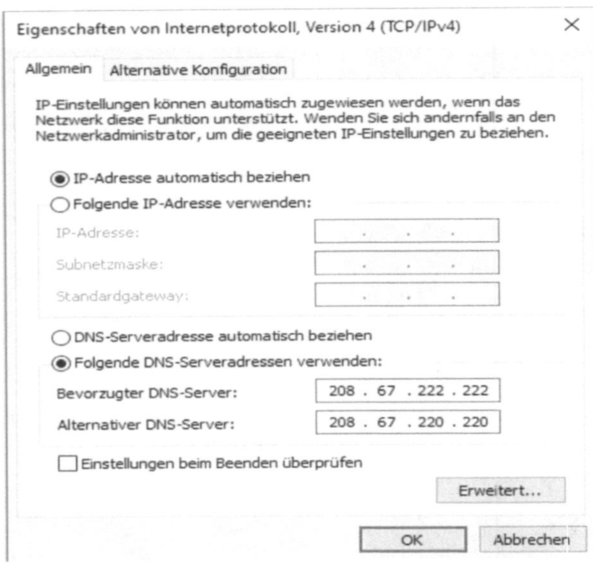

Bild 5.6
Konfiguration einer IP-Adresse

Gerade im Bereich von lokalen Netzen mit einer Vielzahl von Endgeräten und häufig wechselnden Endgeräten, wie z. B. im WLAN, ist eine manuelle Vergabe aber aufwendig und verlangt eine Grundkenntnis der Konfiguration. Aus diesen Gründen erfolgt die Vergabe nicht manuell, sondern durch das Dynamic Host Configuration Protocol (DHCP). Um eine IP-Adresse zu erhalten, muss der Host einen DHCP-Server kontaktieren. Die Herstellung dieses Kontaktes erfolgt über das lokale Netzwerk. Der Ablauf zum Erhalt einer IP-Adresse verläuft in mehreren Phasen:

- die Endstation sendet eine Anfrage an den DHCP-Server,
- der DHCP-Server wählt eine Adresse aus einem vorkonfigurierten Pool von verfügbaren Adressen und teilt sie dem Host für eine bestimmte Zeitspanne zu. Diese Periode ist variabel, kann konfiguriert werden und beträgt häufig einen Tag. Besteht die Verbindung über diesen Zeithorizont hinaus, muss die Gültigkeit der Adresse vom Client verlängert werden. Ein Anspruch darauf existiert aber nicht.

Den konkreten Ablauf der Adresszuweisung auf Grundlage der ausgetauschten Nachrichten zeigt Bild 5.7.

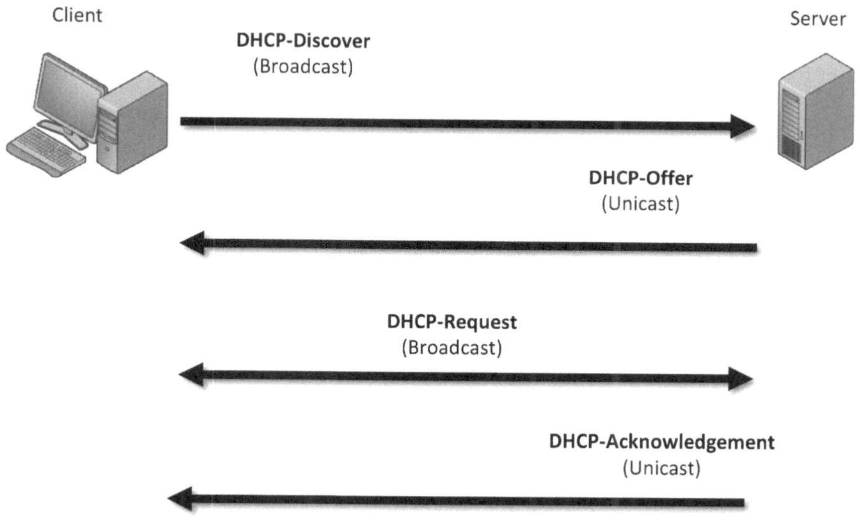

Bild 5.7 DHCP-Nachrichtenaustausch

Nach dem Booten sendet der Host/Client einen Broadcast (DHCP-Discover), um einen DHCP-Server zu finden. Alle DHCP-Server im lokalen Netzwerk antworten in Form einer Unicast-Nachricht und bieten eine IP-Adresse, die zugehörige Subnetzmaske, DNS-Server und das Default-Gateway als Informationen an. Die Zuweisung ist für eine bestimmte Zeitspanne gültig, danach muss der Client die Zuweisung erneuern. Dies verhindert, dass IP-Adressen nicht wieder freigegeben werden, z.B., wenn ein Client abgeschaltet wird und zuvor die Adresse nicht wieder freigegeben wird. Wäre die Zeitdauer nicht begrenzt, wäre der beschränkte Vorrat an Adressen, den ein DHCP-Server vergeben kann, nach einiger Zeit aufgebraucht. Der Host kann mehrere Angebote erhalten, wählt das erste aus und bestätigt die Auswahl als Broadcast an alle DHCP-Server. Der ausgewählte Server bestätigt die Zuteilung mit einem Acknowledgement als Unicast-Nachricht. Der Client kann somit an dem Netzwerk teilnehmen und kennt alle relevanten Einstellungen, eine manuelle Einrichtung ist nicht mehr erforderlich. Da DHCP Broadcast-Nachrichten verwendet, muss sich der DHCP-Server im selben Subnetz wie der Client befinden. In Netzen mit einer großen Anzahl von Subnetzen, steigt folglich die Anzahl der DHCP-Server. Um dem entgegen zu wirken, lassen sich Router so konfigurieren, dass Sie DHCP Broadcast-Nachrichten auch zwischen Subnetzen weiterleiten. Ein DHCP-Server kann folglich mehrere Subnetze bedienen. Diese Konfiguration wird häufig auch als Helper Address bezeichnet.

DHCP entscheidet somit, welche IP-Adresse ein Client verwendet, aber auch welche DNS-Server zur Namensauflösung verwendet werden und über welche Router (Default-Gateway) der Client eine Verbindung zum Internet aufbaut. Manipulationen dieser Information ermöglichen allerdings die Umleitung des Datenverkehrs. Durch den einfachen und ungesicherten Ablauf von DHCP ergeben sich zwei Angriffsmöglichkeiten:

- Spoofing,
- Starvation.

Bei der ersten Form versucht der Angreifer die Antwort eines DHCP-Servers zu fälschen. Dazu antwortet der Angreifer auf eine DHCP-Anfrage des Clients schneller als alle gültigen DHCP-Server. Da der Anfrager einer IP-Adresse in der Regel das erste Angebot auswählt, wird er mit einer gefälschten IP-Adresse, dem entsprechenden Default-Gateway des Angreifers und den von ihm bestimmten DNS-Server versorgt. Damit liegt eine klassische Man-in-the-Middle-Attacke vor, d.h. der Datenverkehr wird über einen vom Angreifer gewählten Knoten umgeleitet.

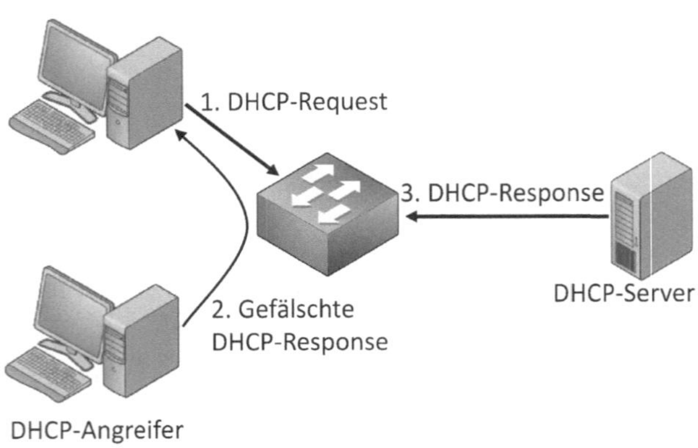

Bild 5.8 DHCP-Spoofing

In Fall einer Starvation fordert der Angreifer kontinuierlich IP-Adressen vom DHCP-Server an und ändert gleichzeitig permanent die Source-MAC-Adresse, d.h. er verlangt IP-Adressen für immer weitere Endnutzer. Die Anforderungen werden so lange aufrechterhalten, bis der Adresspool des DHCP-Servers erschöpft ist. Als Folge dieser Aktion können keine regulären Stationen mit einer IP-Adresse versorgt werden. Beide Angriffe können auch kombiniert werden: Zuerst erfolgt ein Starvation-Angriff, hierdurch kann der reguläre DHCP-Server keine weiteren Adressen vergeben. Im Anschluss kann der Angreifer per Spoofing seine gefälschte Konfiguration per DHCP verbreiten, da der reguläre Server keine weiteren Adressen zur Verfügung hat.

Zur Verhinderung dieser Angriffsform dienen zwei Maßnahmen: **DHCP-Snooping** und **Port Security**. Snooping verwendet das Prinzip vertrauenswürdiger Ports. Nur vertrauenswürdige Ports können die Quelle/der Erzeuger von DHCP-Nachrichten sein. Nicht vertrauenswürdige Ports sind nur in der Lage zu antworten. Daher müssen DHCP-Server mit einem vertrauenswürdigen Port verbunden sein. Versucht ein falscher DHCP-Server an einem nicht vertrauenswürdigen Port eine DHCP-Nachricht zu senden, wird der Port deaktiviert.

Nicht vertrauenswürdige Ports sind alle diejenigen, die nicht explizit als vertrauenswürdig konfiguriert wurden. Für diese Ports wird eine DHCP-Bindingtabelle erstellt, die MAC-Adresse, IP-Adresse, Lease-Time, VLAN-Zugehörigkeit etc. enthält. Anhand dieser Information werden DHCP-Nachrichten bei Bedarf gefiltert. Zum Beispiel werden Nachrichten von DHCP-Servern verworfen, die auf einem nicht vertrauenswürdigen Port am Switch ankommen.

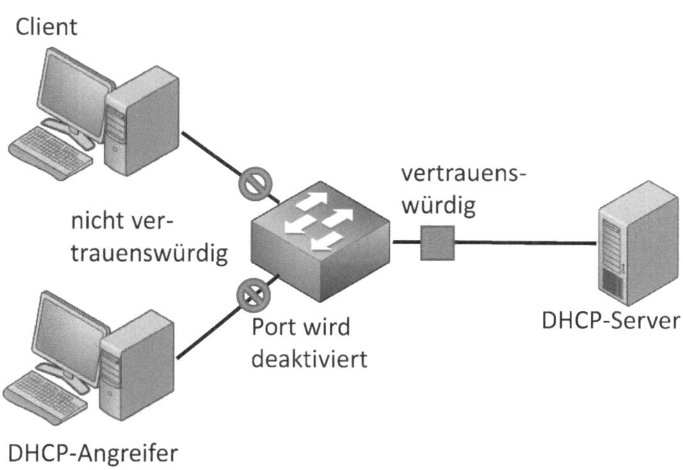

Bild 5.9 DHCP-Snooping

Die zweite Maßnahme Port Security ist ein allgemeiner Ansatz. Hierbei lernt ein Switch die zu einem Port zugehörigen MAC-Adressen. Diese können statisch konfiguriert werden oder es wird eine zuvor konfigurierte Anzahl dynamisch gelernt. Empfängt ein Switch nun Pakete mit unbekannter Adresse oder übersteigt die Anzahl der unterschiedlichen Adressen die Anzahl der erlaubten Adressen, kann der Switch den Port sperren oder eine Nachricht generieren. Durch die Begrenzung wird der Starvation-Angriff unterbunden.

5.4.2 Domain Name System

Eines der zentralen, aber bisher weitgehend ungesicherten Elemente des Internet ist das Domain Name System (DNS). DNS stellt eine Datenbank dar, die die Verbindung zwischen den sprechenden Namen der URL und der zugehörigen IP-Adresse herstellt. Erst „aufgelöst" können Datenströme von den Routern verarbeitet werden, da ihre Protokolle ausschließlich IP-Adressen verstehen. Die Datenbank ist verteilt und hierarchisch organisiert. An der Spitze der Hierarchie stehen 13 sogenannte Root-Server, jeder Server realisiert durch ein Server-Cluster. Unterhalb dieser Ebene sind die Top-Level-Domains, wie .de, .com, .edu angeordnet. Jede dieser Top-Level-Domains (TLD) wird wiederum durch ein Server-Cluster realisiert. Danach folgen die Second-Level-Domains, die häufig Firmen oder Institutionen repräsentieren. Aus Second-Level- und Top-Level-Domain entsteht dann z. B. *hs-flensburg.de*. Diese Kombination zeigt an, dass die Domain *hs-flensburg* unterhalb der Top-Level-Domain angesiedelt ist. Der zugehörige Nameserver (Authoritative Nameserver), der die einzelnen Rechner wie *www.hs-flensburg.de* verwaltet, liegt in der Hoheit der Institutionen. Dieser verteilte Aufbau bietet einerseits Vorteile bzgl. der Ausfallsicherheit und der Lastverteilung und andererseits wird auch der Administrationsaufwand verteilt. Jede Institution kann ihre Domain eigenständig konfigurieren, so lange ihr Nameserver bei der Top-Level-Domain eingetragen ist. Fallen die Nameserver einer Second-Level-Domain aus, betrifft dies nur diese Domain, hat aber keine Auswirkungen auf das restliche DNS-System. Bild 5.10 zeigt eine beispielhafte Hierarchie.

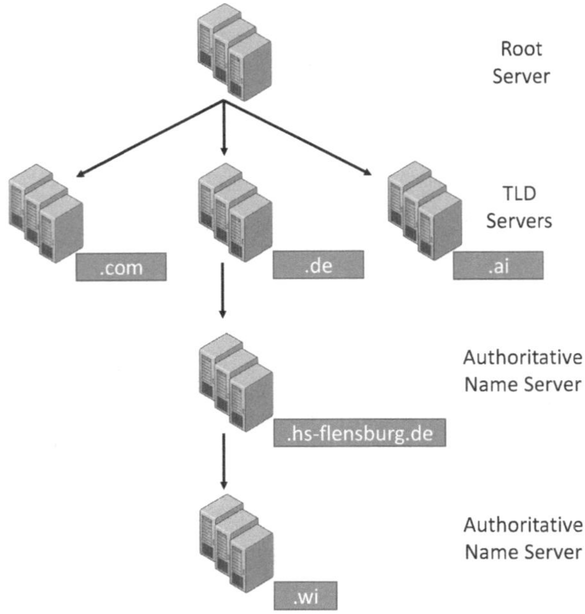

Bild 5.10
Beispiel der DNS-Hierarchie mit Servern und Domains, im Beispiel ist die Second-Level-Domain weiter unterteilt in eine zusätzliche Third-Level-Domain.

Ein im Internet verbreiteter Nameserver ist BIND. Er verwaltet die Information seiner Domain in sogenannten Zonen-Dateien. Sie beinhaltet die Zuordnung von Namen und IP-Adressen und ggf. weitere Informationen wie Nameserver, Mail-Server. Die Einträge werden als Resource Records (RR) bezeichnet. Die folgende minimale Zonen-Datei enthält RR-Einträge für:

- Start of Authority (SOA): Definition der Domäne, viele Parameter beziehen sich auf die Synchronisation von Primary- und Secondary-Nameserver. Üblicherweise werden pro Domäne mehrere Nameserver eingesetzt. Die Konfiguration erfolgt auf dem Primary und wird mit dem Secondary synchronisiert.
- Name Server (NS): Angabe des Nameservers für die Domäne.
- Address (A): Zuordnung von Namen zu IP-Adressen.
- Details zu den Einträgen sind als Kommentare in die Datei eingefügt.

Listing 5.1 Minimale Zonendatei der Domäne *hsfl.de*

```
$TLL 1000 ; Time to Live (Gültigkeitsdauer beim Caching)
hsfl.de. IN SOA ns.hsfl.de. mb.hsfl.de. ( ; Definition der Zone/Domäne
       100 ; Seriennummer, die bei Konfigurationsänderungen erhöht wird
       120 ; Synchronisationsintervall Primary/Secondary DNS
       60 ; Wiederholung der Synchronisation bei vorherigen Fehler
       3000 ; Zeitintervall, nachdem ein Secondary Server keine DNS Anfragen
mehr beantwortet bei fehlerhafter Synchronisation
       240 ; Caching Zeit für negative Anfragen, d.h. Anfragen für die keine
IP geliefert wurde
)
hsfl.de.     IN NS  ns.hsfl.de.  ; RR NS Name des Mailservers
ns.hsfl.de.  IN A   193.175.5.10 ; RR A Adresse/IP Zuordnung
www.hsfl.de. IN A   193.175.5.11 ; RR A Adresse/IP Zuordnung
```

Zum Beispiel erreichen Browser die Fachhochschule Kiel, indem sie zunächst einen beliebigen und bekannten Nameserver des DNS befragen, auf welche IP-Adresse der Server *www. fh-kiel.de* hört (DNS-Query). Dieser Nameserver NS1 fragt bei einem Root-Nameserver an. Dieser kennt nicht die endgültige IP-Adresse, aber den Nameserver, der für die TLD .de verantwortlich ist. NS1 fragte dann den TLD-Server nach der IP. Auch dieser kennt nicht die IP, aber den Authoritative Name-Server der Domäne. Im Anschluss wird dieser Nameserver der Domäne *fh-kiel.de* gefragt, welcher dann die IP-Adresse des Servers *www. fh-kiel.de* auflöst und zurück an NS1 gibt; NS1 gibt die Adresse dann an den Client (Schritte 1 – 8 in Bild 5.11).

In diesem Ablauf delegiert der Client die Anfrage an den Nameserver NS1 (rekursive Anfrage). Dieser fragt die Nameserver entlang der Hierarchie ab, bis der Name aufgelöst werden kann (iterative Anfrage).

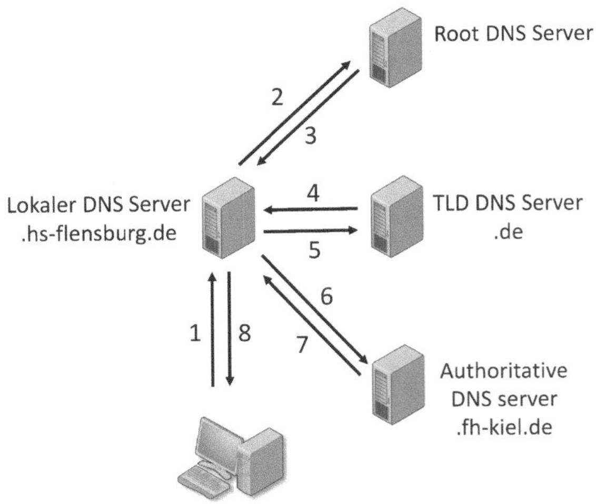

Bild 5.11 Ermittlung einer IP-Adresse

Nameserver nutzen Caching, um bereits abgefragt Nameserver und Adressen zwischen zu speichern, sodass bei erneuter Abfrage der lokale Server direkt die Antwort liefern kann, ohne erneut alle weiteren Nameserver abzufragen. Dies beschleunigt die Abfrage und reduziert die Last der Server. Nach einer konfigurierten Zeit (TTL) werden Einträge im lokalem DNS-Cache wieder gelöscht, da Änderungen in der Konfiguration auf entfernten Nameservern möglich sind und somit veraltete Einträge nicht unendlich im Cache verbleiben.

Für die Zuverlässigkeit der Internetnutzung bildet DNS damit eine Achillesferse, da die Antwort der Namensauflösung darüber entscheidet, mit welchem Computer eine Verbindung aufgebaut wird. Falsche Namensauflösungen leiten auf möglicherweise kompromittierte Webseiten um und stellen letztlich die Funktionsfähigkeit des WWW-Dienstes in Frage. Dennoch wandern auch 2019 noch DNS-Anfragen meistens ungesichert über das Netz [KoMa20]. Typische Angriffsszenarien sind das **DNS-Spoofing** und das **Cache-Poisoning**, bei denen gefälschte oder zusätzliche Informationen den Anfragern oder Servern „untergeschoben" werden. Bei DNS ist keine Integritätsprüfung vorgesehen. Ein Empfänger kann nicht prüfen, ob die erhaltene Antwort nicht verfälscht wurde. In früheren Implementierungen von Nameservern konnte ein Cache-Poisoning sehr einfach dadurch erreicht werden, dass ein kompromittierter Nameserver in den Antworten Einträge für beliebige Domänen hinzufügen konnte. Alle Einträge wurden in der Regel übernommen und den lokalen Caches hinzugefügt. Heutige Nameserver prüfen dies in der Regel. So werden Antworten verworfen, die nicht zur eigentlich Anfrage passen. Wird z. B. eine Anfrage *www.hs-flensburg.de* gestartet und die Antwort erhält auch weitere Einträge für die Domain *fh-kiel.de*, würde diese Antwort verworfen. Durch diese einfache Prüfung wird Cache-Poisoning erschwert, aber eine Überprüfung, ob die

Adresszuordnung nicht verfälscht wurde, wird so nicht gewährleistet. Spoofing-Angriffe, in denen Angreifer Antworten mit gefälschten Informationen verschicken, funktionieren weiterhin. Die Schwierigkeit besteht darin, dass ein Angreifer genau dann antwortet, wenn auch eine Anfrage an einen Nameserver gestellt wird und diese stellvertretend beantwortet. Hierzu muss dieser einerseits den Port der UDP-Kommunikation und andererseits eine im DNS-Protokoll enthaltene Transaktions-ID erraten. In der Vergangenheit konnte gezeigt werden, dass dies praktisch möglich ist. Angriffe der Art werden aber durch möglichst zufällige Wahl von Portnummern und Transaktions-IDs erschwert.

Eine Lösung dieses Problems im Sinne einer Integritätsprüfung liegt im Vorschlag **Domain Name System Security Extensions (DNSSEC)**, definiert in den RFCs 4033-4035. Bei diesem Verfahren unterschreibt der Administrator einer Domain die Namenseinträge seines Nameservers mithilfe von kryptografischen Verfahren.

Der Administrator eines Nameservers signiert die erstellen DNS RRs. Dafür wird der neue RR Typ RRSIG in DNS eingeführt und zusätzlich in die Zonendatei eingetragen. Dieser Typ beinhaltet die Signatur zu den Einträgen. Die Signatur wird bei Antworten hinzugefügt, sodass die DNSSEC-Antworten länger als herkömmliche DNS-Antworten benötigen. Unter Verwendung des öffentlichen Schlüssels kann der Empfänger nun prüfen, ob die Antwort verfälscht wurde oder nicht. Der öffentliche Schlüssel selbst wird auch durch einen RR übertragen, der als DNSKEY bezeichnet wird. Die Integrität ist somit gesichert, aber nicht die Authentizität, da nur gewährleistet ist, dass der Eintrag mit dem zum öffentlichen Schlüssel passenden privaten Schlüssel erstellt wurde. Um auch die Authentizität zu gewährleisten, wird eine **Chain of Trust** realisiert. Die Schlüssel eines Authoritative Nameservers (Third Level) werden durch die Schlüssel eines TLD-Servers signiert und diese wiederum durch die Root-Nameserver. So kann durch die Verfolgung dieser Kette geprüft werden, ob die Informationen von einem Nameserver stammen, der vom übergeordneten Level bestätigt wurde. Die Schlüssel der höchsten Ebene werden durch die ICANN verwaltet. Deren Erneuerung und deren Sicherheit wird in einem aufwendigen Prozedere durch mehrere Schlüsselverantwortliche sichergestellt.

5.5 Zusammenfassung

IP ist das Protokoll im Internet, dem die Paketweiterleitfunktion zufällt. Daraus resultiert eine immense Wichtigkeit. Nicht nur die Existenz einer weltweit eindeutigen Adresse ermöglicht eine Paketzustellung, auch der Transport über die Netzinfrastruktur basiert auf den Adressinformationen. Sie bleiben zwar im Paket unverändert, dienen aber zur Entscheidungsfindung hinsichtlich des Leitweges.

Die Bedeutung der IP-Adresse lässt sich im Fall einer Manipulation erahnen. Die mit dem Adressbezug und der Umwandlung einer „sprechenden Adresse“ in ihr entsprechendes Pendant verbundenen Mechanismen sind daher besonders zu schützen.

Weiterführende Literatur: [Come11, Ecke18, KuRo14]

Weiterführende Internetquellen:

- IPv4: [Ipv400]
- Protokollheader-Informationen: [Rfcs00]
- DNSSEC:[SoSh10, Wiss00]

5.6 Wissensüberprüfung

1. Ein Rechner sendet Daten an einen Rechner in einem anderen Netz. Welche Adresse gibt er im IP-Header an?
2. Was ist die Folge, wenn ein Datenpaket keine Ziel-IP-Adresse besitzt?
3. Was ist die Bedeutung des TTL-Feldes?
4. Warum enthält ein IP-Paket nur eine Headerprüfsumme?
5. Für welche Anwendungen sind Dienstgüten bedeutsam?
6. Nach welchem Übertragungsprinzip arbeitet ARP?
7. Welche Situation löst ein ARP-Request aus?
8. Was ist die Zieladresse eines ARP-Requests?
9. Worin besteht der Unterschied zwischen ARP und RARP?
10. Was ist die primäre Funktion von ICMP?

6 IP-Adressierung

Lernziele

Nach der Beendigung dieses Kapitels sollte der Leser in der Lage sein, folgende Fragen zu beantworten:

- Welchen Adressierungstyp verwendet IPv4?
- Welche Bedeutung haben Netzwerk- und Hostteil einer Adresse?
- Welche Rolle spielt die Einteilung in Subnetze?
- Welche Verfahren zur Nutzung der Subnetzbildung gibt es?
- Wie lässt sich die Netzkonnektivität prüfen?

Kapiteleinführung

Verschiedene Adresstypen sind notwendig, um eine Nachricht im Netzwerk korrekt zustellen zu können. Die Hardware- oder MAC-Adresse stellt eine physikalische und eindeutige Kennung von Geräten in Ethernet- bzw. WLAN-Netzen nach dem IEEE 802.11-Standard dar. Sie dient zur endgültigen Nachrichtenzustellung in diesen Netzwerken. Die IP-Adressierung definiert logische Netzwerkadressen für die TCP/IP-Protokollfamilie. Diese sind unabhängig von der Hardware, vom Hersteller oder vom Netzwerkmedium und werden zur Identifikation eines Teilnehmers im weltweiten Verbund benötigt. An der Grenze des lokalen Netzes werden die Pakete durch ein Gateway wie z.B. einen Router auf die IPv4-Adresse geprüft und anschließend an das entsprechend Folgegerät weitergeleitet. Dieses kann sich je nach IP-Adresse im lokalen Netz oder einem Remote-Netz befinden.

Bedeutung beider Adresstypen

Ein Mietshaus besitzt mehrere Mietparteien. Die Straße und Hausnummer symbolisieren die MAC-Adresse als unveränderliches Merkmal, die Namensschilder an den Wohnungstüren repräsentieren die IP-Adresse als ein veränderliches Attribut, denn Mieter können wechseln. Ein Brief, nur mit Straße und Hausnummer versehen, würde alle Mieter erreichen, der zusätzliche Name identifiziert den

Empfänger jedoch eindeutig. Auf diese Weise kann durch eine Adressbildung auf höherem Abstraktionsniveau wie hier dem Layer 3 mit der IP-Adresse eine detaillierte Empfängerauswahl stattfinden. ■

In den vergangenen Jahren hat das Internet als Zusammenschluss von Netzwerken, die sich einen Adressraum teilen, eine enorme Nachfrage nach IP-Adressen erfahren. Dieses Wachstum äußert sich in Merkmalen, die der ungezügelten Verbreitung des Internets Grenzen aufzeigen:

- die Erschöpfung des Adressraumes für IP-Adressen,
- die Vergrößerung der Routing-Tabellen zur Weiterleitung der IP-Pakete in den Kernknoten des Internets.

Der Adressraum der gegenwärtigen IP-Adressen basiert auf 32-Bit Kennungen, was 2^{32} = 4 294 967 296 potenziellen Adressen entspricht. Obwohl diese Zahl sehr groß anmutet, ergibt sich durch die Strukturierung und Vergabe des Adressraumes ein Engpass. Das zweite Problem rührt daher, dass die Internet-Vermittlungsrouter die vollständige Wegewahlinformation für eine Vielzahl von Netzwerken beherrschen müssen. Mit der Zunahme der vergebenen IP-Adressen nahm in der Vergangenheit auch der Umfang der entsprechenden Tabellen zu. Ein ungebremstes Wachstum ohne entsprechende Eingriffe führt über kurz oder lang dazu, dass Router für die Suche der Wege erhebliche Zeit aufwenden müssen und das Antwortverhalten negativ beeinflussen.

■ 6.1 IP-Adressstruktur

Eine IP-Adresse besteht aus zwei Teilen: einer Netzkennung (Netzpräfix) und einer Stationskennung (Hostadresse).

- **Netzwerkadressen:** Um eine offizielle IP-Adresse zu bekommen, muss diese beim „Network Information Center“ NIC (in Deutschland: DE-NIC) oder einer autorisierten Unterorganisation beantragt werden. Weltweit ist die IANA für die Vergabe zuständig, die die Verantwortung an mehrere Unterorganisationen delegiert. Für Europa übernimmt diese Aufgabe RIPE (Réseaux IP Européens).
- **Hostadressen:** Der Systemadministrator weist den einzelnen Geräten aus dem ihm offiziell zugeteilten Adressbestand in eigener Regie Adressen zu. Eine Strukturierung des Adressbestandes nicht nur durch eine geordnete Vergabe, sondern auch durch die Bildung von Subnetzen liegt im Kompetenzbereich der Institution.

Das Internetadress-Schema besteht aus drei Kategorien:

- den IP-Adressen der Geräte,
- den Netzwerk- und Broadcast-Adressen,
- der Loopback-Adresse.

Die IP-Adresse ist eine weltweit eindeutige 32-Bit-Binärzahl, die der besseren Lesbarkeit wegen in vier Gruppen zu je 8 Bit eingeteilt wird. Im Dezimalformat werden die einzelnen Bestandteile durch einen Punkt abgetrennt (Decimal-Dotted-Darstellung).

Netzwerk-ID:	Identifikation des physikalischen Netzwerkes
Host-ID:	Identifikation des Rechners am Netzwerk

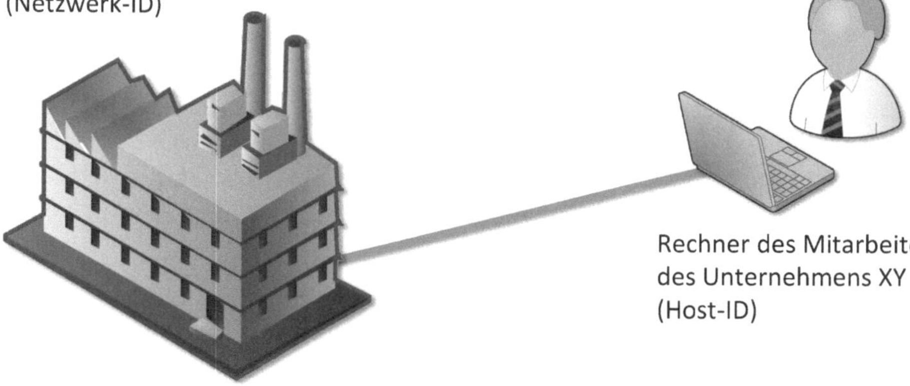

Bild 6.1 IP-Adressteile

Alle Rechner eines gegebenen Netzwerkes teilen sich den gleichen Netzpräfix, besitzen aber unterschiedliche Stationskennungen. Umgekehrt müssen zwei Rechner verschiedener Netze zwar eine unterschiedliche Netzkennung aufweisen, können aber über die gleiche Hostnummer verfügen.

Um die notwendige Flexibilität zur Unterstützung verschiedener Netzwerkgrößen zu gewährleisten, unterscheidet IP fünf Klassen von Internetadressen: Class A bis E. Jede Klasse setzt die Grenze zwischen Netzwerkpräfix und Hostnummer an einem anderen Punkt der 32 Bit-Adresse und bestimmt die Zugehörigkeit einer Adresse zu einer Klasse durch die ersten Bits des ersten Bytes (siehe Tabelle 6.1).

Tabelle 6.1 IP-Adressklassenidentifikation

Klasse	Bitposition 1. Byte	Definierte Bit	Wertebereich 1. Byte
Class A	Bit 1	0	1 - 126
Class B	Bit 1 und 2	1 0	128 - 191
Class C	Bit 1 bis 3	1 1 0	192 - 223
Class D	Bit 1 bis 4	1110	224 - 239
Class E	Bit 1 bis 4	1111	240 - 254

Jede Adresse besitzt durch das erste Byte damit einen impliziten Schlüssel, der angibt, an welcher Stelle der Adresse in Netzkennung und Hostnummer unterschieden werden muss. Diese Konstruktion vereinfacht das Routing beträchtlich. Sie wird als klassenbasiertes Routing bezeichnet.

6.1.1 Class A-Adressen

Class A-Adressen bestehen aus einem 8-Bit-Netzwerkteil und einer 24-Bit Hostadresse. Das erste Bit des Netzwerkteils bestimmt die Adressklasse, sodass 7 Bit für die Nummerierung der zu vergebenden Netze verbleiben. Von den dadurch möglichen 128 eindeutigen Netznummern sind zwei für spezielle Zwecke reserviert: 0 für Testzwecke und 127 für die lokale Rückkopplung. Damit ergeben sich max. 126 (2^7-2) Class A-Netze mit jeweils 16 777 214 ($2^{24}-2$) lokalen Stationen. Die Berechnung verlangt, dass zwei Adressen unberücksichtigt bleiben, „alles-0“ für das eigene Netz und „alles-1“ für Broadcasts:

Netzwerkteil (8 Bit)	Hostteil (24 Bit)
1 bis 126	bis 255 255 254

6.1.2 Class B-Adressen

Class B-Adressen bestehen aus einem 16-Bit-Netzwerkteil und einer 16-Bit-Hostadresse. Die ersten beiden Bits des globalen Netzwerkteils bestimmen die Adressklasse, sodass 14 Bit für die Nummerierung der zu vergebenden Netze verbleiben. Damit ergeben sich 16 384 (2^{16-2}) mögliche Class B-Netze mit jeweils 65 534 lokalen Stationen.

Netzwerkteil (16 Bit)	Hostteil (16 Bit)
128 bis 191	bis 255 254

6.1.3 Class C-Adressen

Class C-Adressen bestehen aus einem 24-Bit-Netzwerkteil und einer 8-Bit Hostadresse. Die ersten drei Bits des globalen Netzwerkteils bestimmen die Adressklasse, sodass 21 Bit für die Nummerierung der zu vergebenen Netze verbleiben. Damit ergeben sich 2 097 152 mögliche Class C-Netze mit jeweils 254 lokalen Stationen.

Netzwerkteil (24 Bit)	Hostteil (8 Bit)
192 bis 223	bis 254

6.1.4 IP-Adressinterpretation

Das von IP unterstützte Adressschema lässt sich hinsichtlich mehrerer Gesichtspunkte interpretieren (Bild 6.2).

Class A	Network	Host		
Octet	1	2	3	4

Class B	Network		Host	
Octet	1	2	3	4

Class C	Network			Host
Octet	1	2	3	4

Class D	Host			
Octet	1	2	3	4

Bild 6.2 IP-Adressinterpretation

Eine feinere Granulierung ergibt sich bei der Berücksichtigung der ersten Bits des ersten Bytes:

Class A:

1		8	16	24	32
0	Netzwerkteil	Lokaler Teil			

Class B:

1 8 16 24 32

1 0 Netzwerkteil Lokaler Teil

Class C:

1 8 16 24 32

1 1 0 Netzwerkteil Lokaler Teil

Class D:

1 8 16 24 32

1 1 1 0 Multicast

Eine dritte Möglichkeit bezieht sich auf die Nummernkreise der Adressen und ihre Dezimaldarstellung:

Adressklasse	Dezimaldarstellung
A – 8 Bit Netzpräfix	1.xxx.xxx.xxx bis 126.xxx.xxx.xxx
B – 16 Bit Netzpräfix	128.0.xxx.xxx bis 191.255.xxx.xxx
C – 24 Bit Netzpräfix	192.0.0.xxx bis 223.255.255.xxx

6.1.5 IP-Adressen mit besonderer Bedeutung

- Class D-Adressen bestehen aus einem fixen 4 Bit-Netzwerkteil und einer 28 Bit-Hostadresse. Die ersten vier Bit 1110 dienen als Multicast-Adressen, während die Kennung 1111 auf Class E-Adressen hinweist. Beide Adresstypen verfügen über keine explizite Zuweisung an Hosts.

Class D (4 Bit)	Class E (4 Bit)
224 bis 239	240 bis 255

- **Netzkennung:** Wenn eine IP-Adresse in ihrem lokalen Teil eine 0 enthält (z. B. 192.9.200.0 in einem Class C-Netz), verweist sie auf das Netz.
- **Lokale Loopback- Adresse:** IP definiert die Adresse 127.0.0.1 als lokale Loopback-Adresse, unter der Stationen zu Testzwecken Nachrichten an sich selbst schicken können.

> Die Funktionsfähigkeit eines Rechners hinsichtlich IP lässt sich durch die Eingabe von „ping 127.0.0.1“ leicht überprüfen.

- **Broadcast-Adressen:** IP kann Daten an alle Stationen eines speziellen IP-Netzes senden. Für diesen Fall werden Broadcast-Adressen verwendet, die sich dadurch auszeichnen, dass ihr Hostteil aus „alles Einsen" besteht. Beispiel: Adressierung der Stationen des Class B-Netzes 191.130.0.0 durch die Broadcast-Adresse 191.130.255.255.

Beispiel: IP-Adressvergabe

Ein Unternehmen besitzt die offizielle IP-Adresse der Class B: 140.25.0.0. Das 3. und 4. Byte können zur Bildung eines individuellen, informellen Adressierungsschemas der Abteilungen dienen. Die konkrete Zuteilung der Nummern führt zu einer leichteren Unterscheidbarkeit der Adressen und wird durch organisatorische Kriterien determiniert. Daher wäre folgende Struktur denkbar: Das 3. Byte dient zur Differenzierung der einzelnen Abteilungen und das 4. Byte erlaubt eine Nummerierung der Geräte mit: 1 - 9: Internetworking-Komponenten; 10 - 249: PCs und 250 - 254: Server. Für die drei Abteilungen des Unternehmens ergäbe sich dann die folgende Adressverteilung:

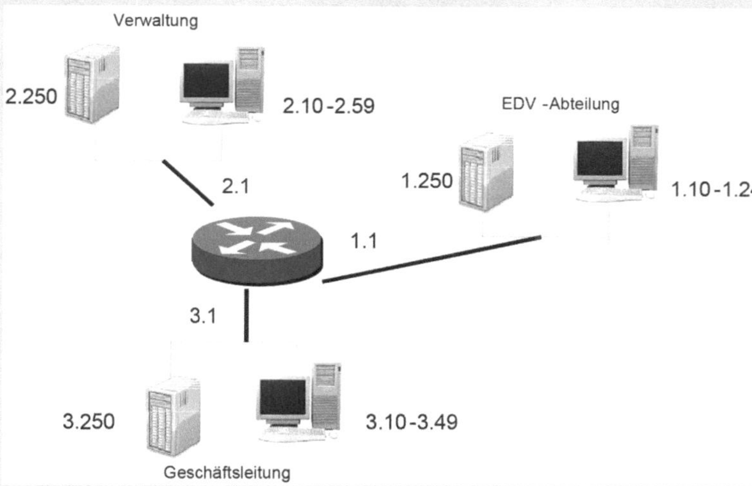

Da Router Verbindungen zu mehreren Netzen besitzen, benötigt jede Verbindung eine separate IP-Adresse. Aus dieser Notwendigkeit ergeben sich drei Nachteile der IP-Adressstruktur:

- Geräte, die an mehreren Netzsegmenten angeschlossen sind, besitzen mehrere IP-Adressen.
- Wechselt ein Rechner von einer Abteilung in eine andere, ändert sich seine IP-Adresse, da das informelle Adressschema des Unternehmens eingehalten werden muss.
- Backbone-Netze als Transitwege zwischen oder innerhalb eines Gebäudes benötigen einen eigenen Adressvorrat.

Die klassenbasierte Aufteilung findet kaum noch Anwendung, weil die Grenzen für Netzwerke mit Host-Anzahlen von 16.777.214, 65.534 und 254 selten den realen Anforderungen entsprechen und zu starr sind. Abhilfe schafft das Classless Inter-Domain Routing (CIDR), das im Abschnitt 6.5 beschrieben wird.

6.2 Subnetzbildung

Die Bildung von Subnetzen ermöglicht es Unternehmen, ihren Adressbestand nach eigenen Kriterien weiter zu unterteilen. Dadurch können organisatorische Gegebenheiten nachgebildet werden. Die Strukturierung des Adressbestandes liegt allein im Verantwortungsbereich des Unternehmens. Es sind dabei jedoch einige Regeln einzuhalten.

Die Einteilung kann ausschließlich nach organisatorischen Gesichtspunkten oder erwartetem Wachstum der Teilnehmerzahlen in bestimmten Abteilungen getroffen werden. Die einzigen Restriktionen sind:

- Das **Netzwerkteil** ist der Teil der IP-Adresse, der das Netz im Internet eindeutig identifiziert und darf nicht modifiziert werden.
- Die **Subnetzmaske** hat eine Länge von 32 Bit. Sie besteht aus einem Muster von aufeinanderfolgenden Einsen und Nullen, wobei Einsen den Netz- und Subnetzteil und Nullen den Hostteil einer IP-Adresse markieren.
- Der lokale Teil der IP-Adresse besteht aus einem mindestens 2 Bit großen Feld.

Da der Bestand nur homogen unterteilt werden kann, betrifft eine Basisentscheidung die Anzahl und die Größe der Subnetze. Ein systematisches Vorgehen könnte folgendermaßen aussehen:

1. **Festlegung der Anzahl Bits, die einer Subnetzbildung dienen.** Dabei ist zu bedenken, dass eine Abhängigkeit zwischen der Anzahl der Subnetze und der Anzahl der darin befindlichen Hosts existiert: Je nachdem, welchem Kriterium Vorrang eingeräumt wird, ergibt sich das andere gezwungenermaßen: Sollen 6 Subnetze gebildet werden, müssen dafür 3 Bit reserviert werden. Im Falle von Class C-Netzen stehen dann nur noch 5 Bit für die Hostadressierung zur Verfügung.
2. **Festlegung der neuen Subnetzmaske zur Bekanntmachung der Substrukturierung.** Den Hintergrund hierfür liefert folgende Überlegung: Der Weg vom Internet zu einem beliebigen internen Subnetz bleibt der gleiche, unabhängig davon, welchem Subnetz der ausgewählte Rechner angehört. Erst der Router im Unternehmen differenziert zwischen den unterschiedlichen Teilstrukturen. Das bedeutet, dass der Router an der Unternehmensgrenze alle Subnetze als einen eigenen Routing-Tabelleneintrag führt.

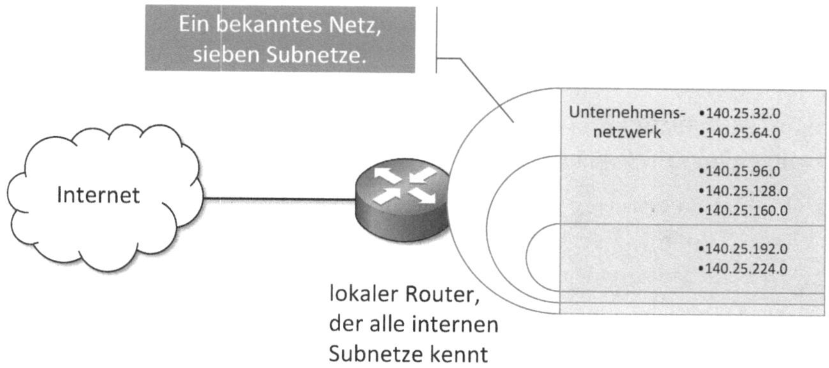

Bild 6.3 Subnetzbildung

Der lokale Router akzeptiert alle IP-Pakete an die Adresse 140.25.xxx.xxx und leitet sie entsprechend der Subnetzbildung intern weiter.

Die Fähigkeit zur Bildung von Subnetzen ermöglicht es also, ein lokales, physikalisches Netzwerk in mehrere IP-Domänen zu teilen. Zur konkreten Einrichtung wird der Hostteil der IP-Adresse in einen Subnetz- und einen neuen Hostteil aufgespalten.

Eine Class B-Adresse, hier das Beispiel Class B-Netz 140.25.xxx.xxx, besteht aus einem 16-Bit-Netzwerkteil und einem 16-Bit-Hostteil. Um ein Subnetz einzurichten, wird der Hostteil in zwei Nummernkreise geteilt:

Netzwerkteil (16 Bit)	**Hostteil (16 Bit)**	
140.25	0.0 bis 255.255	
Netzwerkteil (16 Bit)	**Subnetz-Adresse (8 Bit)**	**Hostadresse (8 Bit)**
140.25	1 bis 255	1 bis 254 Netzwerkadresse: 0 Broadcast-Adresse: 255

Beispiel

Ein Sender außerhalb des Unternehmens leitet seine Nachricht an die IP-Adresse 140.25.192.11; anhand des Netzwerkteils der Adresse wird das Paket über mehrere Zwischenstationen zum Unternehmensnetz weitergeleitet. Der Sender und die Station im Internet benötigen keine Kenntnisse darüber, ob das lokale Netz in Subnetze unterteilt ist. Das lokale System übernimmt die Verantwortung dafür, die Daten an das entsprechende Subnetz und dessen angeschlossene Rechner weiterzureichen. Eine Station außerhalb des lokalen Netzes sieht die interne Struktur dabei nicht, sondern identifiziert einen Empfänger weiterhin nur über den Netzwerkteil der Adresse. ■

Die Bits, die ein Subnetz identifizieren, müssen nicht notwendig einen zusammenhängenden Bereich bilden, da sie durch eine Bit-Maske isoliert werden können. Dennoch empfiehlt es sich, Subnetzidentifikatoren aus einem kontinuierlichen Bereich der „most significant" Bits der lokalen Adresse zu wählen. Standardmäßig sind für die einzelnen Adressklassen keine Subnetze vorgesehen.

Für die einzelnen IP-Adressklassen existieren Standard-Subnetzmasken. Bei Adressen der Class B identifiziert die Standard-Subnetzmaske beispielsweise das erste und zweite Byte als Netzwerkteil und das dritte und vierte als Hostkennung. Eine IP-Adresse 140.25.1.33 und eine Subnetzmaske 255.255.0.0 ergeben z.B. 140.25.0.0 als Netzkennung und 1.33 als Stationskennung. Zum Einrichten von Subnetzen ist es daher notwendig, die Standard-Subnetzmasken zu modifizieren (Tabelle 6.2).

Tabelle 6.2 Standard-Subnetzmasken

Class A	255.0.0.0
Class B	255.255.0.0
Class C	255.255.255.0

Sendet ein Rechner eine Nachricht an eine Zielstation, muss er erkennen, ob sich das Ziel im gleichen Netzwerk wie die Quelle befindet oder ob es nur durch eine Internetworking-Komponente erreicht werden kann. Dazu vergleicht das System die Zieladresse mit der Quelladresse anhand der Subnetzmaske. Ist das Ziel nicht lokal, werden die Daten an einen Router weitergeleitet, der den beschriebenen Vergleich erneut durchführt. Ein Router muss daher mit der Subnetzmaske und den Informationen bezüglich des Subnetzes konfiguriert sein. Anschließend kann er entscheiden, ob das Ziel außerhalb des Netzes liegt oder ob es sich in seinen angeschlossenen Subnetzen befindet.

Beispiel: Bestimmung der Subnetzzugehörigkeit

Ein Router erhält ein an den Rechner 193.1.1.51 adressiertes Paket. Durch die Verwendung des logischen AND und der Subnetzmaske kann er die Netzwerkadresse ermitteln.

Zieladresse	**193.1.1.51**	11000001.00000001.00000001.00110011
Subnetzmaske	255.255.255.0	11111111.11111111.11111111.00000000
Netzwerkadresse	193.1.1.0	11000001.00000001.00000001.00000000

Beispiel: Subnetze in Class C-Netzen

Einem fiktiven Unternehmen wird die Class C-Netzwerkadresse 193.1.1.0 zugewiesen. Da das Unternehmen aus sechs Abteilungen besteht, sollen diese jeweils einen eigenen Adressbereich erhalten und zudem jede Station über eine offizielle IP-Adresse erreichbar sein. Das größte Subnetz umfasst 25 Rechner. Um diesen Anforderungen zu genügen, ist eine Subnetzbildung für die Class C-Adresse in sechs separate Einheiten notwendig.

Der erste Schritt besteht darin, zu bestimmen, wie viele Bits die gewünschte Subnetzzahl abbilden. Da $2^3 = 8$, sind drei Bits notwendig, um die sechs Subnetze zu kennzeichnen. Da die Class C-Adresse 24 Bits zur Netzkennung nutzt, kommen drei weitere hinzu, sodass insgesamt 27 Bits den erweiterten Netzpräfix bilden. Dies kann dezimal als Subnetzmaske 255.255.255.224 ausgedrückt werden.

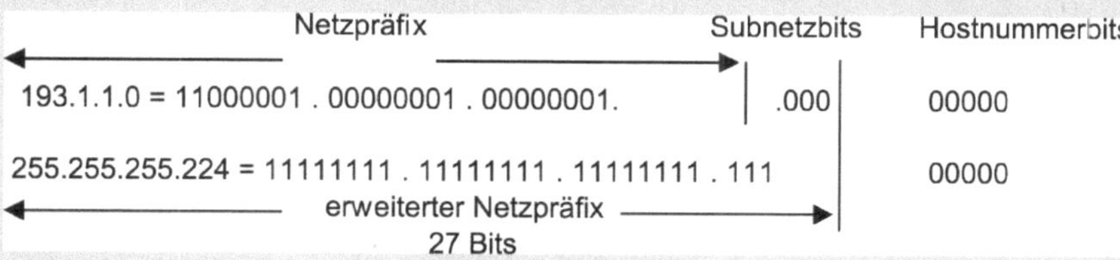

Folglich kann jedes Subnetz mit einem 27-Bit-Netzpräfix einen Block von $2^5 = 32$ individuellen IP-Adressen verwalten. Da die Hostadressen mit „alles 0“ und „alles 1“ nicht vergeben werden dürfen, können jedem Subnetz nur 30 Rechner angehören:

Basisnetz	**11000001.00000001.00000001.00000000**	**193.1.1.0/24**
Subnetz 0	11000001.00000001.00000001.**000**00000	**193.1.1.0/27**
Subnetz 1	11000001.00000001.00000001.**001**00000	**193.1.1.32/27**
Subnetz 2	11000001.00000001.00000001.**010**00000	**193.1.1.64/27**
Subnetz 3	11000001.00000001.00000001.**011**00000	**193.1.1.96/27**
Subnetz 4	11000001.00000001.00000001.**100**00000	**193.1.1.128/27**
Subnetz 5	11000001.00000001.00000001.**101**00000	**193.1.1.160/27**
Subnetz 6	11000001.00000001.00000001.**110**00000	**193.1.1.192/27**
Subnetz 7	11000001.00000001.00000001.**111**00000	**193.1.1.224/27**

Im Hinblick auf die „Alles-0“-Subnetzproblematik verlangt jeder Routing-Tabellen-Eintrag die Angabe der Netzpräfixlänge, um zwischen einer zulässigen und unzulässigen Kennung zu unterscheiden. So differenziert das Routing-Protokoll (Routing Information Protocol – RIP) in der 1. Version als klassenbasiertes Protokoll z. B. nicht zwischen 193.1.1.0/27 und 193.1.1.0/24. RIP-1 identifiziert beide als 193.1.1.0, da es keine Länge der Präfixe berücksichtigt. Ohne Präfixerkennung kann also ein Router nicht entscheiden, ob ein „Alles-0“-Subnetz oder das gesamte Netz gemeint ist. Erst RIP in der Version 2 kann diesen Unterschied erkennen.

Subnetzroute: 193.1.1.0 / 27 11000001 . 00000001 . 00000001 . 000 | 00000
← 27-Bit-Präfix →

Netzwerkroute: 193.1.1.0 / 24 11000001 . 00000001 . 00000001 . | 000 00000
← 24-Bit-Präfix →

Die entsprechende Argumentation gilt für „Alles-1"-Netze. Der Router muss hier den Gültigkeitsbereich der Broadcasts erkennen. Die Zahl der gültigen Hostadressen pro Subnetz reduziert sich damit jeweils um zwei. Subnetz 2 enthält folglich nur 30 Rechner:

Subnetz 2	**11000001.00000001.00000001.01000000**	193.1.1.64/27
Rechner 1	11000001.00000001.00000001.**010**00001	193.1.1.65/27
Rechner 2	11000001.00000001.00000001.**010**00010	193.1.1.66/27
Rechner 3	11000001.00000001.00000001.**010**00011	193.1.1.67/27
Rechner 4	11000001.00000001.00000001.**010**00100	193.1.1.68/27
...	11000001.00000001.00000001.**010**xxxxx	193.1.1.xxx/27
Rechner 28	11000001.00000001.00000001.**010**11100	193.1.1.92/27
Rechner 29	11000001.00000001.00000001.**010**11101	193.1.1.93/27
Rechner 30	11000001.00000001.00000001.**010**11110	193.1.1.94/27

Die Broadcast-Adresse des Subnetzes 2 (193.1.1.95 = 11000001.00000001.00000001.01011111) ist genau um Eins geringer als die Basisadresse des Subnetzes 3 (193.1.1.96). ■

■ 6.3 VLSM – Variabel lange Subnetzmasken

Der RFC 1009 von 1987 spezifiziert gegenüber dem RFC 917, wie ein Subnetz mehr als eine Maske verwenden kann. Die Möglichkeit der Zuweisung von erweiterten Netzpräfixen mit variabler Länge wird als „Variable Length Subnet Masks" bezeichnet.

Die Ursprungsversion des IP-Routing-Protokolls RIP kannte keine Berücksichtigung der Länge der Subnetzmasken in ihren Tabelleneinträgen. Wie kann ein Router auf dieser Grundlage nun Informationen über die Subnetzstruktur erlangen? Besitzt der Router keinen Subnetzeintrag über die Netzkennung, nimmt er an, dass das Netz keine Einteilung in Subnetze vorgenommen hat und verwendet die IP-Klassifizierung in Class A bis C, d. h., er verfügt über keine Information bezüglich der Teilstrukturen. Kennt der Router auf Port 1 hingegen die in Subnetze eingeteilte

Class B-Adresse 140.25.13.1/24 mit einem 24-Bit-Netzpräfix anstelle der standardmäßigen 16 Bit und erhält er von seinem Nachbarn die Adresse 140.25.36.0, so wendet er auf diese Teiladresse von 140.25.0.0 ebenfalls die 24-Bit-Subnetzmaske an. Wäre die neue Adresse jedoch 131.25.0.0, würde der Router die ursprüngliche 16-Bit-Maske zugrunde legen. Der Router berücksichtigt also die entsprechende Subnetzmaske, falls der Port entsprechend konfiguriert ist.

VLSM erlaubt Organisationen, ihren bereits durch Subnetze organisierten Adressbestand nochmals zu unterteilen und damit flexibler zu verwalten. Ein Hauptproblem der starren Subnetzbildung rührt daher, dass nachträglich keine Änderung des gewählten Schemas ohne beträchtlichen manuellen Konfigurationsaufwand möglich ist.

6.3.1 Grenzen der Subnetzbildung

Ein Class B-Netz mit einem erweiterten Präfix auf 22 Bit erlaubt die Bildung von $2^6 = 64$ Subnetzen mit maximal 1022 ($2^{10}-2$) Rechnern. Diese Möglichkeit kommt gleichmäßig belegten Teilnetzen sehr entgegen. Doch was passiert mit Netzen, die lediglich über 20 - 30 Rechner verfügen? Da die Subnetzmaskenbildung keine Revidierung der Einteilung zulässt, werden in diesem Szenario ca. 1000 IP-Adressen verschwendet. Eine Lösung des Problems bestünde darin, mehr als eine Subnetzmaske zu verwenden. Wäre der Netzadministrator in der Lage, auch auf einen auf 26 Bit erweiterten Netzpräfix zuzugreifen, könnte er 1024 (2^{10}) Subnetze mit einer maximalen Rechnerzahl von 62 (2^6-2) bilden. Dieser Präfix wäre ideal für kleine Netze, während der 22 Bit-Präfix die Gegebenheiten großer Organisationseinheiten abbildet.

Beispiel: Subnetzbildung

Besitzt ein Unternehmen drei Standorte, wird es sich voraussichtlich dazu entschließen, 3 Bits entsprechend 8 Subnetzen für eine zukünftige problemlose Expansion zu verwenden. Nun befinden sich an jedem Standort mehrere Gebäude oder Abteilungen, was eine zweite Stufe der Subnetzbildung erfordert. Letztlich befinden sich in den einzelnen Gebäuden unterschiedliche Arbeitsgruppen, die eine dritte Stufe der Strukturierung verlangen. Gemäß dieser hierarchischen Vorstellung bildet die Zahl der Standorte die oberste Stufe, gefolgt von den Gebäuden an jedem Standort und auf unterster Ebene die Anzahl der zu berücksichtigenden organisatorischen Einheiten.

6.3.2 VLSM – Voraussetzungen

Der erfolgreiche Einsatz von VLSM ist an zwei Voraussetzungen geknüpft:

- Das Routing-Protokoll muss die erweiterten Netz-Präfixinformationen in die Routing-Tabelle aufnehmen und verarbeiten können. Vor diesem Hintergrund ist RIP-1 nicht geeignet und spielt nur noch eine historische Rolle. An seiner Stelle kommen RIP-2 oder OSPF zum Einsatz.
- Alle Router müssen einen Weiterleitalgorithmus auf der Basis des „longest match" implementiert haben. Ein Weg mit einem längeren Netzpräfix beinhaltet eine kleinere Menge von Zielrechnern als ein kurzer Präfix. Dementsprechend ist ein Weg mit längerem Präfix spezifischer. Router müssen nun in der Lage sein, den „longest match"-Präfix zu isolieren, d. h. den genaueren Weg zu finden.

Beispiel: VLSM-Routing und Longest Match

Besteht die Zieladresse eines Paketes aus dem Eintrag 140.25.2.133 und die Routing-Tabelle kennt hierfür drei in Frage kommende Einträge: 140.25.2.0/24, 140.25.0.0/16 und 140.25.2.128/27, muss der Weg 140.25.2.128/27 ausgewählt werden, weil sein Präfix die größte Anzahl Bits besitzt, die mit der Zieladresse übereinstimmt:

Ziel	**140.25.2.5**	11001100.00011001.00000010.10000101
Route 1	140.25.2.0/24	11001100.00011001.00000010.00000000
Route 2	140.25.0.0/16	11001100.00011001.00000000.00000000
Route 3	140.25.2.128/27	11001100.00011001.00000010.10000000

Beispiel: VLSM-Strukturierung

Einem Unternehmen wurde die IP-Adresse 140.25.0.0/16 zugewiesen. Es plant, das VLSM-Verfahren einzusetzen.

Der erste Schritt des VLSM-Prozesses besteht darin, 4 Bit zu reservieren, um 16 Subnetze zu konfigurieren. Damit verbleiben im Falle der Class B-Adresse für den Hostteil noch 12 Bit und damit 2^{12} = 4 096 Netzadressen.

Basisnetz	**11001100.00011001.00000000.00000000**	**140.25.0.0/16**
Subnetz 0	**11001100.00011001.0000**0000.00000000	140.25.0.0/20
Subnetz 1	**11001100.00011001.0001**0000.00000000	140.25.16.0/20
Subnetz 2	**11001100.00011001.0010**0000.00000000	140.25.32.0/20
Subnetz 3	**11001100.00011001.0011**0000.00000000	140.25.48.0/20
...	**11001100.00011001.xxxx**0000.00000000	140.25.xx.0/20
Subnetz 13	**11001100.00011001.1101**0000.00000000	140.25.208.0/20

Subnetz 14	**11001100.00011001.1110**0000.00000000	140.25.224.0/20
Subnetz 15	**11001100.00011001.1111**0000.00000000	140.25.240.0/20

Für die Rechner des Subnetzes 3 (140.25.48.0/20) ergibt sich folglich folgendes Adressschema:

Subnetz 3	**10001100.00011001.00110001.00000000**	**140.25.48.0/20**
Rechner 1	10001100.00011001.0011**0001.00000001**	140.25.48.1/20
Rechner 2	10001100.00011001.0011**0001.00000010**	140.25.48.2/20
Rechner 3	10001100.00011001.0011**0001.00000011**	140.25.48.3/20
...	10001100.00011001.0011**xxxx.xxxxxxxx**	140.25.xx..xx/20
Rechner 4093	10001100.00011001.0011**1111.11111101**	140.25.63.253/20
Rechner 4094	10001100.00011001.0011**1111.11111110**	140.25.63.254/20

Im zweiten Schritt erweist sich für Subnetz 14 diese Einteilung als zu grob. Daher besteht der Wunsch, eine feinere Struktur einzuführen. Dazu wird das Subnetz erneut in weitere Subnetze eingeteilt, sodass eine Form von „Subnetzen von Subnetzen" entsteht. Im vorliegenden Beispiel werden vier Bits reserviert, sodass die Netzpräfix-Länge auf 24 Bits ansteigt:

Subnetz 14	**11001100.00011001.11100000.00000000**	**140.25.224.0/20**
Subnetz 14-0	**11001100.00011001.1110**0000.00000000	140.25.224.0/24
Subnetz 14-1	**11001100.00011001.1110**0001.00000000	140.25.225.0/24
Subnetz 14-2	**11001100.00011001.1110**0010.00000000	140.25.226.0/24
Subnetz 14-3	**11001100.00011001.1110**0011.00000000	140.25.227.0/24
...	**11001100.00011001.1110**xxxx.00000000	140.25.2xx.0/24
Subnetz 14-14	**11001100.00011001.1110**1110.00000000	140.25.238.0/24
Subnetz 14-15	**11001100.00011001.1110**1111.00000000	140.25.239.0/24

Den einzelnen Subnetzen können nun mit den verbleibenden 8 Bits (= letztes Byte der Adresse) 254 einzelne Rechner zugeordnet werden:

Subnetz 14-3	**11001100.00011001.11100011.**00000000	**140.25.227.0/24**
Rechner 1	**11001100.00011001.1110**0011.*00000001*	140.25.227.1/24
Rechner 2	**11001100.00011001.1110**0011.*00000010*	140.25.227.2/24
Rechner 3	**11001100.00011001.1110**0011.*00000011*	140.25.227.3/24
Rechner 4	**11001100.00011001.1110**0011.*00000100*	140.25.227.4/24
...	**11001100.00011001.1110**0011.*xxxxxxxx*	140.25.227.xx/24
Rechner 253	**11001100.00011001.1110**0011.*11111101*	140.25.227.253/24
Rechner 254	**11001100.00011001.1110**0011.*11111110*	140.25.227.254/24

In einem dritten Teilungsschritt wird Subnetz 14-14 erneut in acht Netze unterteilt. Dazu sind 3 weitere Bits erforderlich, sodass die verfügbare Rechnerzahl pro Subnetz der dritten Stufe auf 30 sinkt:

Subnetz 14-14	**11001100.00011001.11101110.**00000000	**140.25.238.0/24**
Subnetz 14-14-0	**11001100.00011001.11100011.**00000000	140.25.238.0/27
Subnetz 14-14-1	**11001100.00011001.11100011.**00100000	140.25.238.32/27
Subnetz 14-14-2	**11001100.00011001.11100011.**01000000	140.25.238.64/27
Subnetz 14-14-3	**11001100.00011001.11100011.**01100000	140.25.238.96/27
...	**11001100.00011001.11100011.**xxx00000	140.25.238.xx/27
Subnetz 14-14-6	**11001100.00011001.11100011.**11000000	140.25.238.192/27
Subnetz 14-14-7	**11001100.00011001.11100011.**11100000	**140.25.238.224/27**

Das Beispiel zeigt das systematische Vorgehen einer Strukturierung mit einer beliebigen Anzahl von Ebenen. Dieses Vorgehen schränkt die Adressverschwendung vor allem bei Transitnetzen ein, wenn nur für die Kommunikationsendpunkte eindeutige Adressen benötigt werden. ■

■ 6.4 Private Adressvergabe oder Network Address Translation

Ein einfacher Weg, um die Adressknappheit im Internet zu umgehen, besteht darin, sogenannte private Adressen zu verwenden. Der RFC 1918 reserviert drei Blöcke für den privaten Gebrauch, die nicht im Internet weitergeleitet werden. Somit können die Adressen in unterschiedlichen lokalen Netzen wiederverwendet werden. Die Adressbereiche sind:

- **Class A**-Netze mit 10.0.0.0 bis 10.255.255.255
- **Class B**-Netze mit 172.16.0.0 bis 172.31.255.255
- **Class C**-Netze mit 192.168.0.0 bis 192.168.255.255.

Ursprünglich waren diese Adressen für den internen Gebrauch und für Testzwecke vorgesehen. Die Adressknappheit veranlasste aber viele Unternehmen, durch diese privaten im Internet nicht genutzten Adressen ihre individuelle Netzstruktur hinter Routern mit Paketfiltern zu verbergen. Wie werden nun diese speziellen Adressen in allgemeingültige IP-Adressen übersetzt? Die Lösung besteht im Network Address Translation (NAT)-Verfahren, das in RFC 3022 definiert ist. Ein Router mit der NAT-Option ersetzt für den „Outbound-Verkehr", d. h. Verkehr vom internen Netz zum Internet, die private Quelladresse durch die registrierte öffentliche IP-Adresse des Router-Interfaces. Für die empfangenen Pakete arbeitet der Prozess umgekehrt: Der NAT-Mechanismus wandelt die Zieladresse in diejenige des privaten Netzes um. Dazu muss der Router die entsprechenden Zuordnungstabellen pflegen. NAT ist interface-unabhängig. Das bedeutet, dass NAT mit jeder Routerschnittstelle assoziiert werden kann, die das interne mit dem externen Adressschema verbindet.

Der Umwandlungsprozess selbst benötigt einen zusätzlichen Prozess und Prozessorkapazität, sodass die Leistung geringfügig leiden kann. In seiner einfachsten Form tauscht NAT lediglich die IP-Adressen aus. Da das IP-Protokoll aber eine Prüfsumme über die Headerfelder bildet, muss diese neu berechnet werden. Dieser Prozess der Neuberechnung setzt sich auf der TCP-Ebene fort.

Die Adresskonversion ist nur ein Vorteil von NAT. Die zusätzliche Sicherheit ist ein weiterer Aspekt, da ein potenzieller Angreifer nicht hinter den Router sehen kann und ihm folglich die interne Adressstruktur verborgen bleibt. Obwohl NAT die interne Adresse maskiert, kann allerdings kein IP-Spoofing-Angriff abgewendet werden, weil in einem derartigen Fall der Angreifer auf eine bestehende IP-Verbindung springt und so unbemerkt in das Intranet gelangt.

Als Nachteil des NAT-Konzeptes ist der Verlust der Ende-zu-Ende-Verfolgung anzusehen.

Dies gilt insbesondere für Dienste, die ihre eigene IP mit in den Anwendungsdaten versenden. Der Dienst geht von unveränderlichen Adressen zwischen Sender und Empfänger aus, was durch das NAT nicht gegeben ist. Ein Beispiel hierfür ist das Session Initiation Protocol, welches häufig im Zusammenhang mit VoIP-Applikationen eingesetzt wird. Aber auch diese Einschränkungen sind mittlerweile aufgehoben; in diesem konkreten Beispiel durch zusätzliche Protokolle wie Session Traversal Utilities for NAT (STUN).

Für die Implementation des NAT-Mechanismus stehen drei Alternativen zur Auswahl:

- statisches NAT,
- dynamisches NAT,
- Port-Level NAT (PAT).

Bei statischem NAT konvertiert das Verfahren jede private IP-Adresse in eine öffentliche IP-Adresse. Die Tabelle muss daher für jede Station des Intranets die entsprechende öffentliche Adresse beinhalten. Das dynamische NAT hingegen verwaltet einen Vorrat an öffentlichen IP-Adressen, aus dem es dynamisch eine dem anfordernden internen Rechner zuordnet. Der wiederholte Verbindungsaufbau einer Station kann daher zu einer jeweils anderen IP-Adresse aus dem Bestand führen. Das PAT wiederum überträgt interne Verbindungen auf eine einzelne öffentliche IP-Adresse und unterscheidet die Verbindungen durch die Hinzunahme der TCP/UDP-Port-Nummern.

Abhängig von der Implementation müssen einige Anpassungen an der Konfiguration vorgenommen werden. Dazu zählen:

- die Modifikation der Filterregeln, da NAT die Quell- und Zieladresse verändert,
- die Privatisierung der Netzadressen verlangt meist eine Neuvergabe der IP-Adressen für die Rechner des Intranets.

Neben den drei klassischen IPv4-Privatadressbereichen steht noch ein weiterer Adressbestand von 169.254.1.0 bis 169.254.254.255 zur Verfügung. Auch dieser reservierte Bereich wird nicht geroutet und ist als Automatic Private IP Addressing nach RFC 3927 bekannt. Sinn dieser Adressen ist eine automatische Konfigurationsmöglichkeit. Dazu wird mithilfe der MAC-Adresse und einem Zufallsgenerator eine entsprechende Adresse erzeugt, die über ARP auf Eindeutigkeit überprüft wird. Dazu wird ein ARP-Paket mit 0.0.0.0 als Absenderadresse und der eigenen IP-Adresse als Empfängeradresse gesendet. Dieses Paket wird insgesamt dreimal verschickt. Erhält die Ausgangsstation innerhalb von zwei Sekunden nach Versenden des letzten Pakets eine Antwort, bei der die Absenderadresse mit der errechneten IP-Adresse übereinstimmt, muss der Erzeugungsprozess neu gestartet werden, da ein Duplikat entdeckt wurde. Dieser sogenannte Zeroconf-Mechanismus ist in jedem Betriebssystem unter einer anderen Bezeichnung vorhanden:

- bonjour bei MAC-OS,
- avahi-Dämon in Linux,
- APIPA bei Windows.

6.5 CIDR – Classless-Inter-Domain-Routing

Mit der zunehmenden Attraktivität des Internets steigt gleichzeitig die Menge der im weltweiten Datennetz bekannten Netze und Routen und damit die Gefahr, in den zentralen Backbone-Routern Überlastprobleme durch ausufernde Routing-Tabellengrößen auszulösen. Um die Anzahl der Routen zu senken oder zumindest konstant zu halten, erarbeitete die IETF einen Vorschlag, um die Adressklassen von IP in Blöcken zusammenzufassen und auf diese Weise die Alternativen der Wegewahl zu reduzieren. Diese Idee lässt sich sowohl für die bestehenden IP-Adressklassen als auch für die Weitergabe der Subnetzinformation einsetzen. Ein einziger Eintrag einer zusammengefassten Route übernimmt dann die gleiche Funktion wie eine Vielzahl von Routing-Tabelleneinträgen. Das resultierende Verfahren wird seit April 1994 im Internet als CIDR (Classless-Inter-Domain-Routing) eingesetzt und in den RFCs 1517 bis 1520, die in RFC 4632 aktualisiert wurden, spezifiziert.

Die Zuteilungspraxis aufgrund der Adressknappheit von Class B-Adressen jeder Institution ein Bündel von Class C-Adressen zuzuweisen, führt zu steigenden Tabelleneinträgen in den Routern; denn statt eines Class B-Eintrages sind nun viele Class C-Routen zu verwalten. Abhilfe schafft hier eine Strukturierung des Adressraums auf Blöcke, die nicht willkürlich, sondern zusammenhängend in Größen von Zweierpotenzen vergeben werden und an einem Vielfachen seiner Größe beginnen. So reicht für den gesamten Block ein einziger Eintrag in der Routing-Tabelle mit der zugehörigen Netzmaske.

Beispiel: CIDR

Für einen Block mit 8 Class C-Adressen wird ein passender Startblock gesucht. Da $8 = 2^3 = 00001000_2$ gilt, sind geeignete Startpunkte solche IP-Adressen, bei denen mindestens ebenso viele Nullen am Ende des 3. Bytes vorhanden sind, wie bei der Blockgröße (im diesem Beispiel 3):

Blockstart	Binärschreibweise
Geeignet	
193.1.8.0	11000001.00000001.**00001000**.00000000
193.1.64.0	11000001.00000001.**01000000**.00000000
193.1.136.0	11000001.00000001.**10001000**.00000000
Ungeeignet	
193.1.4.0	11000001.00000001.**00000100**.00000000
193.1.37.0	11000001.00000001.**00100101**.00000000
193.1.165.0	11000001.00000001.**10100101**.00000000

Durch die Zusatzangabe der Subnetzinformation teilen Router anderen Routern die Größe des ermittelten Adressbereiches mit. Ein Beispiel für diese Art Routing-Protokoll ist das RIP-2, das neben der Adressinformation auch die Netzmaske eines Weges anzeigt, eine wesentliche Voraussetzung für den Einsatz von CIDR. Ein Netz in CIDR-Notation lautet dann: 193.1.16.0/20. Hinter dieser Angabe verbergen sich die Netze 193.1.16.0 bis 193.1.31.0; die 20 bedeutet, dass die Netzmaske die ersten 20 Bit für den Netzwerkteil setzt, während die restlichen 12 Bit den Hostteil repräsentieren. Werden diese 16 Netze in einen Block „geroutet“, führt das zu einer Ersparnis von 15 Routing-Tabelleneinträgen. Durch rekursive Anwendung steigt der Vorteil dieses Konzeptes weiter. Berücksichtigt ein Router nur Netze, die aus einem Block stammen, so müssen Router außerhalb dieses IP-Adress-Blockes nur einen Weg zum gesamten IP-Adress-Block kennen. Das bedeutet, dass die Kenntnis von Routen pro Aggregationsstufe abnimmt und auf höherer Ebene weitere Routen zu einer einzigen zusammengefasst werden können.

Beispiel: CIDR-Subnetzbildung

Das Class C-Netz eines Unternehmens 193.1.1.0 ist in mehrere Subnetze unterteilt: 193.1.1.0/27, 193.1.1.32/27, 193.1.1.64/27 und 193.1.1.96/27. Um eine zusammengefasste Route abzuleiten, bietet sich folgendes Vorgehen an:

- Darstellung der Netzadresse in Binärform.
- Um die einheitliche Subnetzmaske zu identifizieren, sollte der Prüfprozess mit dem linken Bit beginnen.
- Fortführung der Prüfung auf Gleichheit der Bits von „links nach rechts“.
- Das erste Bit, das keine Übereinstimmung ergibt, stoppt den Prozess.

Im Beispiel:

- 1100001.0000000 1.0000000 1.0**0**000000
- 1100001.0000000 1.0000000 1.0**0**100000
- 1100001.0000000 1.0000000 1.0**1**000000
- 1100001.0000000 1.0000000 1.0**1**100000

Eine Übereinstimmung ist bis einschließlich des 25. Bits gegeben. Daher ist die propagierte Route 193.1.1.0/25

Problematisch werden bei einer strengen Strukturierung nach dem CIDR-Konzept solche Netze, die aus dem Schema ausbrechen. Wechselt z. B. ein Internetnutzer seinen Provider und möchte seine IP-Adresse behalten, muss der neue Provider dieses Netz versorgen, d. h. er muss eine spezifische Route zu diesem IP-Adress-Block für lediglich einen Nutzer bekannt machen.

6.6 Verwaltungsfunktionen auf IP-Basis

Netzwerkmanagement ist als die Summe aller Verfahren und Methoden anzusehen, um Netzwerke:

- zu planen,
- zu konfigurieren,
- zu steuern,
- zu überwachen,
- zu verwalten.

Um im Kontext der IP-Adressierung bereits erste Schritte in diese Richtung unternehmen zu können, stehen einige Basisfunktionen bereit. Windows bietet hierzu z. B. folgende Befehle an:

- **ping:** basiert auf den ICMP-Nachrichten echo und echo reply. Durch Eingabe einer IP-Adresse wird die Erreichbarkeit des Teilnehmers auf der Grundlage des Layer-3-Protokolls geprüft. Dieser Mechanismus dient daher dazu, die korrekte Funktion des Layer-3-Protokolls zu verifizieren.

- **traceroute:** diese Funktion ermittelt den Paketleitweg vom Sender zum Empfänger. Auf diese Weise lässt sich feststellen, auf welchem Wege die Pakete ans Ziel gelangen und im Falle einer erfolglosen Zustellung, wo der Pfad unterbrochen ist.
- **ipconfig:** gibt die Netzkonfiguration eines Endgerätes an. Die Ausgabe dient zur Überprüfung, ob die Station über eine korrekte IP-Adresse verfügt, ob ein Defaultgateway eingetragen ist und die Subnetzmaske den Vorgaben entspricht.
- **netstat:** zeigt statische Auswertungen der einzelnen Protokolle wie Ethernet oder IP an. Mithilfe dieser Angaben lassen sich Fehlersituationen ermitteln oder ein Eindruck von der Netzlast gewinnen.
- **nslookup:** dieser Befehl dient der Ermittlung der IP-Adresse bzw. des Domainnames eines Rechners mithilfe des Domainnameservices DNS. Neben den reinen Adressdaten werden weitere Informationen angezeigt.

Weitere auf dem Layer-3 basierende Probleme können Ursachen in Konfigurationsproblemen sowohl der Geräte als auch der Protokolle haben. Dazu zählen:

- unterschiedliche Duplex-Einstellungen der Switchports,
- doppelte Vergabe von IP-Adressen,
- fehlerhafte Konfiguration von Routen auf Hosts oder Servern.

Noch Fragen ...? Ja ...

Warum nutzen viele Unternehmen private IP-Adressen, obwohl sie genügend öffentliche Adressen besitzen?

Ein Grund dafür liegt darin, dass die Adressvergabe nicht revidiert werden muss, wenn der Provider gewechselt wird.

6.7 Zusammenfassung

Die IP-Adressierung ist eine logische Funktion, die eine logische Strukturierung von Netzwerken ermöglicht.

Sie hilft, die Einzelheiten des physischen Netzaufbaus vor den Nutzern zu verbergen. Das entstehende Internet als Verbindung vieler Einzelnetze wirkt dabei wie eine Einheit. Konzeptionell besteht jede Adresse aus einem Paar, deren Komponenten sowohl ein Netzwerk als auch einen Rechner identifizieren. Das ursprüngliche Adressierungsschema ist klassenbestimmt, d. h. die Grenze zwischen Netzwerkteil und Hostteil einer Adresse wird durch die Adresse selber bestimmt. Damit ist der Aufbau selbstidentifizierend. Mit fortschreitender Adressknappheit ist diese Stringenz modifiziert worden, sodass Konzepte jenseits der Klassenbindung entstanden. Dazu gehören CIDR und VLSM, deren Bedeutung stetig gewachsen ist. Administratoren müssen daher in der Lage sein, sowohl die Subnetzbildung als auch die Verfahren der Adresszuweisung zu verstehen, um potenzielle Fehler zu erkennen und eine sparsame Vergabe zu ermöglichen. Bei einer strukturierten Vergabe haben sich einige Kriterien als sinnvoll erwiesen:

- Von vielen Teilnehmern genutzte Geräte wie Server oder Drucker sollten eine statische IP-Adresse besitzen.
- Router sind Konzentrationspunkte des Netzwerkgeschehens und kommunizieren mit Geräten außerhalb des lokalen Netzes. Daher müssen sie notwendigerweise über eine unverwechselbare Adresse verfügen.
- Endgeräte, die einen spezifischen Dienst anbieten, müssen ebenfalls von außerhalb erreichbar sein.
- Alle anderen Geräte benötigen nicht zwingend eine öffentliche Adresse. Sie sind Kandidaten für ein privates Adressschema.

An der Schwelle zur Ablösung von IPv4 durch IPv6 zeigen sich die Schwächen des ursprünglichen Entwurfs. Das klassenbasierte Adressierungsschema ist der großen Nachfrage nach Adressen nicht gewachsen, eine durchgehende hierarchische Struktur, die das Routing erleichtern würde, existiert nicht und die Routing-Tabellen zentraler Vermittlungsstellen im Internet wachsen bis zur Grenze des Handhabbaren. Dennoch bleiben die grundsätzlichen Strukturen bestehen, sodass deren Verständnis für die Administration unerlässlich ist.

Die Vergabeinstitutionen für Internetadressen besitzen folgende Adresse:

- Internationale Organisation: IANA *(https://www.iana.org)*
- Europa: RIPE *(https://www.ripe.net)*

Weiterführende Literatur: [Come11, KuRo14]

Weiterführende Internetquellen:

- Subnetzbildung: [Free00, Grun00, Ipsu00]
- Subnetzkalkulator: [Dary00]

6.8 Übungen

Aufgabe 1

Geben Sie folgende Angaben für die nachfolgende Liste von IP-Adressen an:

- Adressklasse,
- Anzahl der Bytes im Netz- und Hostteil der Adresse,
- Netzwerkadresse,
- Broadcast-Adresse.
- IP-Adressliste:
    - 10.55.44.3
    - 192.168.76.54
    - 201.1.77.5
    - 119.67.99.240
    - 219.240.66.98

Aufgabe 2

Wandeln Sie die Subnetzmasken im Dotted-Decimal-Format in das Präfixformat um bzw. die Masken gegeben in der Präfixform in das Dotted-Decimal-Format:

- 255.240.0.0
- 255.255.192.0
- 255.255.255.224
- 255.254.0.0
- 255.255.248.0
- /30
- /25
- /11
- /22
- /24

Aufgabe 3

Prüfen Sie stufenweise die Konnektivität zu einem beliebigen Remote-Rechner/-Server:

- Ping der eigenen Loopback-Adresse,
- Ping des Gateways,

- Ping der Adresse des Remoterechners,
- Traceroute des Remoterechners,
- Erreichbarkeit des Remoterechners mit dem Programm VisualRoute prüfen.

6.9 Wissensüberprüfung

1. Ist die Adresse 147.14.255.255 eine Broadcast-Adresse für ein Class B-Netz mit der Standardsubnetzmaske?
2. Wie viele IP-Adressen sind in einem Class C-Netz nutzbar? Begründen Sie Ihre Ansicht.
3. Welchen Wertebereich besitzt das erste Byte einer Class A-Adresse?
4. Welche der folgenden Adressen gehören zur Class C?

   129.219.95.193 - 209.101.218.30 - 151.13.27.114 - 192.119.15.17
5. Zu welcher Klasse gehört die Adresse 129.21.89.77?
6. Ein Unternehmen möchte fünf Subnetze mit jeweils 20 Hosts für ein Class C-Netz aufbauen. Welche Subnetzmaske muss es wählen?
7. Wie viele nutzbare Subnetze existieren für ein Class B-Netz mit der Subnetzmaske 255.255.255.0?
8. Wie viele Bits sind bei einer Standardsubnetzmaske in einem Class B-Netz für die Hosts reserviert?
9. Welches Kriterium entscheidet über die Zugehörigkeit einer Adresse zur Class B?
10. Worin besteht der Nutzen der Subnetzbildung?

7 IPv6

Lernziele

Nach der Beendigung dieses Kapitels sollte der Leser in der Lage sein, folgende Fragen zu beantworten:

- Welche Adressierungstypen kennt IPv6?
- Welche Adressformate und welche Schreibweise kennzeichnen die neue IP-Variante?
- Welche konstruktiven Unterschiede bestehen zwischen den beiden IP-Varianten?
- Welche neuen Möglichkeiten bietet IPv6?

Kapiteleinführung

Das schnelle Wachstum des Internets verleiht der Umstellung von der bisherigen Version 4 des Internetprotokolls auf die nächste Generation IPv6 eine gewisse Dringlichkeit. Den treibenden Ausschlag gibt hierbei vor allem der Bedarf nach einem größeren Adressraum, der nicht nur den Ausbau bestehender Netze ermöglicht, sondern auch die Integration neuer mobiler Systeme gestattet und das Routing im Internet vereinfacht. Die Zuteilung von IPv4-Adressen hat sich in den vergangenen Jahren deutlich verlangsamt. Grund hierfür ist die Einführung von NAT (Network Address Translation) und die Verwendung privater Adressen. NAT und andere Erweiterungen von IPv4 besitzen allerdings entscheidende Nachteile. Sie erlauben z. B. keine direkte Adressierbarkeit der Endgeräte. Für einen PC, der nur zum Surfen und Lesen von E-Mails dient, ist dies keine Einschränkung. Wer aber selbst Informationen ins Internet stellen möchte, benötigt feste Adressen. Gleiches gilt, wenn Nachrichten direkt auf Geräte wie Laptops, Mobiltelefone oder Bordcomputer im Auto versendet werden sollen. Die noch verfügbaren Adressen, die vielfach in kleine Blöcke fragmentiert sind, reichen dazu nicht aus.

Neben dem Adressraum wurden einige weitere Verbesserungen wie der Verzicht auf Broadcasts oder die automatische Rechnerkonfiguration in das Protokoll aufgenommen. Insbesondere der letzte Punkt erleichtert die Installation und das Management von TCP/IP-Netzen und dürfte den größten Vorteil darstellen, da gerade die Zuweisung und Pflege von IP-Adressen einen großen Kostenfaktor darstellt.

Die endgültig neue Version des Internet-Protokolls trägt den Namen „IPv6".

7.1 Historie

Grund für das Entstehen einer neuen Protokollgeneration war die sich abzeichnende Adressmisere, insbesondere im Raum der Class B-Adressen, die mittelfristig jedes Wachstum im Internet verhindert hätte. Bereits 1991 begann das IAB (Internet Activity Board) damit, den zukünftigen Größen- und Funktionsbedarf des Internets abzuschätzen. Die schnell wachsende Zahl vernetzter Rechner und die Ausdehnung auf neue Anwendungsfelder wie Fahrzeugsysteme und mobile Geräte ließ eine Erschöpfung der Internetressourcen in absehbarer Zukunft erwarten. Im Juli 1992 ernannte die IETF (Internet Engineering Task Force) einen Ausschuss, der die Spezifikation eines neuen Internetprotokolls entwerfen sollte. Das Ergebnis lag im Dezember 1993 als Request for Comments RFC 1550 vor. Der ausgewählte Vorschlag basiert auf einem Konzept von S. Deering, trug zunächst die Bezeichnung SIPP (Simple Internet Protocol Plus) und wurde im August 1994 öffentlich vorgestellt bzw. im Januar 1995 als RFC 1752 unter dem Titel „The Recommendation for the IP Next Generation Protocol" veröffentlicht. Die neuen Funktionen des IPv6 - in den weiteren RFCs 1883 bis 1887 beschrieben - beseitigen einige Engpässe im Betrieb des alten IPv4-Protokolls; an erster Stelle natürlich die Ausdehnung des Adressraumes, hervorgerufen durch die Erweiterung des Adressformates von 32 auf 128 Bits. Die aktuelle Spezifikation ist in RFC 8200 beschrieben. Darüber hinaus wurden in IPv4 implementierte, aber kaum benutzte Funktionen entfernt und eine Anpassung an zukünftige Multimedia-Anwendungen durch die Berücksichtigung einer Reihe von Merkmalen vorgenommen.

SIPP stand in Konkurrenz zu zwei weiteren Vorschlägen:

- **Common Architecture for the Internet (CATNIP):** Hierbei handelt es sich um die Weiterentwicklung eines älteren Protokolls, das sowohl IPv4 als auch Novell IPX und OSI Connectionless Networking Protocol (CLNP) verschmilzt. Es ist sehr stark an CLNP angelehnt, enthält alle für die drei zugrunde liegenden Protokolle wichtigen Informationen in komprimierter Form und verwendet einen Paketheader von 16 Bytes. Die spezifizierte Adresslänge ist allerdings variabel.
- **TCP and UDP with Bigger Addresses (TUBA):** Dieser Vorschlag basiert ebenfalls auf CLNP. Die Überführung von IPv4 in TUBA geschieht durch einen Dual-Stack-Ansatz. Zwei unabhängige Protokollstacks versuchen miteinander

zu kommunizieren und verwenden dazu das Domain-Name-System für beide IP-Adressen, sowie den Network Service Access Point, um die Verbindung zu CLNP herzustellen.

Das IAB stimmte zwar keinem Vorschlag vorbehaltlos zu, wählte aber SIPP aus, weil es den verlangten Anforderungen am nächsten kam und entschied, passende Merkmale der anderen Konzepte zu integrieren.

7.2 Entwurfsziele

- **Erweiterte Adressierungsfunktionen:** Um im globalen Internet erreichbar zu sein, muss ein Rechner eine eindeutige IP-Adresse besitzen. Zwar ist bei einer Länge von 32 Bit die Bildung von ca. 4,2 Milliarden Adressen möglich, da aber Adressklassen für Zuweisungs- und Routing-Zwecke notwendig sind, verringert sich diese theoretische Obergrenze erheblich. Durch die Vergrößerung des Adressraumes können hierarchische Schemata unterstützt werden, sodass eine wesentlich größere Zahl von Rechnern pro Adressgruppe zulässig wird. Ohne einen hierarchischen Adressaufbau sind die zentralen Netzknoten gezwungen, sehr große Routing-Tabellen zu speichern. Durch eine Strukturierung der Einträge können Router kurze Präfixe zur Suche nutzen, was den Weiterleitvorgang erheblich beschleunigt. Das Classless Inter Domain Routing (CIDR) in IPv4 ist ein Kunstgriff, um sich diesem Zustand zu nähern.

> Der große Adressraum von IPv6 ermöglicht einerseits ein globales hierarchisches Adressierungsschema, um das Routing zu optimieren und die Routing-Tabelleneinträge zu reduzieren, andererseits stellt es genügend Adressen für neue Dienste und Geräte bereit.

- **Vereinfachung des Headers:** In der Version 4 des IP-Protokolls wurden einige Felder nur selten genutzt. Um die notwendige Bandbreite zu optimieren, sind in der neuen Version unnötige Felder eliminiert worden.
- **Flexibilität bei Optionen:** Durch eine Auslagerung aus dem Header ist es möglich, jederzeit neue Optionen zu integrieren.
- **Dienstgüte:** Neue Steuerungsfelder im Header erlauben die Übermittlung gesonderter Qualitätsparameter zwischen Sender und Empfänger. Dies ist insbesondere im Hinblick auf Multimedia-Applikationen, die Anforderungen hinsichtlich Bandbreite, Ressourcenmanagement und Antwortzeit stellen, eine wesentliche Verbesserung.
- **Authentizität:** Die heutigen Kommunikationsstrukturen, insbesondere unter dem Blickwinkel der Kommerzialisierung des Internet, erfordern umfangrei-

che Sicherheitsfunktionalität bis zur Verschlüsselung der zu übertragenden Daten.

Neben diesen auf der bestehenden Protokollversion basierenden Merkmalen integriert IPv6 einige echte Erweiterungen:

- Eine **Bandbreitenreservierung** in Form einer Markierung eines Datenflusses: Anstelle des IPv4-Feldes ToS erlaubt IPv6 die Markierung von Paketen und Datenflüsse durch das neue Feld Flow Label. Realisierungen von Datenflusssteuerungen werden dadurch vereinfacht.
- Zwei neue Mechanismen zur **Datensicherheit**. Auf Optionsebene existieren Header für Authentifikation und Verschlüsselung. Beide Pakettypen besitzen, um unbefugte Verkehrsanalysen zu erschweren, unabhängig von der tatsächlichen Länge immer ein festes Format.
- Ein **Multicasting**, das die Broadcast-Adresse überflüssig macht. Soll ein Paket an alle Hosts eines Segmentes gesendet werden, wird eine spezielle Multicast-Adresse mit der Bedeutung „ALL Nodes" verwendet. Ebenso ist auch das IGMP (Internet Group Management Protocol) ersetzt worden. Seine Funktion übernehmen ICMPv6-Messages als Multicast Listener Discovery (RFC 2710).
- Einen **Anycast-Dienst** als eine Kombination zwischen Uni- und Multicast. Es wird eine Gruppe aus mehreren IPv6-Interfaces erstellt, wobei Anfragen von Clients an ein Interface aus der Gruppe weitergeleitet werden. Dies ist anders als bei Multicast-Umgebungen, wo alle Stationen der Gruppen die Daten erhalten. Dieser Ansatz ermöglicht eine Lastverteilung und erhöht die Ausfallsicherheit. Anfragen von Clients können durch einen beliebigen Server aus einer Gruppe bearbeitet werden. Fällt ein Server aus der Gruppe aus, übernimmt ein anderer. Der Sender hat jedoch keine Möglichkeit, das Empfangsinterface zu wählen. Das Ziel wird durch das Routing-Protokoll bestimmt.
- Eine **Auto-Address-Konfiguration**, die eine dynamische Zuweisung von IPv6-Adressen erlaubt. Die durch eine manuelle Konfiguration der Rechner entstehenden Supportkosten können durch diesen Mechanismus erheblich reduziert werden. Im Extremfall zieht der Wechsel eines Providers keinen manuellen Eingriff nach sich, da die Stationen die neue IPv6-Adresse selbstständig aus ihrer MAC-Adresse und einem Präfix bilden, den sie vom Nachbarrouter erfahren. An Stelle der MAC-Adresse kann hier auch eine zufällig erstellte Byte-Folge genutzt werden.
- Einen verbesserten **Options-Mechanismus** dergestalt, dass Paketoptionen gesondert zwischen dem IP-Header und dem nachfolgenden Transportheader platziert und auf diese Weise getrennt von einem Router ausgewertet werden können. Der Hintergrund für dieses Konzept liegt in der Beobachtung, dass die meisten Optionen nicht an die Router gerichtet sind und eine Auslagerung somit die Performance bei der Wegewahl erhöht.

7.3 Technische Betrachtung

Der IPv6-Header ist beträchtlich einfacher als sein Vorgänger, was seine Verarbeitungseffizienz durch Router stark erhöht. Während der IPv4-Header in der Länge variabel sein kann, sind die IPv6-Angaben im Standardfall auf 40 Bytes begrenzt. Diese Beschränkung erlaubt den Routern eine weit schnellere Prüfung der einzelnen Felder. Eine der ersten Angaben des IPv4-Headers, auf die durch das neue Design verzichtet werden kann, ist das Längenfeld des Headers. Das Feld für die Angabe zur Nutzlast kann wie bisher durch seine Länge von 16 Bit eine Paketgröße von 64 KB beschreiben. Im Gegensatz zur bisherigen Version sind aber „Jumbograms" möglich, wenn das Feld einen Eintrag von Null aufweist und das Paket selbst einen speziellen Erweiterungsheader trägt. Das ursprüngliche Time-to-Live-Feld ist in Hop-Limit umbenannt, besitzt mit 8 Bit aber weiterhin die gleiche Größe. Da die Anzahl der Bits die Markierung von 255 Hops erlaubt, dürfte in absehbarer Zukunft selbst die Durchquerung großer Netzwerke kein Problem darstellen. Die weiteren Anpassungen betreffen drei Feldarten:

- Die Funktionalität des ToS-Feldes ist auf zwei neue Felder aufgeteilt: Flow Control und Priorität.
- Die zur Fragmentierung gehörenden Felder werden in einen speziellen Header verlagert. Die Auslagerung der Fragmentierung in den Header ist Ausdruck der Bestrebung, eine Fragmentierung zu vermeiden.
- Auf die Prüfsumme wird verzichtet, da diese Funktion von den vor- und nachgelagerten Protokollen bereits zuverlässig ausgeführt wird.

7.4 Die wichtigsten Merkmale

Neben dem angepassten Header richtet sich das Augenmerk vor allem auf das Adressmanagement und die neuen Begleitprotokolle.

7.4.1 Header

Der Vergleich beider Protokollgenerationen zeigt weiterhin, dass die aufwendige Berechnung der Prüfsumme in jedem Hop wegfällt, was für den weitaus größten Teil der Anwendungen einen Performancevorteil verspricht. Das Feld „Protocol" heißt nun „Next Header". Umbenannt wurde auch das „Length"-Feld in „Payload-Length". Es umfasst nicht mehr das gesamte IPv6-Paket, sondern nur das Paket nach dem Header. Trotz der Tatsache, dass die Adressen in IPv6 viermal so lang sind wie in IPv4, ist der IPv6-Header mit 320 Bits oder 40 Bytes nur doppelt so lang wie der herkömmliche IPv4-Header. Weiterhin wird vorausgesetzt, dass jedes IPv6-fähige Geräte in der Lage ist, Pakete mit bis zu 1200 Byte ohne Fragmentierung weiterzuleiten, d. h. die MTU muss mindestens 1200 Bytes betragen. Ein Empfänger muss Pakete bis zu 1500 Byte verarbeiten können. Von allen IPv6-Knoten wird zudem erwartet, dass sie die maximale Paketgröße (MTU = Maximum Transfer Unit) dynamisch aushandeln (beschrieben in RFC 1191 – Path MTU Discovery) und der Quellrechner nur Pakete sendet, die diesen Wert nicht übersteigen. Als Folge dieses Vorgehens müssen IPv6-Router auf dem Weg vom Sender zum Empfänger keine Pakete fragmentieren, da die Paketgröße von allen Knoten als verarbeitbar akzeptiert wird.

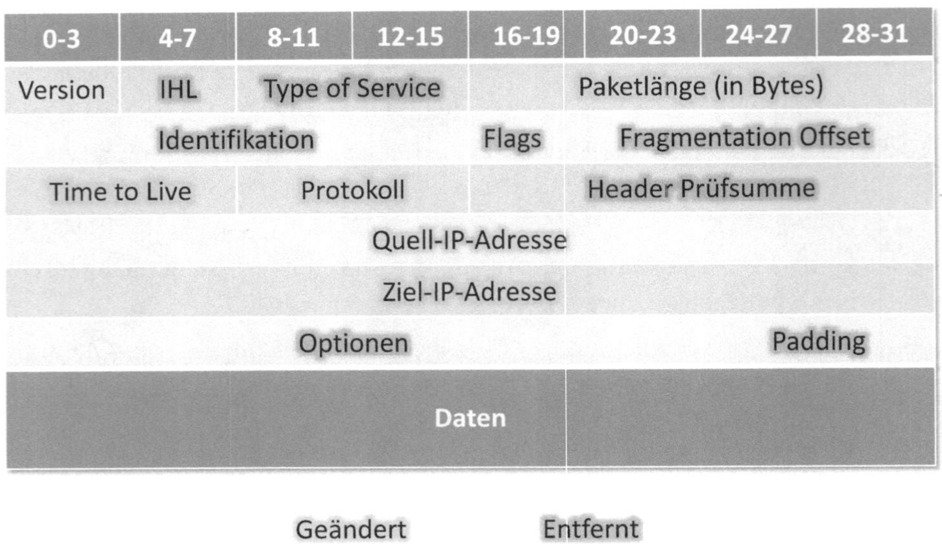

Bild 7.1 IPv6-Headerveränderungen

Das Design des neuen Headers und seine Ausrichtung auf 64 Bit sind für eine schnelle Verarbeitung konzipiert.

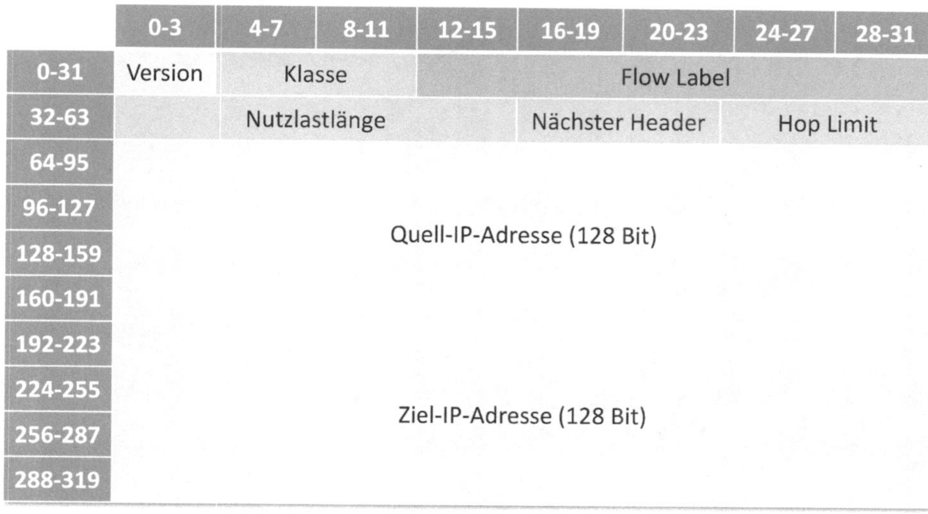

Bild 7.2 IPv6-Header

Die Bedeutung der Felder im Einzelnen:

- **Version:** Die Versionskennung trägt die Nummer 6.
- **Klasse:** Die Klassifizierung ist entsprechend des Differentiated Services (RFC 2474 (6 Bit)) definiert und zur Umsetzung einer Explicit Congestion Notification gemäß RFC 3168, wobei Router den Endknoten eine Überlast entlang des Pfades mitteilen können. Das Feld entspricht dem ToS-Feld von IPv4.
- **Flow-Label:** Dieses Merkmal erlaubt IP-Stationen die spezielle Kennzeichnung von Paketen und die Realisation von zusammenhängenden Datenflüssen, wie sie bei Sprach- oder Videoanwendungen unter Einbeziehung des Resource Reservation Protocols (RSVP) notwendig sind. Router leiten eine gesonderte Verarbeitung, beispielsweise die Priorisierung von Stationen, ein, können aber auch als Filter fungieren. Das Feld ist 20 Bit lang. Die Verwendung wird in RFC 6437 präzise beschrieben.
- **Nutzdatenlänge:** Dieses Feld legt die Länge der auf den Header folgenden Nutzdaten als Zahl in Bytes fest. Übersteigt die Länge 64 KB, ist dieses Feld 0 und ein optionaler Header enthält die aktuelle Angabe.
- **Next Header:** Diese Angabe definiert das in der Hierarchie des ISO/OSI-Referenzmodells nachfolgende höhere Protokoll oder wählt einen zulässigen Erweiterungsheader als Option aus. Für die einzelnen Extension-Header sind die zulässigen Werte in RFC 2460 definiert (Tabelle 7.1).

Tabelle 7.1 Werte des Next-Header-Feldes

Wert	Protokoll
0	Hop-by-Hop Options Header
1	ICMP
6	TCP
8	EGP (Exterior Gateway Protocol)
17	UDP
43	Routing Header
44	Fragment Header
51	Authentication Header (RFC 1826) und ESP Header (RFC 1827)
60	Destination Options Header
89	OSPF (Open Short Path First)
135	Mobility Header

Diese Architektur ist für die Entwicklung des Internets wesentlich, erlaubt sie doch, in Zukunft weitere Header für neue Anforderungen zu definieren, ohne das Konzept und die grundsätzliche Struktur verändern zu müssen.

- **Hop-Limit:** Die Zahl der Router, die auf dem Weg zum Ziel passiert werden dürfen, ist begrenzt. Jeder Router entlang dieser Strecke dekrementiert den Wert und verwirft das Paket, sobald der Wert Null erreicht wird. Dieses Feld ersetzt das in der alten Version enthaltene TTL-Feld.
- **Source-Adresse:** 128 Bit lange Adresse des Senders.
- **Destination-Adresse:** 128 Bit lange Adresse des Empfängers.

7.4.2 Headererweiterungen

IPv6 erlaubt die optionale Festlegung von speziellen Funktionen in separaten Headern, die direkt an den originären Header angehängt werden. Die Existenz eines optionalen Headers wird durch das Next-Header-Feld signalisiert und in Form einer Verkettungstechnik gehandhabt. Das Next-Header-Feld wählt aus der Reihe der möglichen optionalen Header einen bestimmten Header aus, der dem Hauptkopf folgen darf. Die Verkettung weiterer Optionen kommt durch einen Eintrag in das Next-Header-Feld dieser Option zustande. In der Spezifikation wird eine bestimmte Reihenfolge der Header festgelegt, obgleich die Empfänger von IPv6-Paketen diese nicht verifizieren. Damit kann ein IPv6-Paket aus:

- einem reinen IPv6-Header ohne Erweiterungen bestehen,
- einem IPv6-Header mit einer oder mehreren Erweiterungen zusammengesetzt sein.

Die in IPv4 üblichen Optionsheader werden in IPv6 durch flexible Erweiterungsheader ersetzt, die sich zwischen dem primären IPv6-Header und dem Transportheader des nachfolgenden Protokolls befinden. Ihr Einsatz ist an einen bestimmten Verwendungszweck gekoppelt.

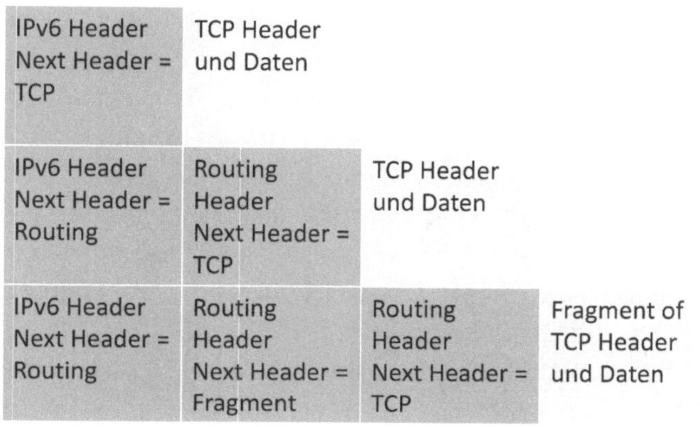

Bild 7.3 Verkettung der IPv6-Erweiterungsheader

Derzeit sind mehrere optionale Header definiert, die in einer bestimmten Reihenfolge auftreten und typischerweise nur einmal pro Paket vorkommen. Eine Ausnahme bildet lediglich der Destination-Header, der häufiger vertreten sein darf:

Tabelle 7.2 IPv6-Erweiterungsheader

IPv6 Header	40 Byte
Hop-by-Hop Options Header	variabel
Routing Header	variabel
Fragment Header	8 Byte
Authentification Header	variabel
Encapsulation Header	variabel
Destination Options Header	variabel
Upper Layer Header	20 Byte

- **Hop-by-Hop Options Header:** In diesem ersten Erweiterungsheader werden Informationen abgelegt, die von jedem Router entlang des Übertragungsweges geprüft werden müssen. Da dieser Header allen Knoten der Übertragungsstrecke bekannt ist, bietet es sich an, hier Managementinformationen oder Debugging-Befehle zu transportieren. Ein Beispiel können die Ressource Reservation-Nachrichten des RSVP-Protokolls sein.
- **Destination Options Header:** Für diesen Header existieren zwei Ausprägungen, abhängig von der Position im Paket. Die erste Form überträgt Information an das als erstes im IPv6-Adressfeld genannte Ziel. Die zweite Möglichkeit be-

steht darin, dem Endpunkt der Übertragung Informationen zu übermitteln. Aus Effizienzgründen befindet sich die erste Headerform direkt hinter dem IPv6-Header, die letzte aber am Ende der Headerkette.

- **Routing Header:** Dieser Header erlaubt dem Sender, eine Liste von IP-Adressen festzulegen, die auf dem Weg zum Ziel passiert werden müssen. Der Routing Header wird durch eine 43 im Next-Header-Wert angezeigt. RFC 6554 definiert im Erweiterungsheader ein 24-Bit-Feld, das anzeigt, wie ein Knoten das Paket zu verarbeiten hat. Jedes Bit wird als Prüfvorschrift für einen Knoten interpretiert, wobei Eins dafür steht, dass die nächste Station ein direkter Nachbar sein muss und Null die Nachbarschaftsbeziehung offen lässt. Wird dieser Headertyp für ein „Strict Forwarding" genutzt, passiert das Paket nur dort angegebene Knoten. Im „Loose Forwarding"-Fall können auch nicht verzeichnete Router angelaufen werden. Die Folge dieser Angabe ist, dass z. B. zwei Router B und C, die nicht benachbart sind, aber einen „Strict Forwarding"-Eintrag besitzen, nicht miteinander kommunizieren können. Router B verwirft die Pakete. Dieses Merkmal ist besonders unter dem Sicherheitsaspekt sinnvoll, wenn Pakete einen vorgegebenen Leitweg einhalten sollen.

Next Header	Header Extension Length	Routing Type	Segments Left
Spezifische Daten			

> Die bekannten Wege eines Rechners im Netz in Form der Routing-Tabelle lassen sich unter Windows mit dem Befehl *route -6 print* ausgeben.

- **Fragment Header:** IPv4 verfügt über die Möglichkeit, Pakete an jedem Punkt des Netzweges in kleinere Transporteinheiten in Abhängigkeit von den zulässigen Paketobergrenzen des Übertragungsprotokolls aufzuteilen. Dieses Merkmal wurde in IPv6 zugunsten einer Ende-zu-Ende-Fragmentierung aufgegeben. Eine Paketzerlegung findet daher nur noch im Anfangs- und Endknoten statt; auf dem Übertragungsweg selbst ist jede Anpassung der Paketgröße unzulässig. Um zu erkennen, welche Pakete logisch zusammengehören, besitzt der Header ein Identifikationsfeld und Sequenznummern. Diese Aufteilung entspricht derjenigen von TCP. Da eine automatische Größenanpassung auf dem Paketweg unmöglich ist, trägt der Sender nun die Verantwortung, ein Paket zu erzeugen, das den Anforderungen der Ende-zu-Ende-Verbindung entspricht. Besteht das Netzwerk z. B. in der Verbindung zweier Netze mit einer Paketgröße von 4500 Bytes über ein Ethernet-Segment mit 1500 Bytes, muss der Sender in der Lage sein, dies zu erkennen und die Maximum Transfer Unit auf 1500 Bytes begrenzen. Um die kleinste Paketgröße auf dem Weg zum Ziel zu ermitteln, bedient sich der Sender des MTU-Path-Discovery-Prozesses. Dazu sendet die Quelle zunächst ein Paket mit der größten zulässigen MTU seines

Interfaces. Übersteigt diese Angabe den Schwellwert eines Verbindungsteils, antwortet der entsprechende Knoten mit einer ICMP-Nachricht. Der Sender reduziert daraufhin die Paketgröße auf den erhaltenen Wert und startet einen erneuten Versuch. Erst wenn ihn keine ICMP-Nachricht mehr erreicht, kann er die Übertragung beginnen.

Next Header	Reserviert	Fragment Offset	Reserviert	M-Flag
Identifikation				

Dabei gibt der Fragment Offset die Lage der Daten relativ zum Anfang des Datenfeldes des Ursprungspaketes als Vielfaches von 8 Byte an. Das M-Flag kennzeichnet durch einen Wert von 1, dass weitere Fragmente folgen, durch einen Wert von 0, dass das letzte Fragment empfangen wurde. Die Identifikation wird für das erste fragmentierte Paket des Originals als 32 Bit-Zähler festgelegt und dient in den nachfolgenden Fragmenten zur eindeutigen Zuordnung der Pakete zum Original.

- **Authentification Header:** Dieser Header gibt Netzanwendungen die Gewissheit, dass das Paket von der vorgegebenen Quelle stammt. Mit der Verwendung dieses Headers erhalten die Stationen eine Möglichkeit, sichere Verbindungen aufzubauen.
- **Encapsulation Header:** IPv6 ermöglicht die Verschlüsselung des Transport-Headers des nachfolgenden Protokolls gemeinsam mit der Nutzlast oder die separate Verschlüsselung des vollständigen IP-Headers. Beide Verfahren setzen die Existenz dieses Headers voraus, da er Informationen zum Verschlüsselungsprozess beinhaltet. Wird die erste Variante gewählt, wird der Erweiterungsheader direkt zwischen die bisherigen Erweiterungsheader des IPv6-Paketes und vor die Nutzlast- bzw. den Transportheader platziert. In diesem Fall werden daher der Ursprungs- und die Erweiterungsheader nicht verschlüsselt (Transport-Modus). Wird die Verschlüsselung des gesamten IP-Paketes angestrebt, ist es notwendig, sowohl einen neuen IP- als auch einen angepassten Erweiterungsheader zu erzeugen und diese vor das Ausgangs-IP-Paket zu setzen (Tunnel-Modus). Der Paketinhalt ist dann nur noch für die Endpunkte der Kommunikation sichtbar. Diese Variante dürfte unter Sicherheitsgesichtspunkten besser sein, weil der verschlüsselte Header bei einer unzulässigen Verkehrsanalyse keine Rückschlüsse auf Sender und Empfänger zulässt. Sie hat allerdings den Nachteil, dass Verarbeitungsoverhead entsteht und die Geschwindigkeit deutlich sinkt.

Authentication- und Encapsulation-Header können in unterschiedlichen Kombinationen genutzt werden. In einigen Anwendungen kann ein Authentication-Header innerhalb eines voll- oder teilweise verschlüsselten Paketes übertragen werden, um ein zusätzliches Niveau an Datenintegrität zu garantieren, in anderen Szenarien kann der Authentification-Header vor dem Verschlüsselungsteil platziert sein. Dieser Ansatz ist vorzuziehen, wenn der Authentification-Prozess vor der Entschlüsselung stattfindet.

7.4.3 Adressformat

Der Vergleich des neuen mit dem alten IP-Header zeigt ein schlankeres Design. Obwohl Source- und Destination-Adresse viermal so lang geworden sind und damit den Adressbestand auf $3{,}4 \times 10^{38}$ pro Person der momentanen Weltbevölkerung ausdehnen, ist der neue Header mit fixen 40 Byte nur doppelt so groß wie der alte. Dies entspricht ca. $6{,}6 \times 10^{23}$ Adressen pro Quadratmeter Erdoberfläche. Die Vergabepraxis der alten IP-Adressen führte anfänglich dazu, dass große Institutionen wie das MIT oder AT & T eine Class A-Adresse erhielten. Damit verfügen sie über einen Adressbestand von nahezu 16 Millionen Adressen, weit mehr als die gesamte Volksrepublik China, die es auf gerade mal 9 Millionen Adressen bringt. Dies verdeutlicht das Problem der Adressverteilung und unterstreicht, warum die allgemeine Akzeptanz von IPv6 im asiatischen Raum besonders hoch ist.

Für die Wahl eines großen Adressraumes sprechen mehrere Gründe: Erstens steht damit ausreichend Platz für eine tiefe hierarchische Gliederung zur Verfügung, die für eine logische Netzstruktur genutzt werden kann, um das Routing zu vereinfachen, zweitens ermöglicht ein großes Adresspotenzial die Implementierung automatischer Konfigurationsprozeduren und letztlich bildet eine großzügige Adressstruktur ein Reservoir für die Zukunft. Pessimisten befürchten allerdings, dass selbst eine 16 Byte-Adresse nicht ausreichen könnte, wenn beispielsweise Energieversorger ihre Messgeräte für Strom und Heizung zur automatischen Erfassung mit einer IP-Adresse versehen.

IPv4 ist ursprünglich als klassenbasiertes Adressschema entworfen worden, das seine Adressen zwischen Netzwerk und Stationen aufteilt, aber keine Rücksicht auf eine hierarchische Anordnung nimmt, bei der eine einzelne Adresse mehrere nachgeordnete Rechner repräsentieren kann.

Während bei der Version 4 die byteweise Interpretation der Adressen üblich war, wird dieses Schema durch die wortweise Schreibweise abgelöst, bei der der Doppelpunkt die Funktion des einfachen Punktes als Trennzeichen übernimmt. Der Doppelpunkt trennt die einzelnen Wörter, jedes Wort umfasst 16 Bit dargestellt durch 4 hexadezimale Ziffern.

Beispiel

IPv4: 128.127.240.32

IPv6: FEDD:BC32:0000:0000:0000:0050:0743:DF36

IPv6: 2001:0638:0713::/48 (IPv6-Adressbereich der Hochschule Flensburg)

Die IPv4-Adressen besitzen ein festes Format. Demgegenüber können die neuen IPv6-Adressen abgekürzt werden. Da die längeren Adressen voraussichtlich viele Nullen beinhalten werden, schlägt die Spezifikation eine Kurzschreibweise vor:

- vorangestellte Nullen können ausgelassen werden,
- eine Hexadezimalzahlenfolge, die ausschließlich mit dem Wert 0 belegt ist, kann durch zwei Doppelpunkte ersetzt werden. Die Schreibweise mit den Doppelpunkten darf jedoch nur einmal innerhalb der Adresse verwendet werden, da sonst Mehrdeutigkeiten nicht auszuschließen wären.

Beispiel

FEDD:BC32:0000:0000:0000:0050:0743:DF36

oder in Kurzschreibweise

FEDD:BC32::50:743:DF36

0000:0000:0000:0000:0000:0000:128:127:240:32

oder in Kurzschreibweise

::128:127:240:32

Eine unspezifizierte Adresse wird als :: geschrieben, weil sie ausschließlich Nullen enthält.

Wie bei IPv4 ist der IPv6-Adressvorrat in Gruppen spezifischer Funktionalität unterteilt.

- **Globale Unicastadressen** bestehen aus einem 48-Bit globalen Routingpräfix und einer 16-Bit Subnetz-ID. Unternehmen oder Organisationen, denen eine derartige Adresse zugewiesen wird, können die Subnetz-ID dazu verwenden, ihr eigenes lokales hierarchisches Adressierungsschema aufzubauen. Die Länge von 16 Bit erlaubt die Bildung von 65 535 Subnetzen. Der Routingpräfix wird ebenfalls zur Hierarchisierung verwendet mit den drei Stufen: Registrierungsbehörde, Internet Service Provider und Teilnehmer.

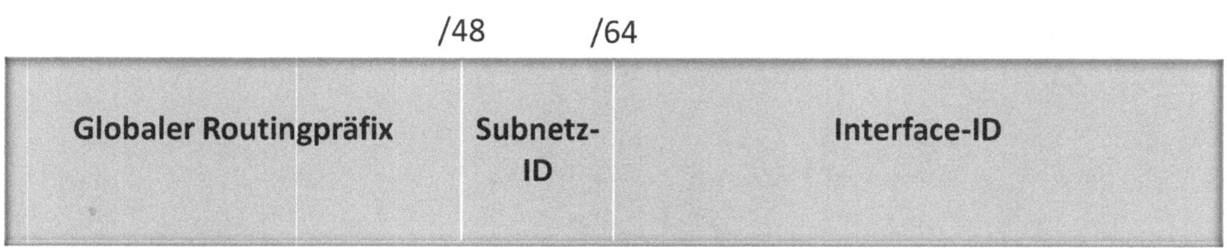

Bild 7.4 Globale Unicastadresse

Die gegenwärtig freigegebenen Adressen, die durch die IANA verwaltet werden, beginnen mit dem binären Block 001 bzw. 2000::/3 in hexadezimaler Form. Damit ist lediglich ein Achtel des gesamten verfügbaren Raums freigegeben. Die IANA vergibt dabei den Bereich 2001::/16 an die fünf Unterorganisationen: ARIN, RIPE (Europa), APNIC (Asien, Pazifik), LACNIC (Lateinamerika), AfriNIC (Afrika). Genaue Informationen sind unter dem Link: *https://www.iana.org/assignments/ipv6-address-space/ipv6-address-space.xhtml* einsehbar.

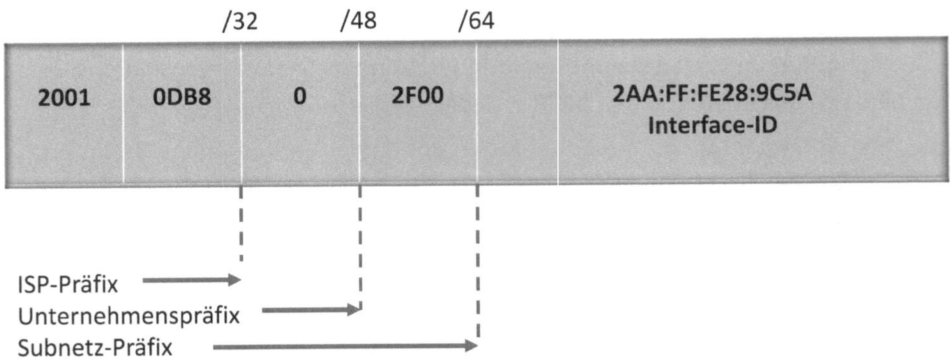

Bild 7.5 Hierarchische IPv6-Adressstruktur

Die früher verwendeten Begriffe TLA (Top-Level Aggregator), NLA (Next-Level Aggregator) und SLA (Subnet Local Aggregator) besitzen keine Bedeutung mehr. Sie wurden durch die neue Einteilung in Routingpräfix und Subnetz-ID gemäß RFC 3587 ersetzt.

Beispiel

Die Telekom besitzt den Präfix 2003:0::/19. Damit sind die ersten 19 Bit jeder IPv6-Adresse der Telekom gleich: 2003:0. Aus diesem Bereich wird die Telekom als Internet Provider in Zukunft den DSL-Kunden bei der Einwahl einen /56-Präfix zuweisen. Diese 56 Bit stehen für den Endkunden fest. Die folgenden 8 Bit sind dann jeweils zur eigenen Bildung von Substrukturen gedacht. Erst dann folgt der Interface Identifier mit einer Länge von 64 Bit.

- **Reservierte Adressen** sind vergleichbar denen in IPv4 und gegenwärtigen bzw. zukünftigen Forschungszwecken vorbehalten. Sie umfassen 1/256 des gesamten Adressraumes.
- **Private Adressen** erfüllen den gleichen Zweck wie unter IPv4. Sie werden nicht geroutet, beginnen mit FE oder FC in hexadezimaler Form, an die sich eine Ziffer zwischen 8 und F anschließt. Gemäß ihrer Reichweite werden sie in zwei Gruppen eingeteilt:
  - **Unique-Local-Adressen** bieten einen Adressbereich, der im Internet nicht weitergeleitet wird. Diese Adressen sind durch den Präfix FC00::/7 definiert. Ziel ist die interne Kommunikation in einem lokalen Netzwerk. De-

tails sind in RFC 4193 beschrieben. Das achte Bit des Präfixes gibt an, ob der weitere Präfix lokal erzeugt und vergeben wurde. Bisher ist keine weitere Vergabe definiert, so ergibt sich der lokal erzeugte Präfix zu FD00::/8. Nachfolgende Bits werden zufällig erzeugt. Weitere Teile des Präfix bestehen aus einer 40 Bit langen globalen ID (zufällig generiert) und einer 16 Bit Subnetz-ID. Zusammen mit der 64-Bit Interface-ID ergibt dies eine vollständige IPv6-Adresse.

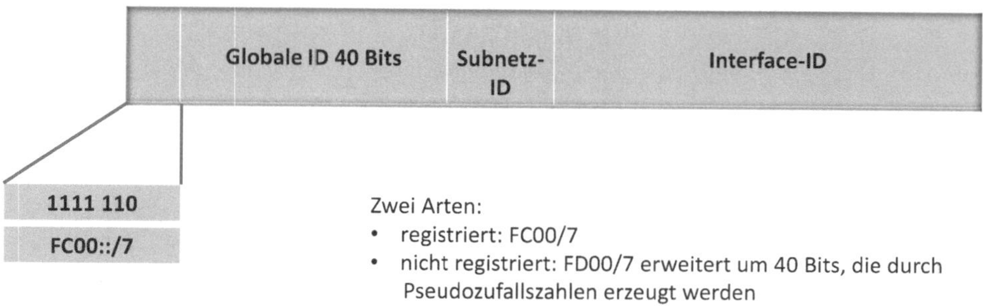

Bild 7.6 Unique-lokale Adresse

- **Link-local Adressen** bilden ein neues Konzept in IPv6. Ihr Gültigkeitsbereich bezieht sich auf ein physikalisches Segment. Außerhalb ihres Verwendungszweckes für die automatische Adresskonfiguration oder die Erkennung der Nachbarn werden sie nicht weitergeleitet, d. h. jedes Netzinterface benötigt für die automatische Adresskonfiguration und die Verwendung des Neighbor Discovery Protocols diese Adresse. Auch dieser Adresstyp beginnt mit FE, gefolgt von einem Zeichen zwischen 8 und B, sodass gültige Adressen mit FE8, FE9, FEA oder FEB starten.

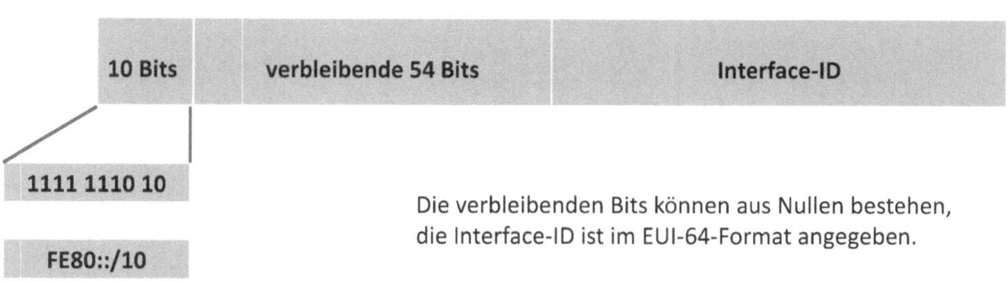

Bild 7.7 Link-lokale Adresse

- **Multicast-Adressen:** Im Unterschied zu IPv4 verzichtet IPv6 auf Broadcasts und verwendet an deren Stelle Multicasts als Aufruf für eine bestimmte Gruppe von Geräten. Der Präfix besteht aus der Folge FF und deckt den Bereich FF00-FFFF ab. Je nach Wert des 3. oder 4. Zeichens liegt die Reichweite der Multicasts zwischen site-local, link-local oder global. Diese Differenzierung erlaubt es, den Wirkungsbereich der Multicasts genau zu spezifizieren. Beispiele sind die Adressen FF02::1 und FF02::2. Die erste Adresse ist die All-Nodes-Adresse, die alle Knoten in einem lokalen Netzwerksegment anspricht und somit den Broadcast aus IPv4 ersetzt, die zweite Adresse steht für All Routers. Pakete mit dieser Zieladresse werden von allen Routern verarbeitet.

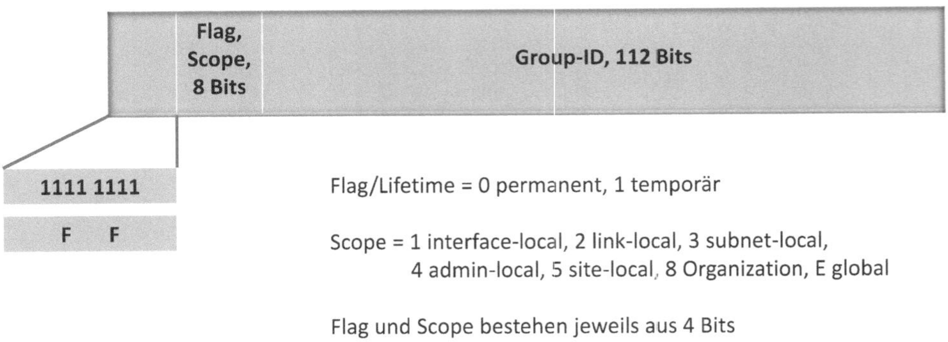

Bild 7.8 Multicastadresse

- **Solicited Node Multicast-Adressen:** Dieser Adresstyp wird zur Entdeckung von Nachbarn durch das Neighbor Discovery Protokoll verwendet. Die unteren 24 Bits dieser speziellen Adresse entsprechen der IPv6 Unicast- oder Anycast-Adresse. Die Adresse besitzt nur link-lokale Signifikanz.

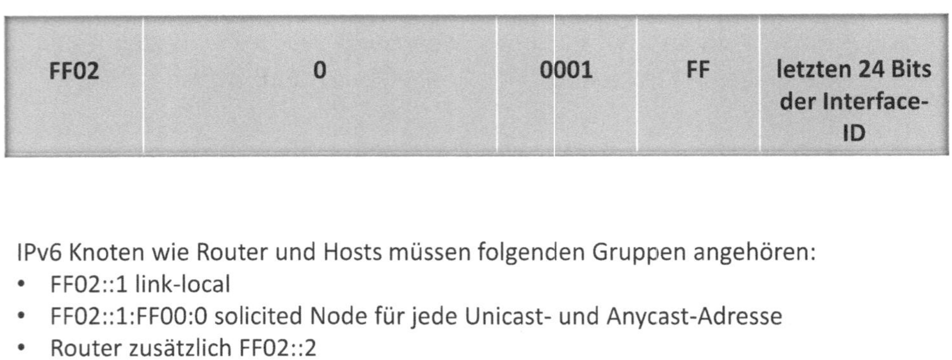

Bild 7.9 Solicited Node-Multicastadresse

- **Loopback-Adressen** senden Daten für Testzwecke an die sendende Adresse zurück. IPv6 kennt lediglich eine Loopback-Adresse und reserviert keinen ganzen Block. Die Adresse lautet 0:0:0:0:0:0:0:1 oder abgekürzt ::1.

- **Unspezifizierte Adressen** bestehen aus eine Folge von Nullen. Diese spezielle Adresse wird als Quelladresse von Stationen genutzt, die ihre IP-Adresse suchen. Ihre abgekürzte Schreibweise ist ::.

> Damit besitzt ein Rechner bei seiner Konfiguration drei Unicast-IPv6-Adressen: Loopback, Link-local- und Uni- bzw. Anycast-Adresse. Dazu kommen noch die zwei Multicast-Adressen: All-Nodes multicast und Solicited-Node multicast, sodass insgesamt fünf Adressen vorkonfiguriert sind.
>
> Windows-Betriebssysteme erzeugen den zweiten Teil der link-lokalen Adresse – den Interface Identifier – automatisch durch eine Zufallszahl. Besitzt ein Rechner mehr als eine IPv6-Netzwerkkarte wird an das Ende der link-lokalen Adresse ein Prozentzeichen und eine Zahl angehängt.

Tabelle 7.3 IPv6-Adresstypen

Adresstyp	Binäre Darstellung	Hexadezimale Darstellung
globale Unicast	0010 0000 0000 0001	2001::/16
link-local Unicast	1111 1110 1100	FEC::/10
unique-local Unicast	1111 1101	FD::/8
Multicast	1111 1111 0000 0000	FF00::/16

7.4.4 IPv6-Adressmanagement

Als weitere Neuerung kann IPv6 die Konfiguration von IP-Adressen in Netzen automatisch/dynamisch oder manuell/statisch ausführen. Unter automatisch ist zu verstehen, dass ein Rechner die Informationen ohne manuellen Eingriff ermitteln kann, manuell bedeutet eine Konfiguration über Befehle. Beide Arten unterscheiden wiederum zwei Unterarten der Adresszuweisung:

Die statische Variante kennt:

- die **manuelle Interface-ID**, die eine direkte Zuweisung der Werte zum Routingpräfix und zur Interface-ID über Betriebssystembefehle vornimmt.
- die **EUI-64 Interface-ID**, die den Routingpräfix zuweist, für die Interface-ID aber die MAC-Adresse nutzt. Die Erweiterung der 48 Bit Layer-2-Adresse auf die 64 Bit der Interface-ID geschieht dabei in der Form, dass die MAC-Adresse nach 24 Bit aufgetrennt, durch die Folge FF:FE ergänzt und das 7. Bit des 1. Bytes „gekippt“ wird.

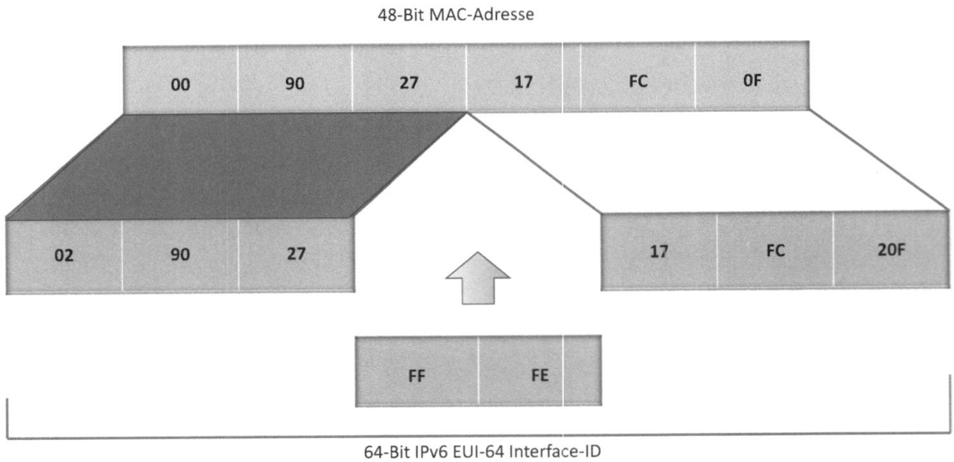

Bild 7.10 Bildung einer EUI-64-Adresse

Dynamische Formen der Adresszuweisung sind:

- Stateless Autoconfiguration und
- DHCPv6.

Die komfortabelste Form ist der Autokonfigurationsvorgang über das Neighbor Discovery Protocol (ND). Dieser Vorgang wird als **Stateless Autoconfiguration** bezeichnet. ND besteht aus einer Menge ergänzender ICMP-Nachrichten, die es IPv6-Knoten erlauben, Layer-2-Adressen zu entdecken und Netzwerkparameter und Erreichbarkeitsinformationen zu verteilen. Im weitesten Sinne stellt das neue Protokoll einen Ersatz für ARP und ICMP dar.

> In IPv6 gibt es das ARP-Protokoll nicht mehr: Seine Funktion wird vom ICMPv6 Neighbor Discovery (RFC 2461) übernommen.

In einem typischen Szenario wird der Autokonfigurationsprozess durch eine Endstation ausgelöst, die temporär eine link-lokale Adresse nutzt. Sobald diese Adresse als Kombination aus einem generischen lokalen Präfix und der MAC-Adresse gebildet ist, sendet die Station ND-Nachrichten, um sicherzustellen, dass die neue Adresse eindeutig ist. Antwortet keine Station mit einer ICMP-Nachricht, ist das Ziel erreicht, ansonsten muss eine neue Adresse gebildet werden. Die neue link-lokale Adresse wird zukünftig als Quelladresse verwendet. Im Ablauf wird mit ihr im nächsten Schritt unter Ausnutzung des Multicast-Mechanismus ein Solicitation Request an den IPv6-Router verschickt. Anders als im ARP-Broadcast-Fall verarbeiten nicht alle Knoten diese Nachricht. Router antworten auf die Multicast-Message mit einem Unicast Router-Advertisement, das Präfix-Informationen der angeschlossenen Netze enthält. Diese Informationen werden allerdings auch ohne vorherigen Erhalt einer Solicitation Request Nachricht in regelmäßigen Abständen gesendet. Die Auswertung der Rückantwort ermöglicht der Station festzustellen, ob sie die Stateless- oder Stateful-Konfigurationsmethode verwendet.

Die zweite Variante des Stateful-Falls nutzt die dynamische Zuweisung in Form des **DHCPv6-Protokolls**. Hier wird analog zu IPv4 aus einem Adresspool einer Station für eine bestimmte Zeitspanne eine Adresse zugeteilt. Aufgrund der Wiederverwendbarkeit ergibt sich eine effiziente Nutzung des Adressbestandes.

> Im Gegensatz zu IPv4, das nur eine Adresse pro Netzkarte zulässt, akzeptiert IPv6 mehrere Adressen unterschiedlicher Art (Unicast, Anycast, Multicast) pro Netzwerkkarte. Jedes IPv6-Interface muss jedoch mindestens eine Loopback- und eine link-lokale Adresse besitzen. ■

Um den zunehmenden Anforderungen aus dem Bereich des Mobile Computing gerecht zu werden, existieren bereits **Erweiterungsvorschläge wie Mobile IPv6.** Hierbei werden IPv6-Stationen trotz räumlicher Bewegung mit einer festen IP-Adresse ausgestattet. Dazu muss lediglich der lokale Router angewiesen werden, jeglichen Verkehr zur betreffenden Station temporär an eine Zwischenadresse zu lenken. Die Zwischenadresse wird automatisch aus der MAC-Adresse der mobilen Station und dem Präfix des Transitnetzes gebildet. Dieses Konzept reduziert auch die Probleme der Namensauflösung, wenn lokale Rechner nicht an ihrem festen Platz vorgefunden werden.

> **Anwendungsbeispiel Mobile IPv6**
>
> Im Flughafen ist ein Nutzer mit dem öffentlichen WLAN verbunden. Verlässt er das Gebäude, möchte er in ein anderes Netz wechseln und über UMTS/LTE mit dem Netz verbunden bleiben, ohne die Verbindung neu aufbauen zu müssen. ■

7.4.5 Begleitprotokolle

Mit ICMPv6 können Hosts und Router Fehler melden und einfache Nachrichten versenden. ICMPv6 gibt den Rahmen für zwei neue Protokolle vor:

- **MLD (Multicast Listener Discovery):** Hierbei handelt es sich um drei ICMPv6-Nachrichten, die IGMP Version 2 (Internet Group Management Protokoll) des IPv4 ersetzen. Verwaltet wird die Multicast-Mitgliedschaft in Subnetzen.
- **ND (Neighbor Discovery):** Das Protokoll stellt eine Folge von fünf ICMPv6-Nachrichten bereit, die die Kommunikation der Knoten untereinander verwaltet. ND ersetzt ARP, die ICMPv4-Routersuche und das ICMPv4-Redirect. Darüber hinaus stellt es weitere Funktionen bereit.

ICMPv6-Nachrichten werden in der Regel automatisch gesendet, wenn ein IPv6-Paket das gewünschte Ziel nicht erreicht. Sie werden in IPv6-Pakete als Nutzlast gekapselt.

Die verschiedenen Arten von ICMPv6-Nachrichten werden im ICMPv6-Header gekennzeichnet. Eine Nachricht besteht aus folgenden Feldern:

- Type - identifiziert die Nachricht oder Aktion,
- Code - ist ein type-spezifischer Subidentifier, z.B. Destination Unreachable, Paket too big,
- Checksum - über die gesamte ICMPv6-Nachricht berechnet,
- Next Headervalue - beträgt 58.

Das Neighbor-Discovery-Protokoll (NDP) dient - wie der Name nahelegt - der Interaktion benachbarter Knoten. Unter Nachbarn sind Router und Hosts des gleichen Links/Segmentes zu verstehen. NDP ersetzt ARP, die ICMP-Routersuche (Selection, Typ=10) und die ICMP-Umleitung (Redirect, Typ=5). Es wird in RFC 4861 beschrieben und umfasst fünf Nachrichten:

1. Router-Solicitation (ICMPv6 type 133): Nach ihrer Aktivierung können Schnittstellen diesen Nachrichtentyp versenden. Er fordert Router dazu auf, Router-Advertisements sofort und nicht erst zu einem späteren Zeitpunkt zu erzeugen.
2. Router-Advertisement (ICMPv6 type 134): Router geben ihre Existenz und verschiedene Verbindungs- und Konfigurationsparameter durch diese Nachricht bekannt. Sie senden Advertisements entweder regelmäßig oder als Antwort auf eine Router-Solicitation-Nachricht. Ihr Inhalt betrifft Präfixe zur Adresskonfiguration, die MTU, Hop-Limits etc.
3. Neighbor solicitation (ICMPv6 type 135): Dieser Nachrichtentyp wird genutzt, um die Layer-2-Adresse eines Nachbarknotens in Erfahrung zu bringen. Er wird auch zur Erkennung doppelter Adressen verwendet.
4. Neighbor advertisement (ICMPv6 type 136): Diese Nachricht ist eine Reaktion auf eine Neighbor solicitation. Der Knoten kann diese Nachricht auch unaufgefordert senden, um eine Änderung der Layer-2-Adresse bekannt zu geben.
5. Redirect (ICMPV6 type 137): Hierdurch wird ein Host über einen „besseren“ ersten Hop zu einem Ziel informiert oder darüber, dass sich das Ziel auf dem gleichen Link befindet. Die Nachricht enthält die link-lokale Adresse des neuen ersten Hops. Eine separate Adressauflösung ist nach Erhalt einer Umleitung (Redirect) nicht mehr erforderlich.

Die Funktion der ersten vier Nachrichten fasst die nachfolgende Tabelle zusammen.

Tabelle 7.4 Solicitation- & Advertisement-Nachrichten

Funktion	Nachricht	Beschreibung
Routersuche	Router-Solicitation & advertisement	Ermittlung der link-lokalen Adresse des Routers
Adressgenerierung	Router-Solicitation & advertisement	Ermittlung von Präfix und Präfixlänge des lokalen Links
Adressauflösung	Neighbor solicitation & advertisement	Layer-2-Adresse des Nachbarn
Prüfung auf doppelte Adressen	Neighbor solicitation & advertisement	Prüfung, ob die Unicast-Adresse bereits genutzt wird

NDP ist mit seinen Nachrichten für folgende Funktionen verantwortlich:

- Routing: Lernen der vorhandenen Router, Präfixe und Routingparameter
  - Router-Ermittlung: Router teilen mit der Router-Advertisement-Nachricht in kontinuierlichen Abständen ihre Anwesenheit im Netzwerksegment mit. Ziel dieser Nachrichten ist die Multicast-Adresse All-Nodes (FF02::1). Knoten, die diese Nachricht erhalten, lernen somit die verfügbaren Router. Die zeitlichen Abstände sind nahezu periodisch mit einem zufälligen Versatz, um Synchronisationen zu vermeiden. Im Standard wird ein Intervall von 300 Sekunden empfohlen. Tritt ein Knoten einem Netzwerk bei und benötigt er Informationen über verfügbare Router, kann er diese direkt mit der Router-Solicitation-Nachricht anfragen. Damit muss der Knoten nicht auf das nächste Advertisement warten.
  - Präfixermittlung: Eine Option im Router-Advertisement kann der Netzwerkpräfix sein. Ein Knoten kann den Präfix nutzen, um eine globale IPv6 Adresse zu generieren.
  - Parameterermittlung: Weitere Optionen im Router-Advertisement können die Source-Link-Layer-Adresse des Routers und die MTU sein.
- Neighbordiscovery: Adressauflösung, Erreichbarkeitserkennung und Adresskonfiguration
  - Adressauflösung: Zur Kommunikation benötigt ein Knoten neben der Layer-3-Adresse auch die Layer-2-Adresse. Um diese zu erhalten, schickt der Knoten eine Neighbor-Solicitation-Nachricht an die entsprechende Solicited-Node-Multicast-Adresse. Der Knoten mit der entsprechenden Layer-3-Adresse antwortet hierauf und teilt dem Sender seine Layer-2-Adresse mit. Diese Zuordnung wird im Neighbor Cache gespeichert, um erneute Adressauflösungen zu vermeiden. Diese Funktion ersetzt ARP bei IPv4.
  - Erkennung der Nichterreichbarkeit von Nachbarn: Das Wissen über die Erreichbarkeit von Nachbarknoten verwaltet der Neighbor Cache. Ist für eine gewisse Zeitspanne keine erfolgreiche Kommunikation mit einem Nach-

barknoten möglich, wird bei dem nächsten Versuch nach kurzer Zeitverzögerung eine erneute Adressauflösung ausgelöst. Ist diese Adressauflösung nicht erfolgreich, wird der Eintrag für den Nachbarknoten aus dem Cache entfernt.

  - Ermittlung des nächsten Knoten: Anhand der Routing-Tabelle und der Präfixe wird der nächste Knoten auf den Weg zum Ziel ermittelt und festgestellt, ob sich dieser im selben oder einem anderen Netzwerksegment befindet. Befindet er sich im selben Segment, wird die Layer-2-Adresse des Ziels benötigt. Ansonsten muss die Nachricht an einen Router zur Weiterleitung gesendet werden, hierzu wird die Layer-2-Adresse des Routers benötigt.
  - Adresskonfiguration und Erkennung doppelter Adressen: Das Verfahren zur Adressauflösung wird auch zur Erkennung von doppelten Adressen verwendet. Bei der automatischen Adresskonfiguration generiert sich ein Knoten eigenständig eine Adresse und überprüft, ob diese bereits vergeben ist. Dazu schickt er eine Neighbor-Solicitation-Nachricht. Erhält der Knoten keine Antwort, ist die Adresse nicht vergeben und kann verwendet werden.
- Umleitung: Die Nachricht Redirect wird von Routern genutzt, um den Sender über einen besseren Router im lokalen Netzwerksegment zu informieren.

MLD wird zum Austausch von Statusinformationen zwischen IPv6-Routern und Mitgliedern der Multicast-Gruppe verwendet. Der Status der Mitgliedschaft wird periodisch von den Multicast-Routern abgefragt. MLD ist in RFC 2710 definiert und kennt drei Nachrichtentypen:

- **MLD-Abfrage:** ein Multicast-Router erfragt Gruppenmitgliedschaften in einem Netzabschnitt.
- **MLD-Bericht:** eine Nachricht, die von einem Host bei einem Gruppenbeitritt oder als Antwort auf eine MLD-Abfrage gesendet wird.
- **MLD-Beendigung:** eine Nachricht, die der Host beim Verlassen der Gruppe sendet, wenn er das letzte Mitglied des Netzsegmentes ist.

7.5 Migrationswege

Einen zentralen Diskussionspunkt um die Nachfolge des alten IP-Protokolls bilden die Konzepte für einen Übergang. Dabei sollen ein reibungsloser Wechsel und ein problemloses Zusammenarbeiten bei einem evolutionären Übergang von Hosts und Routern auf IPv6 ebenso möglich sein wie der Big-Bang, d.h. der Wechsel in einem Schritt. Um möglichst flexible Migrationspfade beschreiten zu können, beschreibt der RFC 1933 „Transition Mechanisms for IPv6-Hosts and Routers" die technischen Randbedingungen der Migration:

- IPv6-Encapsulation over IPv4, d. h. IPv6-Datagramme werden durch die IPv4-Topologie gekapselt. Diese Technik wird auch als Tunneling bezeichnet.
- Eine Dual-IP-Layer-Strategie für Rechner und Router, die zwischen beiden Protokollversionen vermitteln muss.

Der allgemeine Ratschlag lautet: „Verwendung des Dual-Stacks wo möglich, Tunneling nur wo keine andere Möglichkeit existiert".

7.5.1 Tunneling

Diese Technik kapselt IPv6-Verkehr in IPv4-Pakete und überträgt sie über ein IPv4-Kernnetz. Damit wird lediglich IPv6-Funktionalität an den Rändern des Netzes verlangt, erfordert aber zum Verpacken des IPv6-Datagramms in einen IPv4-Header mehrere Funktionen:

- Bei Bedarf muss das Paket fragmentiert werden können.
- Beim Auspacken eines IPv6-Paketes aus einem IPv4-Frame wird der IPv6-Header nicht modifiziert. Leitet der Rechner das entpackte IPv6-Paket weiter, so ist das Hop-Limit zu dekrementieren.
- Die sendende Station oder der Router ist derart konfiguriert, dass der Weg sowohl einen nächsten Knoten kennt als auch das Tunnelende, das immer eine IPv4-kompatible Adresse sein muss, weil der Knoten aus beiden Teilnetzen erreicht werden kann.

Um die administrativen Begleiterscheinungen zu mildern, existieren zwei Typen des Tunneling-Verfahrens: automatisch/dynamisches 6to4-Tunneling und konfiguriert/manuelles IPv6-over-IPv4- Tunneling.

- Um konfigurierte Tunnel einzurichten, muss an den Endpunkten jeweils eine IPv6-zu-IPv4-Abbildung vorgenommen werden. Jenseits der Einstiegspunkte zum Tunnel werden die Pakete mit IPv4-Adressen transportiert.
- Die automatische Tunnelvariante nutzt IPv4-kompatible Adressen zur Übertragung auf IPv4-Verbindungen zwischen IPv6-Inseln. Dabei wird an den Tunnelendpunkten jeweils der IPv4-Header entfernt und durch einen IPv6-Header mit einer entsprechenden Adresse ersetzt. Dieses Konzept läuft zwar automatisch ohne manuellen Eingriff, hat aber den Nachteil, dass der Nutzen des größeren Adressraumes nicht zum Tragen kommt.
- Neben den beiden Standardverfahren gibt es eine Methode, die einem isolierten Dual-Stack-Host die Kommunikation mit einem anderen IPv6-Host ermöglicht. Dieses Konzept ist als Teredo-Tunneling bekannt.

7.5.2 Dual-IP-Stack

Damit ein IPv6-Knoten mit der restlichen Netzinfrastruktur kommunizieren kann, besitzt er zusätzlich den kompletten IPv4-Protokollstack. Dieses Konzept ist sinnvoll für Anwendungen, die sowohl IPv4 als auch IPv6-Devices nutzen. Bei diesem Vorschlag sind folgende Funktionen zu beachten:

- **Adressierung:** Da dieser Typ beide Protokollvarianten beherrscht, sind auch beide Adressversionen zu konfigurieren. Eine direkte Beziehung zwischen beiden ist nicht zwingend erforderlich.
- **IPv4-Loopback-Adresse:** Die Netzadresse 127.0.0.1 wird bei IPv4-Rechnern als Loopback-Funktion verwendet, d. h. ein Datenpaket mit dieser Adresse wird an den Sender zurückgeschickt. Alle IPv4/IPv6-Implementierungen behandeln diese Adresse deshalb auch als IPv6-Loopback-Funktion.
- **Domain Name Service:** Die aktuellen Server müssen Namen in IPv6-Adressen von 128 Bit Größe auflösen. Dazu bedarf es einer Anpassung des DNS-Protokolls (RFC 1886: DNS Extensions to Support IP Version 6). Diese Spezifikation führt einen neuen Resource-Record-Typ „AAAA“ (Quad A) ein, der Domänennamen auf IPv6-Adressen abbildet. Netzanwendungen, die direkt IP-Interfaces verwenden, müssen auf das neue Adressschema vorbereitet werden. So kann eine Applikation nicht mehr auf DNS zugreifen, wenn sie nicht in der Lage ist, 128 Bit Records für eine Adresse zu verarbeiten.
- **Routing:** Router, die beide Protokolle parallel verwenden, können in der gleichen Art und Weise verwaltet werden, wie Router mit nur einem IP-Dialekt. Sollte der Wunsch bestehen, beide Infrastrukturen auf dem gleichen physikalischen Device getrennt zu verwalten, so kann dies wie in einer Multiprotokoll-Umgebung geschehen. Oft dürfte es sich als vorteilhaft erweisen, zumindest gleiche Domänengrenzen, Areas und Subnetzbereiche beizubehalten. Andererseits stellt eine unabhängige IPv6-Architektur die Chance dar, einen neuen hierarchischen Adressplan aufzustellen.

Tabelle 7.5 Migrationsstrategien

Strategie	Beschreibung
Tunnel 6to4	Tunnelendpunkte werden automatisch erkannt; sendet IPv6 über ein IPv4 Netzwerk zwischen Routern
Tunnel manuell	Manuelle Konfiguration und Sendung von IPv6 über ein IPv4-Netzwerk
Tunnel Teredo	Üblicherweise zwischen Hosts eingesetzt; Erstellung von IPv6-Paketen und deren Kapselung und Transport über IPv4-Netzwerke
Dual-Stack	Unterstützt beide Protokolle und ermöglicht eine IPv4 zu IPv4- und eine IPv6 zu IPv6-Kommunikation

7.6 Mobile IPv6

Mobile IP ähnelt im Ablauf folgendem Beispiel: Briefe landen zunächst im heimatlichen Briefkasten - dem Heimatnetz, für dessen Leerung der Nachbar - der Home-Agent - zuständig ist. Dieser korrigiert die Adresse durch die Urlaubsanschrift und schickt den Brief erneut los. Die Post stellt die Sendung dann am Urlaubsort - Fremdnetz - zu. Um dieses Szenario abzubilden, sind Erweiterungen des ursprünglichen IP notwendig. Sie werden in RFC 6275 von 2011 im Detail beschrieben.

Mobile IP erlaubt einer IP-Station ihr „Heimat-Subnetz" zu verlassen, ohne den Kontakt zum Internet zu verlieren. Während der Abwesenheit vom Ursprungsort sendet die Station Informationen von ihrem aktuellen Ort an einen „Home-Agenten" auf dem „Home-Link". Der „Home-Agent" fängt alle Nachrichten an den Knoten ab und leitet sie an die gegenwärtige Position weiter. Diese Umleitung basiert auf sogenannten Care-of-Adressen, die aus dem Erhalt von Router-Advertisements oder der Zuweisung von DHCP-Servern stammen. Diese Adressen nehmen die Rolle eines temporären Empfängers ein. Die Station bleibt weiterhin durch die „Home-Adresse" bekannt, unabhängig vom Standort. Nachrichten an das mobile Endgerät werden also an den temporären Aufenthaltsort auf der Grundlage der Care-of-Adresse weitergeleitet.

7.6.1 Kommunikationsablauf

Der geänderte Kommunikationsablauf unter Mobile IP zwischen einem mobilen Knoten A und einem stationären Rechner X lässt sich in mehrere Phasen gliedern:

1. Station X sendet ein an den mobilen Knoten A gerichtetes IP-Paket an die Heimatadresse von A.
2. Auf dem Heimatnetz wird das einlaufende Paket vom Home-Agent abgefangen und in ein neues IP-Paket eingepackt, das nun als Empfängeradresse die Care-of-Adresse des Foreign-Agents trägt.
3. Der Foreign-Agent als Registrierungspunkt des mobilen Knotens am neuen Netz entfernt den äußeren Header, erhält somit das Originalpaket und stellt es A über sein Netzwerk zu.
4. Im umgekehrten Fall stellt sich der Ablauf unverändert dar. A überträgt IP-Pakete an X und nutzt dazu wie bisher die fixe IP-Adresse von X.

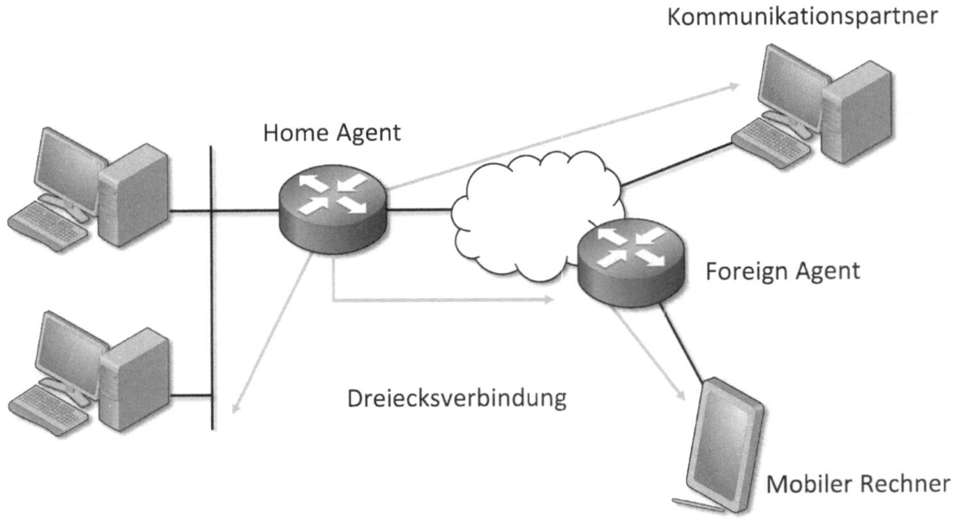

Bild 7.11 Kommunikationsablauf von Mobile IPv6 (Quelle: Cisco Systems)

Mobile IP existiert auch für IPv4. IPv6 implementiert jedoch einige Vorteile, die den Einsatz von Mobile IP vereinfachen und die Effizienz deutlich verbessern. Ein Vorteil ist der Verzicht auf spezielle Foreign-Agents und eine Routing-Optimierung. Funktionen des Foreign-Agents können durch das ND-Protokoll auf Grundlage der Router-Advertisements umgesetzt und durch eine Optimierung des Routings kann die in Bild 7.11 gezeigte Dreiecksverbindung vermieden werden.

7.6.2 Technischer Hintergrund

IP leitet Pakete von einer Quelle zum Ziel über mehrere Zwischenknoten. Diese Knoten in Form von Routern empfangen die Pakete und entscheiden anhand ihrer Routing-Tabelle, auf welches Interface und damit an welches Netzwerk sie das Paket in Richtung Ziel weiterreichen. Ein mobiler Knoten, der ständig seine Position verändert, muss folglich seine IP-Adresse unverändert lassen. Da die IP-Adresse sich aber gerade dem Netz anpassen muss, dessen Teilnehmer der mobile Knoten ist, entsteht ein Problem. Mobile IP löst diesen Widerspruch durch die Vergabe von zwei IP-Adresse: der „Home-Adresse" und der „Care-of-Adresse".

Während die **Home-Adresse** statisch ist, passt sich die **Care-of-Adresse** jeder neuen Örtlichkeit an. Jede räumliche Veränderung wird durch die Registrierung der neuen Care-of-Adresse beim Heimatrechner bekannt. Um das Paket vom Heimatnetz zum mobilen Knoten zu übertragen, transportiert der Home-Agent es zur Care-of-Adresse. Dazu muss die Zieladresse des Paketes entsprechend angepasst werden. Dieser Umleitungsprozess vom Heimatnetz auf die Care-of-Adresse geschieht durch die Konstruktion eines neuen IP-Headers, der die Care-of-Adresse des mobilen Knotens als IP-Zieladresse enthält. Der neue Header umschließt das bisherige IP-Paket, sodass die Heimatadresse des mobilen Knotens darin verschwindet und keine Auswirkungen auf das Routing hat.

Was passiert, wenn ein mobiler Knoten ein Fremdnetz betritt? Bewegt sich der Benutzer, muss das Gerät die ständige Veränderung in Relation zu seinem bisherigen Netz erkennen. Da ein Übergang von einem Heimatnetz in ein Foreign-Netz jederzeit erfolgen kann, ist die Discovery-Routine für einen mobilen Knoten ein stetiger Prozess. Zur Umsetzung wurde ICMP erweitert. Router schicken Agent Advertisements an denen mobile Knoten erkennen können, ob sie sich in ihrem Heimatnetz oder in einem Fremdnetz befinden. Erkennen diese Knoten, dass sie sich in einem Fremdnetz befinden, registrieren sie sich beim Foreign-Agent und erhalten eine Care-of-Adresse. Diese Adressen teilen sie ihrem Home-Agent mit, sodass dieser Pakete an die neue Adresse weiterleitet.

Dieses Verfahren vereinfacht sich, da IPv6 Advertisements bereits durch das ND-Protokoll verwendet werden; bei IPv4 sind Router-Advertisements selten umgesetzt. Anhand von zwei Angaben kann der mobile Knoten nun entscheiden, ob sich seine Position verändert hat:

1. **Lifetime-Feld:** Sobald ein mobiler Knoten von einem Foreign-Agent ein Router-Advertisement erhält, wertet er die Zeitangabe aus. Läuft die Zeitschranke ab, bevor ein neues Advertisement eintrifft, nimmt der mobile Knoten an, dass er den Kontakt zum Foreign-Agent verloren hat.
2. **Verwendung des Netzwerkpräfixes:** Anhand des im Router-Advertisement befindlichen Netzwerkpräfixes lässt sich ausmachen, ob sich die Station noch im selben Subnetz befindet. Wenn nicht, versucht der mobile Knoten sich bei einem anderen Agenten zu registrieren, dessen Advertisement er empfängt.

Ein Advertisement führt also dazu, dass der mobile Knoten Eigenschaften der Foreign-Agents erfährt. Er erkennt, ob der Agent ein Home-Agent oder ein Foreign-Agent ist, und welche Netzwerknummer und welchen Verbindungsstatus seine Internetanbindung besitzt.

Sobald der mobile Rechner Kontakt zum Fremdnetz herstellen möchte, benötigt er eine IP-Adresse. Diese kann er per DHCP beziehen, was als zustandsbehaftete Autokonfiguration bezeichnet wird. Alternativ kann er bei Verwendung von IPv6 eine lokale IP-Adresse über die zustandslose Autokonfiguration (RFC 4862) ermitteln.

Auch für den Fall, dass eine mobile Station die IP-Adresse ihres Home-Agenten verliert, ist Vorsorge getroffen worden. Sie sendet dann Binding Updates an die Anycast-Adressen der Home-Agenten mit ihrem eigenen Home-Subnetz-Präfix und erreicht auf diese Weise einen der Router auf dem Home-Link.

Ein Home-Agent benötigt die Information, dass er Pakete für einen mobilen Knoten entgegennehmen und an die Care-of-Adresse schicken soll. Dieser Registrierungsprozess verläuft in vier Schritten:

1. Der Prozess beginnt damit, dass der mobile Knoten eine Registrierungsanforderung an den Foreign-Agent mit der Care-of-Adresse versendet.
2. Der Foreign-Agent oder der mobile Knoten leitet diese Anfrage an den Home-Agenten weiter.
3. Sobald der Home-Agent diese Nachricht erhält, fügt er die Information seiner Routing-Tabelle hinzu und antwortet mit einer Bestätigung. Mit der Entgegennahme der Anforderung verbindet der Home-Agent die Home-Adresse des mobilen Knotens mit der Care-of-Adresse und weist dieser Assoziierung einen Timer zu. Das Tripel aus Home-Adresse, Care-of-Adresse und Registrierungstimer wird als Binding bezeichnet. Um das Ablaufen der Gültigkeit von Binding-Einträgen zu verhindern, können Knoten Binding Requests zur Aktualisierung des Eintrages an den mobilen Knoten versenden. Dadurch werden wiederum Binding-Updates ausgelöst.
4. Mit der Entgegennahme der Antwort ist die Verbindung hergestellt.

Der Registrierungsprozess nutzt zwei Nachrichtentypen: die Registrierungsanfrage und die Registrierungsantwort. Beide Nachrichten enthalten Angaben zur Lifetime, zur Home-IP-Adresse des mobilen Knotens, seinem Home-Agenten, eine Identifikationsnummer und eine Typbezeichnung. Der Ablauf des Registrierungsprozesses verdeutlicht aber auch die Notwendigkeit der Authentifizierung. Der Home-Agent muss sicher sein, das der mobile Knoten die Registrierung ausgelöst hat. Ein potenzieller Angreifer könnte den Home-Agenten veranlassen, seine Routing-Tabellen mit Fehleinträgen falscher Care-of-Adressen zu versehen. Mobile IP versucht, diese Art von Angriff abzuwehren und darüber hinaus ein Replay alter Registrierungsnachrichten zu erkennen. Dazu enthält jede Registrierungsnachricht eine Authentifikationserweiterung. Jeder mobile Knoten muss in der Lage sein, mit der Hashfunktion Message Digest 5 (MD5) und einem 128 Bit-Schlüssel eine eindeutige digitale Signatur der Registrierungsanforderung zu erzeugen. Diese wird als MD5 „One Way Hash"-Algorithmus über den Header der Registrierungsnachricht und eventuelle Erweiterungen berechnet. Um die Eindeutigkeit sicherzustellen, muss jede Anfrage unverwechselbare Daten enthalten. Mobile IP benutzt dazu ein spezielles Identifikationsfeld der Registrierungsnachricht. Dabei kann die Eindeutigkeit auf zwei Wegen erreicht werden: als Zeitstempel oder als Pseudozufallszahl. Schwierigkeiten entstehen allenfalls, wenn zwei Stationen für eine Synchronisierung über Zeitstempel zu weit auseinanderliegen oder sie Zufallszahlen verlieren.

Wie zuvor beschrieben, werden Pakete an einem mobilen Knoten über den Home-Agent weitergeleitet, wenn ein Knoten sich in einem Fremdnetz befindet. Dieser

Umweg erhöht einerseits die Verzögerung der Pakete und erzeugt eine hohe Verkehrslast auf dem Home-Agent. IPv6 ermöglicht die Optimierung dieses Routings, sodass Pakete direkt zwischen Knoten ausgetauscht werden können. Dazu kann der mobile Knoten dem Kommunikationspartner direkt seine Care-of-Adresse mitteilen. Hierüber kann dann eine direkte Verbindung erfolgen. Die Zuordnung wird somit vom Home-Agent auf den Kommunikationspartner verlagert. Hierzu muss dieser allerdings Mobile IPv6 unterstützen, ansonsten erfolgt die Kommunikation weiterhin über den Home-Agent. Zur Übertragung der Kontrolldaten, wie der Registrierung der Care-of-Adresse, zwischen den verschiedenen Instanzen führt IPv6 Erweiterungs-Header ein, sodass diese Funktionalität direkt in IP implementiert wird.

7.7 Überlegungen zur Sicherheit

Mögliche Angriffsformen auf IPv6 richten sich primär auf drei Aspekte:

- **Adressproblematik**: Das Scannen von 2^{64} Adressen des Interface-Identifiers ist unmöglich. Damit dies so bleibt, sind dieser Teil der Adresse und das Subnetz möglichst nicht vorhersagbar zu vergeben. Dennoch ergibt sich Angriffspotenzial, z. B. bei der Adresszuweisung in Kombination mit Duplicate Address-Detection (DAD).
- **Man-in-the-Middle**: Neue Spoofing-Mechanismen auf Basis von Neighbor Advertisements (NA) und Router-Advertisements (RA) sind möglich, da beide Nachrichtentypen ohne Authentifikation versendet werden.
- **Rogue Devices**: Unzulässige Geräte sind leicht in ein IPv6-Netz zu integrieren, da Adressen vorhersagbar vergeben werden können, z. B. nach SLAAC mit EUI-64. Mithilfe dieser Geräte werden die ersten beiden Angriffsmöglichkeiten unterstützt. Erschwerend kommen zwei angriffsbegünstigende Eigenschaften hinzu:
  - Grundsätzlich gilt, dass eine link-lokale Adresse ohne Konfigurationsvoraussetzungen zugewiesen wird. Ein Angreifer kann daher ohne weitere Kenntnisse Zugriff auf das Netzwerk erhalten.
  - Darüber hinaus kann jedes Interface mehrere/viele IPv6-Adressen unterschiedlichen Typs besitzen.

Das Scheitern einer Adresszuweisung als Teil der Adressproblematik kann auf zwei Arten erreicht werden:

1. Ein Rogue Device kann seinem Interface als lokalem Link viele Adressen zuweisen. Dadurch soll verhindert werden, dass der DAD erfolgreich verläuft. Der Erfolg oder Misserfolg hängt auch von der Adressvergabepraxis ab.
2. Eine zweite Möglichkeit besteht darin, einen Software-Responder zu nutzen, der stets mit „address in use" antwortet.

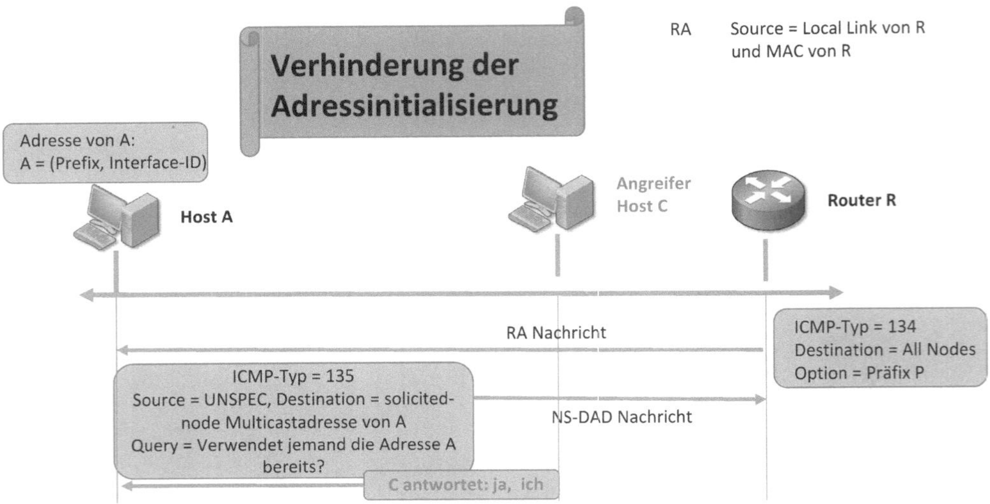

Bild 7.12 Verhinderung einer Adressinitialisierung

Wird im Zuge einer RA-Nachricht das Präfix durch einen Angreifer gefälscht, wird der Datenverkehr an eine nicht existierende oder die eigene Adresse umgeleitet.

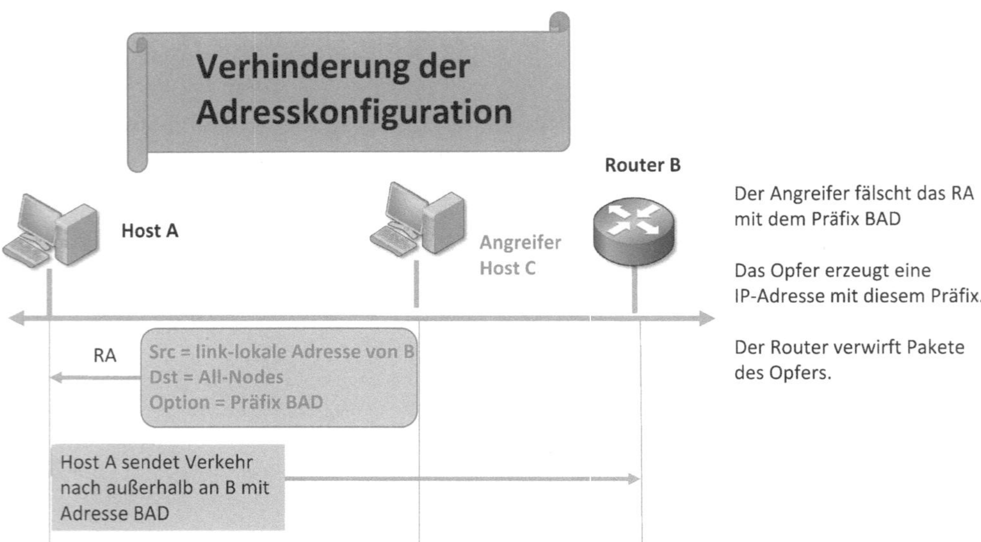

Bild 7.13 Verhinderung einer Adresszuweisung

Beim RA Flooding/ND Exhaustion gibt sich ein beliebiger Rechner als Router aus und sendet Router-Advertisements in das lokale Netzwerk. Dabei ändert er bei jedem Paket seine IPv6-Absenderadresse. Dies ist leicht möglich, weil die Subnetz- und Interface-ID bis zu /16 + /64 Adressen erlauben. Alle angeschlossenen Clients tragen bei jedem neuen Paket diesen vermeintlich „neuen" Router in ihren ND-Cache (ARP-Cache) ein. Die große Menge möglicher IPv6-Adressen führt dazu, dass die Tabelle „überläuft" und der gesamte Verkehr als Broadcast übertragen wird.

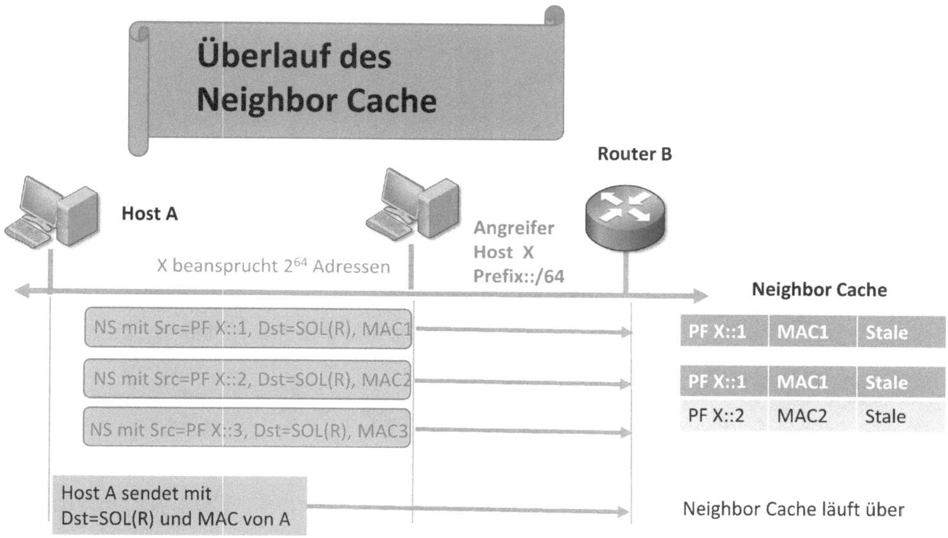

Bild 7.14 Überlauf des Neighbor Cache

Die folgenden Beispiele zeigen die Ausnutzung nicht authentifizierter Router-Advertisements für einen Man-in-the-Middle-Angriff: Im ersten Fall wird der ursprüngliche RA durch den gefälschten Router umgangen, im zweiten Fall wird die MAC-Adresse des Devices des Angreifers verwendet (Bild 7.15 und Bild 7.16).

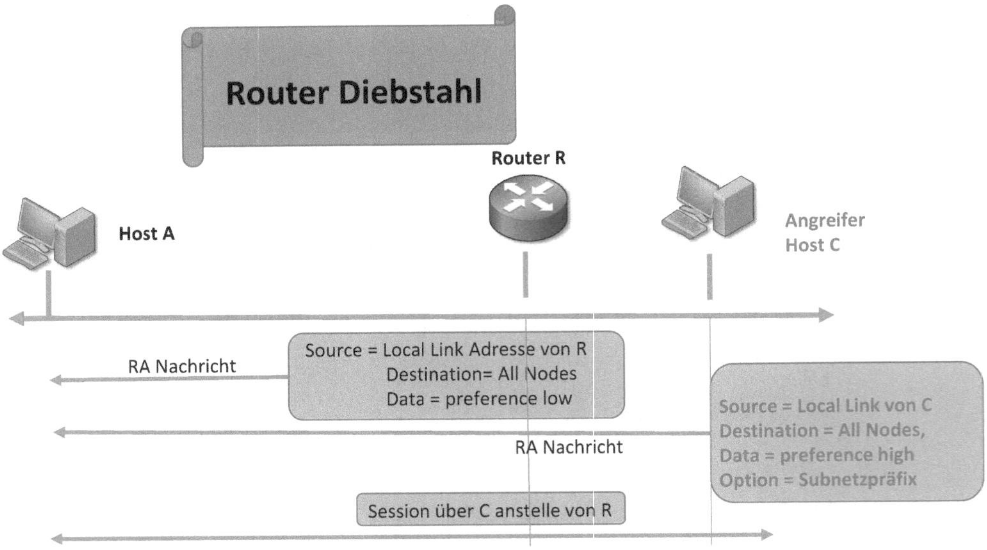

Bild 7.15 „Router-Diebstahl“

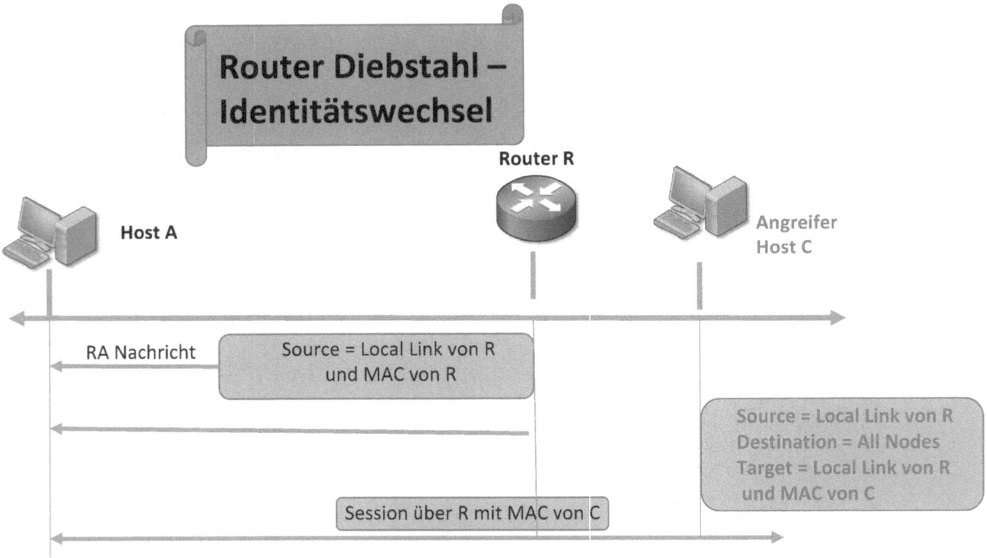

Bild 7.16 Identitätswechsel

Zur Abwehr der skizzierten Angriffe gibt es einige Vorschläge:

- **RA Guard:** Bei diesem Konzept weiß der Switch, an welchem Port Router angeschlossen sind. RAs von anderen Ports werden verworfen. Hier spielt also die Vertrauenswürdigkeit ähnlich wie bei DHCP-Snooping eine Rolle. RA Guard ist in RFC 6105 definiert.

- **SeND:** Mit der ND-Protokollerweiterung SeND (Secure Neighbor Discovery, RFC 3971) lässt sich das Problem des RA-Floodings theoretisch umgehen. Da ein Großteil des Sicherheitsproblems daher rührt, dass die Quelle von ICMPv6-Nachrichten nicht authentifiziert wird, schafft in diesem Umfeld das asymmetrische Verschlüsselungsverfahren Abhilfe. Dazu wird die Information mit dem privaten Schlüssel chiffriert und mit dem öffentlichen Schlüssel dechiffriert. Im Erfolgsfall kann der Empfänger sicher sein, dass die Information tatsächlich vom Absender stammt. Zusätzlich muss der öffentliche Schlüssel dahingehend geprüft werden, ob er dem Absender zugeordnet werden kann. Diese Prüfung geschieht im Allgemeinen durch Zertifikate. Schlussfolgerung: Es muss eine PKI nachgebildet werden. Dieser Aufwand wird als hoch eingeschätzt. SeND schützt gegen keine ND-Nachrichten für Knoten, die mit statischen Adressen oder über SLAAC konfiguriert wurden. Außerdem lässt das Fehlen der Herstellerunterstützung einen großflächigen Einsatz fraglich erscheinen.
- Zusätzlich existieren mehrere kleinere Anpassungen. Dazu zählen ein Hop-Limit für den lokalen Bereich (z.B. stets 255), IPv6 Source Guard, IPv6 Prefix Guard und IPv6 Destination Guard.
  Hop-Limit: Eine Schutzmaßnahme besteht darin, Pakete von außerhalb des lokalen Bereichs, die naturgemäß ein Hop-Limit von kleiner als 255 besitzen, zu verwerfen. Pakete im link-lokalen Bereich sollten daher stets ein Hop-Limit von 255 besitzen.

  IPv6 Source Guard: dieser Mechanismus nutzt den Neighbor Cache zur Einrichtung von ACLs, die das Senden von falschen IPv6-Quelladressen verhindern. Allerdings darf der Cache nicht vorher manipuliert worden sein. Quelladressen, die sich im Cache befinden, werden am Port erlaubt, alle anderen blockiert.

  IPv6 Destination Guard: Wenn Pakete den Router erreichen, die für ein Subnetz bestimmt sind, dessen Adresse sich nicht im ND-Cache befindet, so wird dieses Paket verworfen, weil es als Teil eines DoS-Angriffs interpretiert wird. Dieses strikte Vorgehen kann im Falle eines Reboots Probleme erzeugen, wenn der ND-Cache noch leer ist.

7.8 Zusammenfassung

IPv6 wartet gegenüber seinem Vorgänger mit zahlreichen Verbesserungen und Modifikationen auf. Nicht alle Entscheidungen zu IPv6 fanden die ungeteilte Zustimmung der Internetgemeinde. Viele Aspekte wurden kontrovers diskutiert:

1. Als wichtigstes Merkmal besitzt IPv6 gegenüber IPv4 längere Adressen, die dem Problem der Adressknappheit entgegenwirken.
2. Die zweite Verbesserung betrifft die Vereinfachung des Headers. Überflüssige Felder wurden gestrichen mit dem Ziel, den Durchsatz deutlich zu verbessern. Wie zweischneidig dieses Thema ist, zeigt die Entfernung der Prüfsumme. Viele Stimmen wurden laut, die den Verzicht mit dem Ausbau der Bremsen eines Autos verglichen. Das Auto werde zwar leichter und schneller, kommt aber spätestens dann in Schwierigkeiten, wenn ein Hindernis auftaucht.
3. Mobile Hosts sind ein weiterer Streitpunkt. Verändert ein Rechner seinen Standort, soll er mit der gleichen Adresse weiterarbeiten und einen Mechanismus mit Heimat- und Fremdagenten zur Identifikation benutzen. Eigens für dieses Verfahren wurde das Mobile IPv6 entworfen, das deutliche Verbesserungen gegenüber Mobile IPv4 ermöglicht.
4. Ein Bereich, in dem IPv6 deutliche Verbesserungen gegenüber seinem Vorgänger aufweist, ist die Sicherheit. Mit den Merkmalen wie Authentifikation und Verschlüsselung kann IPv6 die aktuellen Anforderungen an die Netzwerksicherheit erfüllen. IPv6 unterstützt dies durch entsprechende Header nativ, während in IPv4 dies nur durch Erweiterungen möglich ist.

Der Entwurf und die Standardisierung von IPv6 stammen aus den 1990er-Jahren. Daran richtet sich die Kritik, die bezüglich der Sicherheit häufig geäußert wird. Der erste Punkt betrifft die automatische Netzwerkkonfiguration über das Neighbor Discovery Protocol. Über dieses Protokoll werden sicherheitsrelevante Konfigurationen vorgenommen, wie die von IP-Adressen, des Default-Gateways und des DNS-Servers. Stationen können diese Nachrichten aber nicht verifizieren, sodass hierdurch Datenverkehr umgeleitet oder falsche DNS-Server konfiguriert werden können. Mit der NDP-Erweiterung SeND lässt sich dies vermeiden, allerdings nicht ohne zusätzlichen Aufwand: IPv6-Router müssen sich über Zertifikate ausweisen, die jedes IPv6-Gerät über eine Zertifizierungsstelle abgleicht.

Ein zweiter Kritikpunkt richtet sich an die Adressen: Die neuen statischen IPv6-Adressen und deren Erzeugung machen Geräte zu einem unverwechselbaren Identifizierungsmerkmal, so lautet der Vorwurf. Hierbei gilt es allerdings zu bedenken, dass die Nutzer auch über andere Mechanismen wie Logins, Cookies, Soziale-Netze-Buttons, E-Mail-Abrufe, Tweets oder Werbebanner erkannt werden können. In RFC 4941 wurde auch dieser Kritikpunkt entkräftet. Anstatt die eindeutige MAC-Adresse zur Generierung der IPv6-Adresse zu verwenden, wird auf eine zufällige und temporäre generierte Adresse zurückgegriffen.

Die Originalinformationen sind im RFC 8200 beschrieben.

Noch Fragen ...? Ja ...

Gibt es eine Webseite, auf der alle wesentlichen Parameter der Internetprotokolle zu finden sind?

Ja, die Internet Assigned Numbers Authority (IANA)verwaltet diese Informationen unter der Adresse: https://www.iana.org/protocols

Können die alten IPv4-Adressen weiterverwendet werden?

Ja, eine IPv4-Adresse 192.168.1.1 wird hexadezimal zu C0:A8:1:1 und als IPv6-Adresse durch ::FFFF:C0:A8:1:1 dargestellt.

Bleiben ARP und NAT erhalten?

Nein, ARP geht in das Neighbor Discovery Protocol auf, für NAT ist kein Ersatz vorgesehen.

Wie wird IPv6 in Windows aktiviert?

Windows 10 aktiviert IPv6 automatisch. In dem Fenster „Eigenschaften von LAN-Verbindungen" ist der entsprechende Haken gesetzt.

Weiterführende Literatur: [Come11, Hage14, KuRo14]

Weiterführende Internetquellen:

- Tutorials: [Basi00, Ipv600a, Ipv600b]
- IPv6 Forum: [Ipv600c]

7.9 Übungen

Aufgabe 1

Verkürzen oder erweitern Sie die folgenden IPv6-Adressen.

Vollständige Adresse	Verkürzte Adresse
2345:BA11:A011:A00A:1000:0002:F001:E004	
	3100::2021:D11D:D112:D00B:B00A
EA00:0202:0202:0303:0200:00FF:FF00:0002	
	FDDF:8080:770:1001:0:FF:FE01:507
24CC:0000:0000:000F:210E:0000:0000:0000	
	2100:E:E0::F00
3A11:CA00:0000:0000:0000:00DD:F ECC:000 A	
	3194::1:0:0:202

Aufgabe 2

Ermitteln Sie den zugehörigen Präfix bei variabler Angabe.

Adresse	Präfix
2987:BA11:B011:B00A:1000:0001:F001:F003/60	
FDDF:8080:0770:2002:0000:00EE:FE01:0507/48	
12CC:0000:0000:000 A:210F:0000:0000:0000/44	
3A11:CA00:0000:0000:0000:00FF:FEAA:000C/56	
3799:9F9F:F000:0000:EEEE:0000:0000:0001/52	

7.10 Wissensüberprüfung

1. Auf welche Headerfelder verzichtet IPv6?
2. Stimmen Sie folgender Aussage zu? „Wenn ein IPv6-Tunnel durch einen IPv4-Router führt, behandelt IPv6 einen IPv4-Tunnel wie ein Protokoll der Schicht 2“.
3. Muss das ARP-Protokoll für die Nutzung von IPv6 geändert werden?
4. Wie wird die IPv4-Adresse 193.174.250.1 in IPv6 umgesetzt?
5. Wie sieht die Binärdarstellung der IPv6-Adresse C22F:1582 aus?
6. Eine Anwaltskanzlei bekommt neue Rechner. Wie erklären Sie dem Seniorchef die automatische Adresskonfiguration?
7. Warum kann auf das Feld Fragment Offset verzichtet werden?
8. Erklären Sie die Funktionsweise von Anycasts.
9. „IPv6 überträgt in einer Session nur Pakete gleicher Größe“. Stimmen Sie dieser Aussage zu?
10. Wie sehen die Hierarchieebenen des IPv6-Adressaufbaus aus?

8 TCP/UDP-Protokoll

Lernziele

Nach der Beendigung dieses Kapitels sollte der Leser in der Lage sein, folgende Fragen zu beantworten:

- Welche Merkmale beinhaltet TCP zur sicheren Datenübertragung?
- Wie läuft der Drei-Wege-Handshake ab und was ist seine Bedeutung?
- Welche Merkmale trennen TCP von UDP?
- Was bedeutet QoS für die Datenübertragung?
- Welche Mechanismen des QoS gibt es?

Kapiteleinführung

Das Transmission Control Protocol (TCP) ist das unverzichtbare Begleitprotokoll des Internetprotokolls IP. Auch wenn es weniger bekannt ist, kommt ihm dennoch eine wichtige Funktion zu: Es initiiert und verwaltet virtuelle Verbindungen zwischen Applikationen von Kommunikationspartnern. Dabei spielt TCP die Rolle eines „Stauberaters". Es veranlasst die Drosselung des IP-Verkehrs, erkennt Staus und ermittelt über die Qualität der Verbindung, ob ein Paket/Segment als verloren anzusehen ist. Die Diskussion um die neue IPv6-Version betrifft TCP nicht unmittelbar. Anpassungen struktureller Natur werden durch einen Wechsel des IP-Dialektes nicht ausgelöst. Neben TCP ist das User Datagram Protocol (UDP) ein weiteres Transportprotokoll. Auch dieses stellt eine Verbindung zwischen Applikationen her, allerdings ist es wesentlich einfacher aufgebaut und bietet keine Funktionen wie die Erkennung von Staus oder Paketverlusten.

8.1 TCP im Detail

TCP ist ein Protokoll der Schicht 4 des ISO/OSI-Referenzmodells und gewährleistet die zuverlässige Nachrichtenübermittlung zwischen Sender und Empfänger. Der Status ist trotz seiner Beschreibung in RFC 793 der einer Empfehlung – wie alle RFCs keine offiziellen Standards darstellen –, was seiner großen Verbreitung aber keinen Abbruch getan hat. Zu Beginn des Übertragungsvorganges wird eine Verbindung zwischen der Anwendung vom Client zum Server aufgebaut. Dann erhält TCP Daten von einem Anwendungsprogramm. Daraufhin werden die Daten in kleinere Pakete – als Segmente bezeichnet – geteilt, Kontrollinformationen hinzugefügt und der neu entstandene Paketstrom an die nächst tiefere Schicht 3 weitergeleitet. Hier werden die einzelnen Segmente um Adress- und Kontrollinformationen, i. d. R. durch einen IPv4- oder IPv6-Header erweitert, die einen geeigneten Weg durch das Netz festlegen. Die Ergänzung der Ursprungsdaten hat zum Ziel, durch Prüf- und Leitinformationen eine stabile und schnelle Route durch das Gewirr der Netzknoten zum Empfänger zu finden (siehe Bild 8.1).

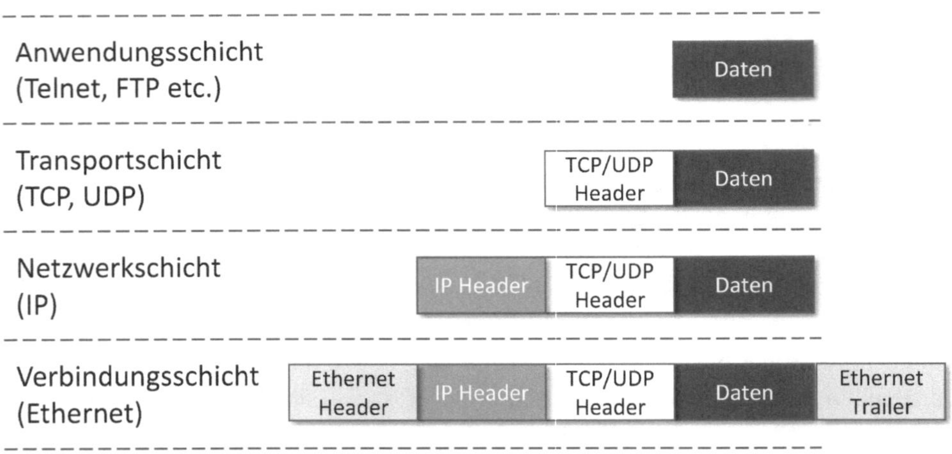

Bild 8.1 Header vs. Nutzdaten

Segmente, die beim Empfänger eintreffen, wandern in umgekehrter Richtung durch die Protokollhierarchie. Jede Schicht entfernt die entsprechende Headerinformation bis auf der Anwendungsebene die reinen Daten zurückbleiben. Nach diesem Ablauf bestehen die Kernfunktionen von TCP darin,

- die individuelle Kommunikation zwischen Sender und Empfänger zu überwachen,
- den Nachrichtenstrom in Form von Segmenten einzuteilen und diese in entsprechender Reihenfolge wieder zusammenzusetzen,
- die genutzten Anwendungen eindeutig zu identifizieren.

8.1.1 Besonderheiten

TCP zeichnet sich durch mehrere Eigenschaften aus, die es gleichermaßen für Hersteller und für Anwender attraktiv machen:

- **Weit verbreitet:** TCP ist auf vielen Hardwareplattformen zum etablierten Standard geworden. Hersteller haben TCP/IP als Industrienorm akzeptiert.
- **Offen, nicht proprietär:** TCP ist an keinen Hersteller gebunden, sondern als Teil der Aktivitäten der Internet Engineering Task Force (IETF) unabhängig von einschlägigen Interessen. Die Protokolle können mit jeder Standard-Hardwarekonfiguration eingesetzt und in den Netzbetrieb eingebunden werden.
- **Skalierbarkeit:** Ein bestehendes Netzwerk auf TCP-Basis kann mühelos um weitere Stationen erweitert werden. Dazu ist lediglich neuen Rechnern eine Adresse zuzuweisen.
- **Grundlage des Internets:** Zusammen mit dem Internet-Protokoll in Version 4 und Version 6 bildet TCP nahezu die Grundlage jeglicher Kommunikation im Internet. Ein geringer Anteil nutzt das deutliche einfachere Protokoll UDP. Erst in letzter Zeit wurde mit dem Protokoll QUIC (Quick UDP Internet Connections) ein neues Transportprotokoll auf Basis von UDP, aber mit den grundlegenden Eigenschaften von TCP, geschaffen. Zusätzliche Eigenschaften von QUIC sind eine konsequente Verschlüsselung aller Daten und die Eigenschaft, Verbindungen nach Verbindungsabbrüchen schnell wiederherstellen zu können.

8.1.2 Merkmale

TCP liefert eine zuverlässige virtuelle Verbindung zwischen Hosts, die über IP verbunden sind. Es verwendet das IP-Protokoll als Grundlage des Segmenttransportes zwischen Kommunikationsendpunkten. Die Endpunkte sind die Ports des Betriebssystems. TCP sichert die Transportqualität des Segmentes, indem es kontrolliert, dass die Daten nicht verändert werden, nicht verloren gehen, nicht dupliziert werden und in der richtigen Reihenfolge eintreffen.

Mehrere Punkte beschreiben die operationalen Charakteristiken:

- **Basisdatentransfer:** TCP überträgt einen kontinuierlichen Fluss von 8-Bit-Gruppen bidirektional in jede Richtung. Diese Gruppen werden in TCP-Segmente zusammengefasst und durch Sequenznummern unterschieden. Beim Empfänger nutzt TCP die Sequenznummern, um Paketverluste zu erkennen und die originale Reihenfolge der Segmente wiederherzustellen. Eine Anwendung erhält somit einen vollständigen Datenstrom in der Reihenfolge wie dieser am Sender aufgegeben wurde.

- **Zuverlässigkeit:** TCP garantiert eine zuverlässige Übertragung durch die Zuweisung von Sequenznummern: Außerdem muss der Segmenterhalt vom Empfänger bestätigt werden (Acknowledgement (ACK)). Wird diese Bestätigung nicht innerhalb des Time-Out-Intervalls zugestellt, erfolgt eine Retransmission des betroffenen Segmentes. Dabei wird die Zeitschranke dynamisch für jede Verbindung auf der Basis der Round Trip Time festgelegt. Der Empfänger setzt die Nachricht anhand der Sequenznummern zusammen und kann erkennen, ob Duplikate vorliegen oder ob Segmente fehlen. Fehlerhafte Segmente werden durch die Prüfsumme identifiziert und verworfen.
- **Datenflusskontrolle:** TCP unterstützt das Sliding-Window-Prinzip, nach dem eine Seite eine Anzahl Segmente (= Windowgröße) ohne explizite Bestätigung senden darf. Der Empfänger des TCP-Segmentes gibt dem Sender Auskunft über die Anzahl der Bytes, die er ohne Gefahr eines Überlaufens der internen Empfangspuffer verarbeiten kann. Dies Window wird auch als Receive Window bezeichnet.

> Die Windowgröße ist für die Dauer einer Verbindung keineswegs konstant. Jedes Acknowledgement enthält ein Windowadvertisement, das die Zahl der Bytes angibt, die der Empfänger problemlos verarbeiten kann.

- **Staukontrolle:** Neben dem Receive Window verwendet TCP weiterhin ein Congestion Window zur Staukontrolle. Dieses Fenster gibt an, wie viele Pakete in der nächsten Round Trip Time (RTT) gesendet werden können, ohne die Verbindung zu überlasten. Auch dieses Fenster wird dynamisch angepasst. Eine Metrik zur Erkennung sind z. B. Paketverluste, die bei Überlast auftreten.
- **Multiplexing:** TCP gestattet vielen Prozessen eines Rechners, die TCP-Kommunikationsdienste zu nutzen. Dazu besitzt TCP eine Portmenge, deren Nummer mit der Netzadresse zu einem eindeutigen Schlüssel kombiniert wird. Diese als Sockets bezeichneten Kommunikationspunkte identifizieren für Sender und Empfänger einen eindeutigen Übertragungsweg.
- **Verbindungen:** TCP muss für jede Verbindung Statusinformationen initialisieren und pflegen. Dazu gehören Sequenznummern und die Windowgröße. Zusätzlich liefert TCP die Vollduplex-Fähigkeit, d. h. die simultane Übertragung in beide Richtungen.

Der TCP-Protokoll-Header besteht aus den in Bild 8.2 dargestellten Feldern.

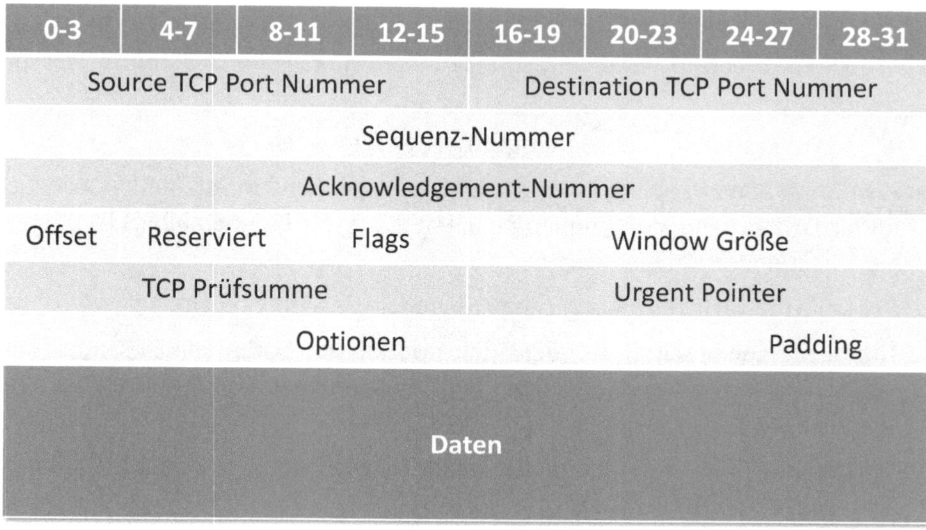

Bild 8.2 TCP-Header

Die TCP-Felder sind wie folgt definiert:

- **Quellport** identifiziert die Portnummer des Anwendungsprogramms des Senders.
- **Zielport** identifiziert die Portnummer der Anwendung des Ziels.
- **Sequenznummer** definiert eine während der Verbindungsdauer eindeutige Nummer zur Identifikation des Datenstroms. Sie entspricht der Sequenznummer des Vorgängersegmentes, vergrößert um die Datenanzahl des laufenden Segmentes.
- **Acknowledgement-Nummer** ist eine eindeutige Nummer, die gemäß des Window-Prinzips den Empfang einer Anzahl von Segmenten bestätigt. Fehlt diese Bestätigung innerhalb einer Zeitschranke, erfolgt eine Retransmission der Segmentfolge. Die Nummer entspricht der Sequenznummer, die der Empfänger als nächstes erwartet. Die Information ist gültig, wenn das ACK-Flag gesetzt ist.
- **Offset** gibt die Länge des TCP-Headers in 32-Bit-Worten an und damit die Stelle, ab der die eigentlichen Daten beginnen.
- **Reserviert** – besitzt keine Verwendung.
- **Flag** – ist ein Kontrollbit zur Identifikation des Segmentzwecks:
  - **URG:** Urgent-Zeiger-Feld.
  - **ACK:** Acknowledgement-Nummer-Feld.
  - **PSH:** Die Daten sollen sofort an die nächsthöhere Schicht weitergereicht werden.

- **RTS:** Rücksetzen der Verbindung.
- **SYN:** Synchronisation der Sequenznummern, die eine Bestätigung verlangen.
- **FIN:** Verbindungsabbau, der quittiert werden muss.

- **Windowgröße** erlaubt es einem Empfänger, dem Sender mitzuteilen, wie viel Pufferplatz in Byte zum Empfang der Daten zur Verfügung steht. Ein Eintrag von 0 stoppt den Sendevorgang.
- **Prüfsumme** verifiziert das gesamte Segment (Header + Daten).
- **Urgent-Zeiger** beschreibt die Position priorisierter Daten, die so schnell wie möglich verarbeitet werden sollen. Damit können außergewöhnliche Zustände signalisiert werden.
- **Optionen** können entweder aus einem einzelnen Byte – der Optionsnummer – bestehen oder eine variable Form aufweisen:
  - **End of Option List** zeigt das Ende der Optionsliste an und wird insbesondere dann verwendet, wenn Optionen die zulässige Segmentlänge überschreiten. Option = 0; keine weiteren Einträge.
  - **No Operation** kennzeichnet Grenzen zwischen Optionen. Sie bewirkt eine Ausrichtung der einzelnen Optionen auf die 32-Bit-Grenze. Option = 1; keine weiteren Einträge.
  - **Maximum Segment Size** bestimmt die max. Segmentgröße von TCP. Diese Option sollte nur zur Initialisierung benutzt werden (bei gesetztem SYN-Bit). Option = 2; Länge = 4; Optionsdaten = max. Segmentgröße.

Der Multiplexing-Mechanismus von TCP ermöglicht die Koexistenz einer Vielzahl höherer Protokolle und Verarbeitungsprozesse auf einem Rechner. TCP/IP-Anwendungen verwenden für die Kommunikation Socket-Schnittstellen. Ein Socket bietet im Netzwerk eine einfache und direkte Methode, gegenseitig Daten auszutauschen. Ein TCP/IP-Socket besteht aus den Portnummern, den Stationskennungen (IP-Adressen) und dem Transporttyp (TCP oder UDP). Portnummern werden verwendet, um Anwendungen zu unterscheiden. Zu den Well-Known-Services bzw. Well-Known-Ports gehören auch die ursprünglichen UNIX-Dienste (vgl. Tabelle 8.1).

Tabelle 8.1 Well-Known-Ports und Well-Known-Services

Well-Known-Portnummer	Well-Known-Service/Protokoll
23	Telnet
20, 21	FTP – File Transfer Protokoll
25	SMTP – Simple Mail Transfer Protokoll
80	HTTP – Hypertext Transfer Protokoll
179	BGP – Border Gateway Protokoll

8.1.3 Verbindungsmanagement

Die Herstellung und der Abbau einer virtuellen Verbindung zwischen zwei Partnern und deren beteiligten Prozessen verlaufen in mehreren Phasen:

- **Verbindungsaufbau:** Die Initialisierung zwischen zwei TCP-Prozessen erfolgt nach dem „Three-Way-Handshake".
  Zu Übertragungsbeginn legt jede Station einen Anfangswert der Sequenznummer fest. Diese Zahl wurde zunächst durch eine 32 Bit-Uhr betrieben, die ihren Wert alle 4 ms inkrementierte (RFC 793). Dieser Mechanismus führt dazu, dass die Sequenznummern sich nach einer Verbindungsdauer von ca. 5 Std. wiederholten und sich zudem vorhersagen ließen. Um die Vorhersagemöglichkeit für Angriffe einzuschränken, wurde mit RFC 6528 ein Zufallsmechanismus eingeführt. Der Three-Way-Handshake-Mechanismus durchläuft drei Stadien:
  - **SYN sent:** Ein TCP-Segment mit gesetztem SYN-Flag wird zur Zielstation gesendet.
  - **SYN received:** Der Zielrechner antwortet mit einer inkrementierten Acknowledgement-Nummer und einem gesetzten SYN- und ACK-Flag.
  - **Established:** Die Verbindung ist hergestellt und ermöglicht die Vollduplex-Datenübertragung. Dieser Zustand wird durch ein gesetztes ACK-Flag signalisiert.

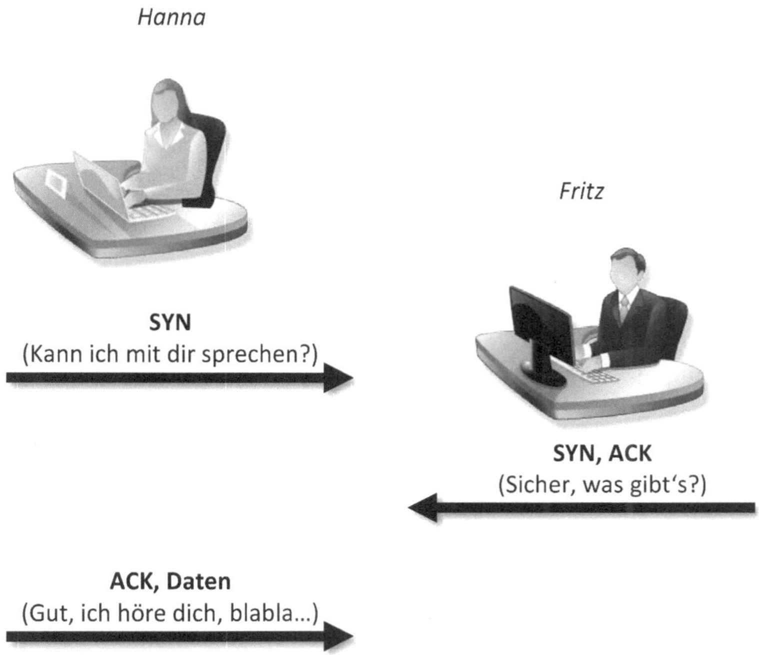

Bild 8.3 TCP-Verbindungsaufbau mit entsprechenden Flags

- **Datenaustausch:** Bei gesetztem ACK-Flag werden Sequenz- und Acknowledgement-Nummer in Abhängigkeit vom Datenumfang entsprechend inkrementiert. Virtuelle Verbindungen, die keine aktive Übertragung abwickeln, erzeugen auch keine Datenlast. Zur individuellen Steuerung der Datenübertragung dient das Push-Flag. Nur wenn dieses gesetzt ist, werden alle Daten, die sich im Sendepuffer befinden, in einem oder mehreren Segmenten verschickt. Ist das Push-Flag nicht gesetzt, werden die Daten zwischengespeichert, es sei denn der Puffer ist gefüllt. Dann werden die Daten direkt gesendet.

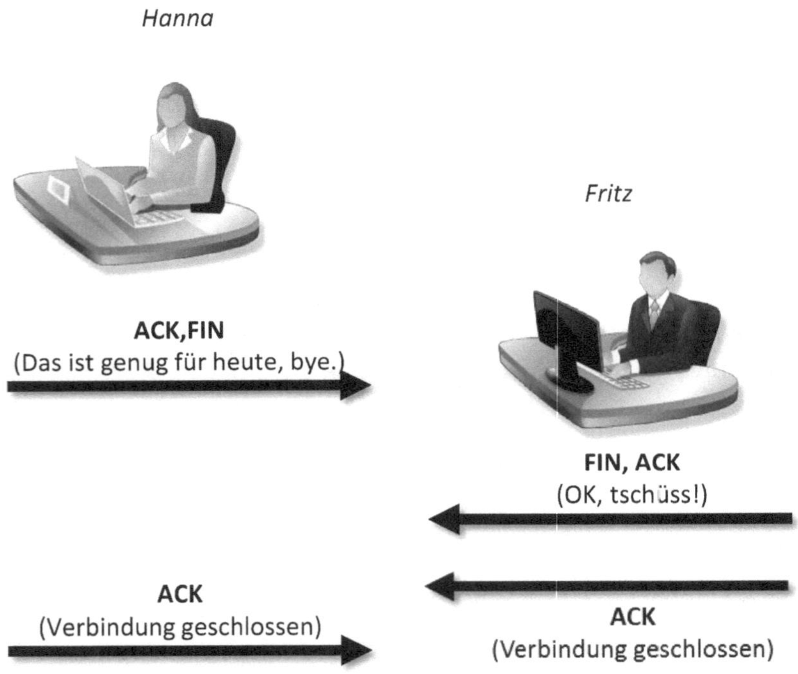

Bild 8.4 TCP-Verbindungsabbau mit entsprechenden Flags

- **Verbindungsabbau:** Die Auflösung einer Verbindung geschieht ebenso wie der Verbindungsaufbau in mehreren Schritten unter Zuhilfenahme der Flags FIN und ACK:
  - **FIN Wait:** Ein Teilnehmer A überträgt ein Segment mit gesetzten FIN-Flag und wartet auf das ACK des Partners.
  - **Close Wait:** Der gerufene Partner B quittiert den einseitigen Verbindungsabbauwunsch durch eine inkrementierte Acknowledgement-Nummer bei gesetztem ACK-Flag. Danach dürfen keine Daten mehr von A nach B, wohl aber von B nach A fließen.

- **Time Wait:** Teilnehmer B wartet so lange, bis sichergestellt ist, dass Partner A das ACK erhalten hat.

Ein anderes Protokoll wie IP kann einseitig den Abbruch/Ausfall einer Verbindung erzwingen, z. B. im WLAN oder bei LTE. Unter diesen Umständen kontrolliert TCP nicht mehr die geregelte Auflösung der Kommunikation, sondern muss diese der Anwendung überlassen, sodass ein Datenverlust auf dem Weg zwischen den beiden TCP-Partnern in Kauf genommen werden muss.

8.1.4 Fehlervermeidungsmechanismen

- **Acknowledgement:** Sequenznummer und Acknowledgement lösen das Problem verloren gegangener Segmente. Fehlt ein Segment in der Reihenfolge der Sequenznummern, stellt der Empfänger keine Bestätigung aus. Erhält der Sender innerhalb einer bestimmten Zeitspanne keine Bestätigung, wiederholt er die Datenübertragung.
- **Maximale Segmentgröße (MSS):** Dieser Wert gibt die maximale Anzahl von Daten pro Segment spezifiziert in Bytes an, die zwischen zwei Endpunkten übertragen werden kann. Sender und Empfänger müssen dieser Angabe zustimmen. Sie bestimmt wesentlich den Durchsatz. Ein optimaler Wert ist schwierig festzulegen, weil eine zu geringe Segmentgröße das Netz unterauslastet, ein zu hoher Wert aber zu IP-Paketen führt, die fragmentiert werden müssen. Eine ideale Größe vermeidet gerade diese Zerlegung.

> Während des Verbindungsaufbaus sendet die Quelle eine Segmentgrößenangabe, die aus der MTU des Ausgangsinterfaces verringert um die Headergröße von TCP und IP besteht, z. B. MTU von 1500 Bytes als Ethernet-Standard abzüglich 40 Bytes für die TCP/IP-Header, sodass die Segmentgröße 1460 Bytes beträgt.

- **Datenflusskontrolle (Window-Prinzip):** Um zu verhindern, dass Daten wegen fehlender Ressourcen auf der Empfängerseite nicht entgegengenommen werden können, beeinflusst TCP den Datenfluss.

> Der Grund hierfür kann in der unterschiedlichen Übertragungs- und Verarbeitungsgeschwindigkeit der am Kommunikationsprozess beteiligten Komponenten liegen.

Dies geschieht durch das Window-Prinzip, das dynamisch die Ressourcen in Form eines Fensters verwaltet. Dieses Fenster gibt als „Kredit" die Anzahl Datensegmente an, die ohne Bestätigung empfangen werden können. Ein Wert von Null zeigt dabei an, dass keine Möglichkeit besteht, Segmente entgegenzunehmen. In der Regel tritt dies nur unter zwei Umständen auf: Die Empfängerressourcen sind erschöpft oder der Empfänger baut die Verbindung ab. Ein einfaches Transportprotokoll könnte daher nach folgendem Prinzip verfahren: Ein Segment wird gesendet und das Folgende wird erst dann übertragen, wenn die Eingangsbestätigung des Empfängers für das erste vorliegt. Erfolgt die Bestätigung nicht innerhalb einer bestimmten Zeitspanne, wird eine Retransmission vorgenommen. Dieser Mechanismus arbeitet sehr zuverlässig, nutzt jedoch nur einen Teil der verfügbaren Bandbreite. Die Modifikation dieses Protokollablaufs sieht daher eine Gruppierung von Segmenten gemäß folgender Regeln vor:

- Der Sender versendet eine Anzahl von Segmenten innerhalb eines Windows ohne ACK. Der Sender startet einen Timer zur Überprüfung, dass zugehörige ACKs den Empfang innerhalb der Time-Out-Intervalls bestätigen.
- Der Empfänger muss die Segmentgruppe mit der letzten erhaltenen Sequenznummer gemeinsam bestätigen.
- Der Sender verändert die Windowgröße mit jedem erfolgreich erhaltenen ACK.

  Da die Übertragungszeit der Datensegmente und ihrer Acknowledgements aufgrund der Verzögerungszeiten im Netzwerk nicht konstant ist, ist ein adaptiver Retransmissionsmechanismus notwendig, der die Übertragung überwacht und ein angemessenes Time-Out-Intervall auf der Basis der Round Trip Time berechnet.
- **TCP Receive Window:** Dieses Fenster ist ein Verfahren zur Datenflusskontrolle. Es verhindert Überlastsituationen durch die Angabe eines Datenbetrags, den der Sender ohne Bestätigungserhalt senden darf. Beträgt der Wert 64 KB, kann der Sender lediglich 64 KB übertragen. Anschließend muss er die Sendung einstellen und auf eine Bestätigung warten. Erhält der Sender ein Acknowledgement für die ersten 32 KB, kann er nur 32 KB übertragen, weil er sonst sein Limit von 64 KB überschreiten würde. Das Fenster wird beeinflusst durch:
  - **Empfängereinfluss:** Die vom Empfänger benötigte Zeit für die Verarbeitung der erhaltenen Daten und die Versendung der Bestätigung kann die Datenerzeugung des Senders übersteigen, sodass es notwendig ist, die Übertragungsrate des Senders zu kontrollieren, um einer Überlastung des Empfängers vorzubeugen.
  - **Windowsanpassung:** Der TCP-Header erlaubt lediglich 16 Bit für die Fensterangabe. Dies entspricht einem maximalen Segmentgrößenwert von 64 KB. Damit wird der Durchsatz begrenzt. RFC 1323 bietet eine Skalierungsoption, die diese Grenze hinausschiebt. Die Option erweitert die Festlegung auf 32 Bit und nutzt dann einen Skalierungsfaktor

zur Anpassung an das 16-Bit-Feld. Der Skalierungsfaktor wird in einer TCP-Option angegeben und nur in einem Verbindungsaufbausegment bei gesetztem SYN-Bit übertragen. Damit ist die Windowsgröße in beide Richtungen bereits beim Verbindungsaufbau fixiert.

- **Staukontrolle:** TCP besitzt Algorithmen zur Staukontrolle, da Eigenschaften des Übertragungskanals wie die verfügbare Bandbreite oder die Round Trip Time (RTT) nicht bekannt sind. Hinzu kommt, dass die Eigenschaften der Verbindung auch zeitvariabel sind. Gerade in paketvermittelten Netzen kommt es zu einer hohen Varianz, da einerseits die Anzahl der Teilnehmer variiert und anderseits Teilnehmer nicht kontinuierlich und gleichmäßig Daten übertragen, sondern Datenverkehr eher sporadisch auftritt. Wenn zum Beispiel ein Nutzer eine Webseite aufruft, werden kurzfristig Daten übertragen, dann folgt häufig eine lange Pause, während der Nutzer die Informationen liest, wobei die Datenverkehrscharakteristik von der Applikation abhängt. TCP sorgt dafür, dass kontinuierlich die Eigenschaften der Verbindung und somit auch die Auslastung abgeschätzt werden, um die Datenübertragungsrate daran anzupassen. Ziel ist es, einerseits eine Überlastung zu vermeiden und andererseits eine faire Verteilung zwischen aktiven Datenströmen zu erreichen. Die Notwendigkeit einer Staukontrolle zur Vermeidung von Netzausfälle durch Überlast (Congestion Collapse) wurde bereits zu Beginn des Internets erkannt, wie in RFC 896 beschrieben.
  Typische Algorithmen zur Staukontrolle in TCP unterscheiden zwei Phasen: eine Slow-Start-Phase und eine Congestion-Avoidance-Phase (Stauvermeidung). Die Staukontrolle wird wesentlich durch zwei Parameter bestimmt, dem Congestion Window W und dem Slow Start Threshold S. W gibt die Anzahl der Pakete, entsprechend der maximalen Segmentgröße (Maximum Segment Size (MSS)) an, die während einer RTT gesendet werden. Dies entspricht somit der Übertragungsrate in Pakete pro RTT. S ist die Schwelle vom Übergang der Slow Start Phase in die Congestion-Avoidance-Phase.

  Bei der ursprünglichen TCP Version Tahoe, startet eine Verbindung mit W=1 und S ist zunächst frei wählbar. Häufig wird dieser Wert auf sein Maximum von 65535 gesetzt. Gesendete Pakete werden vom Empfänger mit Acknowledgements (ACK) bestätigt, für jede Bestätigung wird in der Slow-Start-Phase W um 1 erhöht. Dies entspricht der Verdopplung des Durchsatzes pro RTT. Kommt es zu einem Paketverlust wird S=W/2 gesetzt und W=1. Die Slow-Start-Phase beginnt erneut, erreicht W die Schwelle S, wird zur Congestion-Avoidance-Phase gewechselt. Hier wird der Wert W nur noch um 1 pro RTT erhöht, was einem linearen Anstieg entspricht. Beim nächsten Paketverlust wird erneut S=W/2 gesetzt und W=1.

  Die Erkennung eines Paketverlustes kann auf zwei Arten erfolgen. Erstens durch einen Timeout, zweitens durch duplizierte Bestätigungen (Duplicate Acknowledgements). Um einen Timeout zu erkennen, misst TCP die RTT, also die Dauer vom Versenden eines Paketes bis zur Bestätigung. Auf Basis der Messung und der Varianz der RTT wird ein Timeout berechnet. Wird ein Paket innerhalb dieser Zeitspanne nicht bestätigt, wird dies als Paketverlust gewertet. Eine weitere Methode sind duplizierte Bestätigungen, ein Empfänger bestätigt immer mit der höchsten Sequenznummer, die als nächstes zur Vervollständigung der Reihenfolge erwartet wird. Im folgenden Beispiel wurden die Pakete mit den Sequenznummern 1,2,3,5,6,7,8 empfangen, dann bestätigt ein Empfänger Paket 3 und folgende Pakete mit der Sequenznummer 4, da dies die nächste Nummer zur Vervollständigung der Reihe ist. Erhält der Sender jetzt mehrmals eine Bestätigung mit der Nummer 4, geht er davon aus, dass Paket 4 verloren gegangen ist. In der Regel geschieht dies nach drei doppelten Bestätigungen (insgesamt vier Bestätigungen mit der Nummer 4). Sowohl nach einem Timeout als auch nach den drei doppelten Bestätigungen werden nicht bestätigte Pakete erneut gesendet. Das erneute Senden nach den drei doppelten Bestätigungen wird auch als Fast Retransmit bezeichnet.

Das Verhalten der Staukontrolle wird bis heute weiterentwickelt, da dies maßgeblich für die optimale Auslastung der Verbindung verantwortlich ist. TCP Tahoe wurde in der Vergangenheit bereits durch TCP Reno ersetzt, hierbei ändert sich das Verhalten bei der Erkennung eines Paketverlustes. Wird der Paketverlust durch ein Timeout erkannt, bleibt das Verhalten gleich; wird es durch doppelte Bestätigungen signalisiert, wird S=W/2 gesetzt und W=W/2. Hierbei wird davon ausgegangen, dass ein Timeout durch eine starke Überlast erzeugt wurde und somit die Datenrate stark reduziert werden muss. Doppelte Bestätigungen hingegen signalisieren, dass grundsätzlich Pakete beim Empfänger ankommen, aber einzelne Pakete verloren gegangen sind. Dies wird als geringe Überlast interpretiert und somit nur eine Halbierung von W durchgeführt. Nach erneuter Übertragung unbestätigter Pakete wird mit der Congestion-Avoidance-Phase begonnen, anstatt einen Slow Start durchzuführen. Dies wird als Fast Recovery bezeichnet. Diese Anpassung erhöht den Durchsatz erheblich, wenn Paketverluste durch doppelte Bestätigungen erkannt werden. Der unterschiedliche Verlauf von W ist in Bild 8.5 dargestellt.

TCP Reno, genauer gesagt die Variation TCP NewReno (RFC 6582), war lange dominierend im Internet. Durch die Verbreitung von hochbitratigen Verbindungen besteht allerdings der Nachteil, dass gerade in der Congestion-Avoidance-Phase das „Herantasten" an die maximale Übertragungsrate sehr langsam voranschreitet. Insbesondere wenn die RTT hoch ist, da W nur um den Wert 1 pro RTT steigt. Um die Auslastung zu optimieren, werden je nach Betriebssystem verschiedene Varianten der Staukontrolle eingesetzt. Linux setzt auf TCP Cubic, wobei in der Stauvermeidungsphase, die Adaption dem Verlauf einer kubischen Funktion entspricht. Dies führt zu einem schnellen Anstieg zu Beginn jeder Congestion-Avoidance-Phase, einen langsamen Anstieg beim Erreichen des Wertes von W, welcher zuvor zu einem Paketverlust geführt hat, und letztendlich wieder zu einem schnellen Anstieg im Anschluss. Auch wird üblicherweise nicht mit einem initialen Wert von W=1 gestartet. In der Vergangenheit wurde dieser bereits auf W=2 erhöht, heutzutage wird initial mit W=10 gestartet. Die Erhöhung beschleunigt die Slow Start Phase, um auch hier das Herantasten zu beschleunigen. Microsoft Windows setzt auf Compound TCP was neben Paketverlust auch die RTT zur Erkennung von Überlast nutzt, wobei ein Anstieg der RTT auf eine Überlast hindeutet. Auch TCP Bottleneck Bandwidth and Round-trip propagation time (BBR), eine aktuelle Entwicklung von Google, nutzt Schätzungen der RTT und der maximalen Übertragungskapazität, um die Verbindung optimal auszulasten. Dieses Kapitel beschreibt die grundlegenden Mechanismen von TCP, viele weitere Details zur Optimierung und Anpassung an heutige Netze sind im Laufe der Jahre in TCP eingeflossen.

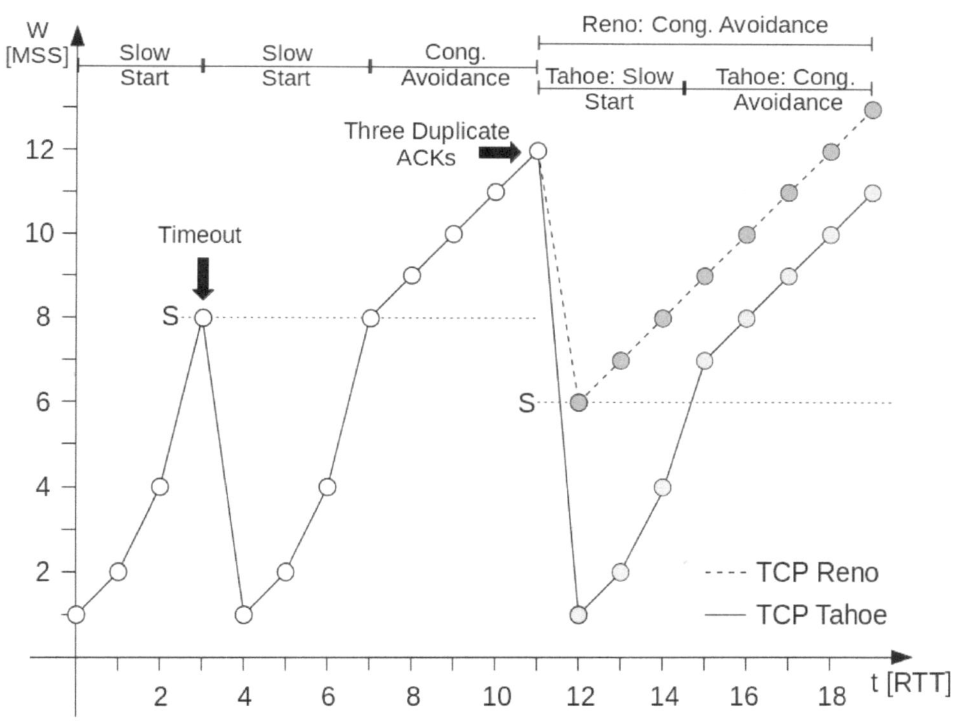

Bild 8.5 Verlauf des Congestion Window W und der Slow-Start-Schwelle S für TCP Reno und TCP Tahoe

8.2 UDP – User Datagram Protocol

UDP kann als stark vereinfachte Form von TCP ohne Staukontrolle, Datenflusskontrolle und Paketwiederholungen angesehen werden und liefert wie dieses Protokoll ein Kommunikationsmittel zwischen Applikationen auf unterschiedlichen Internetknoten.

UDP bietet eine unzuverlässige, verbindungslose Datenübertragung. Es werden keine Empfangsbestätigungen für Segmente erstellt und eingehende Nachrichten werden weder in einer Reihenfolge sortiert noch gibt es eine Rückmeldung über die Frequenz gesendeter Nachrichten. UDP-Messages können daher ohne Kontrolle verloren gehen, in falscher Reihenfolge gesendet, empfangen oder dupliziert werden. Eine Anwendung auf UDP-Basis muss in der Lage sein, mit diesen Problemen umzugehen. Die Leistungsfähigkeit hängt daher weitgehend von der Programmierung der Anwendung ab. Trotz dieser Einschränkungen besitzt UDP den Vorteil der Schnelligkeit und insbesondere geringer Verzögerungen, was vorteilhaft für Applikation im Bereich Audio- und Videotelefonie ist. Die Hauptaufgabe ist somit die Adressierung der Applikationen auf den Endgeräten.

Der UDP-Header zeigt den in Tabelle 8.2 dargestellten Aufbau.

Tabelle 8.2 UDP-Header

1.–16. Bit	17.–32. Bit
Quell-UDP-Port	**Ziel-UDP-Port**
Länge	Prüfsumme
Nutzdaten	

- **Quell-Portnummer** ist die Nummer des sendenden Ports.
- **Ziel-Portnummer** ist die Nummer des empfangenden Ports.
- **Länge** entspricht der Größe des UDP-Segmentes in Byte inklusive des UDP-Headers.
- **Prüfsumme** prüft das Segment auf Übertragungsfehler.

Die wichtigsten UDP-Portnummern und deren Protokolle sind in Tabelle 8.3 zusammengefasst.

Tabelle 8.3 UDP-Portnummern wichtiger Protokolle

Portnummer	Protokoll
53	DNS – Domain Name Service
69	TFTP – Trivial File Transfer Protokoll
161	SNMP – Simple Network Management Protokoll

Portnummer	Protokoll
520	RIP – Routing Information Protokoll
(nicht festgelegt)	RTP – Real-Time Transport Protocol

Noch Fragen . . .? Ja . . .

Was ist der Vorzug von Portnummern, wie sie bei TCP und UDP zum Einsatz kommen?

Durch dieses Prinzip können eine Vielzahl simultaner Verbindungen verschiedenster Applikationen unterhalten werden. Eine einzelne Verbindung ist definiert durch die IP-Adressen von Client und Server, die verwendeten Portnummern und das Protokoll.

8.3 Überlegungen zur Sicherheit

Bei einer DoS-Attacke versucht ein Hacker, einen Dienst zu überlasten oder zu beenden, sodass legitime Anwender keinen Zugriff mehr auf ihn haben. Im Gegensatz zu einem einfachen „Denial of Service"-Angriff, der von einem Rechner gestartet wird, werden „Distributed Denial of Service (DDoS)"-Angriffe nicht nur über einen Angriffsrechner ausgeführt, sondern gleichzeitig im Verbund durch mehrere Rechner. Diese können sich somit durch sehr hohe Datenraten auszeichnen und lassen sich auch schwer filtern, da Angriffe von vielen Quellen parallel durchgeführt werden.

Der Angreifer platziert dazu – ohne Kenntnis des Anwenders – einen Software-Agenten auf verschiedenen Rechnern im Internet – häufig bereits Monate vor dem eigentlichen Angriff. Dieser Rechnerverbund wird auch als Botnetz bezeichnet und wird zentral durch die Angreifer gesteuert.

Zwei Typen lassen sich unterscheiden:

- **Hoher Datenverkehr:** Der Angreifer sendet eine derart große Menge an Daten, die das Netzwerk, die Anwendung oder das empfangene Device nicht verarbeiten kann. Die Folge ist eine Verlangsamung oder ein Absturz des Dienstes.
- **Falsch formatierte Pakete:** Der Angreifer sendet Pakete an eine Anwendung oder an einen Host, die falsch formatiert sind und folglich nicht verarbeitet werden können. Dabei handelt es sich z. B. um Pakete mit Fehlern.

Eine klassische Angriffsform, die dieses Konzept nutzt, ist die SYN-Flood-Attacke. Sie basiert auf dem TCP-Verbindungsaufbau und versucht durch eine Vielzahl von

Aufbauwünschen den Dienst oder ganze Systeme zu blockieren. In Verbindung mit IP-Spoofing (einem Fälschen der IP-Absenderadresse) stellt dies eine sehr effektive Angriffsform dar.

Der Angriff lässt sich wie folgt vorstellen: Stationen verbinden sich per TCP zu einem Server, wobei zu Beginn jeder Verbindung ein Three-Way-Handshake durchgeführt wird. Stationen schicken ein TCP-Paket mit gesetzten SYN-Flag, der Server antwortet mit gesetzten SYN- und ACK-Flag. Angreifer fälschen bei diesem Angriff die IP-Adresse des Absenders, sodass der angegriffene Server nun versucht eine Vielzahl von Verbindungen herzustellen. Jede dieser Verbindungen muss auf dem Server verwaltet werden und benötigt somit Ressourcen. Durch die große Anzahl der eingetroffenen gefälschten SYN-Pakete verbraucht der angegriffene Rechner seine gesamten Ressourcen für das erfolglose Versenden von SYN-ACK-Paketen und ist dann von anderen Systemen aus nicht mehr zu erreichen.

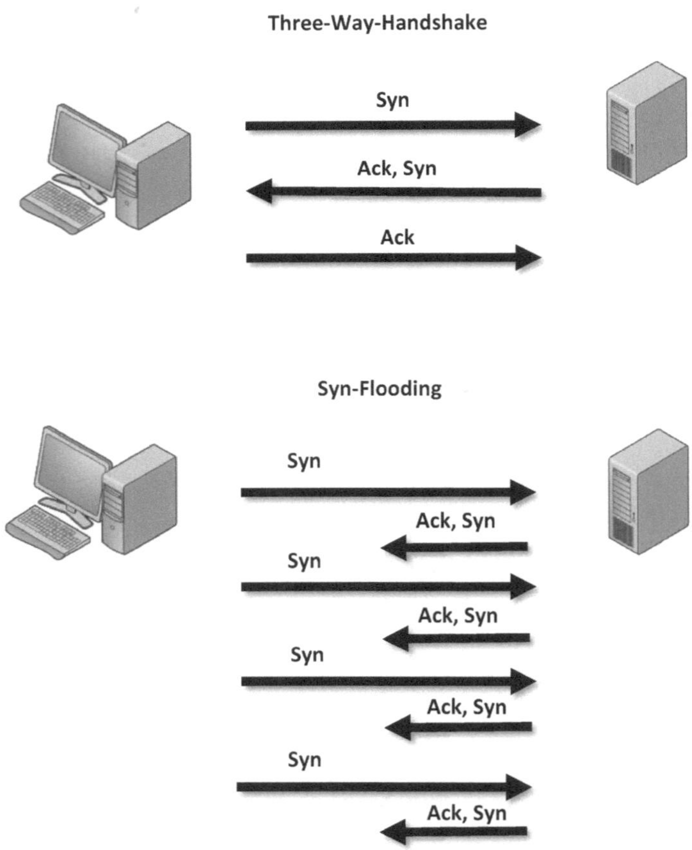

Bild 8.6 SYN-Attacke

Die Auswirkungen lassen sich wie folgt beschreiben:

- Es tritt ein Timeout für diese halb offenen Verbindungen ein, der normalerweise 60 Sekunden beträgt (dies kann je nach Betriebssystem variieren und ist auch manuell konfigurierbar).
- Der TCP-Stack versucht auf Grund eines Verbindungsfehlers standardmäßig fünf Mal eine Verbindung herzustellen (auch dies kann manuell konfiguriert werden).
- Jeder Verbindungsversuch einer halb-offenen Verbindung erzeugt zu seiner Verwaltung einen Transmission Control Block.

Die Folge ist, dass Ressourcen auf dem Server durch nutzlose Daten belegt werden, die keinen neuen Verbindungsaufbau mehr erlauben. Diese Angriffe sind einerseits einfach durchzuführen, da die Generierung eines TCP-Paketes mit gesetztem SYN-Flag einen deutlich geringeren Ressourceneinsatz erfordert - der Angreifer muss keinen TCB anlegen, da er nie eine Verbindung aufbauen möchte - als die Beantwortung durch den Server. Andererseits sind die Angriffe schwer zu kennen, da unterschieden werden muss, welche TCP-Pakete von regulären Clients kommen und welche von Angreifern. Da Angreifer die Adressen beliebig fälschen können, ist eine Unterscheidung kaum möglich.

Eine Verteidigungsstrategie bildet das Prinzip der SYN-Cookies, wie beschrieben in RFC 4987, die auf einen Vorschlag von D. Bernstein zurückgehen. Ursprünglich wurden diese zum Schutz vor IP-Spoofing-Angriffen entwickelt, wie in RFC 6528 beschrieben. Da TCP keine Vorgaben bezüglich des initialen Wert der Sequenznummer der Pakete macht, kann ein Server die Sequenznummer nutzen, um Informationen zu speichern. Die benötigten Verwaltungsinformationen, die bisher im TCB gespeichert wurden und Ressourcen belegt haben, werden nun in der Sequenznummer codiert. Erst beim Zustandekommen der Verbindung wird der TCB angelegt. Somit wird der Zustand von neuen Verbindungsanfragen nicht auf dem Server verwaltet und belegt somit auch keine Ressourcen. Durch die Schonung der Ressourcen wird der SYN-Flood-Angriff abgeschwächt. SYN-Cookies bilden eine MD5-Prüfsumme über:

- Zeitstempel,
- Sender- und Empfänger-IP-Adresse,
- Port,
- Geheimnis.
- Antwortet ein Client, kann der Server anhand der Antwort alle relevanten Informationen rekonstruieren. Antwortet der Client nicht, wurden keine Ressourcen für die Verbindungsanfrage verschwendet.

8.4 QoS – Quality-of-Service

Das Wachstum des Internets gemessen an Zahl der Nutzer und des IP-Verkehrs setzt sich ungebrochen fort. Aktuelle Prognosen sagen eine Steigerung des globalen Datentransfers auf 396 Exabyte pro Monat voraus. Naturgemäß differiert dieses Datenaufkommen stark nach Regionen, Art der Anwendungen und Verwendungszweck. So steigt der Datenverkehr überproportional stark in China und in Indien, die Verwendung für den Unterhaltungsbereich nimmt weiter zu und die zeitkritischen Dienste wie Video oder Telefonie expandieren gegenüber den traditionellen Anwendungen wie E-Mail oder Datendownload. Die Kernprognosen zeichnen folgendes Bild [vgl. Cisc00]:

- Der jährliche globale Internetverkehr überschreitet Ende 2022 die Schwelle von 4,8 Zettabyte pro Jahr.
- Der globale IP-Verkehr wird sich in den nächsten 5 Jahren verdreifachen.
- Die Zahl der mit IP-Netzen verbundenen Geräte wird 2022 das Dreifache der Weltbevölkerung betragen.
- Smartphones werden 90 % des mobilen Datenverkehrs ausmachen.
- Der Verkehr der drahtlosen und mobilen Geräte steigt auf 44 Exabyte pro Monat.
- Der Videoverkehr wird 82 % des Datenaufkommens betragen.
- Der Video-on-Demand-Bedarf wird sich bis 2022 verdoppeln.

Insbesondere die letzten beiden Aussagen dokumentieren die Erwartung an das Internet: Multimediale Dienste müssen in entsprechender Qualität beim Nutzer ankommen. Das Datenmuster dieser Anwendungen widerspricht aber den Anforderungen, für die das Internet ursprünglich konzipiert wurde. Qualitätsmerkmale waren nur unzureichend vorgesehen, weil niemand antizipierte, dass Video- oder Audioverkehr zu einer bestimmenden Größe werden würden. Zusätzlich unterscheiden sich die Erwartungen an die Übertragungsqualität der Anwendungen. Nicht zwangsläufig wird eine kurze Antwortzeit erwartet, sondern falls es sich um ein Download für den späteren Gebrauch handelt, steht nach wie vor die Fehlerfreiheit im Vordergrund.

Jede Anwendung besitzt eigene Metriken. So verlangen Audioübertragungen eine spezifische Eingrenzung der Verzögerungszeit, was insbesondere bei konkurrierender Nutzung mit wachsenden Anwenderzahlen zu einem gravierenden Problem werden kann, tolerieren aber Paketverlust in geringem Maße. In diesem Umfeld sind Möglichkeiten gefordert, ein vorhersehbares Dienstniveau herzustellen und dieses über den Zeitablauf zu gewährleisten. Dabei heißt Niveau, Aussagen über Parameter wie Verzögerung, Varianz der Verzögerung, Latenzzeit, Paketverlust oder Bandbreite zu treffen. Die Charakteristika der Hauptverkehrstypen zeichnen sich durch die in Bild 8.7 gezeigten Merkmale aus.

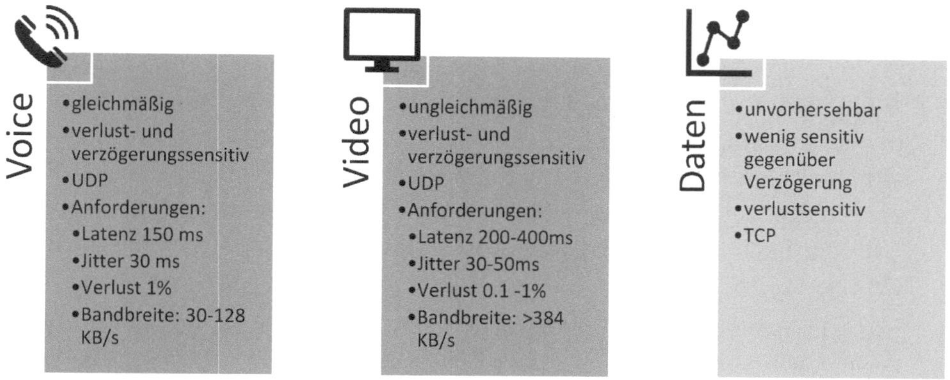

Bild 8.7 Verkehrscharakteristika

Eine typische QoS-Architektur basiert auf drei Bausteinen (siehe Bild 8.8):

- **Klassifikation:** Die Übertragungen müssen identifiziert und klassifiziert werden.
- **Congestion Avoidance:** Datenverkehr, der die verfügbaren Netzwerkressourcen überschreitet, muss selektiv verworfen, verzögert oder gekennzeichnet werden, um eine Überlastung zu vermeiden.
- **Congestion Management:** Spezielle Werkzeuge verwalten und beeinflussen den Verkehr im Sinne der QoS-Ansprüche.

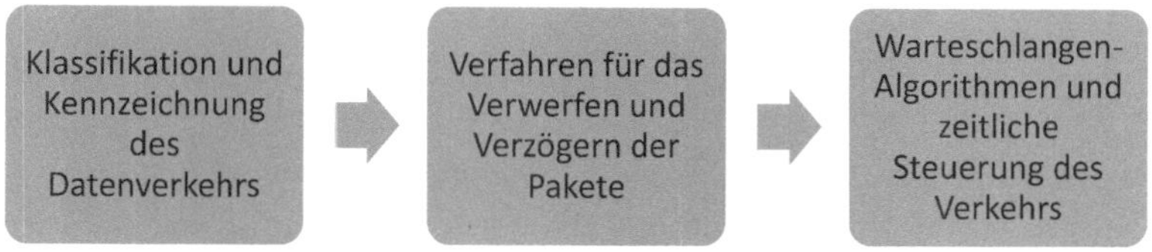

Bild 8.8 QoS-Architektur

Die QoS-Erfordernisse beschreiben vier Parameter:

- **Bandbreite:** ein Maß für die Übertragungskapazität. QoS-Werkzeuge stellen sicher, dass die entsprechenden Anwendungen mit der zugehörigen Bandbreite versorgt werden.
- **Paketverlust:** bezeichnet die Anzahl verlorener Pakete als Prozentsatz der Gesamtzahl übertragener Pakete.

- **Delay:** die Zeitspanne der Übertragung eines Paketes von der Quelle zum Ziel.
- **Jitter:** die Varianz in der Verzögerung (Delay).

Die Realisierung der QoS-Anforderungen unterscheidet drei Varianten:

- **Best-Effort-Service:** Diesem traditionellen Dienst liegt die Vorstellung zugrunde, dass eine Station Daten jeden Volumens zu jeder Zeit sendet, ohne dafür eine Abstimmung mit dem Netzwerk zu treffen. Dementsprechend gehen in die Übertragungscharakteristik keine Parameter wie Verzögerung oder Bandbreite ein. Abgebildet wird dieser Dienst durch das FIFO (First-in-First-out)-Modell, das insbesondere für zeitunkritische Anwendungen wie Filetransfers oder E-Mail geeignet ist. Im engeren Sinne handelt es sich daher nicht um ein QoS-Modell.
- **Integrated Services (IntServ):** Hier berücksichtigen Dienstklassen Güteanforderungen in Form von Ressourcenreservierungen (RFC 2210, 2212). Dafür fordert die Anwendung vor einer Übertragung den Dienst von den Netzknoten an. Die Anforderung geschieht über explizite Signalisierung und erst nach Erhalt einer Bestätigung beginnt die Quelle mit der Datenübertragung. Die gesendeten Daten erfüllen dann die Kriterien des verlangten Verkehrsprofils. Hierzu dient das Resource Reservation Protocol (RSVP) definiert in RFC 2205.
- **Differentiated Services (DiffServ):** Dieses Modell (RFC 2475) gibt seine Anforderung an das Netzwerk nicht im Voraus bekannt, sondern versucht Dienstgüten auf der Basis einer Paketinterpretation bereitzustellen. Typischer Vertreter dieses Konzeptes sind Priorisierungen von IP-Paketen in Form der IP-Precedence-Bits, deren Inhalt aber von jedem Netzknoten in gleicher Weise ausgelegt werden muss, um eine zuverlässige Ende-zu-Ende-Kommunikation zu gewährleisten. Dieses Modell umschifft die Hürde der Skalierbarkeit, indem es Ressourcen anhand von Verkehrsklassen reserviert.

Für die QoS-Ansprüche von Videos als der größten Anwendungsklasse spielt die Verzögerung von Paketen, d. h. Latenz und Jitter eine entscheidende Rolle. Der Zeitablauf der Paketzustellung in einem IP-Netz ist über die Zeit nicht konstant, sondern variiert in gewissen Grenzen. Die messbare Spanne wird durch mehrere Faktoren bestimmt. Dazu zählen die Kapazität des Netzes, die eingesetzten Protokolle sowie die Art und Häufigkeit des restlichen Datenverkehrs. Um diese Schwankungen auszugleichen, bedient sich der Empänger eines Jitter-Puffers, des sog. playout delay buffers. Dieser nimmt beim Empfänger alle ankommenden Pakete auf und gibt sie in regelmäßigen Abständen in einem kontinuierlichen Strom wieder ab. Je größer dieser Puffer bemessen ist, desto mehr Schwankungen kann er ausgleichen. Allerdings steigt mit seiner Größe auch die Verzögerung insgesamt. Bei der Bestimmung der Größe entsteht daher ein Interessenkonflikt: Minimierung des Paketverlustes durch einen großen Puffer führt zu großen Verzögerungen – Verringerung der Verzögerung durch einen kleinen Puffer kann dazu führen, dass dieser den Jitter nicht ausgleichen kann.

8.4.1 Klassifikation

Um einem Dienst erforderliche Qualitätsmerkmale zuweisen zu können, muss er als sensitiv bezüglich bestimmter Übertragungsparameter identifiziert und markiert werden. Wird ein Paket zwar als dienstsensitiv erkannt, aber nicht markiert, findet die Klassifikation lediglich auf dem aktuellen Host statt. Die Information wird nicht an weitere Stationen in Zielrichtung weitergegeben. Dies ist bei den Instrumenten des Priority- und Custom-Queuing der Fall.

Quality-of-Services basiert auf einer Differenzierung des Netzwerkverkehrs durch Prioritäten und Bandbreitenbedarf. Die Idee des QoS besteht nun darin, einer Gruppe von Anwendungen oder Nutzern mit ähnlichen Serviceanforderungen gleiche Merkmale zuzuordnen und sie damit von anderen Anwendungen, die andere Anforderungen besitzen, abzugrenzen.

Die offensichtlichste Möglichkeit, allen Anforderungen zu begegnen, besteht darin, die Bandbreite zu erhöhen. Aber Bandbreite allein reicht nicht aus, um die Ansprüche zu erfüllen. Wie auch der Ausbau einer zweispurigen zu einer vierspurigen Straße zunächst den Verkehrsengpass beseitigt, stößt dieses Vorgehen an seine Grenzen, sobald der Verkehr weiter zunimmt und Lkw - sprich langsame Anwendungen wie Filetransfer - zwei Spuren blockieren.

Sollen die Dienstmerkmale auf ein IP-basiertes Netz erweitert werden, scheitert dies zunächst an mangelnden Mechanismen der Ebene 3. Das IP-Protokoll ist nicht in der Lage, die Gewichtung der Ethernet-Pakete nach IEEE 802.1 zu interpretieren, sodass Datenpakete weiterhin nach dem Best-Effort-Prinzip weitergeleitet werden.

Ein naheliegendes Konzept besteht darin, das IP ToS-Feld zu interpretieren. Dieses als Diffserv (Differential Services) bekannte Konzept nennt das TOS-Feld in DS-Byte um (RFC 2474) und bildet auf der Grundlage von 6 Bits 64 mögliche Serviceklassen, die als DSCP bezeichnet werden. Ein IP-Paket wird bei seinem Eintritt in das Netz einer Klasse zugeordnet und dann anhand vorgegebener Regeln gemäß seiner Serviceklasse behandelt. Die Dienstqualität wird damit pro Paket definiert.

Die 64 DSCP-Werte sind in drei Kategorien eingeteilt:

- **Best-Effort (BE):** Default für alle IP-Pakete mit DSCP = 0.
- **Expedited Forwarding (EF):** DSCP = 46. Cisco Systems empfiehlt, nur Sprachpakete mit EF zu versehen.
- **Assured Forwarding (AF) (RFC 2597):** verwendet die fünf bedeutungstragenden DSCP-Bits zur Anzeige von Präferenzen, wobei die ersten 3 Bits die Klassenzugehörigkeit (Warteschlange) bestimmen, sodass insgesamt 12 DSCP-Werte definiert werden:

- Klasse 4 ist die „beste", Klasse 1 die „schlechteste" Warteschlange.
- Das 4-te und 5-te Most Significant Bit bestimmt die Präferenz des Verwerfens.
- Das 6-te Most Significant Bit ist auf Null gesetzt.

DSCP-Feld					
X	X	X	Y	Y	0
Klasse			Verwerfpräferenz		

Beispiel AF32

0	1	1	1	0	0

Dies entspricht der Klasse 3 und der Verwerfpräferenz 2 und drückt den DSCP-Wert 28 aus. Tabelle 8.4 zeigt die Organisation der AF-Werte.

Tabelle 8.4 AF-Werte

	Geringe Verwerfpräferenz	Mittlere Verwerfpräferenz	Hohe Verwerfpräferenz
Klasse 4 „beste" Warteschlange	AF41 = 34	AF42 = 36	AF43 = 38
Klasse 3	AF31 = 26	AF32 = 28	AF33 = 30
Klasse 2	AF21 = 18	AF22 = 20	AF23 = 22
Klasse 1 „schlechteste Warteschlange	AF11 = 10	AF12 = 14	AF13 = 14

8.4.2 Congestion Avoidence

Congestion Avoidance vermeidet die Überlastung des Netzwerkes. Wie zuvor beschrieben, implementiert TCP bereits eine Staukontrolle für die Ende-zu-Ende-Verbindung. Dieses Kapitel beschreibt zusätzliche Mechanismen innerhalb der Netzwerkkomponenten zur Vermeidung von Überlastungen.

- **Traffic Shaping:** Dieser Funktion liegt die Vorstellung zugrunde, dass es Vorteile bringt, einen sehr unausgeglichenen Verkehrsfluss mit vielen Übertragungsspitzen und -pausen zu glätten. Dementsprechend wird versucht, Spannen hoher Bandbreitenanforderungen zu „kappen", um ein besser vorhersagbares Verkehrsprofil, geringere Paketverluste und eine verstärkte Fairness der Netzwerkressourcennutzung durchzusetzen. Dies kann auf zwei Arten geschehen:

- durch ein Verwerfen von Paketen,
- durch eine Verzögerung des „Überschussverkehrs“ unter Nutzung von Puffern oder Warteschlangenmechanismen, um Pakete „aufzubewahren“. Ein Mittel, beide Funktionen umzusetzen, ist der Token Bucket (Trichter). In der Token-Bucket-Überlegung werden Token mit einer gewissen Rate in den Trichter gelegt, wobei der Trichter nur eine begrenzte Kapazität besitzt. Erreicht der Trichter seinen maximalen Füllstand, werden weitere Token verworfen. Jedes Token repräsentiert für die Quelle die Erlaubnis, eine bestimmte Anzahl von Bits versenden zu dürfen. Um ein Paket zu übertragen, werden daher die der Paketgröße entsprechende Anzahl Token dem Trichter entnommen. Enthält der Trichter nicht genug Token für das Paket, wird die Übertragung zurückgestellt oder das Paket verworfen. Damit entspricht der größte zulässige „Burst“ der Größe des Trichters, aus dem er die Sendeberechtigung bezieht. Dies bedeutet das Daten entsprechend der Trichtergröße mit maximaler Geschwindigkeit gesendet werden, im Anschluss werden Daten dann gemäß der Token Rate gesendet. Die meisten Verfahren dieser Art ergänzen einen Puffer oder einen Warteschlangenmechanismus, um ein Paketverwerfen zu vermeiden. Diese Art der Verkehrssteuerung bindet den Datenfluss an die Kapazität des Trichters und der Token Rate.

- **Random Early Detection (RED)** ist eine weitere Möglichkeit der Überlastvermeidung. Das Verfahren überwacht die durchschnittliche Länge der Warteschlangen und veranlasst die Sender notfalls zur Reduktion ihrer Übertragungsleistung. Dazu nutzt RED die Vorteile der TCP-Staukontrolle. Bereits vor entstehen der Überlast verwirft RED zufällig ein Paket und zwingt auf diese Weise die Quelle, die Übertragung zu drosseln. TCP reagiert auf den Paketverlust mit einer Verkleinerung des „Congestion Windows“ so lange, bis alle Pakete ohne Retransmission ihr Ziel erreichen, um dann erneut die Übertragungsleistung zu steigern. Weighted RED kombiniert den RED-Algorithmus mit dem IP-Prioritätsschema. Durch die Auswahl von Paketen geringer Priorität als Kandidaten eines Verwerfens, entsteht die Möglichkeit eines proaktiven Handelns, bevor die eigentliche Überlastsituation konkret wird. Damit steigt die Wahrscheinlichkeit, dass Pakete mit hoher Priorität zulasten solcher mit niedriger Priorität übertragen werden. RED beginnt mit dem Paketverwerfen, sobald ein bestimmter Schwellwert überschritten wird. Die Rate des Verwerfens steigt linear mit zunehmender Länge der Queue, bis die Schlange einen maximalen Wert erreicht. Tritt dieser Fall ein, werden alle weiteren Pakete ignoriert.

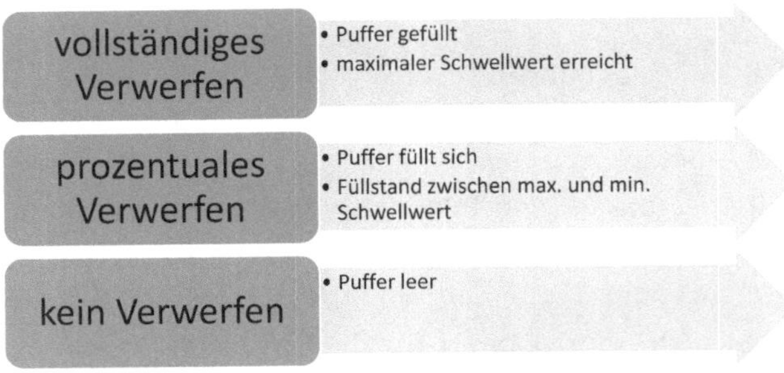

Bild 8.9 Schwellwerte für das Verwerfen von TCP-Segmenten bei RED

Der WRED-Algorithmus gestattet ein Puffermanagement durch eine Steuerung des TCP-Verkehrs.

8.4.3 Congestion Management

Die Staukontrolle konzentriert sich auf eine Abarbeitung von Warteschlangen und stellt dazu unterschiedliche Verfahren bereit: First-in-First-out, Prioritäts-Queuing, Weighted-Fair-Queuing oder Class-Based WFQ. Ziel ist es hierbei, die Abarbeitung so zu steuern, dass die Anforderungen der verschiedenen Applikationen bedient werden.

Durch die zuvor beschriebene Klassifizierung wird es dem Congestion Management ermöglicht, Pakete entsprechend ihrer Zuordnung zu verarbeiten. Hierbei lassen sich Pakete unterschiedlicher Klassen in verschiedene Warteschlangen einsortieren, die wiederum mit unterschiedlichen Prioritäten bearbeitet werden. Da Warteschlangen nur eine begrenzte Zahl von Paketen aufnehmen können, wohnt ihnen die Tendenz des Überlaufs inne. Eine Überschreitung der Warteschlangenlänge führt dann zu einem Paketverlust. Eine Verwaltung von Warteschlangen soll daher zwei Aufgaben erfüllen:

1. Sicherstellen, dass sie stets Pakete aufnehmen kann.
2. Wenn dies nicht erreicht werden kann, Pakete geringerer Priorität zugunsten hochpriorisierter Pakete verwerfen.

Um dieser Aufgabe gerecht zu werden, muss der Verkehr sortiert, priorisiert und anschließend anhand von ausgewählten Methoden bearbeitet werden. Mehrere Vorschläge stehen zur Verfügung:

- First-in-First-out,
- Priority Queuing,
- Weighted Fair Queuing,
- Class-Based WFQ.

Jeder Warteschlangenalgorithmus ist für ein bestimmtes Problem entworfen und übt einen spezifischen Effekt auf die Übertragung aus.

First-in-First-out (FIFO): Gemäß dieses Verfahrens werden die einlaufenden Pakete bei Überlast in ihrer Reihenfolge zwischengespeichert und in der gleichen Sequenz an den Folgeknoten weitergeleitet, sobald die Überlastungssituation sich entspannt hat. FIFO verfügt nur über eine Queue und behandelt alle Pakete gleich. Das Verfahren macht damit keinen Gebrauch von Prioritäten, einzig die Reihenfolge bestimmt die Bandbreite und Pufferallokation. Als Folge dieser pragmatischen Vorgehensweise können Quellen mit hohem Datenaufkommen auch hohe Verzögerungen in der Paketauslieferung zeitsensitiver Datenströme anderer Applikationen erzeugen. Dennoch ist es die schnellste Queuing-Methode und besonders effektiv für Verbindungen mit minimaler Überlastneigung. Der Ablauf entspricht dem Best-Effort-Prinzip.

Priority Queuing: Dieses Konzept versucht, Verkehrsströme durch die Zuweisung von Prioritäten zu differenzieren. Pakete, die zu einer hohen Prioritätsklasse gehören, werden vor denjenigen einer niedrigeren Klasse übertragen. Die Differenzierung geschieht z. B. über das Netzwerkprotokoll, die empfangenen Interfaces, die Paketgröße oder die Adressen. Jedem Paket wird eine Priorität zugeordnet, welche über die Einsortierung in die entsprechende Warteschlange entscheidet. Pakete ohne Priorität werden einer „normalen" Klasse zugeordnet. Während der Übertragung räumt der Algorithmus den Schlangen mit der höchsten Priorität absoluten Vorrang ein, mit der Folge, dass die Warteschlangen niedriger Priorität verlängerte Latenzzeiten in Kauf nehmen müssen. Im Extremfall, wenn permanent Übertragung in den hoch-priorisierten Klassen anstehen, werden Übertragungen mit niedriger Priorität nicht ausgeführt. Um diese Gefahr zu mildern, können für die Warteschlangen Übertragungsbegrenzungen berücksichtigt werden, sodass auch der Datenstrom geringer Priorität eine definierte Übertragungsrate erhält. Die Übertragung wird allerdings von einem weiteren Parameter in Form der maximalen Warteschlangenlänge beeinflusst. Die Möglichkeit langer Queues beeinträchtigt folglich die Übertragungswahrscheinlichkeit gering priorisierter Pakete weiter.

WFQ (Weighted Fair Queing): Auch hier werden Pakete verschiedenen Warteschlangen zugeordnet. Fair Queueing (FQ) stellt sicher, dass jede Warteschlange den gleichen Anteil an Übertragungskapazität erhält. WFQ verwendet weiterhin Gewichte, um zu bestimmen, wie viel Bandbreite eine Verbindung in Relation zu den anderen beanspruchen darf. Durch dieses Konzept reduziert sich das Problem der Varianz der Verzögerung, da die Transferrate einer Verbindung vorhersagbarer wird.

- Weighted Fair Queuing ordnet den Datenflüssen der einzelnen Sender eine spezielle Queue zu, um Bandbreite und Verzögerungskennzeichen der ausgehandelten Anwendungen zu garantieren. Die einzelnen auf diese Weise pro Quelle entstehenden Schlangen arbeitet der Router nach dem Round-Robin-Verfahren ab. **Fairness** leitet sich aus der Überlegung ab, dass eine adäquate

Zuteilung der Dienstgüte zu den Erfordernissen der einzelnen Anwendungen erfolgt.

- Sendet eine Station zu schnell, füllt sie ihre Queue, was nach Erreichen einer gewissen Schlangenlänge zu einem Paketverlust führen kann. Ein Feedback über den Füllstand einer Warteschlange an den Sender ist nicht Bestandteil des Fair Queuing, sodass Router ihre Datenquellen nicht über eine Überlastsituation informieren können.
- **Weighted** verweist auf den Umstand, dass jeder Datenstrom isoliert erscheint und mit einem gewissen Prozentsatz der Bandbreite versehen ist und dass dieser Prozentsatz durch Gewichte ausgedrückt wird. Die Bandbreitenverteilung wird dabei entscheidend von der Paketlänge beeinflusst. Ein Fluss mit Paketen von 1000 Bit Länge soll gegenüber einem Datenstrom mit Paketen von 500 Bit Länge auch nur die Hälfte an Kapazität beanspruchen dürfen. Diese Vorstellung führt unweigerlich zu einer Verteilung gemäß eines Bit-by-Bit-Round-Robin, wobei der Router umschichtig aus jedem Strom jeweils ein Bit überträgt.

Gewichte geben an, wie viele Bytes bzw. Pakete der Router überträgt, sobald er die Queue bedient. Der einfache Fair-Queue-Algorithmus arbeitet mit Gewichten von 1, d. h. jeweils ein Bit wird für jede Verbindung weitergeleitet. Bei n Datenflüssen bedeutet eine derartige Aufteilung, dass jeder Verbindung 1/n der Bandbreite zur Verfügung steht. Mittels Weighted Fair Queuing ist es nun möglich, einer Schlange ein Gewicht von 2, einer weiteren das Gewicht von 3 und einer dritten das Gewicht von 1 zuzuweisen und auf diese Weise die einzelnen Verbindungen unterschiedlich zu priorisieren. Zur korrekten Handhabung dieser Variante muss der Router allerdings erkennen, dass die Verbindungen den Weighted-Fair-Queue-Mechanismus verwenden, was voraussetzt, dass der Router diese Informationen durch eine Konfiguration erfährt. Diese Art der Reservierung durch Gewichte ist ein erster Ansatz zur Gewährung von Dienstgütekriterien. Die verfügbare Bandbreite hängt von der Anzahl simultaner Verbindungen ab. Sie ist damit eine Funktion des Verkehrsaufkommens insgesamt und folglich hochgradig variabel.

Beispiel

WFQ kann die Angaben des IP-Prioritätsfeld zur Berechnung der Gewichte nutzen. Da WFQ jedem Datenstrom ein Gewicht zuordnet, dient die Priorität als Teiler dieses Gewichtes, z. B. Datenverkehr mit dem Prioritätswert 7 bekommt eine höhere Prioritätsklasse als solcher mit einem Wert von 3. Bei einem Datenfluss pro Prioritätslevel auf einem Interface bekommt jeder Datenfluss den (Prioritätswert + 1)-Anteil der Bandbreite : 1+2+3+4+5+6+7+8=36, sodass die einzelnen Datenflüsse 8/36, 7/36, 6/36, ... Bandbreitenanteile erhalten. Auf diese Weise erhält die Prioritätsklasse 0 den 1/36-Teil der Bandbreite und Klasse 7 einen Anteil von 8/36.

CBWFQ (Class-Based Weighted Fair Queing): erweitert die WFQ-Funktionalität um nutzerdefinierte Klassen. Zur Definition dienen Protokolle, ACLs oder Input-Interfaces. Die einzelnen Klassen werden nach Gewichten bedient. Diese Form des Überlastmanagements garantiert allen Anwendungen ein gewisses Dienstniveau. Erreicht wird dies durch die Zuweisung eines bestimmten Betrages an Bandbreitenkapazität an die einzelnen Queuing-Klassen in Form einer Paketkapazität. Die festgelegte Anzahl Bytes der Queue wird dann jedes Mal übertragen, sobald die Schlange an der Reihe ist. Der Algorithmus bedient die einzelnen Schlangen nach dem Round-Robin-Prinzip und sendet innerhalb der Schlangen den reservierten Bandbreitenanteil in Form einer konfigurierbaren Bytezahl, bevor er zur nächsten Schlange wechselt. Wird ein bestimmter Verkehrstyp nicht genutzt, teilen sich die verbleibenden Queues die restliche Bandbreite. Dieses Verfahren stellt sicher, dass keine Applikation mehr als den ihr zugesicherten Teil der Bandbreite beanspruchen kann, setzt aber voraus, dass ein Überblick über das Verkehrsmuster existiert, um den einzelnen Klassen ausreichende Bandbreite zuzuweisen.

8.5 Netzneutralität

Dieser etwas sperrig anmutende Begriff klingt eher nach Bürokratie denn nach Technologie. Dennoch: ohne Netzneutralität ändert sich im Internet alles. Das Netz droht restriktiver, weniger offen und innovationsloser zu werden. Netzneutralität bedeutet, dass Datenpakete unabhängig von Sender, Empfänger, Inhalt oder Applikation im Internet gleichberechtigt verarbeitet werden.

Diese Anforderungen schlagen sich in drei Grundpfeiler nieder (Bild 8.10).

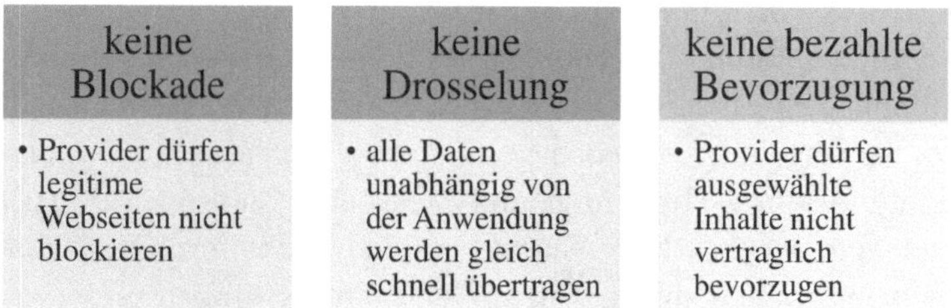

Bild 8.10 Grundpfeiler der Netzneutralität

Die Verletzung eines der Prinzipien hat weitreichende Folgen. Netzneutralität bedeutet Chancengleichheit für alle Unternehmen nicht nur gegenüber Konkurrenten. Häufig sind Internet-Service-Provider auch Anbieter von Multimedia-Diensten und bieten Streaming-Angebote an. Hier sichert die Netzneutralität die Gleichbehandlung von Daten des Internet-Service-Providers und externen Dienstanbietern. Wenn Netzbetreiber das Angebot willkürlich regeln dürfen, kommt dies einer Zensur des Internets gleich. Um Daten zu bevorzugen, muss der Inhalt interpretiert werden – eine Einschränkung der Privatsphäre ist die Folge.

Durch die Beispiele wird klar: Ohne gesetzliche Regelungen ist die Netzneutralität nicht zu sichern. Seit April 2016 gelten europäische Regeln zur Sicherstellung der Netzneutralität. Anbieter von Internetzugangsdiensten müssen nach der Verordnung (EU) 2015/2120 [Vero15] grundsätzlich den gesamten Verkehr gleichbehandeln. Insofern verankert die Verordnung Netzneutralität als Grundprinzip. Im Hinblick auf Verkehrsmanagement sind unterschiedliche Verkehrskategorien zulässig, vorausgesetzt, es gibt objektiv unterschiedliche technische Anforderungen für die Qualität eines Dienstes. Dies wird als „angemessenes Verkehrsmanagement" bezeichnet. Ein solches Verkehrsmanagement muss

- transparent,
- nichtdiskriminierend,
- verhältnismäßig sein und
- darf nicht aus kommerziellen Interessen erfolgen.

Eine differenzierte Datenübertragung im Sinne der Aufweichung der Netzneutralität ist wichtig, um die Erbringung qualitätssensitiver Dienste sicherzustellen, etwa bei vorübergehender Netzüberlastung. Vor allem für den Empfang von audiovisuellen Inhalten in Echtzeit bedarf es einer besonderen Übertragungsqualität (Quality-of-Service), damit die Übertragung in einer angemessenen Bild- und Tonqualität erfolgen kann.

Dass der Netzneutralität Beachtung geschenkt wird, zeigen Urteile des Europäischen Gerichtshofes (EuGH). Im September 2020 untersagte der EuGH Telekommunikations-Providern, die Datennutzung selektiv bei Überschreitung eines bestimmten Volumens zu drosseln. Konkret lag der Fall eines ungarischen Anbieters vor, welcher so genannte ZeroRating-Angebote offerierte. Dies bedeutet Datenübertragungen zu bestimmten Anbietern werden nicht auf das Datenvolumen angerechnet und ggf. auch bei verbrauchten Datenvolumen nicht gedrosselt. Die Angebote umfassten bestimmte Musik-Streaming- und Messenger-Dienste [Eur-00a]. Dieses Vorgehen untersagte der EuGH mit Verweis auf die Netzneutralität, da der Provider damit einigen Internetangeboten Vorrang einräumte. Ähnlich erging es der Telekom mit dem Produkt StreamOn [Eur-00b]. Eine solche Drosselung wurde gerichtlich untersagt. Der EuGH hat in weiteren zwei Verfahren die Auffassung zur Netzneutralität bestätigt.

Deutsche Gerichte hatten dem EuGH folgende Fälle vorgelegt:

- Im ersten Fall wollte das Verwaltungsgericht Köln wissen, ob Vodafone mit dem Tarif „Vodafone Pass" gegen die Roaming-Verordnung verstößt. Das Angebot versprach die kostenlose Nutzung von Diensten seiner Partnerunternehmen. Während im Inland eine Anrechnung auf das Datenvolumen des Nutzers nicht stattfindet, gilt dies für das Ausland gleichwohl [Eur-00c].

- Im zweiten Fall wollte das Oberlandgericht Düsseldorf wissen, ob Vodafone die Anrechnung des Daten-Volumens bei Tethering, d.h. die Bereitstellung des Interzugangs z.B. über WLAN durch ein Endgerät, wie einem Smartphone, für weitere Geräte, in Rahmen von ZeroRating-Tarifen unabhängig des Dienstes auf das Inklusivdatenvolumen vornehmen darf. Konkret sah der Vertrag vor, dass bestimmte Dienste nicht auf das Inklusivvolumen angerechnet werden, außer bei der Verwendung von Tethering. Dies beinhaltete auch die Fragestellung, ob die Bereitstellung von Diensten wie Tethering grundsätzlich durch den Anbieter untersagt werden kann[Eur-00d].

Die EuGH-Entscheidung ist eindeutig: Alle Vertragsgestaltungen verstoßen gegen die Grundsätze des freien Internets und der Netzneutralität.

Es bleibt abzuwarten, wie sich neue Mobilfunknetze der 5. Generation und die Netzneutralität zueinander verhalten. Eine Neuerung ist **Network Slicing**, wobei ein Slice ein virtuelles Netzwerk mit Qualitätsgarantien darstellt. In 5G-Netzen sind insbesondere drei grundlegende Klassen vorgesehen, mit den Profilen für hohe Übertragungsraten (enhanced mobile broadband (eMBB)), hoher Verfügbarkeit und geringer Latenz (ultra-reliability and low-latency communication (uRLLC)) und hohe Gerätedicht (massive machine type communication (mMTC)). Insbesondere uRLLC bietet die technische Grundlage für zeitkritische Dienste. Beispiele sind Anwendungen im Bereich der Robotik, dem vernetzten autonomen Fahren oder der Telemedezin. Aktuell werden 5G-Netze ausgerollt, wobei der Schwerpunkt auf den Bereich der höheren Bandbreite liegt, sodass konkrete Anwendungsfälle, die der Netzneutralität entgegenstehen, noch nicht bekannt sind [Bere00]. Dies mag sich in der Zukunft aber ändern, wobei ein Anwendungsfall in 5G-Netzen Campusnetze betrifft, d.h. ähnlich zu einen LAN deckt das mobile Netzwerk nur ein lokal begrenztes Areal ab. Hierbei findet die Gesetzgebung zur Netzneutralität keine Anwendung, da sich diese nur auf Anbieter von Internetdiensten bezieht. Betreiber von lokalen Netzen sind somit nicht an die oben genannten Grundsätze gebunden.

8.6 Zusammenfassung

TCP/IP ist die Kombination zweier einzelner Protokolle. Während IP auf der Schicht 3 arbeitet und einen verbindungslosen Dienst nach dem Best-Effort-Prinzip darstellt, verrichtet TCP seinen Dienst auf Schicht 4.

Die primäre Aufgabe von TCP besteht darin, den Datenfluss vom Sender zum Empfänger zuverlässig und korrekt sicherzustellen. Dazu gehören Mechanismen wie die Datenflusskontrolle oder das Sliding-Window-Prinzip ebenso wie die Felder

Sequenznummer und Acknowledgement des Headers. Durch die Zuordnung der Portnummern zu Anwendungen lassen sich zusätzlich wertvolle Informationen für die Dienstgüte und die Lenkung von Verkehrsströmen gewinnen. Neben TCP existiert mit UDP ein weiteres Standardprotokoll auf der Transportschicht, das sich durch einen schlankeren Header auszeichnet. Mit dieser Verschlankung und den Verzicht auf Funktionalitäten wie der Retransmission ist es besonders für zeitsensitive Dienste geeignet.

Zum grundsätzlichen Verständnis der Arbeitsweise von TCP/IP sind daher viele Einzelelemente wichtig. Dazu gehören: die Headerfelder und -funktionen, die Portnummern, das Verbindungsmanagement und die speziellen Mechanismen, die die Transportqualität sichern. Der Leser sollte daher über diese Einzelheiten fundierte Kenntnisse besitzen, um ein sachkundiges Urteil über Erweiterungen und Anpassungen fällen zu können. Diese Gesichtspunkte kommen vor allem bei der Unterschiedlichkeit der zu transportierenden Datenströme zum Tragen. Heutzutage dominiert der Videoverkehr mit seinen besonderen Charakteristiken das Netzgeschehen und verdrängt zunehmend den reinen Datenverkehr. Welche Mechanismen zur Verkehrssteuerung eine Rolle spielen, ist daher von besonderer Wichtigkeit. Aber auch der Aspekt der hiermit verbundenen Netzneutralität gewinnt an Gewicht.

Weiterführende Literatur: [Come11, KuRo14, PLMR06]

Weiterführende Internetquellen:

- Online-Kurs: [Mein00]

8.7 Wissensüberprüfung

1. Welche Größe besitzt der TCP-Header?
2. Was ist unter Datenflusskontrolle zu verstehen?
3. Durch welche Flags leitet TCP den Verbindungsaufbau ein?
4. Die Windowgröße betrage 1. Wann wird eine Bestätigung an den Sender übertragen?
5. Welche Protokolle nutzen UDP als Transportmechanismus?
6. Was ist der Zweck des Drei-Wege-Handshake-Verfahrens von TCP?
7. Ist TCP ein verbindungsorientierter Dienst? Begründen Sie Ihre Ansicht.
8. Welche Informationen liefern Ports?
9. Welche Portangaben enthält der Header, falls der Sender eine http-Verbindung zum Ziel aufbaut?
10. Erkennt IP, dass als nächsthöheres Protokoll TCP verwendet wird?

9 Layer 2 – Geräte, Protokolle und Konzepte

Lernziele

Nach der Beendigung dieses Kapitels sollte der Leser in der Lage sein, folgende Fragen zu beantworten:

- Wie arbeitet ein Switch?
- Welche Switching-Methoden existieren?
- Welche Anforderungen an die Paketweiterleitung gibt es?
- Wie unterscheiden sich Switch-Architekturen?
- Welche Rolle spielt das Spanning-Tree-Protokoll für die Schicht 2?
- Was sind VLANs und wo spielen sie ihre Bedeutung aus?

Kapiteleinführung

Heutige Unternehmensnetze sind komplexe, heterogene Hochgeschwindigkeitsinfrastrukturen. Eine Kombination von Switches und Routern wird eingesetzt, um die Anforderungen der Benutzer nach hoher Bandbreite und kurzen Antwortzeiten zufriedenstellend zu erfüllen. Worin liegen die Gründe für die ständige Forderung nach höherer Geschwindigkeit im Netz?

- „Alles hat sich verändert, auch das Netzwerk“ könnte eine These zur Datenverarbeitung der letzten Dekade lauten. Vergangene broadcast-basierte Shared-Media-Netze ächzten unter der Datenlast. Als Resultat hat sich beinahe jeder Aspekt der Informationsverarbeitung geändert – Tools, Technologien, Methoden. Obgleich Netzwerke nur einen Teil der Gesamtstruktur ausmachen, sind sie doch besonders kritisch, weil sie das Nervensystem eines Unternehmens bilden. Unglücklicherweise liefern die meisten Netzwerke kein konstantes Level an Dienstqualität. Doch neue Anwendungen verlangen die Übertragung von mehr Daten in einer kürzeren Zeit über größere geographische Entfernungen. Der Weg, diesen Anforderungen erfolgreich zu begegnen ohne die Komplexität zu steigern, ist eine permanente Herausforderung.
- Im Zeitalter des Internets, der Multimedia-Anwendungen, des Cloud-Computings und der zentralen Serverfarmen haben sich die netzübergreifenden Da-

tenströme verstärkt. Als Folge dieser Entwicklung sind Backbones mit höherer Bandbreite erforderlich, um eine ausreichende Antwortzeit für die Benutzer zu garantieren. Switches übernehmen im lokalen Bereich dabei die zentrale Vermittlungsrolle.

- Überschreitet die Netzwerklast aufgrund konkurrierender Zugriffe der Anwender und der dadurch ausgelösten Serverengpässe ein bestimmtes Maß, muss die Infrastruktur leicht erweiterbar sein. Switches leisten hierzu einen signifikanten Beitrag.

Aber gerade weil Switches und Router zentrale Elemente eines Netzwerkes sind, stellen Sie mögliche Angriffsziele dar. Das Bewusstsein für die Sicherheit zu stärken und geeignete Gegenmaßnahmen zu treffen, muss daher ein Anliegen jeder Organisation sein.

9.1 Switches

Switches bilden heute den Kern der Netzwerkinfrastrukturen. Hersteller bieten Switches für alle Ethernetvarianten an. Dabei bezeichnet der Name Switch im Allgemeinen einen Switch auf Ethernetbasis, da alle anderen LAN-Technologien faktisch bedeutungslos geworden sind. Switches sind die Arbeitspferde heutiger Netzinfrastrukturen.

> Switches leiten Pakete auf der Schicht 2 unter Verwendung von Quell- und Ziel-MAC-Adresse weiter. Um diese Aufgabe zu erfüllen, bauen sie in einem Selbstlernprozess Tabellen auf, die die angeschlossenen MAC-Adressen mit dem entsprechenden Port verbinden.

9.1.1 Eigenschaften

Anders als ihre Vorgänger die Bridges, die Software für den Aufbau und die Verwaltung der Adresstabelle verwenden, basieren die meisten Switches auf ASICs. Mit dem hardwarebasierten Design lässt sich eine Vielzahl nutzbringender Eigenschaften realisieren:

- Switches verbessern die Datensicherheit, da Informationen, die zwischen Knoten ausgetauscht werden, nicht in anderen Netzteilen sichtbar sind.
- Switches optimieren den Datendurchsatz, da sie Pakete zwischen ihren Ports simultan übertragen können. Dadurch kann die Leistung des Gesamtnetzes

beträchtlich erhöht werden. In einem LAN, in dem alle Knoten direkt mit einem Switchport verbunden sind, steigt der Durchsatz durch bidirektionale Verbindungen. Da jeder Rechner getrennt mit einem Port assoziiert ist, bildet er eine eigene Kollisionsdomäne und ein eigenes Segment. Damit ergeben sich drei Vorteile:

- dedizierte Bandbreite für jeden Port,
- kollisionsfreie Umgebung,
- Vollduplexmöglichkeit.

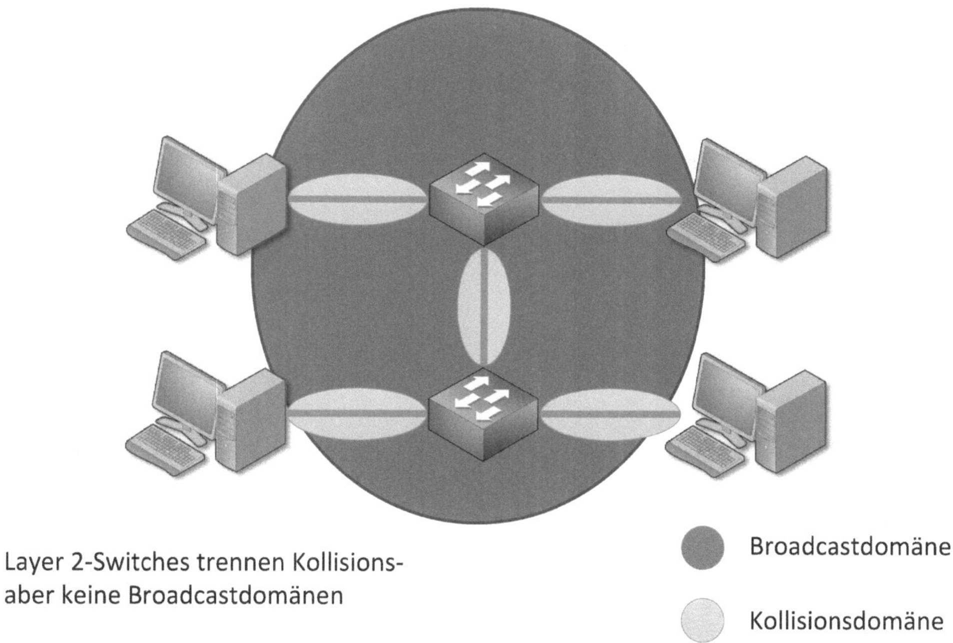

Bild 9.1 Kollisions- und Broadcast-Domänen in Switching-Umgebungen

- Switches dehnen ein Netz bezüglich der Stationen durch eine wachsende Portzahl und bezüglich der Länge durch eine Kaskadierung aus.
- Switches erlauben die Trennung der angeschlossenen Stationen in organisatorische Einheiten auf der Grundlage von virtuellen Netzen.

> Switches erhöhen die Anzahl der Kollisionsdomänen, verringern aber die Teilnehmerzahl pro Kollisionsdomäne.

Bridges als Vorgänger von Switches tauchten in den 1980er-Jahren auf, zunächst zur Kopplung homogener Technologien dann zur Verbindung unterschiedlicher

Typen von Netzwerken. Als logischer Entwicklungsschritt lösten Anfang der 1990er-Jahre Switches die Bridging-Technologie ab, indem sie den Durchsatz erhöhten, die Kosten pro Port verringerten und die Portdichte signifikant steigerten.

Diese Merkmale äußern sich im Netzdesign:

- **Steigerung der Rechner-Anzahl:** Ein Stationsausbau bedeutet, dass der Switch mehr Anschlussmöglichkeiten in Form von Ports zur Verfügung stellen muss. Dies kann auf zwei Arten erreicht werden: zum einen können Switches kaskadiert, zum anderen kann durch Stackable Switches die ursprüngliche Portdichte erhöht werden.
- **Migration und Investitionssicherheit:** Nutzer, die über ältere Netzwerkkarten nach den Ethernetvorläuferstandards arbeiten, können ohne Austausch der Netzwerkkarte an 10/100/1000-Mbit/s-Autosensing-Ports des Switches angebunden werden.
- **Aufrüsten der Serveranbindung:** Server als potenzieller Engpass der Client/Server-Kommunikation können über spezielle Uplink-Ports mit einer schnelleren Technologie – z.B. 10-Gigabit-Ethernet – angeschlossen werden.

9.1.2 Arbeitsweise

Die zentrale Funktion eines Switches, nämlich das Weiterleiten der Datenpakete, beruht auf einer Adresstabelle, deren Inhalt in einem Selbstlernprozess vollständig transparent für die Nutzer erstellt wird. Zur Weiterleitung führt der Switch drei Aktionen aus:

1. Zunächst entscheidet er, ob das Paket auf Basis der Zieladresse weitergeleitet werden kann oder verworfen werden muss. Damit erhöhen Switches die **Sicherheit**, da unvollständige oder unzulässige Pakete gefiltert werden können. Switches leisten damit eine rudimentäre Fehlerbegrenzungsmöglichkeit.
2. Im nächsten Schritt wird die Quelladresse des Paketes auf ihr Vorhandensein in der Adresstabelle geprüft, um den Adresslernprozess einzuleiten.
3. Als letzte Phase prüft der Switch die Zieladresse hinsichtlich eines Eintrags.

Der Adresslernprozess stellt sich damit wie folgt dar: Sobald ein Datenpaket den Switch erreicht, fügt dieser die Ethernet Quell-MAC-Adresse und den Port, über welchen die Station des empfangenen Pakets angebunden ist, in eine Adresstabelle ein. Existiert bereits ein Eintrag für die Quelladresse, wird lediglich der Aging-Timer aktualisiert. Der Aging-Timer garantiert die Aktualität des Eintrags. Läuft er ab, wird der Eintrag entfernt. Anschließend prüft der Switch die Zieladresse daraufhin, ob es sich um eine Broadcast-, eine Multicast- oder eine unbekannte Unicast-Adresse handelt. Nur im Fall, dass die Ziel-MAC-Adresse bereits in der Adresstabelle verzeichnet ist, findet eine gerichtete Paketweiterleitung anhand der zuvor gelernten MAC-Adressen und Ports zum Ziel statt.

Switches lernen nur Unicast-Quelladressen. Der mit der Adresstabelle verbundene Lernprozess hat zwei Aufgaben zu erfüllen:

- einerseits müssen neu angeschlossene Stationen entdeckt werden,
- andererseits müssen Stationen, die das LAN wechseln, in ihrer Erreichbarkeit aktualisiert werden.

Zur Sicherstellung dieser Anforderungen überprüft der Switch alle Pakete, die er an einem Port empfängt auf die Quell-MAC-Adresse und führt zusätzlich eine Zeitangabe als Aktivitätszeit der einzelnen Station.

Erhält ein Switch ein Paket das erste Mal für eine noch unbekannte Zieladresse, verfügt er über keinen entsprechenden Eintrag in der Adresstabelle. Um eine Entscheidung darüber zu treffen, ob für das Paket ein korrekter Pfad existiert, sendet der Switch dieses Paket an alle Ports mit Ausnahme desjenigen, auf dem er es empfangen hat. Dieser Prozess wird als Flooding bezeichnet. Neben den unbekannten Unicast-Paketen „flutet" ein Switch auch Broadcast- und Multicast-Sendungen. Je nach Ausstattung des Switches bieten einige Gerätetypen auch ein Lernverfahren für Multicast-Datenpakete an, sodass auch hier eine gezielte Weiterleitung erfolgen kann. Hierzu muss der Switch aber zusätzlich Pakete vom Internet Group Management Protocol (IGMP) für IPv4 bzw. ICMPv6 auswerten.

Die folgende Abbildung verdeutlicht das als **Learn-and-Stay-Verfahren** bekannte Adresslernen von Switches.

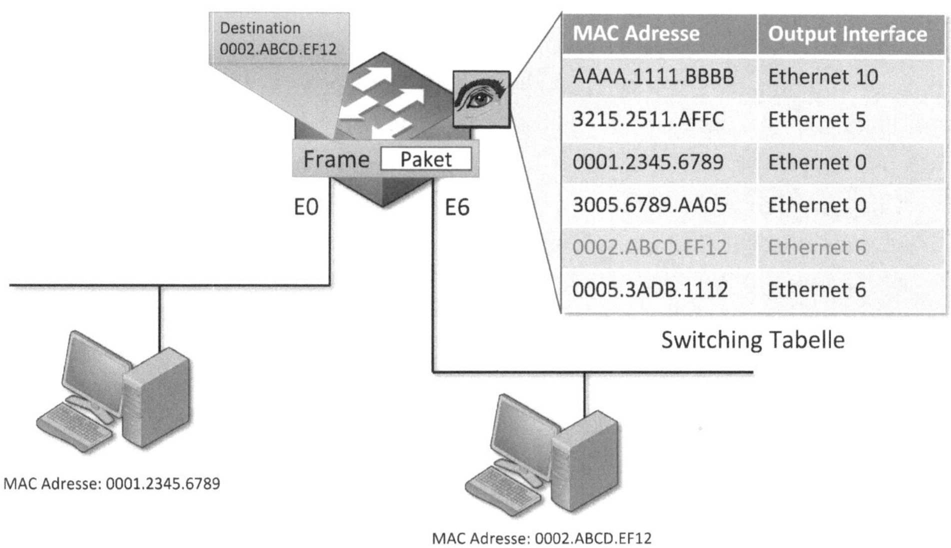

Bild 9.2 Learn-and-Stay-Verfahren

- Der Aging-Timer ermöglicht es, Umzüge einer Station in ein anderes LAN zu erkennen. Sollte nämlich innerhalb der durch den Zeitstempel vorgegebenen Zeitspanne die betreffende Station nicht aktiv sein, wird sie aus der Adresstabelle gelöscht. Ihr Neueintrag erfolgt mit dem ersten Weiterleitwunsch nach Ablauf des Zeitstempels.
- Der Zeitstempel legt fest, wie lange die MAC-Adresse der Quellstation in der Adresstabelle gehalten werden muss. Diese Zeitspanne hat Einfluss auf die Weiterleitgeschwindigkeit, da es bei zu kurzen Zeitintervallen zu einem wiederholten „Flooding" kommt. Flooding bedeutet neben Netzwerklast aber auch steigende Verzögerungszeiten, sodass der Wahl der Zeitspanne eine große Bedeutung zukommt. Der Eintrag kann als „Lebenszeit" der Station interpretiert werden.

9.1.3 Switching-Verfahren

Aufgrund ihrer Einfachheit können Switches in Hardware realisiert werden. Sie analysieren die MAC-Adresse des Paketheaders schon nach den ersten 20 – 30 Byte, ohne sie in einem Puffer abzulegen, entscheiden dann den Weg für die Daten und schalten unverzüglich den entsprechenden Ausgangsport. Eine Zwischenspeicherung von Informationen wird nur notwendig, wenn der gewünschte Ausgangsport belegt ist. Die Verweilzeit von Paketen in einem Switch ist tendenziell kleiner als bei Routern, die bei jedem Paket die TTL anpassen und die Header-Prüfsumme neu berechnen müssen.

Switches können prinzipiell nach unterschiedlichen Verfahren arbeiten. Sie unterscheiden sich in der Weiterleitmethode = Switching-Verfahren, der Portgeschwindigkeit = symmetrisches/asymmetrisches Switching, der Zwischenspeicherung von Paketen = portbasiert oder Shared-Memory. Drei Switching-Verfahren lassen sich unterscheiden:

- **Cut-Through (Fast Forward):** Der Bearbeitungszyklus eines Switches für das einlaufende Paket beginnt bereits dann, wenn unmittelbar nach Einlesen der MAC-Ziel-Adresse klar ist, wohin der Rahmen weitergeleitet werden muss. Während das Ende des Datenpaketes eingelesen wird, wird bereits der Anfang des Paketes dem betreffenden Ausgangsport zugestellt. Das Ergebnis ist eine extrem geringe Latenzzeit, unabhängig von der Länge des Datenpaketes. Durch den Verzicht auf die Zwischenspeicherung der empfangenen Datenpakete und auf die Bearbeitung des Prüffeldes erreichen Switches zwar eine hohe Vermittlungsgeschwindigkeit, allerdings mit einigen Nachteilen:
  - Da alle Steuerfelder hinter der MAC-Adresse nicht geprüft werden, können fehlerhafte Pakete auf das Netz gelangen.

- Die alleinige Auswertung der Adresse beschränkt die Filtermöglichkeiten auf eine reine Adressprüfung.
- Das Verfahren kann nur zwischen Ports gleicher Geschwindigkeit arbeiten. Ein ungepufferter 100-MBit/s-Fast-Ethernet-Datenstrom kann an einem 10 MBit/s Port nicht verarbeitet werden.

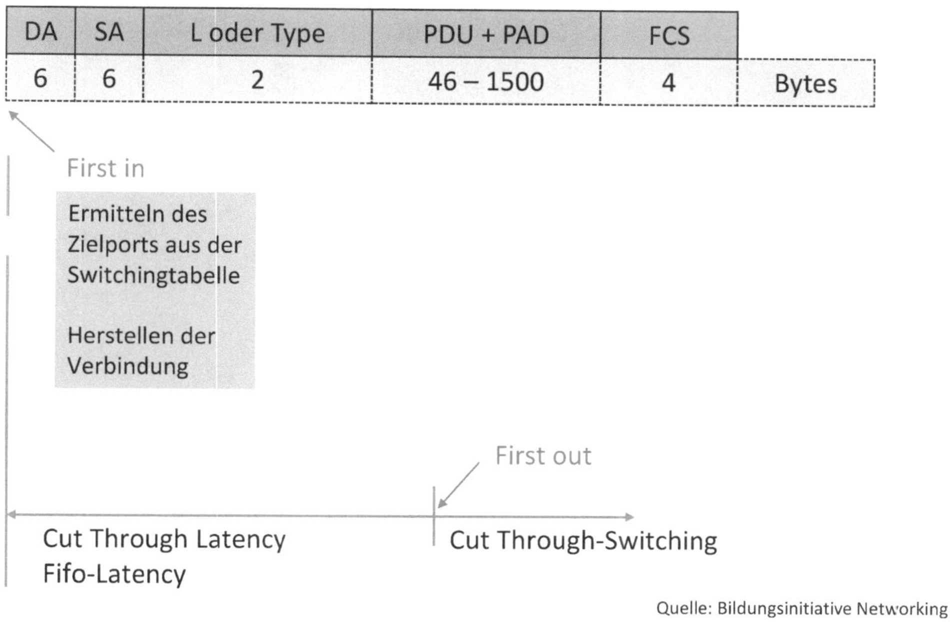

Bild 9.3 Cut-Through-Verfahren (Quelle: IT-Bildungsnetz)

- **Store-and-Forward:** Der Switch liest die ankommenden Datenpakete vollständig ein. Dadurch vergrößert sich die Verweilzeit der Pakete im Switch, sodass die Latenz damit abhängig von der Paketlänge wird. Weil jedes gepufferte Byte eine Verzögerung von 8 µs bei 10 Mbit/s bewirkt, benötigt ein 64 Byte-Paket 51,2 µs im Switch und 1518 Byte eines Ethernet-Pakets bereits 1200 µs, eine Tatsache, die aber nicht überbewertet werden sollte, denn im Prinzip geht es um den Datendurchsatz. Durch das Einlesen des Gesamtpaketes wird eine Anpassung der Transferraten an unterschiedlich schnellen Ports über Puffer möglich. Schnellere Ports müssen auf das vollständige Paket eines langsamen Ports warten und umgekehrt. Vorteilhaft ist:
  - Alle Steuerfelder des Paketes können auf Vollständigkeit und Fehlerfreiheit überprüft werden.
  - Der Einsatz komplexer Filtermechanismen auf Basis der verwendeten LAN-Technologie ist möglich.

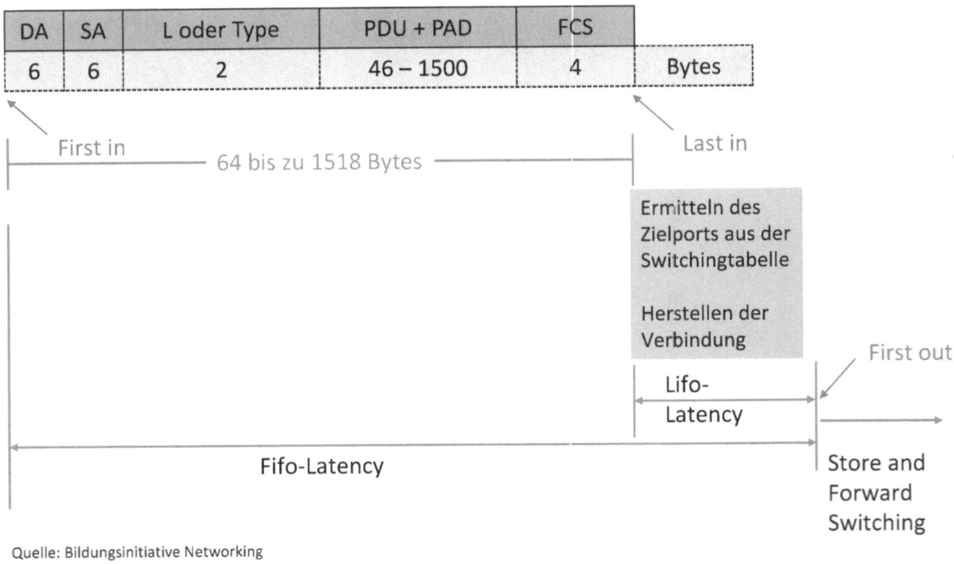

Bild 9.4 Store-and-Forward-Verfahren (Quelle: IT-Bildungsnetz)

- **Fragment Free (Modified Cut-Through):** Switches, die beide bisher vorgestellten Modi unterstützen, kennen eine dritte Form des Switching als Kompromiss zwischen Cut-Through- und Store-and-Forward-Technik. Bei langen Intervallen fehlerfreier Frames schaltet der Switch vom Store-and-Forward in den Cut-Through-Modus um, den er erst wieder bei Erreichen eines vordefinierten Fehlerschwellwertes verlässt. Beim Fragment-Free-Konzept als besonderer Realisierung des Cut-Through prüft der Switch die ersten 64-Byte eines Rahmens vor einer Weiterleitung, um sicher zu sein, keine Paketfragmente als Ergebnis einer Kollision erhalten zu haben.

Der Unterschied zwischen Cut-Through und Store-and-Forward-Verfahren sollte hinsichtlich der Latenzzeit nicht überschätzt werden. Differenzen durch die Weiterleitung, gerade bei schnellen Ethernet-Technologien, sind gering. Weitere Latenzen können durch die Zwischenspeicherung auftreten, wenn ein Ausgangsport belegt ist und Pakete zwischengespeichert werden müssen.

Das **symmetrische und asymmetrische Switching** unterscheidet nach der Gleichheit der Anschlussgeschwindigkeit der Ports. Im Falle eines asymmetrischen Switchings, d. h. wenn Sende- und Empfangsports unterschiedliche Geschwindigkeiten aufweisen, kommt das Store-and-Forward-Prinzip zum Einsatz. Dieser Fall ist der Standard in heutigen Client/Server-Architekturen. Bei symmetrischem Switching, also der Kopplung gleicher Ethernetgeschwindigkeiten, kann nach dem Cut-Through-Konzept verfahren werden.

Layer 2- und Layer 3-Switches unterscheiden sich darin, welche Adressen die Weiterleitung bestimmen. Layer 2-Switches verwenden MAC-Adressen und sind folglich unabhängig vom Layer 3 und den darüber liegenden Anwendungen. Layer 3-Switches integrieren Funktionen von IP-Routern und nutzen damit IP-Adressen. Sie können folglich Routing-Entscheidungen treffen. Diese Eigenschaft verringert die Notwendigkeit des Einsatzes von Routern. Die Entwicklung dieser Gerätevariante ist allerdings auf die alleinige Verwendung des Internet-Protokolls beschränkt.

9.1.4 Erweiterungsmöglichkeiten

- **VLANs:** Virtuelle LANs ermöglichen die Zuordnung von Ports zu logischen Gruppen auf einer physikalischen Infrastruktur. Sie begrenzen die Broadcast-Domäne, erhöhen die Sicherheit und steigern die Performance und die Netzflexibilität. Um einen maximalen Nutzen zu erhalten, konfigurieren Switches Trunk-Ports als physischen Kanal zu anderen Switches. Auf diese Weise lassen sich VLANs flexibel über mehrere Switches ausdehnen.
- **Virtuelle Switches:** Mit dem Edge Virtual Bridging (EVB) der IEEE-Arbeitsgruppe 802.1Qbg gibt es einen Standard, der den Datenverkehr zwischen virtuellen Maschinen (VM) über einen virtuellen Switch koordiniert. Das Protokoll legt fest, wie sich mehrere virtuelle Maschinen eine physikalische Verbindung zu einem Switch teilen. Auf diese Weise kann ein Server einen eingebetteten virtuellen Switch enthalten, über den er den Datenverkehr zwischen virtuellen Maschinen überträgt.
- **Non-Blocking mit Wire-Speed auf allen Ports:** Wire-Speed erlaubt die theoretische Geschwindigkeit des Mediums, also 10 Mbit/s für 10Base-T und 100 Mbit/s für 100Base-T. Non-Blocking beschreibt die Fähigkeit, dass der Verkehr auf einem Port keine Rückwirkungen auf die Abarbeitung auf anderen Ports erzeugt. Eine Art, die Switchperformance zu bestimmen, besteht darin, die notwendige Backplane-Geschwindigkeit als die Summe aller individuellen Port-Geschwindigkeiten zu addieren.

Switchperformance

Besitzt ein Switch 24 Ports zu 10 Mbit/s und 2 Ports mit 100 Mbit/s, so sollte die Backplane als interner Bus, im Falle des Vollduplex-Betriebes, mindestens folgende Leistung abwickeln können:

$2 \times ((24 \times 10 \text{ Mbit/s}) + (2 \times 100 \text{ Mbit/s})) = 880 \text{ Mbit/s}$

9.1.5 Kapazitätssteigerung

Ein Switch ermöglicht den Aufbau mehrerer **simultaner und unabhängiger Verbindungen** zwischen einzelnen disjunkten Switch-Ports. Die Kommunikation erfolgt dann nicht mehr nach dem Shared-Media-Prinzip, nach dem sich die Teilnehmer die verfügbare Bandbreite teilen.

Es gilt eine Analogie zum Aufbau eines Telefonnetzes. Jedes Telefon auf dem Schreibtisch ist mit einem zentralen Punkt, der Telefonzentrale, verbunden. In diesem Netz könnte ein sprechender Teilnehmer gleichzeitig von allen anderen Teilnehmern gehört werden. Die Zahl der Telefongespräche pro Tag wäre begrenzt, andererseits ist die Analogie zur LAN-Technologie und dem Wettbewerb um das Shared-Medium unübersehbar. Die Installation eines Sprachvermittlers in Form einer privaten Nebenstellenanlage macht es möglich, dass viele Telefongespräche unabhängig voneinander geführt werden können. Auf ähnliche Weise, jedoch sehr viel schneller und auf Basis einzelner Pakete, arbeitet ein Switch. Ein Port als Analogon zum Telefon kann mit einem anderen Port kommunizieren, wobei dieser bilaterale Kommunikationspfad nur für die Dauer des Datenaustausches eines Paketes bzw. des Gespräches besteht und alle anderen Teilnehmer von diesem Datenaustausch weder etwas bemerken noch von ihm beeinträchtigt werden. ■

An einen zentralen Switch werden einzelne Endgeräte oder Segmente geringer Rechnerzahl sternförmig angeschlossen. Der Vorteil für den Anwender liegt nun darin, dass eine virtuelle Punkt-zu-Punkt-Leitung realisiert wird. Ein Ethernet-Switch mit 20 Ports schaltet also maximal 20 × 10 Mbit/s = 200 Mbit/s Daten parallel in eine Richtung durch, sodass 10 Verbindungen mit 20 Teilnehmern im Vollduplex-Modus über 400 Mbit/s verfügen.

- Die **Kaskadierung** von Switches bildet eine Möglichkeit der Anpassung an steigende Leistungsanforderungen, wobei die Kaskadierungstiefe nicht limitiert ist. Pro Port wird allerdings nur die übliche Übertragungsrate bereitgestellt.
- Reicht die Bandbreite trotz einer Kaskadierung nicht aus, unterstützen Switches den **Vollduplex**-Modus. Stationen oder weitere Switches können dann mit der doppelten Übertragungskapazität angeschlossen werden.
- Sollte auch diese Variante keine nennenswerte Netzentlastung bringen, bleibt noch die Möglichkeit der Parallelschaltung mehrerer physikalischer Ports zu einem logischen. Dieses Verfahren ist als **Link-Aggregation** bekannt und ermöglicht eine Lastteilung zwischen den Ports.

Diese Vorteile werden aber auch durch einige Probleme erkauft. Dazu gehört insbesondere die „Abflachung“ der Netzhierarchie. Da keine logische Unterteilung in Subnetze stattfindet, ergibt sich eine wachsende Ausdehnung der Broadcast-Domäne. Größere Broadcast-Domänen bedeuten aber eine Reduktion der verfügbaren Bandbreite für Nutzdaten. Zwei Ereignisse reduzieren die Netzeffizienz: Zum einen können den Switch Ethernet-Broadcasts erreichen, die dann an alle Ports weitergegeben werden müssen, zum anderen kann im Zuge des Lernprozesses ein Fluten unbekannter Zieladressen eintreten. Einen Ausweg aus dieser Misere besteht in der Bildung von VLANs.

9.1.6 Switch-Architekturen

Den Kern eines Switches bildet die Switch-Fabric, durch die die Pakete vom Eingangs- zum Ausgangsport transferiert werden. Üblicherweise ist eine Switch-Fabric vollständig in Hardware implementiert, um geringe Latenzzeiten und einen hohen Durchsatz zu gewährleisten. Zusätzlich zur reinen Verarbeitungsaufgabe sammelt sie statistische Daten, wie transferierte Paketzahl, Durchsatz oder Fehler. Die Vermittlungstätigkeit lässt sich auf drei Arten durchführen:

- **Shared Memory Switching:** Dieses Konzept lehnt sich an die Vorstellung an, dass Rechner und Switch in ähnlicher Weise arbeiten. Sie erhalten Daten über Eingangsschnittstellen, bearbeiten diese und geben sie über Ausgangsports weiter. Der Prozessor extrahiert dazu die Zieladresse, sucht den entsprechenden Ausgangsport und kopiert das Paket in den gemeinsamen Shared-Memory-Puffer. Als Folge ergibt sich eine Geschwindigkeitsabschätzung aus der Überlegung, dass wenn N Pakete/s simultan in den und aus dem Speicher ein- und ausgelesen werden können, die Vermittlungsrate N/2 Pakete/s nicht übersteigen kann.
- **Bus Switching:** Bei diesem Ansatz überträgt der Empfangsport ein Paket ohne Eingriff des Prozessors über einen gemeinsamen Bus an den Ausgangsport. Den Engpass bildet der Bus, über den jeweils nur ein Paket derzeit transferiert werden kann. Ein Paket, das am Eingangsport eintrifft und den Bus besetzt vorfindet, wird daher in die Warteschlange des Eingangsports gestellt. Da jedes Paket den Bus separat durchqueren muss, ist die Switching-Geschwindigkeit auf den Busdurchsatz beschränkt.
- **Matrix Switching:** Das Matrixprinzip ist eine Möglichkeit die Durchsatzbegrenzung des gemeinsam genutzten Busses aufzuheben. Ein Switch dieses Typs verbindet Ein- und Ausgangsports durch ein Gitter von separaten Verbindungen. Ein Paket, das an einem Eingangsport eintrifft, wird auf den horizontalen Bus übertragen, bis es sich mit dem vertikalen Bus schneidet, der zum gewünschten Ausgangsport führt. Ist diese Leitung durch die Übertragung eines anderen Paketes blockiert, muss das Paket in die Warteschlange des Eingangsports gestellt werden.

> Cisco-Switches der Serie Catalyst 8500 arbeiten nach dem Shared-Memory-Verfahren, die Serie 1900 nach dem Busprinzip und die 12000-Familie nach dem Matrix-Aufbau.

Die Platzierung der Puffer eines Switches lässt grundsätzlich zwei Möglichkeiten zu:

- **Portbasierter Speicher,** bei dem Warteschlangen für die einzelnen Ports existieren.
- **Shared-Memory** als gemeinsamer Speicher, auf den alle Ports Zugriff haben.

Bei der Inputport-Technik als Variante portbasierter Speicher werden Pakete auf der Empfangsseite zwischengespeichert und für den Output in Abhängigkeit vom Zustand des Outputports freigegeben. Die Wahl ist nahe liegend, weil jeder Port nur die Pufferkapazität benötigt, die die bei ihm ankommenden Pakete verlangen.

Die Pufferung auf Sendeseite verlangt einen Pakettransfer durch den Switch. Da der Verkehrsstrom innerhalb eines Switches theoretisch von jedem Inputport zu einem einzigen Outputport verlaufen kann, muss die Pufferkapazität jedes Ports die gesamte ankommende Paketlast aufnehmen können. In Zeiten von Überlast kann ein Outputport Pakete verwerfen. Da diese Pakete aber zuvor im Switch transportiert wurden, werden wertvolle Ressourcen verschwendet.

Wenn die Geschwindigkeit der Ein- und Ausgangsverbindungen gleich ist, es N Eingangs- und N Ausgangsports gibt und die Geschwindigkeit der Switch-Fabric N mal größer als die der Eingangsleitung ist, können keine Warteschlangen auftreten, denn sogar unter diesen Umständen, wenn alle N Ports Pakete empfangen, ist die Fabric in der Lage, die Pakete zu vermitteln. Die Situation an den Ausgangsports sieht aber anders aus. Ist das Ziel aller Pakete im Extremfall nur ein Ausgangsport wie im Falle eines Servers, kommen dort N Pakete gleichzeitig an. Da der Port aber nur ein Paket übertragen kann, müssen die restlichen zwischengespeichert werden und auf die Übertragung warten. Die Situation verschärft sich, wenn weitere Pakete den Port ansteuern. Auf diese Weise kann der Speicherplatz des Ausgangsports erschöpft werden, sodass Pakete verworfen werden müssen. Ein möglicher Paketverlust hängt damit von der Verkehrslast, der Geschwindigkeit der Switching-Fabric, der Leitungsgeschwindigkeit des Ausgangsports und der Länge der Warteschlange ab.

Eine besondere Situation entsteht, wenn ein Server A überlastet ist und keine Pakete mehr entgegennehmen kann, die Pakete an Server B in der Reihenfolge, aber nach denen an Server A kommen und nur ein Bus im Switch zur Verfügung steht. Dann unterbleibt die Paketzustellung an Server B. Dieses Phänomen wird als HOL-Blocking (Head-of-Line-Blocking) bezeichnet. Ein in einer Eingangswarteschlange stehendes Paket muss auf seine Übertragung durch die Switching-Fabric warten, weil es durch ein anderes Paket am Anfang der Schlange blockiert wird.

Noch Fragen ...? Ja ...

Gibt es Sicherheitsmechanismen für Switches?

Ja, die sogenannte Port-Security. Dazu wird ein Port derart konfiguriert, dass er nur ein Interface mit der erwarteten MAC-Adresse akzeptiert. Mehrere MAC-Adressen pro Port sind zulässig. Die Reaktion auf eine Verletzung kann abgestuft erfolgen bis zu einem Shutdown des Ports.

9.2 Spanning-Tree

Der Spanning-Tree-Algorithmus ist ein vitaler Teil von Switch-Infrastrukturen. Netzwerke können mit einer Vielzahl von Switches als Koppelungselement aufgebaut werden. Allerdings muss die LAN-Technologie sicherstellen, dass zwischen zwei Rechnern jeweils nur ein Datenpfad existiert, um Pakete eindeutig weiterleiten zu können. Die Schwierigkeiten, die sonst entstehen können, zeigt folgendes Beispiel in Bild 9.5.

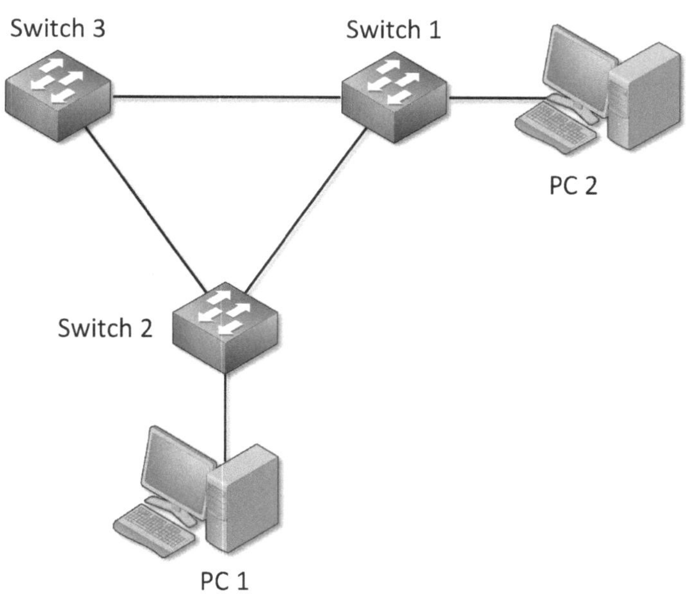

Bild 9.5
Broadcast-Schleife

Ethernet-Frames als Transporteinheit der Schicht 2 besitzen kein TTL-Feld, das die Lebensdauer eines Paketes steuert. Dies ist der Grund für das Entstehen von Broadcast-Schleifen. Wie sie erzeugt werden, lässt sich an der Topologie des Bildes verdeutlichen:

- PC 1 sendet einen Broadcast an den Switch 2.
- Sobald der Broadcast den Switch erreicht, wird die Quelladresse von PC 1 in die Adresstabelle eingetragen.
- Da es sich um einen Broadcast handelt, wird dieser an Switch 1 und 3 weitergegeben.
- Switch 1 und 3 aktualisieren jeweils ihre Adresstabelle mit einem Eintrag für PC 1.
- Aufgrund der Broadcastnatur des erhaltenen Paketes wird es auf alle Ports außer dem Empfangenen weitergeleitet. Insbesondere sendet Switch 3 das Paket an Switch 1 und umgekehrt.
- Switch 1 und 3 erhalten die entsprechende Broadcast und aktualisieren ihre Adresstabelle mit der MAC-Adresse von PC1 an einem anderen Port.
- Jeder Switch leitet den Broadcast weiter, insbesondere geben beide Switches das Paket an Switch 2 zurück.
- Als Reaktion aktualisiert Switch 2 die Adresstabelle mit dem letzten der beiden erhaltenen Einträge von Switch 1 und 3. Switch 2 ordnet der MAC-Adresse von PC1 jetzt den Eingangsport von Switch 1 oder 3 zu, obwohl PC 1 nicht über diese Wege erreichbar ist.
- Dieser Prozess setzt sich fort, bis die Schleife durch ein externes Ereignis unterbrochen wird.
- Sendet auch PC 2 einen Broadcast, kumuliert die Menge der Broadcasts im Netz, sodass ein **Broadcast-Storm** entsteht.

Ein Broadcast-Storm ist nicht der einzige unerwünschte Effekt in einem Layer-2-Netz. Unter Berücksichtigung besonderer Umstände können auch **doppelte Unicast-Pakete** entstehen:

- PC 1 sendet ein Unicast-Paket an PC 2.
- Switch 2 besitzt keinen Eintrag für PC 2, sodass er das Paket „fluten“ muss.
- Switch 1 und 3 erhalten das Paket.
- Switch 1 verfügt über einen Eintrag für PC 2, sodass er das Paket an PC 2 weiterreicht.
- Switch 3 besitzt ebenfalls einen Eintrag für PC 2, sodass er das Paket an Switch 1 weiterleitet.
- Switch 1 erhält das Ausgangspaket doppelt.

Die Vermeidung beider Effekte wird nur erreicht, wenn ein Algorithmus existiert, der die Schleifenfreiheit der Topologie sicherstellt. Im Beispiel bedeutet dies, dass ein Switch oder ausgewählte Ports eines Switches in einen Zustand versetzt werden, in dem er keine Pakete weiterleitet. Der **Spanning-Tree-Algorithmus** sorgt nun dafür, dass es keine unerwünscht kreisenden Pakete gibt. Er identifiziert Mehrfachwege, indem er Topologien mit redundanten Wegen durch eine logische Blockierung bestimmter Pfade in eine Baumtopologie überführt, die keine Schleifen besitzt. Die inaktiven Switchports werden in einen Standby-Modus geschaltet. Bei Ausfall der primären Verbindung können diese sofort aktiviert werden und erzeugen auf diese Weise ein hohes Maß an Fehlertoleranz.

Der Spanning-Tree-Algorithmus wurde von Radia Perlman entworfen und 1990 als IEEE 802.1D standardisiert. Um Schleifenfreiheit zu erzeugen, versetzt STP die Ports, die den Spanning-Tree bilden in einen Weiterleitstatus, die verbleibenden Ports werden blockiert. Voraussetzung für die Funktionsfähigkeit dieses Konzeptes ist, dass der aufspannende Baum für den Nutzer vollkommen transparent erstellt werden kann. Als einzige Aktion muss der Spanning-Tree-Algorithmus auf den Switches aktiviert sein. Zum Austausch von Konfigurationsnachrichten wird eine **Bridge Protocol Data Unit** (BPDU) als Multicast-Paket genutzt, dass standardmäßig alle 2 Sekunden versendet wird und damit eine nicht unerhebliche Netzwerklast verursacht.

Die BPDU enthält als ein wesentliches Element die Bridge-ID als eindeutige Kennung eines Switches. Sie setzt sich aus einem Prioritätswert (2 Bytes) und der MAC-Adresse (6 Bytes) zusammen. Der Standardprioritätswert beträgt 32 768, kann aber durch einen Konfigurationsbefehl verändert werden und somit die Wahl der Root-Bridge beeinflussen. Der Switch in einem lokalen Netz, der die kleinste Bridge-ID besitzt, wird automatisch zur **Root-Bridge**, d. h. zur Wurzel des Baumes. Diese Funktion ist bedeutsam, da die verbleibenden Switches als Knoten des Baumes sie als Referenzpunkt betrachten und die Baumstruktur an ihr ausrichten. Die Initialisierung des Spanning-Trees beginnt folglich immer mit der Wahl der Root-Bridge. Anschließend beginnt die Auswahl der Pfade von den Nonroot-Switches zur Root-Bridge, die Ports eine bestimmte Funktion zuweist und sie gemäß dieser Funktion in einen entsprechenden Status versetzt. Grundlage der Pfadauswahl sind die Portkosten, die durch eine Zahl, abgeleitet aus der Geschwindigkeit, ausgedrückt werden. Im Laufe der Zeit mussten die Kosten angepasst werden, da sich die Geschwindigkeiten für Ethernet stark geändert haben. Ansonsten wäre keine Unterscheidung zwischen verschiedenen Geschwindigkeiten mehr möglich.

Tabelle 9.1 Portkosten

Ethernet-Geschwindigkeit	Originale IEEE-Kosten	Angepasste IEEE-Kosten
10 MBit/s	100	100
100 MBit/s	10	19
1 GBit/s	1	4
10 GBit/s	1	2

Switches und Ports können unterschiedliche Rollen im Spanning-Tree-Protokoll annehmen. Die möglichen Ausprägungen zeigt Tabelle 9.2.

Tabelle 9.2 Switch- und Portrollen

Rolle von Switch und Port	Bedeutung
Root-Bridge	Wurzel des Spanning-Tree; besitzt die kleinste Bridge-ID des Netzes
Root-Port	Port einer Nicht-Root-Bridge mit den geringsten Pfadkosten in Richtung Root-Bridge
Designated Bridge	Switch im LAN-Segment, der den Datenverkehr in Richtung Root-Bridge überträgt.
Designated Port	Port der Designated Bridge in Richtung des nächsten Switches des Baumes. Er besitzt die geringsten Pfadkosten bezüglich der Verbindungssegmente.
Non-Designated Port	Port einer Nicht-Root-Bridge, der blockiert ist, d. h. keine Pakete weiterleitet

Um den logischen Spanning-Tree kennenzulernen, geht jeder Switch durch einen Ablauf von Portzuständen, die durch drei Timer beeinflusst werden. Wenn ein Switchport unmittelbar von einem Blocking- in einen Weiterleitstatus versetzt würde, bestünde die Gefahr, Topologieinformationen zu verlieren und eine Schleife zu erzeugen. Dies ist der Grund, warum fünf Portzustände unterschieden werden (siehe Tabelle 9.3).

Tabelle 9.3 Portzustände

Portzustand	Bedeutung
Blocking	Verwirft Pakete; lernt keine Adressen; empfängt und verarbeitet BPDUs
Listening	Verwirft Pakete; lernt keine Adressen; empfängt, verarbeitet und überträgt BPDUs
Learning	Verwirft Pakete; lernt Adressen; empfängt, verarbeitet und überträgt BPDUs
Forwarding	Leitet Pakete weiter, lernt Adressen; empfängt, verarbeitet und überträgt BPDUs
Disabled	Verwirft Pakete; lernt keine Adressen; empfängt und verarbeitet keine Pakete

Die Zeitspanne, die ein Port in einem Zustand verweilt, wird durch Timer bestimmt. Nur die Root-Bridge kann die Einstellungen verändern. Drei Timer beeinflussen den Zustandswechsel und damit die Performance des Algorithmus:

- Der **Hello-Timer** gibt die Zeitspanne zwischen zwei BPDUs an. Er beträgt standardmäßig zwei Sekunden.
- **Forward-Delay** ist die Zeit, die im Listening- und Learning-Zustand verbracht

wird. Hierfür sind 15 Sekunden vorgesehen, insgesamt für beide Stati damit 30 Sekunden.

- **Maximum Age** kontrolliert, wie lange ein Switchport die Konfigurationsinformation behält. Der Standardwert beträgt 20 Sekunden.

Wenn STP aktiviert ist, passiert jeder Switch die Zustände in der Reihenfolge: Blocking - Listening - Learning - Forwarding. Für diesen Zustandsübergang werden in der Standardkonfiguration 50 Sekunden benötigt - eine im Netzwerkbereich relativ lange Zeitspanne. Die Konvergenz als die Zeit, die benötigt wird, um den Spanning-Tree im Falle des Ausfalls einer Verbindung neu zu berechnen, ist damit nicht unerheblich und ein Kritikpunkt an diesem Verfahren.

Um die Konvergenzzeit von 50 Sekunden auf unter 10 Sekunden zu verringern, hat die IEEE eine neue Fassung des STP in Form des Rapid STP unter IEEE 802.1w veröffentlicht. Die Gemeinsamkeiten von STP und Rapid STP beziehen sich auf folgende Merkmale:

- Beide nutzen zur Wahl der Root-Bridge das gleiche Verfahren und die gleichen Parameter.
- Auch in die Bestimmung der Designated Ports stimmen beide Konzepte überein.
- Beide verwenden als zentrale Zustände Blocking und Forwarding.

Die Hauptunterschiede werden in Falle einer Netzwerkstörung sichtbar. Rapid STP arbeitet dabei insbesondere bezüglich der Ports nach einer veränderten Methode:

- Endgeräte werden zur Verbesserung der Konvergenzzeit unmittelbar in den Status Forwarding versetzt, wenn sie über einen physikalisch aktiven Link verfügen.
- RSTP erkennt den Pfadverlust eines Switches mit einer Vollduplex-Verbindung in Richtung Root-Bridge durch den Hello-Timer innerhalb von drei Hello-Intervallen, d. h. bei einer Standardkonfiguration innerhalb von 6 Sekunden. Damit wird ein Pfadausfall wesentlich schneller diagnostiziert.

Die Terminologie bezüglich der Zustände unterscheidet sich jedoch bei beiden Varianten. Alle Portzustände nehmen BPDUs entgegen und verarbeiten sie. Die Zustände Blocking, Listening und Learning in STP leiten keine Pakete weiter. Sie sind in den RSTP-Zustand Discarding übergegangen. Die Tabelle 9.4 gibt einen Überblick über die Differenzen.

Tabelle 9.4 RSTP- und STP-Zustand

Arbeitszustand	STP-Zustand	RSTP-Zustand	Weiterleitung in diesem Status?
Enabled	Blocking	Discarding	nein
Enabled	Listening	Discarding	nein
Enabled	Learning	Learning	nein
Enabled	Forwarding	Forwarding	ja
Disabled	Disabled	Discarding	nein

Die Philosophie hinsichtlich der Informationsgewinnung hat sich bei RSTP grundsätzlich verändert. RSTP verzichtet auf den Listening-Zustand und verkürzt die Learning-Phase durch ein aktives Entdecken der Switchzustände. Während STP passiv auf das Eintreffen von BPDUs in beiden Phasen wartet, verhandelt RSTP mit den Nachbarswitches durch das Versenden von RSTP-Nachrichten. Diese Nachrichten versetzen einen Switch in die Lage zu entscheiden, ob ein Interface unmittelbar in den Forwarding-Zustand übergehen kann. Diese Vorgehensweise verkürzt die Konvergenzzeit signifikant. Zusätzlich kennt RSTP drei neue Rollen für den Rootport und die Designated Ports. Tabelle 9.5 gibt über diese Funktionserweiterung Aufschluss.

Tabelle 9.5 RSTP- und STP-Portrollen

RSTP-Rolle	STP-Rolle	Erklärung
Root-Port	Root-Port	Der Port jeden Nicht-Root-Switches, der in Richtung Root zeigt. In einer stabilen Topologie gibt es nur einen derartigen Port, der sich zudem im Forwarding-Status befindet
Designated Port	Designated Port	Jedes Segment verfügt über einen Designated Port. Dabei handelt es sich um einen Port im Forwarding-Zustand, der nicht in Richtung Root zeigt.
Alternate Port	-	Dieser Port bietet einen alternativen Weg zur Root-Bridge an. In einer stabilen Topologie befindet er sich im Discarding-Zustand. Er ist Bestandteil eines Nondesignated Switches
Backup Port	-	Hierbei handelt es sich um einen Port eines Designated Switches, mit einem redundanten Link zu dem Segment, für das der Switch als Designated ausgewählt wurde. Dieser Porttyp hat eine höhere Port-ID als der Designated Port und befindet sich im Discarding-Zustand.
Disabled	-	Ein Port, der aus Administrationsgründen disabled ist

Noch Fragen ...? Ja ...

Gibt es vor dem Hintergrund der unbefriedigenden Konvergenz von STP Bemühungen um ein Nachfolgeprotokoll?

Ja, als Nachfolger gelten das Transparent Interconnection of Lots of Links (TRILL) und das Shortest Path Bridging (SPB). Im April 2010 haben viele Hersteller die Unterstützung von TRILL angekündigt. Eine Alternative wäre das SPB nach IEEE 802.1aq, das 2012 vom IEEE bestätigt wurde. Dieser Standard steht in engem Zusammenhang mit Link-Aggregation nach IEEE 802.1AX.

9.3 Virtuelle LANs

Virtuelle lokale Netzwerke (VLANs) beruhen auf der Switching-Technologie und verbessern die Übertragungskapazität eines Netzwerkes durch die Teilung einer einzelnen Broadcast-Domäne in mehrere kleinere. Dies bedeutet, dass sich auf Grundlage der physikalischen Infrastruktur mehrere logische getrennte LANs realisieren lassen. Durch die Separation entstehen Kommunikationsinseln, deren Design mehrere Gründe und Vorteile besitzt:

- Nutzer können nach logischen Gesichtspunkten gruppiert werden, z.B. nach Zugehörigkeit zu einer Organisationseinheit. Dieses Merkmal erhöht die Flexibilität beim Design von Netzwerken.
- Der Sicherheitsaspekt kann verstärkt berücksichtigt werden, da der Datenverkehr eines VLANs von dem anderer VLANs getrennt wird.
- Bestimmte Verkehrsarten wie Sprachdaten können von anderen Übertragungsformen isoliert werden und erlauben eine Priorisierung.
- Die Performance wächst, wenn ein flaches Layer-2-Netz in mehrere logische Broadcast-Bereiche geteilt wird.
- Broadcast-Stürme als Effekt einer Fehlfunktion in einem Netz können auf einen kleineren Bereich begrenzt bleiben.

VLAN-Beispiel: Campus

Eine kleine Fachhochschule besitzt neben dem Fakultätsgebäude auf dem Campus ein Studentenwohnheim. Da die Gebäude und ihre Nutzer getrennt sind, bietet sich die Einrichtung zweier LANs an. Im Laufe der Zeit erfährt die Fachhochschule aber einen Zulauf von neuen Studenten was die Einrichtung neuer Fachbereiche nach sich zieht. Um dem Ansturm gerecht zu werden, sind neue Gebäude notwendig. In diesen Gebäuden mischen sich unterschiedliche Fachbereiche mit

Studentenarbeitsplätzen, sodass die ursprüngliche Trennung nicht mehr aufrecht zu erhalten ist.

Die Lösung besteht in der Einrichtung von VLANs, die nach Fachbereichen und Studenten getrennt unterschiedliche Gebäude überspannen können. Die Gruppen bilden logische Netzwerke, die vollkommen unabhängig voneinander eine physikalische Infrastruktur benutzen. ■

Die Schaffung einzelner VLANs bedeutet neben den zweifelsfrei bestehenden Vorteilen aber auch, dass eine Kommunikation zwischen den Mitgliedern verschiedener VLANs nur über Router möglich ist. Der Zugriff kann durch Filter und Zugriffslisten gut gesteuert werden, was die Sicherheit weiter erhöht, aber auch den Verwaltungsaufwand wachsen lässt.

9.3.1 VLAN-Typen

Neben den strategischen Überlegungen der Einrichtung von VLANs zum Zwecke der Erhöhung der Sicherheit oder der Steigerung der Performance können auch Aspekte der Struktur der übertragenden Daten und des Managements eine Rolle spielen. Aus diesem Grund liegt eine Strukturierung von VLANs in folgende Typen nahe:

- **Daten-VLANs** sind konfiguriert, um allgemeinen Nutzerverkehr zu übertragen.
- **Black Hole-VLAN** ist ein Dummy-VLAN, das dazu dient, nicht zugewiesene Ports eines Switches aufzunehmen. Alle ungenutzten Ports können auf diese Weise nicht am regulären Netzgeschehen teilnehmen, was die Sicherheit erhöht.
- **Native VLANs** ermöglichen die Kommunikation von Stationen, die keine VLAN-Fähigkeit besitzen. Sie sind einem IEEE 802.1Q Trunkport zugewiesen, der sowohl Verkehr von normalen VLANs als auch von nicht-VLANs entgegennimmt. Üblicherweise ist ein Native VLAN ausschließlich für die Aufnahme von Hubs oder Endstationen, die keine VLAN-Fähigkeit besitzen, vorgesehen.
- **Management-VLAN** wird von einem Administrator definiert, um auf die Verwaltungsfunktionen eines Switches Zugriff zu haben. Standardmäßig ist dieses VLAN oft das VLAN1. Aus Sicherheitsgründen wird dazu geraten, ein separates VLAN für diesen Zweck zu verwenden.
- **Voice-VLANs** übertragen den Sprachverkehr, um eine Trennung des QoS-sensitiven Verkehrs vom herkömmlichen Datenverkehr zu erreichen.

9.3.2 Trunk

Ein Trunk ist eine Punkt-zu-Punkt-Verbindung zwischen zwei Ports unterschiedlicher Switches auf Ethernet-Basis. Eine derartige Verbindung transportiert den Verkehr mehrerer VLANs. Da diese Konstruktion die Möglichkeit einräumt, viele Switches zu integrieren, ergibt sich eine mögliche Ausdehnung der VLANs über das gesamte lokale Netzwerk. Im Gegensatz zu einem Trunkport ist ein Accessport die Verbindung des Switches mit dem Host.

Die Funktionsweise lässt sich folgendermaßen veranschaulichen: Wenn ein Paket auf einem Trunk übertragen werden soll, muss diesem Paket Information über die VLAN-Zugehörigkeit hinzugefügt werden, denn ein Ethernet-Frame enthält keine VLAN-Information. Der entsprechende Standard IEEE 802.1Q ist für die Kennzeichnung durch das sogenannte Frame-Tagging verantwortlich. Sobald ein Switch ein Paket empfängt, das für einen Trunk vorgesehen ist, versieht er das Ethernet-Paket mit einem VLAN-Tag, berechnet die Prüfsumme neu und überträgt das modifizierte Paket.

Das VLAN-Tag-Feld besteht aus einem 16 Bit-Ether-Typ-Feld und einem 16 Bit-Tagkontrollinformationsfeld. Das Ether-Typ-Feld ist mit der Hexadezimalkennung 0x8100 vorbelegt, während das Tagkontrollinformationsfeld in drei Subfelder unterteilt ist:

- **Priorität** kennzeichnet mit 3 Bit die Servicequalität, z. B. für den Sprachverkehr,
- **Drop Eligible Indicator** gibt eine Verwerfungspräferenz an (zuvor Canonical Format Identifier zur Kompatibilität mit dem veralteten Token Ring Protokoll),
- **VAN-ID** gibt die eindeutige Kennung für ein VLAN in 12 Bit an.

Durch das Einfügen eines Tags in ein Ethernet-Paket kann es zur Überschreitung der maximalen Framelänge kommen. Aus Kompatibilitätsgründen werden derartige Frames nicht weitergeleitet. Dies bedeutet, dass der Anwender seine Infrastruktur so konfigurieren muss, dass die maximal zulässige Paketlänge (MTU) unterschritten wird.

Tabelle 9.6 zeigt den Zusammenhang zwischen Ethernet-Paket und den neu eingefügten Feldern nach IEEE 802.1Q.

Tabelle 9.6 IEEE 802.Q und Ethernet

Ethernet-Frame					
Zieladresse	Quelladresse	Länge/Typ	Nutzdaten		Prüfsumme
Ethernet-Frame mit Tag					
Zieladresse	Quelladresse	Tag	Länge/Typ	Nutzdaten	Prüfsumme
Aufbau des Tags					
Type (16 Bits) 0x8100		Priorität 3 Bits	Flag 1 Bit	VLAN-ID 12 Bits	

9.3.3 VLAN-Management

Ein Switchport kann auf zwei Arten konfiguriert werden, um ihm eine VLAN-Zugehörigkeit zuzuweisen:

- Bei einem **statischen VLAN** wird der Port manuell über eine Befehlssequenz der Administrationsoberfläche einem VLAN zugeordnet. Diese Methode ist die am häufigsten genutzte.
- Bei einem nicht sehr weit verbreiteten **dynamischen VLAN** wird die Mitgliedschaft eines Ports in einem VLAN über einen VLAN Membership Policy Server (VMPS) gesteuert. Basis ist die Quell-MAC-Adresse. Der Vorteil dieses Konzeptes ergibt sich im Falle eines Umzuges, wenn ein Host von einem Switchport an einen anderen Switchport eines neuen Netzes wechselt. Der Switch weist dann dynamisch dem neuen Port das entsprechende VLAN zu. VMPS ist eine proprietäre Technologie.

Eine der wichtigsten Aufgaben in einer VLAN-Umgebung ist die konsistente Verwaltung der Konfiguration über mehrere Switches hinweg. Um nicht alle Switches einzeln konfigurieren zu müssen, hat Cisco das **VLAN Trunk Protocol (VTP)** entwickelt, das ein zentrales Management erlaubt. Dazu überträgt ein VTP-Server die Definition auf alle Mitglieder. Innerhalb einer VTP-Domäne können die Geräte in drei unterschiedlichen Modi arbeiten: als VTP-Server, als VTP-Client oder im transparent Modus.

1. **VTP-Server:** Dieses Device ist die Wurzel der Domäne. Sie kann als einzige Station VLANs hinzufügen, löschen oder umbenennen. Um die Konfiguration konsistent zu halten, sendet sie periodisch Konfigurationsinformationen und eine Revisionsnummer. Diese Nummer wird von jedem Mitglied überprüft. Bei Nichtübereinstimmung liegen unterschiedliche Konfigurationsstände vor.
2. **VTP-Client:** Dieser VTP-Typ kann keine VLANs hinzufügen, löschen oder umbenennen. Er erhält seine VLAN-Konfiguration vom VTP-Server. Um ein neues VLAN zu integrieren, muss dieses dem Server hinzugefügt werden, der es dann in der VLAN-Domäne bekannt macht.
3. **VTP-transparent:** Geräte dieses Typs leiten VTP-Nachrichten an Clients und Server weiter, verarbeiten sie aber nicht.

So wünschenswert die zentrale Verwaltung von virtuellen Netzen ist, sie birgt Gefahren. So ist die Konfiguration sehr fehlerträchtig. Vom Einsatz von VTP wird daher allgemein abgeraten.

In heutigen LANs auf Switch-Basis entspricht jedes VLAN einem eindeutigen IP-Subnetz. Haben zwei Hosts im gleichen VLAN unterschiedliche Subnetzadressen, können sie nicht miteinander kommunizieren. Dieser Fehlertyp ist nicht ungewöhnlich, aber leicht zu korrigieren.

9.3.4 Link-Aggregation, Spanning-Tree und VLAN

Als das Spanning-Tree-Verfahren als Standard IEEE 802.1d eingeführt wurde, waren VLANs noch unbekannt. Die Idee, den Verkehr nach VLANs zu differenzieren, mündete in herstellereigene Konzepte. Zum Beispiel hat Cisco eine Variante entwickelt in der pro VLAN ein Baum erstellt wird. Diese Situation änderte sich mit dem Auftauchen des Rapid STP nicht. Erst der Standard IEEE 802.1 s Multiple Instances of Spanning-Tree (MIST) schafft mit der Definition eines Spanning-Trees pro VLAN Abhilfe.

Eine weitere Technologie zur Steigerung des Durchsatzes ist Link-Aggregation, die Zusammenfassung einzelner Verbindung zu einer einzelnen. Auch dies muss beim Aufbau des Spanning-Trees berücksichtigt werden, so das der Spanning-Tree-Algorithmus nicht einzelne Pfade des aggregierten Links deaktiviert. Link-Aggregation fasst mehrere physikalische Verbindungen zu einem logischen Link in Form einer Gruppe zusammen. Fällt eine dieser Verbindungen aus, bedeutet dies nur die Einbuße der Bandbreite, nicht den Gesamtausfall der Leitung. Kann die Verbindung wieder hergestellt werden, fügt sie sich dynamisch der Gruppe hinzu. Spanning-Tree interpretiert die Gruppe als einen Switchport und passt die Kosten der gestiegenen Bandbreite an. Der Ausfall einer Verbindung und seine Wiederherstellung beeinflussen diesen Wert nicht. Die Systematik lässt sich Tabelle 9.7 entnehmen.

Tabelle 9.7 Spanning-Tree-Kosten bei Link-Aggregation

Zahl der aggregierten Ports	Spanning-Tree-Kosten
1 (ohne Aggregation)	10
2	9
3	8
4	7
5	6
6	5
7	5
8	5

Daneben wird bei Link-Aggregation der Datenverkehr auf alle physikalischen Verbindungen der Gruppe verteilt. Basis dieser Verteilung ist z. B. die MAC-Adresse des Senders. Ein Algorithmus berechnet aus der Adresse einen Wert als Referenz für den Port, sodass Frames unterschiedlicher Quellen unterschiedliche Verbindungen nutzen, aber der Verkehr von einem Sender immer den gleichen Link verwendet. Ethernet-Frames unterliegen damit keiner Fragmentierung. Für Link-Aggregation gelten folgende Rahmenbedingungen:

- Es können maximal acht physikalische Verbindungen eine Gruppe bilden.

- Alle Interfaces der Gruppe müssen im Duplexbetrieb mit der gleichen Geschwindigkeit arbeiten.
- Ein Switch kann mehrere Gruppen unterstützen.
- Wenn Interfaces als Trunk konfiguriert sind, gehören sie alle dem gleichen VLAN-Bereich an.

Die Kombination von VLANs mit Link-Aggregation eröffnet zudem die Möglichkeit, auf logischen Links zwischen Devices Datenverkehr in Form des Load Balancing zu übertragen, ohne die Deaktivierung einer Verbindung durch Spanning-Tree befürchten zu müssen. Damit lässt sich der Verkehr je nach VLAN-Zugehörigkeit über bestimmte Links lenken mit der Folge, dass unterschiedliche VLAN-Gruppen unterschiedliche Verbindungen nutzen können.

9.4 Überlegungen zur Sicherheit

Switches arbeiten auf dem Layer 2 des OSI-Referenzmodells und werten demzufolge die physikalischen MAC-Adressen aus. Daneben müssen sie dafür sorgen, dass keine Schleifen in der Paketweiterleitung auftreten, wenn dem Gebot der Redundanz Folge geleistet wird und in großen Netzwerken Switches für alternative Pfade genutzt werden. Demzufolge stehen

- der Spanning-Tree-Mechanismus und
- die MAC-Adresstabelle

im Zentrum der Aufmerksamkeit.

Wie aus der Beschreibung des Spanning-Tree-Verfahrens abzulesen ist, steht die Funktionstüchtigkeit des Verfahrens im Vordergrund. Sicherheitsmechanismen sind nicht vorgesehen. Folglich richten sich Angriffe auf zwei Aspekte:

- die Manipulation des Wahlprozesses der Root-Bridge,
- die Nutzung von BPDUs, um die Topologie zu verändern.

9.4.1 Angriffsziel: STP-Bridge

Parameter zur Netzwerksteuerung werden unverschlüsselt übertragen, um die Performance nicht durch erhöhten Aufwand zu schmälern. Aus dieser Nachlässigkeit resultiert ein Sicherheitsrisiko im lokalen Umfeld. Nur für PPP auf Layer 2 im WAN-Bereich stehen mit PAP und CHAP Authentifizierungsverfahren zur Verfügung. STP kennt keinerlei Sicherheitsvorkehrungen.

Folgendes Szenario skizziert, auf welche Weise der Switch eines Angreifers in einem Netzwerk zu einer Root-Bridge wird:

1. Ein Angreifer platziert einen Switch in das Netzwerk über einen Port oder eine freie Netzwerkdose (z. B. in einem Hörsaal, Seminarraum).
2. Der Switch wird als Trunk konfiguriert und mit einer hohen Priorität (niedriger Wert der Bridge-ID, z. B. 0) versehen.
3. Wenn kein Schutz installiert ist und die Ports als Access-Ports konfiguriert sind, wird der „Rogue-Switch" zur Root-Bridge.

Die Folge ist: Der Datenverkehr läuft über die Root-Bridge und kann durch einen Netzwerk-Sniffer wie Wireshark leicht mitgeschnitten werden.

Um zu verhindern, dass der Rogue-Switch zur Root-Bridge wird, ist es notwendig, einen Schutzmechanismus auf den Trunk-Interfaces der Root-Bridge zu implementieren. Der Spanning-Tree-Algorithmus legt fest, dass aus Architekturgründen diese Ports niemals zu ROOT-Ports werden. Ein Mechanismus der verhindert, dass die Ports ihren Status zu Designated wechseln, unterbindet diesen Angriff wirkungsvoll.

Root Guard ist ein von Cisco Systems entwickelter Sicherheitsmechanismus für diese Form des Angriffs. Versucht ein Gerät hinter einem Port mit aktivem Root Guard (die aktuelle Root-Bridge) zur Root Bridge zu werden, deaktiviert der Switch diesen Port. Es deaktiviert also das entsprechende Interface für den Empfang „besserer" BPDUs.

9.4.2 Angriffsziel: STP-Parameter

Grundsätzlich sendet und empfängt jeder Switchport BPDUs (Bridge Protocol Data Units) als Verwaltungselemente des STP-Protokolls, sofern er sich im Status Forwarding/Learning oder Listening befindet. Da jeder Switch diese Pakete senden kann, ohne seine Berechtigung hierfür nachweisen zu müssen, bietet diese Eigenschaft Angreifern die Möglichkeit, die Topologie zu erkennen, auszulesen und sie mit gefälschten BPDUs gezielt zu verändern.

Die Antwort auf diese ungewollten Eingriffe in die Netztopologie besteht darin, einen Verteidigungsmechanismus auf den Access-Ports zu installieren. BPDU Guard wird auf Access Ports aktiviert, d. h. Geräte an einem Port, der für den Zugriff von Endgeräten vorgesehen ist, sollen nicht in der Lage sein, die STP-Topologie zu beeinflussen. Empfängt ein derartiger Port - auf dem BPDU Guard aktiviert ist - eine BPDU, wird dieser deaktiviert. Der Interface-Status kann erst nach einer Zeitspanne von 5 Minuten wieder verlassen werden.

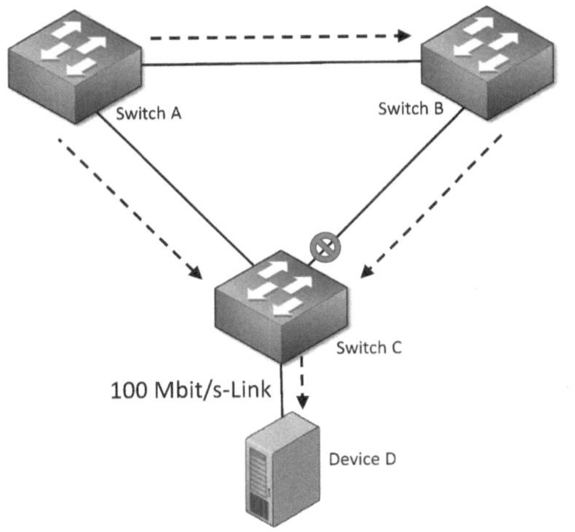

Bild 9.6
Ausgangstopologie

Switch A ist die Root-Brigde mit Priorität 8192, Switch B ist die Backup-Root mit Priorität 16384 und Switch C ist ein Access-Switch mit Verbindung über einen Access-Port zu Device D. Device D nimmt nicht an STP teil. Sind alle weiteren Parameter als Default vereinbart, befindet sich der Port zu Switch B im Blocking-Status (Bild 9.6).

Versucht D als software-basierte Bridge eine Teilnahme an STP mit einer Priorität von 0 zu erreichen, um Root-Bridge zu werden, würde dies die Topologie verändern. Der Link zwischen A und B ginge in den Blocking-Modus und der gesamte Datenverkehr würde über den Link D – C fließen, der im Gegensatz zu den anderen Verbindungen aber über eine wesentlich geringere Bandbreite verfügt und damit zum Engpass werden könnte (Bild 9.7).

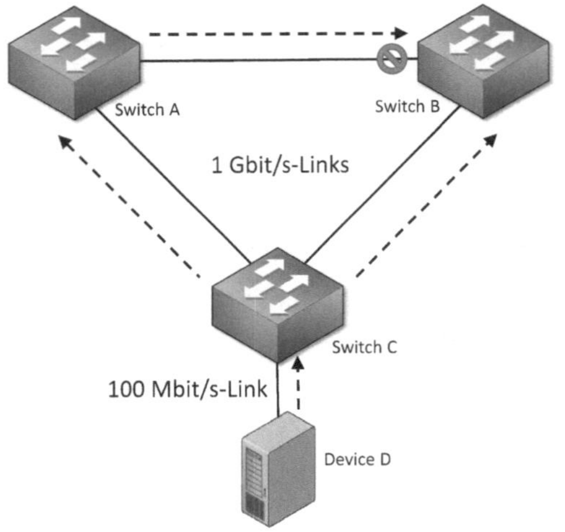

Bild 9.7
Topologie nach einem erfolgreichen Angriff

Wird für den Switchport, an dem Device D angeschlossen ist, nun BPDU Guard aktiviert, kann Device D keine BPDU Pakete in das Netzwerk versendet und somit auch nicht den Spanning-Tree verändern.

9.4.3 Angriffsziel: MAC-Tabelle

Im Gegensatz zu einem Hub, der ein Paket an alle angeschlossenen Stationen weiterleitet, kommuniziert ein Switch aufgrund seiner Adresstabelle gerichtet zwischen zwei Stationen, sodass der Verkehr nicht abgehört werden kann. Ethernet-Frames, die an eine bestimmte MAC-Adresse gerichtet sind, werden nur an den Port weitergeleitet, an dem die betreffende Endstation angeschlossen ist.

Doch nicht nur der Switch pflegt eine Tabelle mit MAC-Adressen, sondern auch die beteiligten Rechner. ARP-Anfragen füllen diese Tabellen. Ziel des ARP-Spoofings ist es nun, diese ARP-Tabellen derart zu manipulieren (**ARP-Cache-Poisoning**), dass der Datenverkehr umgeleitet wird. Zum Beispiel, dass Anfragen nicht an den Default-Router, sondern an den Angreifer weitergeleitet werden. Dazu sendet ein Angreifer eine ARP-Antwort an das Opfer, in der er seine eigene MAC-Adresse als die des Default-Routers ausgibt. Sendet das Opfer anschließend ein Paket an den Default-Router, erreicht dieses den Angreifer und nicht das eigentliche Ziel. Auf dieselbe Weise lässt sich der ARP-Cache des Switches manipulieren. Ethernet-Frames, die eigentlich an das Opfer adressiert werden, landen dann beim Angreifer.

Ziel eines **Man-in-the-Middle-Angriffs** ist es, sich unbemerkt in die Kommunikation zwischen zwei oder mehreren Partnern einzuschleichen, um Informationen mitzulesen oder zu manipulieren. Als ersten Schritt leitet der Angreifer eine Verbindungsanfrage des Senders auf seinen Rechner um. Im nächsten Schritt baut der Angreifer eine Verbindung zu dem eigentlichen Empfänger der Nachricht auf. Gelingt ihm dies, kann er alle Informationen, die der ursprüngliche Sender an den vermeintlichen Empfänger sendet, einsehen oder manipulieren, bevor er sie an den richtigen Empfänger weiterleitet. Auch auf die Antworten des Empfängers kann der Angreifer nach dem gleichen Prinzip reagieren. Der schwierigste Teil des Man-In-The-Middle-Angriffs besteht für den Angreifer darin, den Verbindungsaufbau auf sich umzuleiten.

MAC-Flooding versucht die ARP-Tabelle zu „übervölkern“. Sendet ein Angreifer Pakete mit variierenden Quell-MAC-Adressen, speichert der Switch diese MAC-Adressen in seiner ARP-Tabelle. Sobald der Speicherplatz für die ARP-Tabelle gefüllt ist, sendet ein Switch sämtliche Pakete an alle Switch-Ports in Gestalt des Floodings. Durch dieses „Fluten“ mit sinnlosen MAC-Adressen ist der Switch nicht mehr in der Lage festzustellen, welche Ports über tatsächliche MAC-Adressen verfügen. Diese Angriffsmethode wird verwendet, um das Mitlesen von Paketen in geswitchten Netzen zu ermöglichen.

„Denial of Service"-Attacken zielen darauf ab, die Benutzer daran zu hindern, Dienste oder Geräte zu verwenden, die ihnen normalerweise zur Verfügung stehen. Im Fall der ARP-Cache-Poisioning werden Geräte des Netzwerkes dazu gebracht, Datenverkehr an eine gültige IP-Adresse zu versenden, der aber eine gefälschte MAC-Adresse zugeordnet ist. Sind alle ARP-Tabellen der Switches mit den Fehleinträgen versehen, schicken Rechner im Netz für den Router gedachten Verkehr an ein Gerät, das nicht existiert. Folglich gelangt kein Datenverkehr über den Router aus dem Netzwerk heraus. Die durch die ARP-Tabelle erwartete Paketweiterleitung findet nicht statt, sodass im Sinne der DoS-Attacke eine korrekte Funktion ausfällt.

> Mit dem Programm macof lassen sich MAC-Adressen erzeugen. Ein Cisco-Catalyst-Switch 6500 kann 132 000 Tabelleneinträge aufnehmen. Bei einer Generierungsgeschwindigkeit von 8000 Adressen/Sekunde sind nur 16 Sekunden notwendig, um die Kapazitätsgrenze zu erreichen.

> **WLAN-Angriff**
>
> Man-in-the Middle-Angriffe sind nicht nur durch ARP-Cache-Poisoning möglich. Je nach Protokoll und Netzwerk existieren verschiedene Angriffe. Um Man-in-the-Middle-Attacken in einem WLAN durchzuführen, können zusätzliche Access Points in das WLAN eingeschleust werden („Rogue-APs"). Wenn ein derartiger Access Point einem in der Nähe befindlichen WLAN-Client eine stärkere Sendeleistung anbietet als der echte Access Point, wird der Client diesen als Basisstation nutzen. Voraussetzung für die unbemerkte Funktion ist, dass keine beidseitige Authentisierung erzwungen wird.

Ein Mittel zur Absicherung ist die PortSecurity, bei der der Zugriff auf den Port eines Switches nur auf das erwartete Gerät – ausgedrückt durch die MAC-Adresse – beschränkt wird. Dieser Mechanismus gilt ausschließlich für Access- nicht für Trunkports. Dabei kann ein Switchport mehrere MAC-Adressen als zulässig erachten. Eine Verletzung in Form einer unbekannten MAC-Adresse an einem Port löst eine Reaktion aus, die nach Konfiguration abgestuft werden kann. Die Tabelle 9.8 listet mögliche Reaktionen auf.

Tabelle 9.8 Reaktion einer Port-Security-Verletzung

Reaktion/Modus	Stufe 1	Stufe 2	Stufe 3
Pakete verwerfen	ja	ja	ja
SNMP-Nachrichten versenden	nein	ja	ja
Interface deaktivieren	nein	nein	ja

> Um festzustellen, ob jemand das Netzwerk über ARP-Manipulationen angreift, existieren Intrusion-Detection-Systeme. Zu ihnen gehört das für UNIX-basierte Rechner kostenlose Snort. Um gefälschte Pakete zu erzeugen, gibt es Programme wie Dsniff, das Anwendungen wie arpspoof enthält.

9.5 Zusammenfassung

Ein Switch als Kopplungselement der OSI-Schicht 2 ist in der Lage, die MAC-Adressen zu interpretieren, um die Datenpakete gezielt weiterzuleiten. Switches haben Bridges und Hubs vollständig vom Markt verdrängt. Sie eignen sich zur Aufteilung eines LANs in Anwendergruppen nach logischen und organisatorischen Gesichtspunkten. Die Realisierungen unterscheiden sich jedoch erheblich, was nicht nur mit der Ausstattung, der Portdichte oder der Technologie zusammenhängt, sondern vornehmlich in der Architektur begründet liegt. Hochleistungsswitches beruhen auf der Matrixarchitektur und sind meist im oberen Preissegment angesiedelt.

Durch ihre Realisierung in Hardware und ihre Funktionalität sind Switches zu einem bedeutenden Element des Netzwerkdesigns geworden. Mit der Möglichkeit von Vollduplexverbindungen, einer hohen Anschlussdichte und einer Wire-Speed-Option bieten sie hinsichtlich Bandbreite und Skalierung einen flexiblen und dynamischen Aufbau eines Netzwerkes. Zusätzlich lassen sich organisatorische Gegebenheiten durch VLANs auf die jeweiligen Unternehmensstrukturen zugeschnitten umsetzen, was die Flexibilität weiter erhöht und die Sicherheitsanforderungen stärkt.

Durch ihre zentrale Position in einem Netzwerk sind Switches aber auch das Ziel von Angriffen. Insbesondere die MAC-Adresstabelle als Schlüsselelement steht dabei im Fokus.

Weiterführende Literatur: [KuRo14]

Weiterführende Internetquellen:

- Tutorials: [Netw14, Swit00]

9.6 Übungen

Ein Switch besitzt folgende MAC-Adresstabelle:

Zieladresse	Port
EE	1
AA	2
BA	3
AC	5
AB	6

a) Auf welchen Port wird ein Frame mit der Zieladresse AC geleitet?

b) Welche Reaktion löst ein Frame an die Adresse EA aus?

c) Was passiert, wenn ein Frame mit einer Broadcast-Adresse als Ziel den Switch erreicht?

d) Kann eine Broadcast-Adresse im Quell-Feld eines Frames stehen?

e) Bei der Initialisierung des Switches ist die Tabelle leer. Auf welchem Wege füllt der Switch die Tabelle?

9.7 Wissensüberprüfung

1. Beschreiben Sie die drei verschiedenen Typen von Switch-Architekturen.
2. Warum werden an den Aus- und Eingangsports von Switches Puffer benötigt?
3. Ist Fragment-Free-Switching auch bei asymmetrischen Switching möglich? Begründen Sie Ihre Ansicht.
4. Welchen Effekt besitzen Switches auf Kollisionsdomänen?
5. Welches Gerät ermöglicht die höchste Transferrate: HUBs, Switches oder Router?
6. Store-and-Forward-Switches weisen die geringste Latenzzeit auf. Stimmen Sie dieser Behauptung zu?
7. Beschreiben Sie die Modified-Cut-Through-Methode.
8. Was unternimmt ein Switch, wenn ein Paket eintrifft, dessen Zieladresse nicht in der Adresstabelle vorhanden ist.
9. Switches werden nur im Ethernet-Umfeld eingesetzt. Können sie dieser Einschätzung zustimmen?
10. Variiert bei dem Store-and-Forward-Prinzip die Übertragungszeit mit der Rahmengröße?

10 Layer 3 – Geräte, Protokolle und Konzepte

Lernziele

Nach der Beendigung dieses Kapitels sollte der Leser in der Lage sein, folgende Fragen zu beantworten:

- Wie funktionieren Router?
- Was ist der Inhalt einer Routing-Tabelle?
- Wie läuft der Routing-Prozess ab?
- Welche Routing-Methoden existieren?
- Wo liegen Unterschiede zwischen Routern und Switches?
- Welche Routing-Protokolle haben sich etabliert?

Kapiteleinführung

Die Existenz von Intranets, die organisatorische Aufteilung in lokale Arbeitsgruppen oder die Nutzung des Internets für multimediale Inhalte haben die Unternehmensnetze zu Infrastrukturen werden lassen, die unterschiedlichste Anwendungsszenarien berücksichtigen müssen. Hohe Verzögerungszeiten im Netzwerk würden dazu führen, dass steigende Antwortzeiten die Anwender verstimmen. Router als die wesentliche Kopplungskomponente neben Switches sind deshalb im besonderen Maße gefordert, ihre Funktionalität in Geschwindigkeit umzusetzen und den Endnutzer transparent und schnell zu bedienen.

10.1 Router

Router verknüpfen zwei Netzwerke über die Vermittlungsschicht 3 des OSI-Referenzmodells also auf der Grundlage von IP-Adressen. Die Weiterleitung der Pakete beruht dabei auf Einträgen in der Routing-Tabelle.

Da jedes ankommende Datenpaket bis zur Schicht 3 interpretiert wird, eignen sich Router zur Verbindung unterschiedlicher LAN-Segmente hauptsächlich auf Basis der Ethernettechnologie; früher auch zur Verknüpfung unterschiedlicher Technologien wie Ethernet und Token Ring und zur Interpretation logischer Netzadressen. Ein Router kann das Protokollformat der Schicht 3 ändern, wenn er heterogene Netzwerke miteinander verknüpft, die darunterliegende LAN-Technologie ist für ihn jedoch transparent. Dennoch benötigt er für eine korrekte Paketweiterleitung Kenntnisse und Umsetzungsmöglichkeiten für die Protokolle der Schicht 2.

10.1.1 Bedeutung

Traditionelle Router leiten Pakete auf Grundlage der Adressen der OSI-Schicht 3 weiter und beziehen ihre Bedeutung aus dieser Position und einiger weiterer hinzukommender Eigenschaften:

- Router dehnen ein Netz hinsichtlich Länge und Stationszahl aus.
- Router verbinden unterschiedliche Subnetze. Die Notwendigkeit hierfür entsteht bei IP-basierten Netzen aus den Beschränkungen des IP-Adressschemas.
- Router gestatten die Handhabung mehrerer Protokollstacks und erlauben damit auch eine Protokollumsetzung, z. B. von IP nach IPX (Protokoll der Schicht 3 von Novell) und umgekehrt.
- Router steuern den Netzzugang. Da sie die Protokolle der Schicht 3 interpretieren, können sie Filter bzw. Zugriffslisten zum Schutz vor unberechtigtem Zugriff konfigurieren. Mehrere Einschränkungen sind denkbar:
  - **nach Richtung:** Ein Router kann Ein- und Ausgangsverbindungen beschränken, sodass z. B. alle Mitarbeiter einer Abteilung eines Unternehmens mit allen anderen Abteilungen kommunizieren können, aber niemand das Unternehmensnetz betreten kann.
  - **nach Protokoll:** Ein Router kann den FTP- oder Telnet-Verkehr unterbinden, aber den SMTP-Transfer für E-Mails zulassen.
  - **nach Adresse:** Internet-Benutzern kann der Zugriff auf WWW- und FTP-Server einer Firma eingeräumt, aber auf weitere Server der Firma untersagt werden.
  - **nach Datum/Uhrzeit:** Der Zugriff kann auf Wochentage und Tageszeiten begrenzt werden.

Wie der Name Router nahelegt, besteht seine Hauptaufgabe darin, einen Leitweg für Pakete durch das Netzwerk zu bestimmen und das Paket selbst auf diesen Pfad zu bringen. Die aktive Paketweiterleitung besteht aus dem Auswahlprozess des Weges aus Alternativen. Dazu wird die Routing-Tabelle auf Einträge nach der Ziel-IP geprüft. Die Prüfung kann zu drei Ergebnissen führen:

1. Das Zielnetz ist nicht erreichbar: In der Routing-Tabelle gibt es keinen Eintrag, der das gewünschte Netz identifiziert und es existiert keine Defaultangabe. In diesem Fall wird das Paket verworfen.
2. Das Zielnetz ist über einen anderen Router erreichbar: Die Routing-Tabelle enthält einen Eintrag für das Zielnetz. Die Prüfung ergibt den nächsten Knoten auf dem Weg zum Ziel.
3. Das Zielnetz ist direkt an den Router angeschlossen: In diesem Fall ist die Ermittlung der zugehörigen MAC-Adresse aus dem Hostanteil der IP-Adresse mithilfe der ARP-Tabelle notwendig, um das Paket der Zielstation direkt zustellen zu können. Enthält die ARP-Tabelle keinen entsprechenden Eintrag, muss der Router über das ARP-Protokoll die MAC-Adresse ermitteln.

In den letzten beiden Fällen schließt der Router den Prozess durch die Weiterleitung des Paketes an das entsprechende Routerinterface ab. Dazu wird das IP-Paket gemäß des Protokolls der Schicht 2 in eine Transporteinheit eingepackt. Der Typ dieser Transporteinheit leitet sich aus der Technologie des Interfaces ab und kann, z. B. für ein serielles Interface ein Frame des Point-to-Point-Protokolls sein und für ein Ethernet-Interface ein Ethernet-Frame.

Um die Paketweiterleitung zu beherrschen, muss der Router mehrere Funktionen ausführen können:

- die Zieladresse identifizieren,
- Nachbarrouter kennen, von denen er weitere erreichbare Netzwerke lernt,
- den besten Weg zu entfernten Netzen bestimmen,
- die Weginformation speichern und aktualisieren.

Um diese Aufgaben umzusetzen, benötigt er:

- einen Prozessor, um Zieladressen zu prüfen und Pakete vom Eingangs- zum Ausgangsport zu transportieren,
- eine Routing-Tabelle, um die Wegeinformation zu speichern,
- einen Routing-Algorithmus, um seine Nachbarn dynamisch zu erkennen und den besten Weg zu bestimmen.

Routing-Tabelle

Die Routing-Tabelle enthält Angaben zu möglichen Wegen, zum „optimalen" Weg, zum Status, zur Metrik, d. h. dem Bewertungsmaßstab des Weges und zum Alter. Grundlage ist die Verknüpfung der Ziel-IP-Adresse mit einer Richtungsangabe in Form des Folgerouters und des Interfaces, über den der Paketstrom zu lenken ist.

Die Geschwindigkeit der Paketweiterleitung hängt auch von der Anzahl der Einträge ab. Je mehr Einträge zu prüfen sind, desto mehr sinkt die Vermittlungsgeschwindigkeit, sodass ein wichtiger Aspekt des Netzdesigns darin besteht, die Tabellengröße zu minimieren.

Netzwerk	Interface	Nächster Hop	Metrik	Alter	Routing-protokoll
198.113.181.0	Ethernet0	192.150.42.177	[304793]	02:03:50	D
198.113.178.0	Ethernet0	192.150.42.177	[9936]	02:03:50	O
192.168.96.0	Ethernet0	192.150.42.177	[3]	00:00:20	R
192.168.97.0	Ethernet0				C

Bild 10.1 Routing-Tabelle

Die Routing-Tabellenprüfung ist ein wesentlich komplexerer Vorgang als die Prüfung der Tabelle eines Switches. Der Grund hierfür liegt darin, dass die IP-Adresse eine flexible Einteilung zwischen Netz- und Hostteil besitzt und damit Klassen oder Hierarchien abbilden kann. Die Routing-Tabellenprüfung erstreckt sich nur auf den Netzteil der Adresse, der aufgrund der Struktur unterschiedlich lang sein kann. Anders als ein Switch, der einen exakten Match auf eine Adresse fester Länge ausführt, sucht ein Router den längsten übereinstimmenden Part des variabel langen Netzteils der IP-Adresse.

10.1.2 Routing-Ablauf

Die Grundlage des Routings besteht in der Versendung und Zustellung von Paketen. Diese Idee lässt sich an einem Diagramm mit zwei Routern und mehreren Endstationen veranschaulichen (Bild 10.2).

Zur Paketzustellung an seine Kommunikationspartner nutzt Station A unterschiedliche Wege:

- **Zielstation B:** Da sowohl Quelle als auch Ziel im gleichen Segment liegen, prüft A zunächst den ARP-Cache auf die Existenz der Hardwareadresse von B. Ist kein Eintrag vorhanden, bringt A die Adresse durch einen ARP-Request in Form eines Broadcast in Erfahrung. Für diesen Vorgang ist keiner der beiden Router vonnöten.
- **Zielstation C:** Station A erkennt, dass das Ziel nicht im eigenen Subnetz liegt. Daraufhin prüft A seine Routing-Einträge und findet Router 1 als Defaulteintrag. Unter Nutzung von ARP identifiziert A die Hardwareadresse des Interfaces von Router 1 und versendet das Paket an Router 1. Router 1 stellt durch Überprüfung der Routing-Tabelle fest, dass Station C sich innerhalb eines direkt ange-

schlossenen Netzes befinden. Router 1 sendet das Paket direkt an Station C. Hierzu benötigt Router 1 die MAC-Adresse von Station C; ist diese nicht bekannt, muss er diese zuvor mit einem ARP-Request in Erfahrung bringen.

- **Zielstation D:** Station A folgt dem gleichen Verfahren wie bei der Sendung an Station C. Sobald die Pakete an Router 1 adressiert sind, wird ihre IP-Adresse in der Routing-Tabelle von Router 1 geprüft und Router 2 als nächste Station auf dem Weg zum Ziel identifiziert.

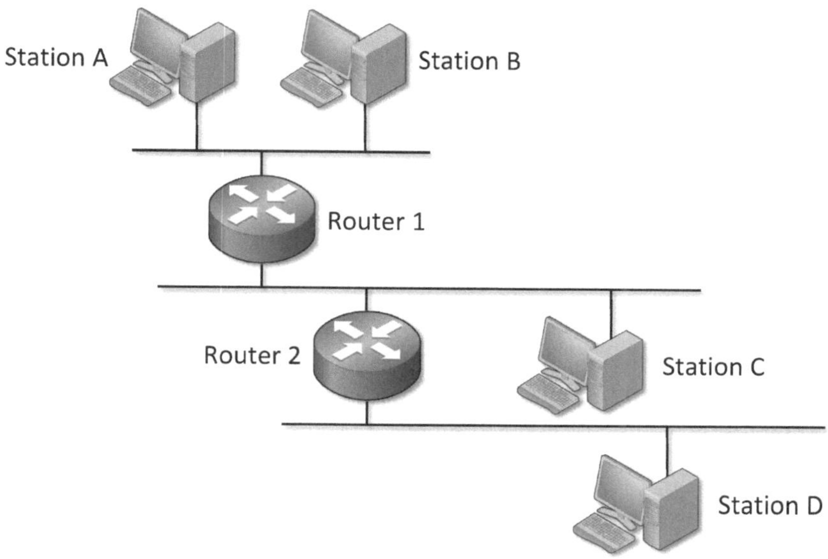

Bild 10.2 Beispielnetzwerk

Der Routing-Prozess ist für die Endstationen nicht transparent: Eine Ethernet-Station, die mit einer anderen Ethernet-Station jenseits des Routers kommunizieren möchte, adressiert ihr Ethernet-Paket an den Router und nicht an den Zielrechner. Der Router entfernt den Ethernet-Header und prüft die darunter liegende Information der Schicht 3, um das Paket dann auf der Grundlage seiner Routing-Tabelle in Richtung Ziel weiterzuleiten. Im Einzelnen lassen sich die Phasen des Prozesses, das die obigen Schritte des Beispiels präzisiert, wie folgt beschreiben:

1. Der Quellrechner trägt in das zu übertragende Paket als Ziel-MAC-Adresse die Adresse des Interfaces des nächsten Routers auf dem Weg zum Ziel ein, sowie seine MAC-Adresse als Quelle. In der logischen Adresse stehen die Quell-IP- und Ziel-IP-Adresse. Zuvor überprüft der Rechner allerdings seine IP-Adresse mit der Subnetzmaske des Empfängers, um festzustellen, ob beide Stationen dem gleichen Subnetz zugeordnet sind. Falls der Zielrechner zum gleichen Subnetz gehört, ist kein Routing notwendig. Die Zielstation wird allein durch den ARP-

Prozess ausfindig gemacht. Im verbleibenden Fall ermittelt der Quellhost die MAC-Adresse des Routerinterfaces. Im Allgemeinen existiert hierfür ein Eintrag. Falls nicht, muss die entsprechende Adresse über ARP festgestellt werden.

2. Der nächste Netzknoten, d.h. der erste Router auf dem Weg zum Ziel, prüft das empfangene Paket auf Zulässigkeit im Sinne der Prüfsumme des MAC-Layer-Protokolls. Dies ist möglich, da Router nach dem Store-and-Forward-Prinzip arbeiten und das gesamte Paket zur Bearbeitung einlesen. Daher können sie feststellen, ob eine Zugriffsberechtigung besteht.
3. Im anschließenden Schritt wird die MAC-Adresse auf Übereinstimmung mit derjenigen des Routerinterface geprüft und im positiven Fall entfernt.
4. Im Anschluss daran wird die IP-Ziel-Adresse mit der Routing-Tabelle verglichen, der einem Tabelleneintrag entsprechende Port entnommen und das Paket an den Ausgangsport weitergeleitet. Wird kein Eintrag gefunden, wird die Defaultroute verwendet, ist hierfür kein Eintrag vorhanden, wird das Paket verworfen. Die Defaultroute gibt den Router an, der verwendet wird, wenn für die Ziel-IP kein spezifischer Routing-Eintrag vorhanden ist. Endsysteme, wie Desktop-PC und Laptops, kennen i.d.R. nur eine Defaultroute.
5. Am Outputport wird die Ziel-MAC-Adresse des nächsten Netzknotens eingetragen und der CRC-Wert generiert, sodass ein neuer Paket-Header entsteht. Die logischen Adressen bleiben unverändert, allerdings wird das Time-to-Live-Feld des IP-Headers dekrementiert.
6. Der letzte Router auf dem Weg zum Ziel erkennt anhand seiner Routing-Tabelle, dass die Ziel-IP-Adresse zu einem direkt verbundenen Netzwerk gehört. Zur Ermittlung der genauen MAC-Adresse leitet der Router den ARP-Prozess mit der Ziel-IP-Adresse ein, sofern kein Eintrag im ARP-Cache vorliegt.
7. Die Zielstation empfängt letztlich den an sie adressierten Ethernet-Rahmen, der als Ziel-MAC-Adresse die Stationsadresse und als Quell-MAC-Adresse die des letzten Routers enthält. Die logischen Adressen bleiben auf dem gesamten Weg unverändert.

Auf dem Weg von der Quelle zum Ziel passt jeder passierte Knoten die MAC-Adressen an. Die IP-Adressen hingegen bleiben unverändert, damit Empfänger und Sender jederzeit zu identifizieren sind.

Um dem Benutzer Sicherheit durch Redundanz bezüglich des Ausfalls des Default-Routers zu bieten, wurde das Virtual-Router-Redundancy-Protokoll (VRRP, RFC 2338) entwickelt. Die Grundidee besteht darin, einen virtuellen Router zu definieren und dessen IP-Adresse als Defaultroute-Adresse auf den Endstationen zu konfigurieren.

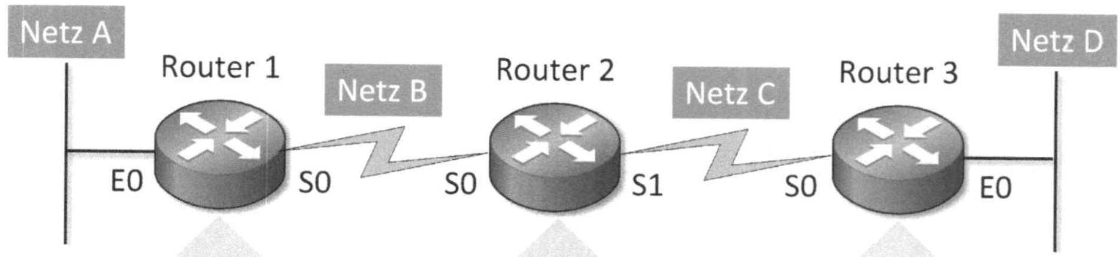

Netz	Interface
A	E0
B	S0
C	S0
D	S0

Netz	Interface
B	S0
C	S1
A	S0
D	S1

Netz	Interface
C	S0
D	E0
B	S0
A	S0

Bild 10.3 Routing-Ablauf

10.1.3 Routing-Methoden

Routing als die Wahl eines „optimalen" Weges ist eine Basiseigenschaft jeden Netzwerkes. Dabei ist das Routing auf die Aktualität der Information in der Routing-Tabelle angewiesen. Diese wird durch Austausch der Routing-Tabelle zwischen Nachbarn oder durch Informationen über die Verbindung zwischen ihnen erreicht. Die konkrete Form der Informationsgewinnung hängt vom Routing-Protokoll ab. ■

Erst die Möglichkeit, gezielt die gewünschte Station des Netzes zu erreichen, gestattet die Nutzung von Anwendungen. Dazu schafft Routing:

- die Verbindung zwischen unterschiedlichsten Netzen, seien es private Netze, Unternehmensnetzwerke oder das Internet.
- den Anschluss von Remote-Usern über sehr unterschiedliche Techniken wie DSL, WiMAX oder Frame Relay.

Um das Grundkonstrukt der Routing-Tabelle jedoch mit Leben füllen zu können, bedarf es Einträgen bezüglich der erreichbaren Netze. Router können Wege auf drei verschiedene Arten lernen und mit diesem Wissen dann die Routing-Tabelleneinträge erzeugen:

- **direkt verbundene Netze:** Sie werden automatisch in eine Routing-Tabelle übernommen, wenn ein Interface mit einer IP-Adresse konfiguriert wird.
- **statische Routen:** Diese Wege werden durch einen Administrator eingetragen. Sie dienen zum einen der Sicherheit, sind andererseits aber nur zu verwalten,

wenn ihre Zahl begrenzt ist, d.h. die Skalierbarkeit ist für diese Methode ein limitierender Faktor.

- **dynamische Routen:** In diesem Fall lernen Router erreichbare Netze durch ein Routing-Protokoll, das Informationen über das Netzwerk und seine Router sammelt und verteilt.

Die Routing-Tabelle ist in ihrer Funktion einem Adressbuch vergleichbar, in dem nachgeschlagen wird, ob eine Ziel-IP-Adresse bekannt ist, d.h. ein Weg zu diesem Netz existiert.

Da ein Router nicht für alle IP-Adressen hierfür eine Antwort weiß, muss es eine Standardvorgabe geben. Diese wird in Cisco-Routern als Gateway of Last Resort und im Allgemeinen häufig als Defaultroute bezeichnet. Ist keine Defaultroute konfiguriert oder existiert kein Eintrag für eine Ziel-IP, werden entsprechende Pakete verworfen. IPv4-Defaultrouten werden häufig durch das Netz 0.0.0.0/0 angegeben, das hierbei für alle Adressen, die im Adressraum existieren, steht.

Routing-Tabelle

Der Befehl `show ip route` zeigt die Routing-Tabelle eines Cisco-Routers. Dabei zeigt der erste Buchstabe des Eintrags, wie der Router den Pfad erhalten hat: in diesem Fall durch direkt verbundene Netzwerke und statische Einträge. Der zweite Eintrag verweist auf das Zielnetz und der letzte Eintrag gibt an, über welches Interface dieses Netz erreicht wird. Ausgewählt ist durch die Markierung eine statische Route.

```
R1#sh ip route
Codes: C - connected, S - static, I - IGRP, R - RIP, M - mobile, B - BGP
       D - EIGRP, EX - EIGRP external, O - OSPF, IA - OSPF inter area
       N1 - OSPF NSSA external type 1, N2 - OSPF NSSA external type 2
       E1 - OSPF external type 1, E2 - OSPF external type 2, E - EGP
       i - IS-IS, L1 - IS-IS level-1, L2 - IS-IS level-2, ia - IS-IS inter area
       * - candidate default, U - per-user static route, o - ODR
       P - periodic downloaded static route

Gateway of last resort is not set

C    192.168.1.0/24 is directly connected, FastEthernet0/0
C    192.168.12.0/24 is directly connected, Serial2/0
C    192.168.13.0/24 is directly connected, Serial3/0
S    192.168.23.0/24 [1/0] via 192.168.12.2
R1#
```

In diesem Beispiel fehlen dynamische Routen. Sie würden z. B. mit einem R für RIP oder einem O für OSPF eingeleitet. Auch eine Defaultroute ist hier nicht festgelegt.

Durch die Komplexität heutiger Netzinfrastrukturen steigt die Bedeutung dynamischer Routing-Verfahren beträchtlich. Das Internet wäre ohne ihre Existenz nicht denkbar. Dennoch haben sich statische Routen behaupten können, insbesondere in kleineren Umgebungen, die nur über wenige dezidierte Verbindungen verfügen. Eine Gegenüberstellung beider Konzepte zeigt Tabelle 10.1.

Tabelle 10.1 Vergleich dynamisches – statisches Routing

Merkmal	Dynamisches Routing	Statisches Routing
Topologiewechsel	automatische Erkennung und Aktualisierung, d. h. automatisches Re-Routing	Administratoreingriff notwendig, d. h. kein Re-Routing
Skalierbarkeit	ausgelegt für komplexe Topologien, unbegrenzt erweiterbar	nur für kleine Netzwerke angemessen, begrenzte Ausbaufähigkeit
Sicherheit	unsicher, Manipulation durch gefälschte Routing-Informationen	tendenziell sicherer als die dynamische Variante
Vorhersage des Weges	Weg ist von der aktuellen Topologie abhängig	stets der gleiche Weg zum Ziel

Große Netze mit mehreren Subnetzen und Routern können auch in LAN-Umgebungen den Aufwand des Einrichtens von Routing-Protokollen rechtfertigen. Existieren mehrere Wege zum gleichen Ziel, könnten zwar statische Routen Pakete stets auf einem Weg zum Empfänger leiten, ein solches Konzept würde aber nicht auf Änderungen im Netz reagieren können.

10.1.4 Unterschiede zwischen Routern und Switches

Dadurch, dass Switches und Router auf unterschiedlichen Ebenen des OSI-Referenzmodells arbeiten, bestehen zwangsläufig Unterschiede zwischen ihnen.

- Router bestimmen den Weg, den ein Paket von der Quelle zum Ziel wählt, bezüglich einer Metrik. Switches kennen diese Möglichkeit der Paketlenkung nicht und sind durch den Spanning-Tree-Algorithmus begrenzt.
- Die Zahl der durch Router unterstützten Knoten ist unbegrenzt, da der Adressraum durch Bereichs- oder Domänenbildung hierarchisiert ist. Switches besitzen demgegenüber nur ein flaches Adressschema, das keine logische Klassifikation erlaubt. Die Zahl der mit ihnen verbundenen Stationen hängt von der Portdichte und den Kaskadierungsmöglichkeiten ab.
- Router bilden eine Barriere gegen Broadcasts, Switches hingegen lassen Broadcasts passieren.
- Router fragmentieren Datenpakete. Switches verfügen nicht über diese Fähig-

keit, sondern verwerfen fehlerhafte Pakete, ohne den Sender hierüber zu informieren.

- Router können eine Überlastkontrolle vornehmen, indem sie die sendende Station zu einer Reduktion der ausgesendeten Pakete veranlassen; Switches hingegen kennen eine optionale Datenflusskontrolle erst mit neueren Ethernet-Standards.

Tabelle 10.2 Vergleich Switch – Router

Merkmal	Switch	Router
Wegewahl	anhand der physikalischen MAC-Adresse	anhand der logischen Netzwerkadresse
Protokolltransparenz bezüglich Schicht 3	ja	Router gehören einer bestimmten Protokollfamilie an oder sind multiprotokollfähig
Adressierung	direkte Adressierung der Zielstation auf der Basis eines eindeutigen herstellerabhängigen Adressbestandes	indirekte Adressierung auf der Basis eines hierarchischen globalen Schemas
Adresstabellen	Adresstabellen nach dem Learn-and-stay-Verfahren	Routing-Tabelle mit Subnetzadressen und Zuordnung zwischen logischer Netzwerk- und physikalischer MAC-Adresse
Broadcast-Unterdrückung	nein	ja
Überlastkontrolle	optional	optional, durch Reaktion von TCP auf Paketverlusten, gezielter Eingriff durch Early Congestion Notifikation
redundante Wege	nur beim Einsatz Spanning-Tree-Protokoll	Router kennen die Netztopologie und wählen den optimalen Weg gemäß einer Metrik

Mit dem Kommando `traceroute` unter Linux und auf Routern bzw. `tracert` unter Windows erhält der Nutzer eine Liste aller passierten Knoten auf dem Weg von der Quelle zum Ziel. ■

Noch Fragen ...? Ja ...

Muss ein Rechner immer mit einem Switch verbunden werden?

Im Prinzip ja. Router vermitteln zwischen Netzwerken und besitzen daher nur an den Endpunkten Switches als Teilnehmer. Nur in Ausnahmenfällen ist ein Host direkt an einen Router gebunden.

Diese Regel gilt nicht für Home-Router?

Richtig; es gibt Switches die Router-Fähigkeiten besitzen und Router die Switch-Aufgaben übernehmen. Der Unterschied zum Home-Router sind nicht nur die Software, sondern auch die Interfaces.

Sind Router bereits ab Werk konfiguriert?

Bei der Auslieferung besitzen die Router keinerlei Konfiguration. Das bedeutet, dass alle Einstellungen individuell vorgenommen werden müssen.

Können Router mehrere Arten von Schnittstellen besitzen?

Ja, Router können verschiedene Technologien wie Ethernet, Frame Relay, ATM oder DSL miteinander verbinden.

Kann ein einzelner Router Interfaces für unterschiedliche Medien unterstützen?

Ja, Glasfaser, Kupferkabel oder drahtlose Netzwerke können gemeinsam an einem Router vorkommen.

10.2 Routing

Das Problem der Wegewahl tritt in allgemeinen „vermaschten“ Netzstrukturen auf, da zu entscheiden ist, auf welchem Weg ein Datenpaket sein Ziel erreichen soll. Die Wahl eines passenden „optimalen“ Routing-Algorithmus ist daher für die Leistungsstärke eines Netzes von entscheidender Bedeutung. Schlechte Verfahren bewirken in erster Linie eine Verlängerung und damit eine Verteuerung der Übertragung. Die meisten Algorithmen arbeiten tabellengesteuert. Wesentliches Element ist hierfür die Routing-Tabelle jedes Knotens, die für jeden möglichen Zielknoten Wegeinformationen bereithält. Routing-Algorithmen müssen also einerseits die Entscheidung bezüglich eines bestimmten Pfades zum Ziel treffen, andererseits aber ihre hierfür erforderliche Entscheidungsbasis - die Routing-Tabelle - ständig aktualisieren, wollen sie einen optimalen Leitweg bei geringer Systembelastung bestimmen. Der Begriff „optimal“ ist in diesem Kontext allerdings interpretationsbedürftig. Bewertungskriterien für Netzverbindungen können durch unterschiedliche Merkmale ausgedrückt werden:

- Hop Counts - Anzahl passierter Knoten,
- Verzögerung - Variation in der zeitlichen Zustellung der Pakete,
- Durchsatz - Bandbreite der Verbindung,
- Zuverlässigkeit - Bitfehlerrate jeder Verbindung.

10.2.1 Bedeutung

Routing-Algorithmen sollten so konzipiert sein, dass sie die Bewertungskriterien des Weges für den Benutzer transparent erfüllen. Steht der Gesichtspunkt der minimalen Gebühren an oberster Stelle der Präferenzskala, ist der optimale Weg nicht notwendig der geographisch kürzeste, da die Tarifierung der Einzelstrecken berücksichtigt wird; spielt der hohe Datendurchsatz die wichtigste Rolle, ist die Bandbreite und die Auslastung der Teilstrecken von großer Bedeutung. Diese unterschiedlichen Anforderungen unterstreichen einerseits die Qualität und andererseits die Aktualität der Einträge in der Routing-Tabelle. So wünschenswert es ist, sofort einen Überblick über die dynamischen Veränderungen des Gesamtnetzes zu haben, so schwierig ist dieses Ideal durch die permanente Erfassung von Netzdaten zu erreichen. Eine gewaltige Netzbelastung durch die Übertragung einer Fülle von Statusinformationen wäre die unerwünschte Folge. Eine ereignisgesteuerte Ad-hoc-Aktualisierung ist deshalb praktisch undurchführbar. Andererseits wächst mit der Länge des Aktualisierungsintervalls die Gefahr, dass die getroffene Wegentscheidung auf veralteten Statusinformationen beruht. In der Praxis muss also ein geeigneter Kompromiss zwischen Routing-Effizienz und -Aktualität getroffen werden.

10.2.2 Routing-Protokolle – allgemeine Klassifizierung

Routing-Konzepte können aufgrund ihrer Charakteristik in unterschiedliche Gruppen eingeteilt werden:

- Interior- und Exterior-Gateway-Protokolle,
- Distance-Vector- und Link-State-Protokolle,
- Classless und Classful-Protokolle.

Tabelle 10.3 Klassifikation der IPv4-Routing-Protokolle

Interior-Gateway-Protokolle				Exterior-Gateway-Protokolle
	Distance-Vector	**Link-State**		**Path-Vector**
Classful	RIP			
Classless	RIPv2	OSPF		BGPv4

Die erste Unterscheidung richtet sich an autonome Systeme. Zu den autonomen Systemen gehören Netzwerke des gleichen Administrationsbereiches. Dies gilt vor allem für große Unternehmensnetze und die Netze von Internet-Service-Providern. Für ihre Administration werden **Interior-Gateway-Protokolle** benötigt, die ein Routing innerhalb dieser Netze ermöglichen. Soll zwischen diesen Inseln vermittelt werden, kommen **Exterior-Gateway-Protokolle** zum Einsatz.

Interior-Gateway-Protokolle (IGP) tauschen also Informationen zwischen Routern eines einzigen autonomen Systems aus. Zu ihren bekanntesten Vertretern gehören:

- das Routing-Information-Protokoll (RIP),
- das Open-Shortest-Path-First-Protokoll (OSPF).

Beide Protokolle lassen sich durch ihre Zugehörigkeit zu einer weiteren Teilklasse differenzieren. Das RIP-Protokoll lässt sich den Distance-Vector-Protokollen zuordnen, während OSPF in die Klasse der Link-State-Protokolle fällt.

Distance-Vector-Protokolle bestimmen die Erreichbarkeit durch einen Vektor aus Entfernung und Richtung. Die Metrik wird in der Anzahl zu passierender Knoten ausgedrückt. Für die Wegbestimmung wird üblicherweise der Bellman-Ford-Algorithmus verwendet.

Sobald Änderungen der Netzwerktopologie bekannt werden, spiegeln sich diese in Update-Nachrichten wider. Entdeckt ein Router eine unterbrochene Verbindung oder den Ausfall seines Nachbarn, berechnet er die betroffenen Wege neu und verschickt Änderungsmeldungen an alle erreichbaren Knoten. Jeder Router, der eine derartige Meldung erhält, passt seine Routing-Tabelle an und propagiert diese Änderung. Das Verfahren ist „optimistisch“ in dem Sinne, gute Nachrichten, d.h. neue kürzere Wege, schnell bekannt zu machen, schlechte Nachrichten hingegen lange zu verheimlichen. Der Grund hierfür liegt darin, dass die Netzknoten ihre eigenen Routing-Tabellen in kurzen Intervallen als Broadcast an alle anderen Netzknoten versenden. Die Entfernung zu anderen Knoten wird dabei relativ zur eigenen Routing-Tabelle angegeben, sodass jeder Knoten eine individuelle Anpassung der Routing-Information vornehmen muss. Dabei können folgende Fälle auftreten:

- Der versendende Router besitzt eine kürzere Entfernung zum Ziel.
- Der versendende Router kennt ein Ziel, das dem Empfänger noch unbekannt ist.
- Die Entfernung vom sendenden Router zu einem Ziel, dessen Pfad über den empfangenen Router führt, hat sich geändert.

Diese Form, ein Abbild der Netztopologie herzustellen, besitzt mehrere Nachteile:

- Ändern sich die Netzgegebenheiten sehr schnell durch einen Verbindungsausfall, erscheint das Netzabbild in den Routing-Tabellen wenig stabil, da die Konvergenzgeschwindigkeit gering ist.
- Die Anpassung erfolgt über den Austausch der gesamten Routing-Tabelle in regelmäßigen Zeitintervallen.

Das Distance-Vector-Protokoll nutzt als alleiniges Entfernungsmaß die Anzahl der Knoten. Es berücksichtigt damit keine weiteren Merkmale wie Kosten oder Geschwindigkeit. Die größte Herausforderung dieser Klasse von Algorithmen besteht darin, Instabilität zu verhindern, die Konvergenz gegen einen stabilen Zustand in einer angemessenen Zeit zu sichern und die Skalierbarkeit des Netzes durch neue Vermittlungsknoten zu gewährleisten.

Link-State-Protokolle gelten als Alternative zu Distance-Vector-Ansätzen und versuchen demzufolge einige ihrer Schwächen auszugleichen. Im Gegensatz zu Distance-Vector-Protokollen, die nur eine eingeschränkte Sicht auf die Netztopologie haben, haben die Router bei Link-State-Protokollen einen vollständigen Überblick über den Aufbau des Netzes.

- Netze werden dazu in Bereiche, sogenannte Areas (der Begriff wird vor allem in OSPF verwendet), aufgeteilt.
- Alle Router innerhalb einer Area verfügen über die gleiche Datenbasis. Diese Datenbasis beschreibt die vollständige Topologie der Area.
- Jeder Router benutzt diese Datenbasis, um den optimalen Pfad abzuleiten und diesen in seine Routing-Tabelle zu stellen. Die Bestimmung des Weges beruht auf dem Shortest-Path-First-Algorithmus von Dijkstra. Dieser kann verschiedene Kriterien zur Pfadauswahl verwenden.
- **Hello-Pakete** stellen den Kontakt zu den Nachbarroutern her. Unter Ausnutzung des Multicast-Mechanismus werden alle Nachbarrouter angesprochen.

Zur Aktualisierung der Datenbasis verwendet das Link-State-Protokoll keine periodischen Updates, sondern sendet nur bei einem Topologiewechsel ein Link-State-Update. Dieser Bedarf entsteht, wenn:

- ein neuer Router entdeckt wird,
- ein Router seinen Dienst einstellt,
- die Kosten einer Verbindung sich ändern,
- periodisch z. B. bei OSPF alle 30 Minuten.

Link-State-Pakete werden zum Informationsaustausch benötigt. Auf diese Informationen stützt sich der Shortest-Path-First-Algorithmus und bildet für jeden Router individuell den optimalen Routing-Baum. Als Metrik zur Erstellung der Routing-Tabelle kommt dabei der Kostengesichtspunkt in Form der Geschwindigkeit des Interfaces zum Tragen.

Ein Hauptunterschied zu Distance-Vector-Protokollen liegt darin, dass Link-State-Protokolle den Verbindungszustand als Bestimmungsgrundlage des kürzesten Weges austauschen und nicht die gesamte Routing-Tabelle. Durch dieses Vorgehen werden wesentlich weniger Netzressourcen benötigt.

Als dritter konzeptioneller Unterschied von Routing-Protokollen dient die Behandlung der Subnetzinformation. **Classful-Protokolle** reichen die Informationen über die Strukturierung durch Subnetzmasken von IP-Netzen nicht weiter. Die ersten für das Internet entworfenen Protokolle wie das Routing Information Protocol (RIP Version 1) gehörten zu dieser Klasse. Bei einer strikten Orientierung IP-basierter Netzstrukturen an den Klassen A, B und C bestand keine Notwendigkeit dafür, diese Informationen bekannt zu machen. Die Klassenzugehörigkeit einer IP-Adresse ergibt sich durch die Anwendung der Standardsubnetzmaske. Dementsprechend unterstützen Classful-Protokolle nicht den VLSM-Mechanismus. Um diesen Mangel, der vor allem in großen Netzstrukturen durch die ineffiziente Nutzung des IP-Adressvorrates auftritt, zu beheben, entstand der Vorschlag der **Classless-Protokolle**. Diese berücksichtigen die flexible Einteilung des Adressbereichs über die Klassengrenzen hinweg. Zu ihnen gehören alle modernen Protokolle wie RIP Version 2, OSPF oder das Border Gateway Protocol (BGP) als Exterior-Gateway-Protokoll.

Nicht immer reicht die Metrik als Entscheidungskriterium für einen Weg aus. Lernt ein Router für ein Ziel zwei Routen, z. B. weil der Administrator eine statische Route konfiguriert hat und das dynamische Routing-Protokoll eine Alternative anbietet, muss er auswählen, welchen Pfad er in der Routing-Tabelle eintragen will. Zur Lösung dieser Entscheidungssituation dient die **administrative Distanz**, die die Vertrauenswürdigkeit der Quelle wiedergibt. Gemäß diesem Kriterium genießen direkt angebundene Netze das größte Vertrauen, gefolgt von statischen Routen und dann abgestuft nach Routing-Protokoll den dynamischen Konzepten.

Ein gravierender Nachteil der Distance-Vector-Protokolle besteht darin, dass sie im Gegensatz zu den Link-State-Varianten, die auf einem eindeutigen aufspannenden Baum beruhen, Schleifen erzeugen können. Diese entstehen, wenn ein Paket ständig zwischen einer Folge von Routern übertragen wird, ohne das Zielnetz zu erreichen. Dieser Umstand beruht in erster Linie auf unkorrekten Weginformationen, deren Grund häufig im unzureichenden Konvergenzverhalten zu suchen ist. Die Ursachen des zeitlichen Auseinanderklaffens der Aktualisierungsinformation und seiner Folgen zeigt das Beispiel in Bild 10.4.

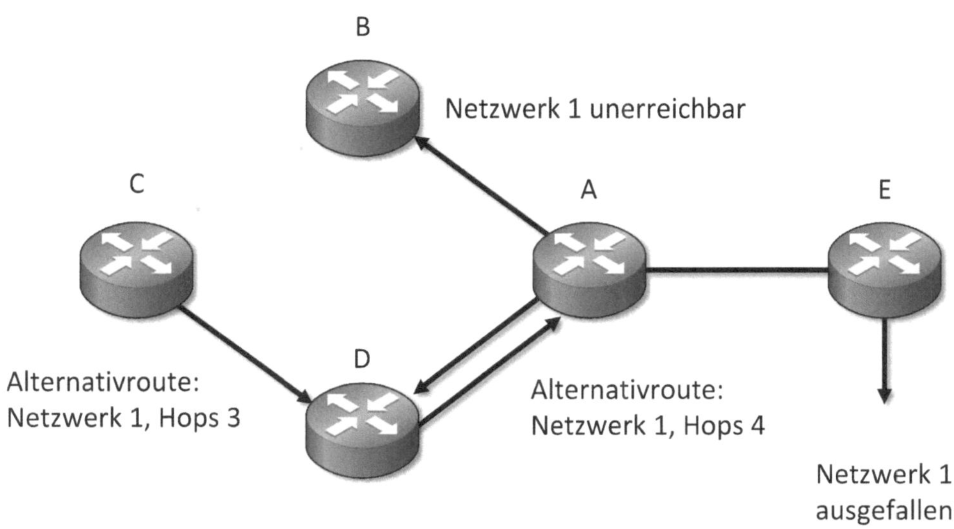

Bild 10.4 Routing-Schleife

Routing-Schleife

Zum Zeitpunkt des Ausfalls von Netz 1 verfügen alle Router über konsistente Tabellen und die bevorzugte Verbindung des Routers C zum Netz 1 führt über Router B.

Als Reaktion des Netzausfalls sendet Router E eine Aktualisierung der Routing-Tabelle an Router A. Router A beendet daraufhin die Übertragung von Paketen an Netz 1, während die Router B, C und D weiterhin senden, da sie noch nicht über die aktuelle Information verfügen. Sobald Router A eine Aktualisierung verschickt, stellen Router B und D die Sendung ein, Router C hat immer noch keine Information über den Ausfall.

Sendet Router C vor Erhalt der Aktualisierung turnusgemäß seine Routing-Tabelle an D, so zeigt die Tabelle fälschlicherweise die Erreichbarkeit von Netz 1 an. Router D ändert daraufhin erneut seinen Eintrag und leitet diese Daten an Router A weiter. Router A teilt die neuen Informationen nun B und E mit. Jedes Paket, das für Netz 1 bestimmt ist, läuft nun im Kreis: von C zu B zu A zu D und wieder zurück zu C.

Als Reaktion auf diese Unzulänglichkeit werden Distance-Vector-Protokolle um einige Merkmale ergänzt, die die Stabilität bei raschen Topologiewechseln gewährleisten sollen:

- **Hop-Count-Limit** legt die maximale Anzahl zu passierender Knoten fest. Diese Definition beugt einem „count to infinity" endlos kreisender Pakete vor, also einer Endlosschleife, die ohne Eingriff von außen nicht beendet werden kann (siehe Routing-Schleife oben). RIP kennt für diesen Fall ein Maximum von 15 Hops. Hierdurch wird allerdings auch die maximale Ausdehnung des Netzes beschränkt.
- **Hold Down Timer** veranlassen einen Router, Änderungen erst nach Ablauf einer bestimmten Zeitspanne bekannt zu geben. Die Zeitspanne ist geringfügig größer gewählt als diejenige, die notwendig ist, um das gesamte Netz mit einer Aktualisierung der Routing-Information zu versorgen. Wenn ein Pfad als nicht verfügbar erkannt wird, wird jede weitere Information diesen Weg betreffend, die schlechter oder gleich bezüglich der Metrik ist, ignoriert.
- **Split Horizon** beschreibt eine Regel, die besagt, dass die Routing-Information nicht in die Richtung weitergeleitet werden darf, aus der sie stammt. Diese Vorschrift verhindert, dass eine bessere Metrik an die Quelle zurückgeliefert wird.
- **Route Poisoning** markiert in den Routing-Aktualisierungen einen Weg als unerreichbar. Unerreichbar wird als maximaler Wert der Metrik, z. B. 16 bei RIP, interpretiert.
- **Triggered Updates** senden eine Routing-Tabellenaktualisierung sofort nach Bekanntwerden einer Topologieänderung. Sie warten nicht das Ablaufen von

Timern ab, sondern geben die Veränderung unmittelbar an die Nachbarn weiter.

- **TTL-Feld** vermeidet das Kreisen von Pakten, die unzustellbar sind. Da das TTL-Feld eines IP-Paketes durch jeden Hop dekrementiert wird, erreicht es irgendwann den Wert Null. In diesem Moment verwirft der Router das Paket als unzustellbar.

10.3 Routing-Protokolle

Menschen können Pfade durch ein Netzwerk durch einfaches Hinschauen erkennen, Router benötigen zur Pfadbestimmung eine Netztopologie, die sie mathematisch analysieren. Dazu bedarf es Algorithmen, was die Bestimmung eines Weges umständlich und rechenintensiv macht. Zur Auswahl eines optimalen Pfades werden darüber hinaus zusätzliche Attribute benötigt. Die Grundfragen der Berechnung konzentrieren sich auf drei Fragenkomplexe:

- Sind zwei beliebige Knoten benachbart, also direkt miteinander verbunden?
- Wenn zwei Knoten nicht benachbart sind, gibt es einen Weg zwischen ihnen?
- Wenn ein Weg zwischen zwei Knoten existiert, ist dieser gemäß den gewählten Kriterien optimal?

Alle Router des Netzwerkes sollten über den gleichen Wissensstand verfügen, um konsistente Routing-Entscheidungen zu treffen. Daran knüpfen sich weitere Fragen:

- Wie werden Aktualisierungsmeldungen gesendet?
- Welche Informationen beinhalten diese Nachrichten?
- Wann und wie häufig werden die Aktualisierungen verschickt?
- Wie werden die Empfänger der Nachrichten bestimmt?

Wie unterschiedlich die Antworten auf diese Fragen ausfallen können, zeigen die beiden nachfolgenden Implementierungen der Routing-Idee.

10.3.1 RIP – Routing Information Protocol

Das **Routing Information Protocol** (RIP) verdankt seine Verbreitung der Tatsache, dass es als Standard RFC 1058 von 1988 zur TCP/IP-Protokollfamilie gehört und sich über das UNIX 4BSD schnell einen großen Anwenderkreis erschloss. Als **routed-Daemon** wurde es Bestandteil jeder UNIX-Implementation. Um Mängel wie die Klassenorientierung zu beheben, wurde 1994 eine zweite Version unter dem Namen RIPv2 in RFC 1723 publiziert. Die Anpassung an IPv6 erfolgte 1997 mit dem RFC 2080 unter der Bezeichnung RIPng (RIP next generation).

RIP als das älteste Classful-Distance-Vector-Protokoll für IPv4 ermöglicht den automatischen Austausch von Routing-Informationen bestehend aus Ziel, nächstem Knoten und Metrikangaben, um in allen Netzknoten konsistente Routing-Tabellen zu führen. Das Entscheidungskriterium für die Wahl einer Route bildet die Entfernung, gemessen in Hops, d.h. der Anzahl der Vermittlungsstellen auf dem Weg zum Ziel. Die maximale Entfernung darf dabei 15 Hops nicht überschreiten, denn der Wert 16 steht bereits für „nicht erreichbar". Die Routing-Tabelle, auf deren Basis die Wegeentscheidung getroffen wird, enthält vier Einträge:

- **Netz** gibt die IP-Adressen der erreichbaren Netze an.
- **Port** enthält Angaben über das Routerinterface, über das die einzelnen Netze zu erreichen sind.
- **Metrik** misst die Entfernung zu den bekannten Netzen in Gestalt von Hops.
- **Timer** gibt die Zeitspanne seit der letzten Aktualisierung des Tabelleneintrages an.

Für den Austausch der Routing-Tabelleneinträge zwischen den erreichbaren Routern nutzt RIP das UDP-Protokoll mit der Portnummer 520 bei einer Paketlänge von 512 Byte. Die Pakete werden standardmäßig alle 30 Sekunden als Broadcast versendet. Ein Paket von RIPv1 hat folgenden Aufbau:

1.–7. Bit	8.–15. Bit		16.–32. Bit
Befehl	Version		0
Adressfamilienkennung	0		
IP-Netzadresse			
0			
0			
Metrik(1, ..., 16)			

Die Felder haben im Einzelnen folgende Bedeutung:

- **Befehl:** Eine Eins symbolisiert einen Request durch einen Router bezüglich neuer Routing-Informationen, eine Zwei kennzeichnet die Antwort auf diese Anforderung.
- **Version:** Dieses Feld enthält eine Angabe über die verwendete RIP-Version.
- **Adressfamilienkennung:** Da RIP für das Routing in heterogenen Netzen mit unterschiedlichen Adressarten konzipiert wurde, ist es notwendig, die verwendete Adressierung zu kennzeichnen. IP trägt den Wert 2.
- **IP-Netzadresse:** Allgemein können auch die mit null belegten Felder zur Sub-

netzadressbildung herangezogen werden. Durch den IP-Adressaufbau ist jedoch lediglich ein 32-Bit-Feld möglich. Nach der Adresse folgen 8 Byte gefüllt mit 0.

- **Metrik:** Dieser Wert stellt die Anzahl Hops vom sendenden Router zum betreffenden Netz dar.

Die Felder Adressfamilienkennung bis Metrik dürfen sich 25-mal wiederholen, d.h. bis zu 25 Ziele können in einem einzigen RIP-Paket aufgeführt werden. Mit 25 Einträgen ist die Nachricht 504 Bytes lang (25 × 20 + 4), was der Länge von 512 Byte für ein UDP-Paket entspricht.

Zu Beginn sendet ein neuer Router auf jedem RIP-konfigurierten Interface eine Aufforderung an alle seine Nachbarn mit der Bitte um Zusendung ihrer vollständigen Routing-Tabelle. Aus den erhaltenen Antworten errechnet der anfragende Router die ersten Einträge seiner noch ungefüllten Routing-Tabelle. Im Anschluss daran schickt er ein triggered Update mit seiner neu erstellten Routing-Tabelle an alle RIP-Nachbarn, sodass diese ihrerseits über eventuelle neue Wege informiert werden. RIPv1 kennt keine Subnetzinformationen. Ein Router kann daher Subnetze nur auf zwei Wegen berücksichtigen: Entweder er nutzt die an seinem Interface speziell konfigurierte Subnetzmaske oder er zieht die Standardsubnetzmaske heran. Aufgrund dieser Einschränkung können über RIPv1 verwaltete Netze nicht VLSM oder verteilte Subnetze berücksichtigen.

RIPv2 stellt den nahtlosen Übergang auf eine neue Version des RIPv1 dar, mit dem Anspruch unter weitgehender Beibehaltung des Paketformates und seines Transportmechanismus die Begrenzung durch die Nichtweitergabe der Subnetzinformation aufzuheben. RIPv2 wandelt sich daher zu einem Classless-Protokoll als wichtigstem Unterschied zur Vorgängerversion, besitzt darüber hinaus aber noch weitere kleinere Anpassungen wie die Nutzung von Multicast-Adressen für Updates oder Authentifizierungsmöglichkeiten. Viele Merkmale, die RIPv1 prägen, bleiben bei RIPv2 jedoch erhalten. Dazu zählen die Erreichbarkeitsgrenze mit 16 „Hops", die Verwendung der Mechanismen zur Schleifenunterdrückung und triggered Updates zur schnelleren Konvergenz.

1.–7. Bit	8.–15. Bit	16.–32. Bit
Befehl (=1 oder =2)	Version=2	0
Adressfamilienkennung (IP=2)	Route Tag 1	
IP-Adresse 1		
Subnetzmaske 1		
Nächster Knoten 1		
„Hop" -Metrik für Adresse 1		
Felder Adressfamilienkennung, Route Tag bis „Hop" -Metrik für die nächsten 23 Knoten		

Die Felder besitzen die gleiche Bedeutung wie bei RIPv1. Das **Route-Tag-Feld** enthält Informationen über den Ursprung der Routing-Informationen. Es dient auf diese Weise zur Interoperabilität mit anderen Routing-Protokollen, da sich nun entscheiden lässt, ob es sich um einen internen RIP-Weg oder einen importierten Pfad handelt.

Die Basiskonfiguration von RIP auf einem Router ist denkbar einfach. Die nachfolgende Sequenz zeigt die notwendigen Befehle für einen Cisco-Router.

Router:

```
router rip !Aktivierung des Routing-Protokolls
no passive-interface Serial0/0/0 !Aktivierung der Interfaces
no passive-interface Serial0/0/1
network 172.16.0.0 !Bekanntmachung der Netzwerke
network 209.165.200.0
```

10.3.2 OSPF – Open Shortest Path First

Um die Nachteile von RIP auszugleichen, wurde ab 1988 das **Open-Shortest-Path-First-Verfahren** (OSPF) entwickelt. Die Hauptvorteile von OSPF gegenüber RIP bestehen in der schnelleren Konvergenz und der besseren Skalierbarkeit für größere Netzwerke. Wie der Name andeutet, besitzt OSPF zwei Charakteristika, das der Offenheit im Sinne einer öffentlichen Spezifikation als RFC 2328 und das der Verwendung des SPF-Algorithmus. In UNIX-Systemen wurde OSPF als **gated-Dämon** implementiert. OSPF gehört zur Klasse der **Link-State-Routing**-Protokolle. Für IPv6 existiert eine 1999 entworfene Version als RFC 2740.

Der Paketaufbau zeigt im Header den Pakettyp an. OSPF unterscheidet fünf Typen:

- Das **Hello-Paket** dient dazu, eine Nachbarschaft mit weiteren OSPF-Routern herzustellen.
- Das **Database-Description-Paket** enthält eine Liste der Link-State-Datenbanken der Nachbarrouter. Diese Liste wird zum Abgleich mit der lokalen Link-State-Datenbank benutzt.
- Das **Link-State-Request-Paket** dient zur Anforderung weiterer Informationen zu einem Eintrag der Database Description.
- **Link-State-Update-Pakete** sind die Antwort auf Link-State-Requests. Sie können elf unterschiedliche Link-State-Advertisements enthalten.
- **Link-State-Acknowledgement** bestätigen den Erhalt eines Link-State-Updates.

Neben diesen Headerinformationen enthält ein OSPF-Paket weitere Felder:

- eine Router-ID als Identifikation für den Ursprungsrouter,

- eine Area-ID, um die Zugehörigkeit zu einer administrativen Einheit zu dokumentieren,
- eine Netzwerkmaske als Subnetzinformation des sendenden Interfaces.

Als Beispiel für ein OSPF-Paket kennt das Hello-Paket zusätzliche Felder:

- das Hello-Intervall als Zeitspanne zwischen zwei Hello-Paketen,
- die Router-Priorität zur Bestimmung eines Designated und Backup-Designated Routers,
- die Router-ID des Designated Routers,
- die Router-ID des Backup-Designated Routers,
- die Liste der Router-IDs der OSPF-Nachbarn.

Hello-Pakete werden eingesetzt, um:

- OSPF-Nachbarn zu entdecken und eine Nachbarschaft zu implementieren.
- Parameter bekannt zu machen, um eine Nachbarschaft zu begründen.
- Die Wahl eines Designated und Backup-Designeted Routers durchzuführen.

Standardmäßig werden Hello-Pakete als Multicasts über die Adresse 224.0.0.5 alle 10 Sekunden übertragen. OSPF nutzt das IP-Protokoll. Im IP-Paket wird OSPF durch den Eintrag des Wertes 89 in das Typ-Feld gekennzeichnet.

Der OSPF-Initialisierungsablauf setzt sich aus mehreren Schritten zusammen:

1. **Entdeckung der Nachbarn:** Die Initialisierung eines OSPF-Routers besteht im Erkennen seiner unmittelbaren Nachbarn. Dieser Prozess basiert auf dem Versenden von Hello-Paketen, die die bidirektionale Kommunikation einleiten und die Nachbarschaft begründen.
2. Der Router konstruiert ein **Link-State-Paket**, das den Zustand jeder direkt angeschlossenen Verbindung widerspiegelt. Dazu gehören Router-ID, Linktyp und Bandbreite.
3. Jeder Router flutet dieses LSP an alle Nachbarn und speichert alle empfangenen LSP-Pakete in seiner Datenbank. Die Nachbarn selbst geben ihrerseits das LSP an ihre Nachbarn weiter, sodass die ganze Area abgedeckt wird.
4. Jeder Router nutzt die Datenbank, um eine **Topologielandkarte** zu erstellen und auf dieser Basis den besten Weg zu bestimmen. Hierzu wird der Shortest-Path-First-Algorithmus verwendet. Jeder Router einer Area besitzt zwar die gleiche Topologieinformation, da er aber individuell jeweils die Wurzel des Baumes bildet, ergeben sich auch individuelle Routing-Informationen.

Die Grundlage des SPF-Algorithmus bilden nicht wie der Name nahelegt die Anzahl der Hops, sondern die Pfadkosten. Entscheidungskriterium für die Vorteilhaftigkeit eines Weges und damit Metrik wird die nominale Bandbreite. Einen Überblick über die von Cisco Systems in OSPF verwendeten Pfadkosten zeigt Tabelle 10.4.

Tabelle 10.4 OSPF-Pfadkosten

Interfacetyp	Kosten (= 10^8/Portspeed in Bit/s)
Fast-Ethernet und schneller	1
Ethernet	10
E1	48
64 Kbps	1562

Um die Menge der zu übertragenden LSAs einzudämmen, wird in Broadcast- und anderen Netzwerken, an denen sich mehrere Router pro Segment befinden, ein Designated Router (DR) gewählt. Ohne einen DR würde der Kommunikationsaufwand zwischen den Routern überproportional in dem Segment steigen. Beispiel ist ein LAN-Segment, an dem sich vier Router befinden. Ohne DR müssten alle Router untereinander Routing-Information austauschen. Der DR zentralisiert diese Kommunikation und schränkt so die Anzahl der Nachrichten ein. Fällt der DR aus, übernimmt ein zuvor gewählt Router als Stellvertreter die Rolle. Er wird als Backup-Designated-Router (BDR) bezeichnet.

In einem Broadcast-Segment wird der DR und BDR automatisch bestimmt. Die Wahl erfolgt anhand der höchsten Router-ID. Diese kann manuell konfiguriert werden. Ist keine Konfiguration erfolgt, wird die höchste IP eines Loopback-Interfaces genommen. Ist keins dieser Interfaces konfiguriert, wird die höchste IP der Schnittstellen verwendet. Der BDR wird der Router mit zweithöchsten ID. Die Router-ID wird mithilfe der Hello-Pakete im Segment verteilt. Die Unterschiede zwischen den Routing-Protokollen zeigt Tabelle 10.5.

Tabelle 10.5 RIP vs. OSPF

RIP	
Vorteile	**Nachteile**
einfach einzurichten	Datenflut, da standardmäßig die Routing-Tabelle alle 30 Sekunden übertragen wird
interoperabel	lange Konvergenzzeit
	Hop-Count ist einzige Metrik
	Routen werden ohne Sicherheitsmechanismen bezogen
OSPF	
Vorteile	**Nachteile**
schnelle Konvergenz	Einrichtung ist komplex
Metrik berücksichtigt Bandbreite	verlangt mehr Ressourcen als RIP
Routen verlangen Authentifizierung	

10.4 Routing-Probleme

Um die Existenz und die Qualität einer Verbindung zu einem Zielnetzwerk zu prüfen, gibt es zwei Programme:

- **ping:** dieser Befehl sendet ein ICMP-Paket-Echo über das Netz an die angegebene IP-Adresse und wartet auf Antwort in Form eines Echo-Reply. Als Ergebnis erhält der Nutzer die Erreichbarkeit und eine Angabe darüber, wie lange der Datentransfer dauert. Ping kann sowohl von einem Router als auch von einer Endstation gestartet werden.

```
PC>ping 192.168.12.2

Pinging 192.168.12.2 with 32 bytes of data:

Reply from 192.168.12.2: bytes=32 time=121ms TTL=120
Reply from 192.168.12.2: bytes=32 time=141ms TTL=120
Reply from 192.168.12.2: bytes=32 time=133ms TTL=120
Reply from 192.168.12.2: bytes=32 time=128ms TTL=120

Ping statistics for 192.168.12.2:
    Packets: Sent = 4, Received = 4, Lost = 0 (0% loss),
Approximate round trip times in milli-seconds:
    Minimum = 121ms, Maximum = 141ms, Average = 130ms
```

- **traceroute:** Dieser Befehl zeichnet die Route auf, die das Paket im Netzwerk nimmt. Die Ausgabe besteht aus einer Folge von IP-Adressen der Zwischenknoten. Auch hier werden Zeitangaben mitgeliefert, sodass leicht erkennbar wird, wo die Engpässe im Datentransfer liegen.

traceroute-Beispiel

traceroute-Ergebnisse (icmp) von *www.heise.de* zu *www.hs-flensburg*.de:

HOP-Nr.	IP-Adresse	Hostname	avg [ms]
1	*193.99.144.252*		0,78
2	*82.98.98.97*	c101.f.de.plusline.net	1,16
3	*80.81.192.222*	zr-fra1-te0-0-0-3.x-win.dfn.de	2,69
4	*188.1.145.125*	zr-han1-te0-7-0-5.x-win.dfn.de	25,68
5	*188.1.145.6*	xr-kie1-te1-1.x-win.dfn.de	23,90
6	*188.1.233.90*	kr-fhflen2.x-win.dfn.de	26,37
7	*193.175.191.205*	www.hs-flensburg.de	26,25
8	*193.175.191.205*	www.hs-flensburg.de	27,61

Über beide Befehle kann jede IP-Adresse erreicht werden. Sollte eine Antwort ausbleiben, liegt die Ursache in einem Fehler entlang des Pfades, der Nichtnutzung der Adresse oder der Konfiguration von Firewalls, die diesen Verkehr aus Sicherheitsgründen blockieren.

Der Befehl traceroute verwendet als zentralen Mechanismus das TTL-Feld des IP-Headers. Um das Ziel zu erreichen, imkrementiert der Sender den Wert des TTL-Feldes systematisch. Da ein Router alle Pakete verwirft, die nach Erhalt und Dekrementierung einen Wert von Null aufweisen, und daraufhin dem Sender mit einem ICMP-Paket „Time Exceeded" antwortet, entsteht eine Folge der Knoten bis zum Ziel.

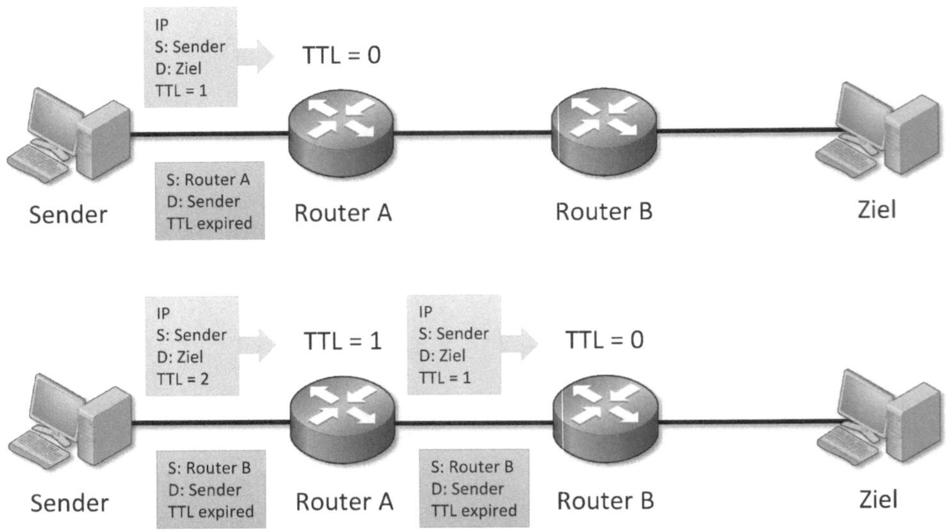

Bild 10.5 Funktionsweise von traceroute

10.5 Einsatzaspekte von Switches und Routern

Bild 10.6 zeigt die Optionen eines möglichen Zusammenspiels von Routern und Switches. Es bezieht als wesentliche Möglichkeit die Bildung virtueller Netze (VLAN) ein. Ein VLAN entspricht einer Broadcast-Domäne. Da LAN-Segmente einer Kollisions-Domäne gleichzusetzen sind, können VLANs als Gruppe von Stationen interpretiert werden, die auf unterschiedlichen physikalischen LAN-Segmenten residieren, aber logisch zusammenarbeiten, als gehörten sie dem gleichen LAN an.

Der **„Switch everywhere“**-Ansatz klammert ein Routing vollständig aus der LAN-Umgebung aus. Routing bleibt ausschließlich WAN-Verbindungen vorbehalten. Da der gesamte Datenverkehr über Switches transportiert wird, stellt dies die Alternative mit der besten Performance und den geringsten Kosten dar. Voraussetzung für einen reibungslosen Ablauf ist eine logisch flache Netzstruktur ohne Subnetze.

Die Schranken dieses Konzeptes liegen in der Struktur. So gibt es keinen Mechanismus, der eine Begrenzung von Broadcasts erzwingt. Broadcasts binden aber Verarbeitungskapazität der Rechner und verschwenden neben Bandbreite auch CPU-Leistung. Zudem erschweren flache Netze ab einer bestimmten Größenordnung das Fehler- und Netzmanagement beträchtlich, ganz abgesehen davon, dass die Adressverwaltung und die Kontinuität des Adressraumes bei steigender Nutzerzahl schwer überschaubar werden.

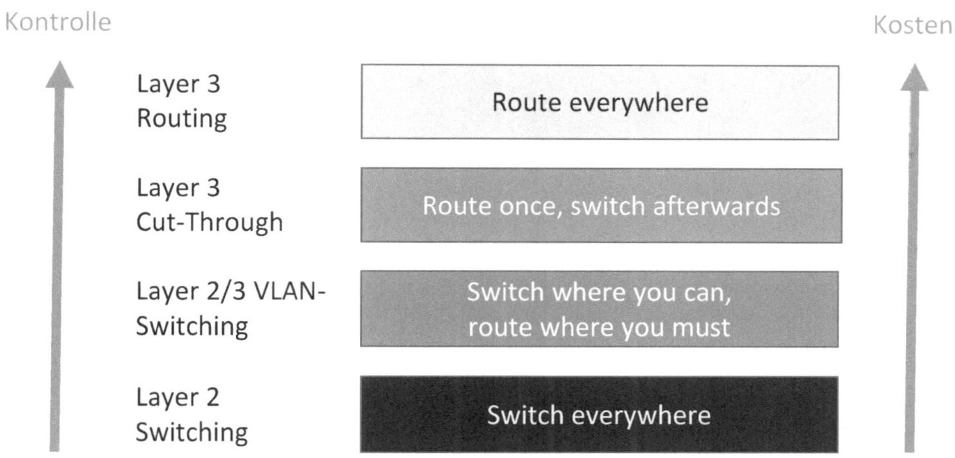

Bild 10.6 Switch-Router-Taxonomie

Der **„Switch where you can, Route where you must“**-Ansatz verlässt die Idee einer flachen Netzhierarchie zugunsten der Integration eines Routers, um die Nachteile durch unzureichende Sicherheit, mangelndes Adressmanagement und Begrenzung der Broadcasts auszugleichen. Das primäre Ziel besteht jedoch weiterhin darin, das Ausmaß des Datenverkehrs, der Routing benötigt, möglichst gering zu halten. Zeigt das Verkehrsmuster des Netzes eine ausreichende Stabilität, in dem Sinne, dass Datenströme mit einer hohen Wahrscheinlichkeit zu prognostizieren sind, bietet sich die Einrichtung von VLANs an. Die Aufgabe von Routern besteht dann darin, die Datenströme zwischen unterschiedlichen VLANs zu vermitteln. Diese Aufgabenteilung erlaubt eine Steigerung der Performance innerhalb des VLANs, allerdings zulasten der Inter-VLAN-Kommunikation. Die Verkehrslast, die VLAN-Grenzen überschreitet, kann durch die Zuordnung von Servern zu mehreren VLANs beträchtlich reduziert werden.

Der **„Route everywhere"**-Ansatz verteidigt die Philosophie einer paketweisen Verarbeitung nach intensiver Prüfung. Einsatzgebiet und Kosten lassen diese Verarbeitungsform aber für die Mehrzahl der Anwendungen als ungeeignet und viel zu aufwendig erscheinen.

Gibt es einen „besten" Ansatz? Die Antwort hängt vom zugrunde liegenden Netz, der gewünschten Performance, den Kontroll- und Applikationsrestriktionen und nicht zuletzt von der Größe und dem prognostizierten Wachstum des Netzes ab. Eine Lösung könnte in der Kombination von Elementen der unterschiedlichen Konzepte bestehen: preiswerte aber schnelle Layer-2-Switches in der Arbeitsgruppe, ergänzt um den Aufbau von VLANs, sowie Layer-3-Switches für die VLAN-Verknüpfung und das Routing.

10.6 Überlegungen zur Sicherheit

Das wichtigste Werkzeug, um Angriffe gegen Router und dahinten liegenden Netzen abzuwehren, sind Firewalls, welche in Form von Access Control Lists (ACLs) auftreten können. Sie beschreiben in sequenzieller Form, welche IP-Adressen oder Protokolle den Router passieren dürfen. Standardmäßig leitet ein Router den ihn erreichenden Netzwerkverkehr weiter, sofern für die Pakete ein Weg in der Routing-Tabelle existiert. ACLs schränken den Netzwerkverkehr nach Zulässigkeit ein. Der mit ACLs verbundene Prüfprozess benötigt Zeit, sodass die Latenz steigt. Ist das Regelwerk komplex und umfasst eine Vielzahl von Regeln, kann auf Firewall-Appliances zurückgegriffen werden, die die Abarbeitung optimieren.

ACLs sind Befehlslisten, die an ein Routerinterface gebunden sind und die zu akzeptierenden oder zu verwerfenden Pakete pro Richtung und Protokoll beschreiben. Um zu bestimmen, ob ein Paket akzeptiert oder blockiert wird, wird es gegen die Einträge der ACL geprüft. Sobald eine Prüfung erfolgreich ist, werden die folgenden Einträge übersprungen und das Paket entsprechend dem Test weitergereicht oder verworfen. ACLs werden üblicherweise in Standard- und Extended-ACLs unterschieden, je nach Komplexität der Prüfung. Tabelle 10.6 und Tabelle 10.7 zeigen je ein Beispiel für beide Typen, die sich nach der Syntax des Cisco IOS richten.

Tabelle 10.6 Standard-ACL am Beispiel Cisco IOS

access-list 2 deny	172.16.1.1		
access-list 2 permit	172.16.1.0		0.0.0.255
access-list 2 deny	172.16.0.0		0.0.255.255
access-list 2 permit	172.0.0.0		0.255.255.255

Tabelle 10.7 Extended-ACL am Beispiel Cisco IOS

access-list 114 permit tcp	172.16.6.0 0.0.0.255	any eq telnet
access-list 144 permit tcp	172.16.6.0 0.0.0.255	any eq ftp
access-list 114 permit tcp	172.16.0.0 0.0.0.255	any eq ftp-data

Standard ACLs erlauben nur eine Filterung auf Quell-IP-Adressen einschließlich der Wildcard-Mask. Extended ACLs erlauben hingegen zusätzlich die Angabe von Ziel-IP-Adressen, Wildcard-Masken und Portnummern.

Die Konfiguration der ACLs geschieht über entsprechende Befehle, die eine Zugriffsliste definieren, das zu schützende Interface festlegen, die Richtung beschreiben und die IP-Adressen, die geprüft werden sollen, präzisieren.

Tabelle 10.8 Konfiguration einer ACL am Beispiel Cisco IOS

Router (config)#		
access-list 2 deny	172.16.1.1	
access-list 2 permit	172.16.1.0	0.0.0.255
access-list 2 deny	172.16.0.0	0.0.255.255
access-list 2 permit	172.0.0.0	0.255.255.255
interface ethernet 0		
ip access-group 2 in		

Am Ende jeder ACL legt ein implizites `deny any` fest, dass alle Pakete, die keinem Kriterium entsprechen, verworfen werden. Da die Prüfung in sequentieller Reihenfolge stattfindet, kommt der Anordnung der Einträge eine große Bedeutung zu. Spezifische Prüfungen sollten daher möglichst vor allgemeinen und häufig auftretende vor seltenen platziert werden.

10.7 Zusammenfassung

Router als Drehscheibe der Datenströme in Netzwerken besitzen mehrere Schnittstellen mit unterschiedlichen IP-Adressen. Während im lokalen IP-Netz die Kommunikation zwischen Endstationen auf der Basis von physischen Adressen stattfindet, d. h. eine ausgeprägte Wegewahl nicht notwendig ist, ist im WAN-Bereich ein Informationsaustausch ohne logische Adressen in Form der IP-Adressen unmöglich. Router werden damit zu einem essenziellen Bestandteil jeglichen Weitverkehrsnetzes allein durch ihre Funktion unabhängig von der eingesetzten Technologie. Daraus leiten Mechanismen wie Wegewahlverfahren, Routing-Tabellen und Probleme des Routing-Vorganges ihre Bedeutung ab. Ohne ein ausgefeiltes Routing ist das Internet nur eine Fiktion.

Dieser Schlüsselposition verdanken Unternehmen wie Cisco Systems ihre Stellung im IT-Bereich. Router sind Rechner mit den typischen Komponenten wie CPU, RAM, ROM und einem Betriebssystem, besitzen aber darüber hinaus häufig spezielle Hardware zur schnellen Verarbeitung von Paketen. In ihrer Bedienung und Konfiguration verlangen sie jedoch spezifisches Know-how. Das IOS (Internetwork Operating System) der Cisco-Geräte ähnelt zwar denen der Mitbewerber in ihrer Grundsätzlichkeit, Abweichungen existieren dennoch. Mit einem Verständnis der Anforderungen, die an den Weiterleitprozess von Paketen gestellt werden, wird die konkrete Bedienbarkeit der Netzkomponenten jedoch signifikant erleichtert.

Weiterführende Literatur: [Cisc16, Come11, KuRo14, PLMR06]

Weiterführende Internetquellen:

- Routerkonfiguration (Cisco): [Cisc00]
- Tutorials: [Dcn-00, Kara00]

10.8 Wissensüberprüfung

1. Stimmen Sie folgender Aussage zu? „Distance-Vector-Protokolle entwickeln eine Netzwerklandkarte, wohingegen Link-State-Protokolle topologische Daten von den Routing-Tabellen der Nachbarn erhalten."
2. Wie werden die topologischen Informationen bei Distance-Vector-Protokollen und Link-State-Protokollen aktualisiert?
3. „Statische Routen werden manuell konfiguriert". Stimmen Sie dieser Aussage zu?
4. Wozu werden Hello-Pakete genutzt?
5. Warum sind Hold-Down-Timer nützlich?
6. Warum treten Routing-Schleifen auf und wie wird das Problem gelöst?
7. Was passiert, wenn der maximale Hop-Count erreicht wird?
8. Beschreiben Sie den Begriff der Konvergenz und warum eine schnelle Konvergenz wünschenswert ist.
9. Nennen Sie die Nachteile der Distance-Vector-Protokolle.
10. Welcher Typ von Routing-Protokollen verlangt keinen Administratoreingriff?

11 Verwaltung von Netzwerken

Lernziele

Nach der Beendigung dieses Kapitels sollte der Leser in der Lage sein, folgende Fragen zu beantworten:

- Was ist das Ziel eines Netzwerkmanagements?
- Was ist unter dem FCAPS-Modell zu verstehen?
- Welche Funktionen führt das Protokoll SMNP aus?
- Welche allgemeinen Bedrohungen der Netzwerksicherheit existieren?
- Wie und mit welchem Werkzeug lassen sich Fehler im Netzwerk analysieren?

Kapiteleinführung

Mit dem unvergleichlichen Wachstum des Internets geht auch eine noch nie da gewesene Gefährdung persönlicher Daten und Unternehmensressourcen einher. Täglich wächst die Bedrohung durch Hacker und die Zahl immer neuer Arten von Angriffen auf Rechner. Das zunehmende Interesse, das Internet zu einem sicheren Handelsplatz zu machen, forciert Technologien wie Public Key Interface (PKI) und Virtual Private Networks (VPN) oder Protokolle wie Transport Layer Security (TLS). Dennoch: Netzwerkangriffe sind ebenso vielfältig wie die Systeme denen sie gelten.

Zu Beginn der Entwicklung von TCP/IP-basierten Netzwerken bestand das Internet lediglich aus einem Verbund weniger Universitäten in den USA, die ausschließlich den Zweck verfolgten, das Lernen und Forschen zu unterstützen. Die Designer konnten damals nicht ahnen, welchen Siegeszug das Internet bis heute antreten würde. Daher spielte zu Beginn der Entwicklung der Internet-Protokoll-Festlegung Themen wie Verwaltung und Sicherheit noch keine Rolle. Eben dies ist der Grund, warum die meisten IP-Installationen grundsätzlich unsicher sind und warum es unabdingbar ist, IP-Implementierungen um Methoden, Dienste und Protokolle zu ergänzen. Damit entsteht die Notwendigkeit, das Netzwerk zu steuern und zu überwachen, um die gestiegenen Anforderungen der Nutzer im privaten als auch gewerblichen Bereich nach einer zuverlässigen und performanten Infrastruktur zu erfüllen.

Da Netzwerkinfrastrukturen komplexe Gebilde sind, ist es unumgänglich diese Steuerung Remote vorzunehmen, d. h. einen Mechanismus zur Verfügung zu haben, der von einer zentralen Stelle aus Informationen sammelt und Konfigurationen zulässt. SNMP bildet hierzu die Basis. Um Sicherheit jedoch individuell für die Schlüsselkomponenten wie Router und Switches zu ermöglichen, verfügen diese über Filterfunktionen, die angepasst an die IP-Gegebenheiten, die Einschränkung und Steuerung des Verkehrsflusses bis zu seiner kompletten Unterbindung zulassen.

Letztlich wird klar: Netzwerkmanagement und Sicherheit bedingen zum Teil einander und bedürfen fundierter Kenntnisse, um sie zum Nutzen einer Infrastruktur einsetzen zu können.

11.1 Netzwerkmanagement

Aufgrund des rasanten Wachstums der vernetzten Rechner, der steigenden Komplexität der Installationen, der Heterogenität der Netzkomponenten und der räumlichen Ausdehnung heutiger Kommunikationssysteme setzt sich die Erkenntnis durch, dass ohne ausreichendes Netzmanagement eine IT-Infrastruktur nicht mehr zu betreiben ist. Dabei geht es nicht nur um eine passive Netzüberwachung, sondern auch um die Möglichkeit, aktiv Fehlerquellen aufzuspüren, zu analysieren und zu beseitigen. Viele Untersuchungen zeigen, dass die Verwaltung der Netze einen erheblichen Teil des IT-Budgets verschlingt.

> Netzwerkmanagement umfasst die Verwendung, Integration und Koordination von Hard- und Software sowie Elemente zum Überwachen, Testen, Konfigurieren, Analysieren und Bewerten des Netzwerkes und seiner Elemente, um die Operationalität und die Dienstgüte zu angemessenen Kosten sicherzustellen.

Das Spektrum reicht von der Infrastruktur-, Kabel- und Performanceüberwachung bis zum Management der kompletten Systemumgebung mit allen im Netz angeschlossenen Geräten vom PC bis zum Router sowie allen im Netz verteilten Applikationen.

Welche Folgen ein unzureichendes Netzmanagement haben kann, zeigen folgende Beispiele.

Beispiele für unzureichendes Netzmanagement

Aufgrund eines Fehlers im Netz eines Telekommunikationsunternehmens fiel der Passagier- und Gepäck-Check-In einer Airline für mehrere Minuten aus.

→ alle Flugzeuge mussten 30 Minuten länger am Boden bleiben

Die Speicherknappheit in einem Switch führte zum Netzausfall bei einer europäischen Bank.

→ geschätzte Kosten: 1 Million Dollar pro Minute Ausfall

Die Gigabit-Ethernet-Verbindung zwischen Front-End- und Back-End-Server eines Online-Buchhändlers fiel aufgrund falscher QoS-Konfiguration aus.

→ 10 000 unzufriedene Kunden pro Sekunde des Ausfalls

Um den komplexen Anforderungen der Überwachung der Infrastruktur gerecht zu werden, haben sich Teilkomplexe mit bestimmten Aufgabenschwerpunkten herausgebildet:

- Das **Netzwerkmanagement** im engeren Sinne richtet sein Augenmerk auf alle Kommunikationseinrichtungen.
- Das **Systemmanagement** schließt die Berücksichtigung der im Netz eingebundenen Rechner ein.
- Das **Applikationsmanagement** umfasst auch die auf den einzelnen Netzknoten laufenden Anwendungen und bildet damit die umfassendste Sichtweise auf das Netz.

Um in diesem Umfeld agieren zu können und um diese Anforderungen zu meistern, sollte ein Managementtool folgende Merkmale aufweisen:

- **Offene Plattform** auf der Basis von Standards, um sowohl Zusatzwerkzeuge von Herstellern besonderer Netzkomponenten zu integrieren als auch um dem Gebot der Heterogenität Folge zu leisten.
- **Autotopology** zur automatischen Ermittlung und Darstellung der Netztopologie d. h. der selbständigen Erzeugung einer Netzlandkarte.
- **Autodiscovery** zur Entdeckung neu hinzukommender Geräte im Netz. Leider besteht hier oft die Einschränkung auf TCP/IP-Komponenten.
- **Eventhandling** zur Konfiguration und Behandlung von Alarmen und Ausnahmesituationen durch komplexe, frei definierbare Filter.
- **Polling** einzelner kritischer Komponenten nach einer definierbaren Strategie.

11.1.1 Netzwerkstatistiken

Die Analyse und Lösung von Netzwerkproblemen beruht zu einem großen Teil auf der Sammlung von Informationen über die im Netzwerk existierenden Geräte. Der Befehl `ping` ist ein naheliegendes Werkzeug, um einen schnellen Überblick über den Zustand und die Verbindungsgüte im Netzwerk zu gewinnen. Sollte ping zu keinem Ergebnis führen, kann die Ursache unterschiedliche Gründe haben: die Firewalls der angerufenen Geräte unterbinden ICMP-Verkehr oder der Anschluss des Rechners selbst ist fehlerhaft. Deshalb sind banale Fragen wie:

- Ist das Kabel oder die Netzwerkkarte beschädigt?
- Ist der Rechner überhaupt mit dem Netzwerk verbunden?
- Ist die Steckverbindung in Ordnung?

zu beantworten. Als nächster Schritt bietet sich eine Überprüfung der Schnittstellenstatistik an. Sie sagt aus, wie der Status des Gerätes ist, welche Paketanzahlen transportiert wurden und welcher Anteil der Pakete fehlerhaft war. Einige Fehler sind tolerierbar. Steigt die Zahl allerdings über ein Normalmaß hinaus, ist Vorsicht geboten.

Schnittstellenstatistik

Die Betriebssysteme Windows und Linux kennen zur Auswertung der Netzschnittstelle den Befehl `netstat`. Mit unterschiedlichen Optionen lässt er erste Auswertungen zu.

```
C:\>netstat -e
```

Schnittstellenstatistik

	Empfangen	Gesendet
Bytes	2874271	853633
Unicast-Pakete	3487	2919
Nicht-Unicast-Pakete	398	408
Verworfen	0	0
Fehler	0	0
Unbekannte Protokolle	0	0

Auf Cisco-Routern gibt der hierarchisch gegliederte `show`-**Befehl** Auskunft über unterschiedliche Kategorien von Informationen.

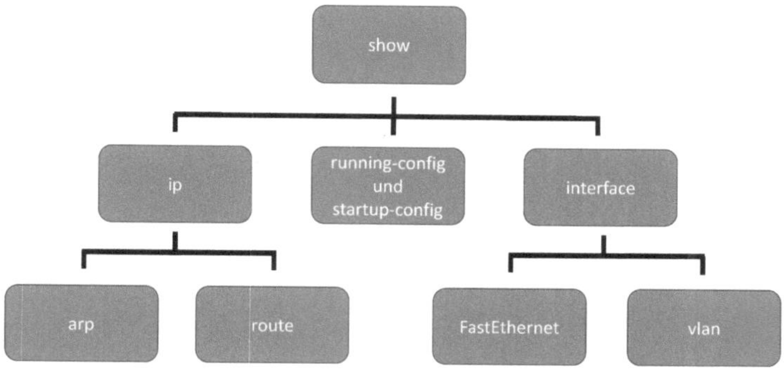

Bild 11.1 Hierarchie des Befehls show bei Cisco-Netzwerkkomponenten mit IOS-Betriebssystem

R1#**show ip interface brief**

Interface	IP-Address	OK? Method Status	Protocol
FastEthernet0/0	unassigned	YES unset	administratively down down
FastEthernet0/1	10.0.0.1	YES manual up	up
Serial0/0/0	172.16.0.1	YES manual up	up
Serial0/0/1	172.16.0.9	YES manual up	up
Serial0/1/0	unassigned	YES unset	administratively down down
Serial0/1/1	unassigned	YES unset	administratively down down

oder

```
R1#show interfaces S0/0/0
Serial0/0/0 is up, line protocol is up
Hardware is GT96K Serial
Internet address is 172.16.0.1/30
MTU 1500 bytes, BW 128 Kbit, DLY 20000 usec, reliability 255/255,
txload 1/255, rxload 1/255
Encapsulation PPP, LCP Open
Listen: CDPCP
Open: IPCP, loopback not set
Keepalive set (10 sec)
```

Der Befehl arp zeigt den Inhalt des ARP-Caches an, d. h. die MAC-Adressen, die die Endstation kennt. Sie entspricht damit der Adresstabelle eines Switches.

```
PC>arp -a
  Internet Address      Physical Address      Type
  10.10.10.1            0005.5e4e.8a38        dynamic
  10.10.10.13           000d.bd62.d826        dynamic
```

11.1.2 FCAPS-Modell

Als eine Vorstellung zur Strukturierung unterschiedlicher Aufgabenbereiche des Netzwerkmanagements hat sich das FCAPS-Modell herauskristallisiert, das von der ITU-T und der ISO 1997 in der Spezifikation M.3400 definiert wurde. Es differenziert fünf Ebenen und gibt einen Anhalt dafür, was eine zufriedenstellende Überwachung der Infrastruktur im Idealfall leisten soll (Tabelle 11.1).

Tabelle 11.1 FCAPS-Ebenen

Ebene	Beschreibung
Fault/Fehler	Fehlerlokalisierung und -behebung, Überwachung von Schwellwerten
Configuration	Netzwerkplanung, Installation, Status und Kontrolle
Accounting	Nutzungsprofile und Abrechnung
Performance	Performanceüberwachung, -kontrolle und -analyse
Security	Recovery, Zugriffssteuerung, Firewallüberwachung, Kontrolle des externen Netzwerkverkehrs

Bei der Realisierung des FCAPS-Modells treten aber erhebliche Probleme auf. Ein Netzwerkmanagementsystem umfasst in der Regel nur einen kleinen Teil des Modells, da die Vielzahl der Geräte, ihrer Nutzer und der verwendeten Software hochdynamisch ist und permanent neue Anforderungen erzeugt. Konsequenz aus dieser Einsicht ist, dass Netzwerkmanagement nicht als ganzheitliches System betrieben werden kann, sondern sich punktuell auf individuelle Aspekte konzentriert.

Welche Komplexität hinter den fünf Bereichen verborgen sein kann, zeigt die nachfolgende Übersicht:

- **Fault-Meldungen (Events)** informieren über ein Ereignis, das keine unmittelbare Systemgefahr darstellt wie Port up/down oder Speicherplatz zu 85 % gefüllt. **Alarmmeldungen (Alarms)** hingegen weisen auf ein Ereignis hin, das eine unmittelbare Systemgefahr darstellt wie Power Failure, Uplink down oder Speicherplatz zu 100 % gefüllt. Hier besteht unmittelbarer Handlungsbedarf, wobei die Benachrichtigungswege eher „outbound“, d. h. unabhängig vom überwachten System über SMS, Voice-Mail oder E-Mail laufen.
- **Configuration** setzt sich aus seiner Vielzahl von Einzelaspekten zusammen. Dazu gehören Inventur von Hard- und Software, Verbindungen, Kabelwege, Konfigurationen der Netzwerkgeräte und Änderungsmanagement (Change Control).
- **Performance** umfasst verschiedene Aspekte. **Verfügbarkeit (Availability)** ist der Prozentsatz der Zeit, die das System während der vereinbarten Betriebszeiten zu den vereinbarten Bedingungen arbeitet. Diese Zahl bildet die Basis

der Dienstgütevereinbarung (Service Level Agreements). Als weiteres Merkmal kommen **Antwortzeiten (Response time)** als die Zeit, die eine Anwendung von der Eingabe bis zur Reaktion benötigt, hinzu; allerdings liegt die Ursache hier nicht ausschließlich beim Netzwerk. Der **Durchsatz (Throughput)** bezeichnet die korrekt übertragene Datenmenge pro Zeiteinheit und ist ebenfalls wie die Antwortzeit ein Maßstab für die Güte des Datentransportes. Als letzte Disziplin ist die **Kapazitätsplanung (Capacity)** für die Trendanalyse, die Vorhersage der weiteren Entwicklung oder die Maßnahmen zur Anpassung der Kapazitäten verantwortlich.

- **Accounting** umfasst Aspekte wie Investitionssicherung, Kostenüberwachung, Nutzungs- und Kostenverrechnung und offenbart damit einen Bezug zu betriebswirtschaftlichen Bereichen.
- **Security** deckt einen weiten Bereich ab, der von allgemeinen Richtlinien (Policy) und Befugnissen (Authority) über Zugriffs-Ebenen (Access Level) und Protokollierungen (Logging) bis zu Regelverstößen reicht.

> Es gibt eine Vielzahl von Open-Source-Tools für die Bereiche Netzwerk- und Systemmanagement. Zu den verbreitetsten Anwendungen gehören Icinga und Zabbix.

11.1.3 SNMP

SNMP (Simple Network Management Protocol) ist eine Möglichkeit, mit den Netzwerkgeräten zu kommunizieren und Informationen abzurufen. Dazu ist es nicht notwendig, mit jedem dieser Geräte explizit verbunden zu sein. Die Idee hinter diesem Verfahren ist einfach: Der Zustand und die Arbeitslast lassen sich durch Befehle in Erfahrung bringen, indem die Datenbank auf der betreffenden Netzkomponente nach den gewünschten Daten abgefragt wird.

SNMP ist Teil des Internet Network Management Frameworks und in den RFCs 1155, 1157 und 1212 definiert. Es nutzt UDP als Transportprotokoll. Mittlerweile liegt das Protokoll in der Version 3 vor (RFC 3411-3415). Während SNMPv2 (RFC 1901, 3416, 3417) eine reine Erweiterung des Ausgangsvorschlags ist, handelt es sich bei SNMPv3 um eine vollständige Neufassung, bei der vor allem die Authentifizierung integriert ist. Die Modellvorstellung basiert auf mehreren Bestandteilen:

- **Managed Devices:** Hierunter werden die Netzwerkelemente also Rechner, Router, Terminalserver etc. verstanden. In dem Kommunikationsmodell, das SNMP zugrunde liegt, implementiert das Managed Device eine Agent-Software, die SNMP-Anfragen entgegennimmt bzw. Event-Nachrichten auslöst (Trap).
- **Management Information Base (MIB):** Hierbei handelt es sich um eine Sammlung von Managed Objects, d.h. Daten, die auf dem Managed Device ver-

fügbar sind. Dies können zum Beispiel Zähler für empfangene oder gesendete Pakete sein oder Objekte, die eine Konfiguration zulassen, wie z.B. die IP-Adresse auf einem Interface.

- **Syntax-Notation:** Für die maschinenunabhängige Beschreibung von Managed Objects einer MIB ist eine bestimmte Notation notwendig. Das Managementmodell benutzt eine Teilmenge der ASN.1 (Abstract Syntax Notation No.1), um sowohl die ausgetauschten Management-Pakete als auch die Managed Objects zu definieren.
- **Structure of Management Information (SMI):** Die SMI legt die Regeln zur Beschreibung der Management-Information unter Nutzung von ASN.1 fest.
- **Netzwerk-Managementstation:** Dieses Gerät bildet die Steuerzentrale der Management-Applikation. In einer Netzwerkmanagementumgebung muss mindestens eine Station dieses Typs existieren.
- **Management-Protokoll (SNMP):** Zum Austausch der gesammelten Informationen ist ein Protokoll zwischen Agents und Managementstation notwendig.

SNMP ist ein Request/Response-Protokoll sowie ein event-basiertes Protokoll (Trap) der Schicht 7 des ISO-Referenzmodells und löst ein klassisches Problem der Informationstechnologie: Daten aller Netzkomponenten werden im Überfluss gesammelt, verweilen aber dezentral in den einzelnen Bausteinen. Was fehlt, ist die Konzentration der Daten an einem Ort und deren gleichzeitige graphische Aufbereitung. Angesichts dieses Verteilungsmusters und der daraus resultierenden Anforderungen, ist SNMP im Wesentlichen aus zwei Teilen konzipiert: Agenten in Form von Software, die in allen Bestandteilen des Netzes Daten sammeln und auf Anfrage bereitstellen und die Managementstation, in der alle Informationen zusammenlaufen und zentral ausgewertet werden können. Die Managementstation hat daher die Aufgabe, die Werte dieser Variablen mit dem tatsächlichen Zustand der Agenten konform zu halten, was auch eine Umkonfigurierung durch Schreibzugriffe umfassen kann. Darüber hinaus können Agenten auch auf bestimmte Ereignisse selbständig mit einer Nachricht (Trap) reagieren.

Im Standard sind zwei Ports zur Kommunikation zwischen den beiden Instanzen Agent und Managementstation festgelegt:

- **Port 161:** für den Empfang aller SNMP-Requests. Manager senden Anforderungen auf diesem Port und Agents ihre Antworten.
- **Port 162:** für den Empfang von Ausnahmen bzw. Fehlerzuständen. Agents senden die damit verbundenen Trap-Meldungen zum Manager.

Zur Abwicklung des Request/Response-Dialogs benötigt SNMP lediglich fünf Befehle. Zwei davon fordern Daten vom Agenten an, zwei weitere übertragen Daten vom und zum Agenten und über den fünften stellt der Agent von sich aus einen Kontakt zur Managementstation her, um Ausnahmesituationen bekannt zu machen.

Tabelle 11.2 SNMP-Befehle

Nachrichtentyp	Bedeutung
GetRequest	Die Managementstation fordert von einem Agenten Variablenwerte an, der diese mit GetResponse beantwortet. Dabei wird eine identische RequestID verwendet
GetNextRequest	Analog zu GetRequest, allerdings werden die Werte der hierarchisch nachfolgenden Objekte der MIB-Datenbasis geliefert, sodass eine Liste von Variablen ausgelesen werden kann
GetResponse	Erwiderung auf GetRequest, GetNextRequest und SetRequest
SetRequest	Setzen neuer MIB-Variablenwerte. Dadurch kann auf Agentenseite eine beliebige Operation ausgelöst werden
Trap	Unaufgeforderte Nachricht vom Agenten an die Managementstation

Mit SNMP sind mehrere Probleme verbunden:

- Agents sind weitgehend passive Komponenten, d.h. sie können zwar Fehler erkennen, aber nicht beheben.
- SNMPv1 ist unsicher, da die Passwortvariable Community, die einen Schutz vor unerlaubtem Zugang gewähren sollte, im Klartext übermittelt wird.
- Die Transportbasis von SNMP ist UDP und damit anders als TCP kein gesicherter Dienst. Traps oder andere Meldungen können daher ohne Warnung verloren gehen.
- Die Aktualisierung der Netzdatenbasis erfordert Übertragungskapazität. Netzwerkmanagement bedeutet demzufolge auch, eine bestimmte Netzlast für Verwaltungsaufgaben bereitzustellen. SNMP ist bandbreitentechnisch ineffektiv, insbesondere über WAN-Verbindungen.

SNMPv2 wurde im April 1993 im RFC 1448 vorgestellt, jedoch weder als offizieller Standard verabschiedet noch in die Praxis umgesetzt. Erst die Neudefinition in RFC 1905 bzw. aktuell RFC 3416 wurden verabschiedet. Eine Erweiterung waren die Nachrichtentypen:

- Zur Übertragung größerer Datenmenge steht der Nachrichtentyp **GetBulk-Request** zur Verfügung. Hierdurch wird es ermöglicht, einen kompletten MIB-Baum mit nur einer Anfrage auszulesen.
- Die Message **InformRequest** dient dem Informationsaustausch zwischen Managementstationen und ermöglicht eine hierarchische Strukturierung des Managements.

SNMPv3 basiert auf den Spezifikationen RFC 3411-3415, berücksichtigt aber die SNMPv1-Definitionen. Die wichtigsten Änderungen betreffen die Sicherheit, die Administration und die Kommunikationsstruktur. Um die Sicherheitsstruktur zu verbessern, setzt SNMPv3 eine Kombination aus Verschlüsselungsverfahren, verbessertem Authentifizierungsmechanismus und Zeitsynchronisation ein. Das

„User-based-Security-Model" USM gemäß RFC 3414 bildet das Herzstück. Zum Schutz gegen passives Mitlesen des Datenstroms wird das AES-Verfahren eingesetzt. Der Hash-Algorithmus MD5 fügt jedem SMNP-Paket einen digital unterschriebenen Hashwert hinzu, die der Kommunikationspartner verifiziert und so die Datenintegrität garantiert. Zur Unterstützung der Aktualität bei authentifizierten Nachrichten nutzt SNMPv3 ein Zeitfenster. Wird eine Zeitdifferenz (150 s) zwischen dem Sende- und dem Empfangszeitpunkt überschritten, wird das Paket verworfen. Der Sendezeitpunkt wird hierbei mit im SNMP-Paket übertragen, was eine ungefähre Zeitsynchronisation der Stationen erfordert. Auf diese Weise wird eine Manipulation des Datenstromes verhindert.

Für eine Verteilung von Zugriffsrechten sorgt das in RFC 3415 beschriebene „View-based Access Control Model" VACM. Dabei unterscheidet SNMPv3 die Zugriffsrechte individuell für jedes MIB-Objekt. Die tatsächliche Kontrolle führt jeder Agent anhand der Security-Policy des Nutzers durch. Die Zugriffsrechte und Policies selber stellen Managed Objects dar und können somit über SNMP zentral konfiguriert werden.

Das SNMP-Paket besteht aus zwei Hauptstrukturen: der Präambel und dem eigentlichen Paket, dass selbst wieder in einen Header und einen Body zerfällt. Die Präambel enthält Informationen zur Nachrichtenlänge, zur Version und zum Commodity-String, der Header identifiziert den Nachrichtentyp und der Body nimmt die eigentliche Information auf.

Management Information Base

Die Informationen der einzelnen Netzwerkmerkmale wie Protokolle oder Gerätespezifika werden in einer Management Information Base (MIB) gesammelt. Es gibt einerseits allgemein standardisierte MIBs, die eine für eine Komponente/Protokolle vorgegebene und definierte Zahl von Merkmalen enthält und andererseits herstellerspezifische MIBs. Die MIB ist als hierarchischer Baum organisiert und definiert standardisierte Variablen und Felder, die von den Herstellern international einheitlich interpretiert werden. Die sogenannte MIB-II beinhaltet z. B. 171 Objekte in 11 Funktionsgruppen. Alle Standard-SNMP-Komponenten unterstützen die MIB-II nach RFC 1213 bzw. aktualisiert in den RFCs 2011-2013.

MIB-Object

Der Begriff „Internet" besitzt folgende Darstellung:

INTERNET Object Identifier::={iso 3 6 1}

Die Werte in der Klammer können sowohl Zahlen als auch zuvor definierte Begriffe sein. In diesem Falle ist „ISO" bereits als (1) definiert worden. In dieser Form entsteht eine Variablenhierarchie. Die Variable „MGMT" lässt sich als: MGMT Object Identifier::={ Internet 2} ausdrücken und bezeichnet in der dotted-decimal-Darstellung: 1.3.6.1.2

Einen Auszug aus dem MIB-Baum für IP zeigt Bild 11.2.

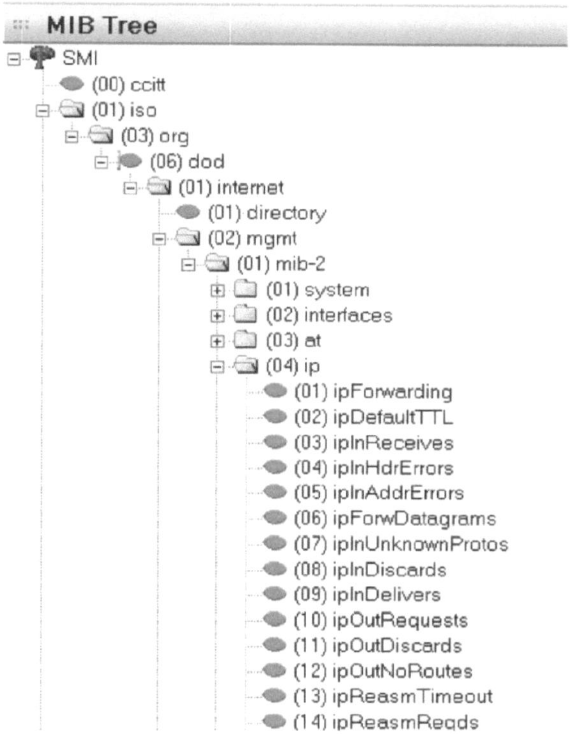

Bild 11.2
MIB-Baum für IP

Eine MIB stellt einen abstrakten Baum mit einer namenlosen Wurzel dar. Er dient zur weltweit eindeutigen Identifizierung und zur Definition der einzelnen Objekttypen, die durch Object Identifier in Dotted-Decimal-Darstellung vorgenommen wird. Object Identifier entsprechen Telefonnummern, die ebenfalls hierarchisch organisiert sind und bei denen die einzelnen Zifferngruppen eine unterschiedliche organisatorische Zugehörigkeit charakterisieren. Die Object-ID-Struktur einer SNMP-MIB kennt drei Hauptzweige: CCITT, ISO und ISO/CCITT gemeinsam. Viele der Aktivitäten konzentrieren sich im ISO-Zweig auf das Internet definiert als Object-ID 1.3.6.1. So verweist die Folge 1.3.6.1.2.1.4.1 auf das Element ipForwarding (s. Bild 11.2). Die aktuelle Standard-MIB gruppiert die Objekte nach Protokollen, Systemen, Interfaces und anderen Kategorien:

- **system:** Informationen über die Konfiguration der verwalteten Netzknoten,
- **interfaces:** Informationen über Netzwerkkarten und Adapter,
- **at, ip, icmp, tcp, udp, cmot snmp:** protokollspezifische Eigenschaften,
- **egp:** Beschreibung des Routing-Protokolls egp (Exterior Gateway Protocol),
- **transmission:** Objektbeschreibungen der LAN-Technologien der Schichten 1 und 2, also insbesondere Ethernet.

Ergänzt wird der Baum durch herstellereigene, sogenannte private MIBs, die die Erfordernisse neuer Gerätetypen und deren spezieller Merkmale abdecken. Zur Auswertung dieser MIBs existieren MIB-Compiler und MIB-Browser, mit deren Hilfe sich SNMP-Requests absetzen und die vorhandenen MIB-Variablen graphisch und tabellarisch darstellen lassen.

Structure and Identification of Management Information

Die Netzwerkmanagementdaten sind aber nicht nur in lesbarer Form, sondern auch in einer speziellen systemunabhängigen Syntax abgelegt. Die „Regeln zur Definition" von Managed Objects und zum Erzeugen der Strukturen von MIBs werden SMI genannt. Die gesamte Management-Information ist in Management-Objekten strukturiert, zu deren Beschreibung SMI (Structure and Identification of Management Information) als Teilmenge von ASN.1 (Abstract Syntax Notation No. 1) verwendet wird. ASN.1 dient der unabhängigen Beschreibung von Daten, wird in der CCITT X.208 beschrieben und ist eine Sprache mit Syntax, Grammatik und Konventionen. Diese Teilmenge bildet letztlich die MIB, die damit kein Datenhaltungssystem, sondern ein logisches Datenmodell beschreibt. SMI legt fest, dass alle Managed Objects über einen Namen, eine Syntax und eine Codierung verfügen müssen. Die Syntax definiert den Datentypen des Objects (z. B. „integer" oder „string") in ASN.1-Schreibweise, die Codierung beschreibt die Formatierung der Daten für die Übertragung über Netzwerke. SMI-Datentypen werden in drei Kategorien eingeteilt:

- **Einfache Typen** umfassen vier ASN.1-Konstrukte:
  - Integer als positive oder negative ganze Zahlen.
  - Octet Strings als geordnete Folge mehrerer Bytes.
  - Object ID als eindeutiger Wert der Menge aller Object Identifier.
  - Bit Strings als Zusammenfassung mehrerer bezeichneter Bits.
- **Anwendungsweite Datentypen:**
  - Netzwerkadresse.
  - Zähler wie z. B. der Anzahl empfangener Bytes auf einem bestimmten Port in 32-Bit- oder 64-Bit-Darstellung.
  - Gauges als positive oder negative sich verändernde Zahl wie beispielsweise die Länge einer Warteschlange.
  - Time-Tickets in Einheiten von 1/100-Sek, z. B. um die Aktivitätszeit einer Station festzustellen.
  - Opaque als Datentyp, um beliebige Informationsketten, die keinem strikten Datentypen entsprechen, durch SMI zu nutzen.

- **Einfache Datenkonstrukte** zur Definition von Tabellen und Listen:
  - Zeilen als Element einer Tabelle. Jede Zeile kann einem der Typen - einfach oder applikationsweit - entsprechen.
  - Tabellen, bei der jede Zeile die gleiche Anzahl Spalten umfasst.

Die SMI für SNMPv2 basiert auf RFC 2579 - Textkonventionen zur Definition von Datentypen innerhalb der MIB-Module - und 1444-Kompatibilitätsanforderungen. Außerdem legt sie zwei Zweige der Internet-MIB fest: Security 1.3.6.1.5. und SNMPv2 1.3.6.1.6.

Die Variable genDiagnostics hätte als Object-Typ folgende Struktur:

```
genDiagnostics OBJECT-TYPE
SYNTAX INTEGER {
passed(1),
failed(2)
}
ACCESS read-only
STATUS mandatory
DESCRIPTION
The result of this ......
::={gen 4}
```

11.1.4 syslog

syslog ist ein De-facto-Standard definiert in RFC 5424 und 3195 zur Übermittlung von Log-Meldungen in einem IP-basierten Netzwerk. Dabei werden die Fehlermeldungen nicht an der Konsole angezeigt, sondern an einen syslog-Server gesendet. Dieser Mechanismus erlaubt eine zentrale Kontrolle und Auswertung von Alarmen und Fehlermeldungen. Wird der Server derart konfiguriert, dass er die Informationen über einen weiteren Dienst wie E-Mail oder SMS weiterleitet, kann syslog als proaktives Medium verstanden werden, das auf Probleme aufmerksam macht, bevor sie eintreten. So kann ein Hinweis auf Temperaturschwankungen an einem Router auf ausgefallene Lüfter oder eine mangelhafte Klimatisierung hindeuten.

Auf den meisten Netzwerkgeräten besteht die Möglichkeit der Konfiguration von syslog. Eine syslog-Nachricht besteht aus drei Komponenten:

- einer Priority von einem Byte, die zwei Teile umfasst: das Facility-Feld und das Severity-Feld. Damit lassen sich die Syslog-Meldungen entsprechend ihrer Herkunft und ihres Schweregrades klassifizieren. Die ersten fünf Bits des Priority-Feldes umfassen die **Facility**, welche den Dienst oder die Komponente angibt, der die syslog-Nachricht erzeugt hat. Die letzten drei *Bits* enthalten einen numerischen Wert zwischen 0 und 7, wobei 0 die kritischste oder dringlichste Stufe angibt,

- einem Header, der einen Zeitstempel sowie Name oder IP-Adresse des Absenders der syslog-Nachricht vermerkt,
- den Nutzdaten.

Eine sehr verbreitete Implementierung ist syslog-ng, dessen Erweiterungen des Syslog-Protokolls mittlerweile als Industriestandard angesehen werden.

11.2 Überlegungen zur Sicherheit

Die wachsende Verwundbarkeit und die Gefahr massiver wirtschaftlicher Schäden infolge mangelnder Sicherheit erhöhen den Handlungsdruck, durch geeignete Maßnahmen das Risiko eines Missbrauchs der Netzwerkressourcen zu verhindern. Zu den gefährdeten Teilen eines Netzwerkes gehören letztlich alle Geräte, die ein Netzwerk bilden, einschließlich der sie bedienenden Personen. Damit schälen sich Switches, Router, Endgeräte und Nutzer als die kritisch zu betrachtenden Komponenten heraus.

11.2.1 Allgemeine Bedrohungen

Mit der verstärkten Zunahme von E-Business-Anwendungen und der Nutzung des Internets allgemein, steigt auch das Risiko, Opfer einer Attacke zu werden. Administratoren geraten damit in die Zwickmühle einerseits einen bequemen Netzzugang für jedermann gewähren zu müssen, andererseits aber auch für die bestmögliche Sicherheit der Nutzung des Netzes zu sorgen. Dieser Spagat erfordert nicht nur Know-how über Gefährdungen, sondern auch die Kenntnis, wie solchen Gefährdungen zu begegnen ist. Dabei gibt es zwei Strategien, um die Sicherheitsanforderungen umzusetzen:

- Jeder Dienst ist zugelassen, wenn er nicht explizit untersagt wurde. Dieses Vorgehen besitzt einige Vorteile: Es ist einfach zu konfigurieren, komfortabel für die Nutzer und preiswert in der Wartung und Pflege.
- Im Gegensatz zum offenen Ansatz verbietet das restriktive Vorgehen alle Dienste, es sei denn, ein Dienst wird explizit freigegeben. Nachteilig hierbei sind die komplexere Konfiguration, die geringe Transparenz für die Nutzer und die höheren Kosten.

Die Entscheidung für eine dieser Sicherheitsstrategien entbindet eine Organisation jedoch nicht von der Notwendigkeit, eine verbindliche Sicherheitspolitik festzulegen. Sicherheitsrichtlinien beschreiben, wie sich die Organisation und ihre Mitarbeiter verhalten, um den Zugriff auf die physischen und logischen Ressourcen zu schützen. Bei der Definition kommen den Mitarbeitern unterschiedliche Rollen zu: Die IT-Leitung formuliert die Richtlinien, die Geschäftsführung setzt die Richtlinie um und sorgt für deren Beachtung, der Sicherheitsbeauftragte gewährleistet die Wirksamkeit, indem er Audits durchführt und die Einhaltung überwacht, der Netzwerkadministrator erzwingt die Einhaltung der Regeln durch Geräte wie Firewalls oder Router, der Systemadministrator sorgt für Zugriffsberechtigungen und sichere Passwörter und die Mitarbeiter befolgen die Vorgaben.

In welchen Bereichen liegen Schwächen einer Netzwerkinfrastruktur, auf die eine Organisation ein besonderes Augenmerk richten sollte? Drei Kategorien lassen sich isolieren:

- **Technologische Schwächen** wie konzeptionelle Mängel des TCP/IP-Protokollstacks, Sicherheitslöcher im Betriebssystem oder in zentralen Anwendungen wie Browser und die Möglichkeit, Netzwerkgeräte zu manipulieren.
- **Konfigurationsmängel** wie unsichere Mitarbeiterzugänge oder Gästekonten, falsch eingerichtete Internetdienste und unsichere oder unveränderte Standardeinträge.
- **Lücken in der Sicherheitspolitik** wie fehlende Notfallpläne, unvollständige Backups, mangelnde Überwachung, keine geregelte Updatepolitik für Hard- und Software.

Aber auch physische Herausforderungen bestehen. Viele Netzwerkgeräte sind empfindlich gegenüber hohen Temperaturen und hoher Luftfeuchtigkeit. Auch muss eine kontinuierliche Stromversorgung gewährleistet sein. Neben diesen allgemeinen Aspekten besteht eine besondere Gefährdung für das Netzwerk, da eine ständige Erreichbarkeit gefordert wird.

Zur Vorbereitung eines Angriffs könnte ein potenzieller Angreifer mehrere Maßnahmen ergreifen:

- **Informationen sammeln:** Werkzeuge wie nslookup oder whois offenbaren Informationen über IP-Adressen und administrative Details.
- **Ports scannen:** der Angreifer versucht, offene Ports über aktive IP-Adressen zu finden.
- **Pakete beobachten:** Anwendungen wie wireshark erlauben den Mitschnitt des Netzwerkverkehrs.

Um sich Zugang zu einem System zu verschaffen, können als Folge der vorbereitenden Maßnahmen, mehrere Formen eines Angriffs eingeleitet werden:

- **Brute-Force**-Angriffe zielen darauf ab, sich über das Erraten oder das systematische Ausprobieren von Passwörtern Zugang zu einer Ressource wie Server oder Router zu verschaffen.

- **Man-in-the-Middle**-Angriffe lenken den Netzwerkverkehr auf den Rechner des Angreifers um.
- **Vertrauensverletzungen** versuchen, einen vertrauenswürdigen Rechner zu kompromittieren, um ihn für weitergehende Angriffe zu nutzen.

Eine weitere Angriffsform besteht darin, eine Netzressource derart zu beeinflussen, dass sie ihren Dienst einstellt (Denial of Service (DoS)). In diese Kategorie fallen:

- **Ping-of-Death**-Angriffe, die größere als die erwarteten oder manipulierte Pakete versenden und auf diese Weise ein Netzwerkgerät überfordern.
- **SYN-Flood**-Angriffe, bei dem eine Netzressource mit Verbindungsaufbauwünschen überschwemmt wird, denen sie nicht mehr nachzukommen vermag.
- **Distributed Denial-of-Service**-Angriffe, die von einer Vielzahl von Rechnern simultan gegen ein Netzwerkziel „gefahren" werden und das Angriffsziel zwingen, seinen Dienst einzustellen.

Daneben existieren die Malware-Angriffe, die über das Einschleusen von Software versuchen, die Kontrolle über Netzgeräte zu erlangen, Ressourcen zu schädigen oder Informationen und Daten zu entwenden. Hierzu zählen:

- **Würmer** als Programme, die sich verbreiten, indem sie Kopien von sich selbst erstellen und sich dann über Einträge z. B. im Adressbuch der E-Mail-Software an andere Ressourcen weiterleiten.
- **Viren** als eine Software, die ein Programm zur Ausführung unerwünschter Funktionen veranlasst. Viren benötigen einen Verteilungsmechanismus in Form einer ausführbaren Datei, eines ZIP-Files, eines Dokumentenmakros oder eines E-Mail-Anhanges.
- **Trojaner** als Programme, die vorgeben legitime Software zu sein, in Wahrheit jedoch versteckte schädliche Funktionen ausführen.

Jeder Typ eines Netzwerkangriffs verlangt eigene Verteidigungsvorkehrungen. Dazu gehören im Bereich der Hosts und Server eine Vielzahl von Techniken und Maßnahmen:

- **Gerätehärtung:** Unter diesem Begriff ist ein Bündel von Maßnahmen zu verstehen. Dazu gehören: der Wechsel von Standardvorgaben für Nutzernamen und Passwörtern, die Beschränkung des Zugriffs der Administratorressourcen, die Vermeidung der Installation unnötiger Geräte und Programme und eine zuverlässige Systemüberwachung.
- **Antivirus-Software:** Diese Software soll gegen bekannte Angriffstypen schützen und stets auf dem aktuellen Stand gehalten werden.
- **Personal Firewalls:** Sie stellen ein Mittel dar, um Rechner, die mit dem Internet verbunden sind, gegen unerwünschten Datenverkehr abzusichern.
- **Aktualisierung des Betriebssystems:** Sicherheitskorrekturen gewährleisten die Unverwundbarkeit gegen bekannte Fehler oder Schwächen.

Intrusion-Detection-Systeme stellen eine umfassende Lösung dar, weil sie versuchen Angriffe gegen das Netzwerk zu erkennen oder in Form eines Intrusion-Prevention-Systems im Voraus zu erahnen und zu verhindern.

11.2.2 Fehleranalyse

Zur Prüfung der Fehlerfreiheit eines Netzwerkes stehen viele Werkzeuge zur Verfügung, die oftmals als Open Source oder Freeware angeboten werden. Diese Werkzeuge erfüllen eine bestimmte Funktion, können aber in den falschen Händen auch Schaden anrichten. Für einen Administrator ist es allerdings unerlässlich, einen Überblick über den Status des Netzes, die verwendeten Protokolle und die genutzten Konfigurationsparameter zu haben. Hierzu dienen:

- Netzwerk-Sniffer wie wireshark,
- Port-Scanner wie nmap,
- Netzwerkstatistiken wie netstat.

Um Unregelmäßigkeiten bei der Datenübertragung zu erkennen, werden Netzwerk-Sniffer verwendet. Sniffer protokollieren den ein- und ausgehenden Datenverkehr auf Paketbasis. Zur dieser Klasse gehört das Tool wireshark, das kostenfrei unter der Adresse *https://www.wireshark.org* bezogen werden kann. Einen Überblick über die Funktionalität von wireshark möchte dieser Exkurs liefern. Grundvoraussetzung für die Bearbeitung des Netzverkehrs ist dessen Aufzeichnung. Dies kann auf zwei Wegen erfolgen: Aufzeichnung des Datenverkehrs, der das Gerät erreicht oder Filterung des Datenverkehrs, der an das Device gerichtet ist nach bestimmten Kriterien. Beide Methoden werden im Folgenden vorgestellt.

Aufzeichnung des Datenverkehrs

Die Aufzeichnung der Netzaktivitäten beginnt mit der Capture-Funktion. Dazu wird zunächst ein aktives Interface ausgewählt (siehe Bild 11.3).

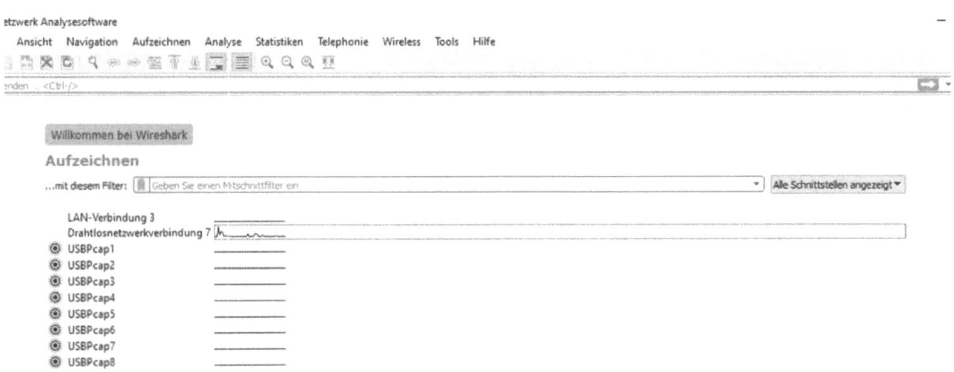

Bild 11.3 Interface-Auswahl

Die aufgefangenen Pakete sind im Hauptfenster sichtbar, das sich in drei Abschnitte gliedert:

- die Pakete mit Angaben zur Reihenfolge, zum Zeitpunkt, zum Protokoll und zu den Adressen,
- für ein markiertes Paket seine Kapselung, d. h. die Schachtelung seiner Paketstruktur nach den OSI-Layern,
- der Inhalt des Paketes.

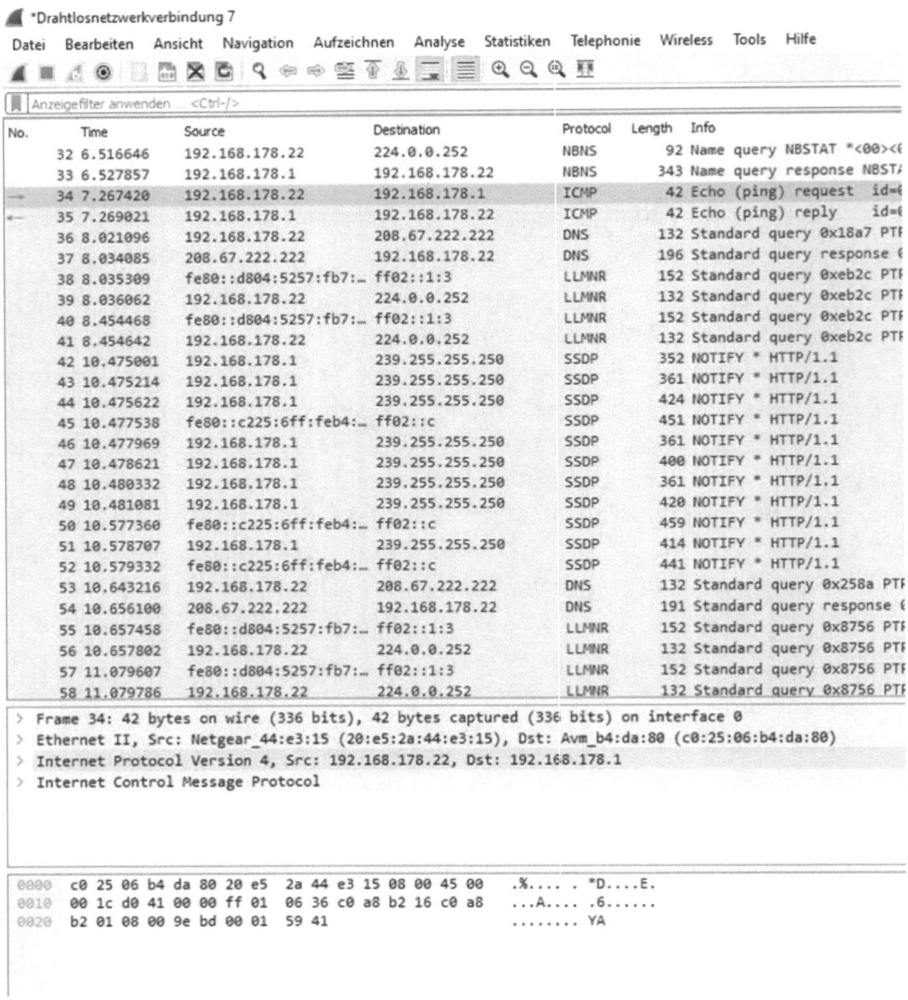

Bild 11.4 Aufgefangene Pakete

Einstellmöglichkeiten zu den einzelnen aufzuzeichnenden Protokollen und deren Details befinden sich unter dem Menüpunkt: Bearbeiten → Einstellungen → Protocols → TCP (siehe Bild 11.5).

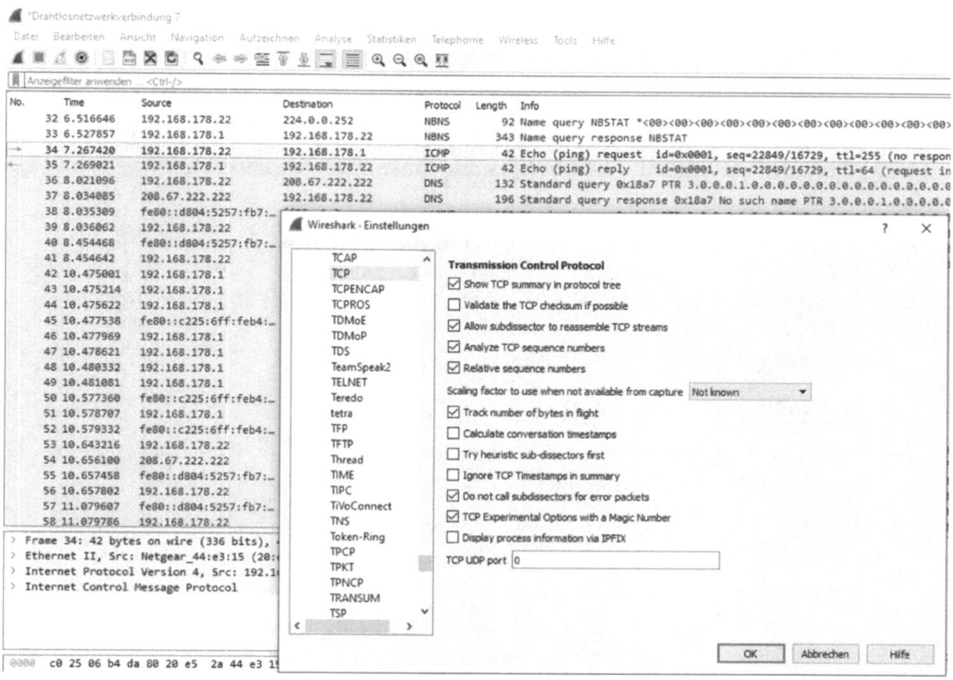

Bild 11.5 Selektionseinstellungen

Filterung des Datenverkehrs

Die Analyse des Datenverkehrs mithilfe von Filtern lässt sich auf zwei Arten vornehmen:

- der aufgezeichnete Datenverkehr wird nachträglich geprüft – Display Filter (Anzeigefilter),
- der Datenverkehr wird bereits während der aktiven Aufzeichnung gefiltert – Capture Filter (Mitschnittfilter).

Die verwendeten Filter richten sich nach diesen beiden Arten, sodass ihre Syntax nicht austauschbar ist, sondern auf jeweils eine der beiden Formen beschränkt ist.

- Display Filter – Anzeigefilter
  Unter Analyse → Anzeigefilter finden sich vordefinierte Filter, denen eigene Möglichkeiten hinzugefügt werden können. Anzeigefilter werden in der Zeile zwischen Menü und der Folge der Paketliste festgelegt.

  Den Anzeigefiltern liegt die in Tabelle 11.3 gezeigte Syntax (hier nur in Auszügen) zugrunde.

Tabelle 11.3 Syntax der Anzeigefilter

Operator	Beschreibung und Beispiel
eq oder ==	ip.addr == 193.174.250.22
lt oder <	ip.len < 128
and oder &&	ip.src==193.174.250.1 and tcp.flags.fin

Die folgenden Beispiele zeigen die Spannbreite der Möglichkeiten. Diese liegt auch im gezielten Zugriff auf Paketinhalte. Dazu werden Bytes ab einem Offset maskiert und verglichen. Die Syntax für diese Zugriffsart lautet:

Protokoll[Offset in Bytes vom Beginn des Headers : Anzahl der Bytes]

Es können 1, 2 oder 4 Bytes verglichen werden. Wird keine Anzahl angegeben, wird nur 1 Byte verglichen. Der Vergleichswert kann dezimal oder hexadezimal (0x) angegeben werden. Hier einige Beispiele:

ip[8] = 5	Filter auf das 8. Byte des IP-Headers (TTL)
tcp[0:2] = 25	Filter auf die ersten beiden Bytes des TCP-Headers (Port-Nummer)
tcp[13] = 2	Filter auf Byte 13 des TCP-Headers (Flags). Segmente, die nur das SYN-Flag gesetzt haben passieren diesen Filter.
tcp[13] & 0x02 = 2	Hier wird das Byte 13 zuerst mit 0x02 maskiert. Dadurch passieren alle TCP-Segmente mit gesetztem SYN-Flag den Filter. Die anderen Flags sind ausgeblendet.

Unter dem Menüpunkt: Analyse → Anzeigefilter sind einige Beispiel für Filter dargestellt.

Filter	Beschreibung
tcp.port eq 80	Auswahl des http-Protokolls, d. h. Internetverkehr
ip.src==193.174.250.1	IP-Pakete mit der Quelladresse 193.174.250.1
tcp.window_size == 0 && tcp.flags.push == 1	TCP-Segment mit Windowgröße 0 und gesetztem Push-Bit
eth.addr[0:3]==08:AC:5B	Die ersten 4 Byte des Ethernetrahmens, die dem Beginn der Zieladresse entsprechen
ip.addr == 193.174.250.225	Auswahl der IP-Pakete mit 193.174.250.225 als Quell- oder Zieladresse

- Capture Filter – Mitschnittfilter
  Um diese Filter zu aktivieren, müssen sie vorab definiert werden. Die Festlegung erfolgt unter Aufzeichnen → Mitschnittfilter gefolgt von der eigentlichen Definition und der Vergabe eines Namens. Anschließend wird unter Aufzeichnen → Optionen der Filter ausgewählt. Nach dem Start der Aufzeichnung erfolgt die Paketaufzeichnung allein auf Grundlage des Filters.

  Unter dem Menüpunkt: Aufzeichnen → Mitschnittfilter finden sich einige Beispiele für gängige Filtermöglichkeiten.

  Einen Einblick in die Definitionsmöglichkeiten geben die nachfolgenden Beispiele.

Filter	Bedeutung
host 193.174.250.22	Aufzeichnen des Verkehrs zu oder von der IP-Adresse 193.174.250.22
src net 193.174.250.0/24	Aufzeichnen des Verkehrs von einem IP-Adressbereich
dst net 193.174.250.0/24	Aufzeichnen des Verkehrs zu einem IP-Adressbereich
port 25	Auswahl der SMTP-Pakete
port not 53 and not arp	Filter auf den DNS- und ARP-Verkehr
tcp portrange 25-1024	Auswahl des Datenverkehrs mit Ports im Bereich 25 bis 1024
not broadcast and not multicast	nur Unicast-Pakete

Filter lassen sich individuell durch Klicken auf Ausdruck am Ende der Eingabezeile definieren.

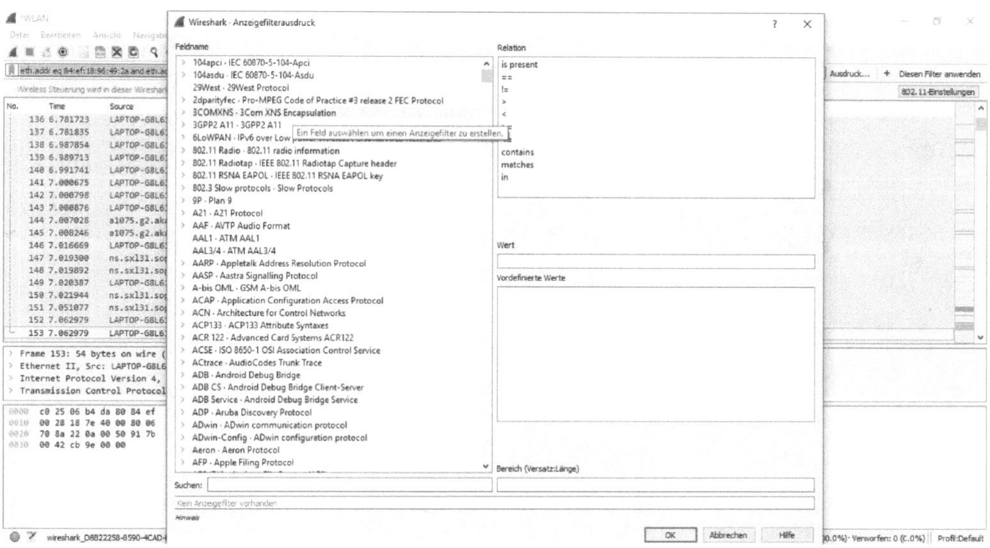

Bild 11.6 Filterdefinition

Statistische Auswertungen

Unter dem Menüpunkt Statistiken lassen sich Informationen über die aufgezeichneten Daten abrufen (Tabelle 11.4).

Tabelle 11.4 Statistikmöglichkeiten

Menüpunkt	Beschreibung
Flow Graph	Genaue Ausgabe des Paketaustausches zwischen IP-Adressen mit Informationen zum Pakettypen, z. B. HTTP, TCP mit Flags oder Ping mit ICMP-Typ
IPv4- oder IPv6-Statistics	Angabe, welche Sende-IP-Adresse und welche Empfangs-IP-Adresse kommuniziert haben, mit weiteren Details
Protokollhierarchie	Angabe der Kapselung der Pakete
Verbindungen	Informationen, welche IP-Adresse wie viele Pakete mit wie vielen Bytes empfangen und gesendet hat
Eigenschaften der Mitschnittdatei	Konfigurations- und allgemeine Angaben zur Aufzeichnung

Um einen zusammenhängenden Datenfluss zu isolieren, genügt die Auswahl eines TCP-Paketes der entsprechenden Übertragung und die Anwahl des Menüpunktes „Follow TCP Stream“ unter Analyse → Folgen → TCP-Stream. Im Ausgabefenster erscheinen anschließend nur die Pakete, die zu der Datenübertragung gehören. Diese Eingrenzung erlaubt die präzise Analyse der Pakete der ausgewählten Übertragung.

Abfangen eines Passwortes

Viele Protokolle haben zu Beginn des Internetzeitalters der IT-Sicherheit wenig Bedeutung beigemessen. Am Beispiel des Anmeldeprozess mit Benutzernamen und Passwort an einem FTP-Server wird gezeigt, wie einfach das Mitlesen von Nutzernamen und Passwörtern möglich ist. Deswegen sollte heutzutage auf die Verwendung von **Ende-zu-Ende verschlüsselten Protokollen** geachtet werden, um die Inhalte von Übertragungen sicher zu verschlüsseln.

Unter Windows erzeugt die Eingabe der folgenden Befehle im Befehlsfenster:

- ftp ftp.freebsd.org
- Name: ftp
- Password: password

den folgenden Output, der mit **Wireshark** aufgezeichnet werden kann (Bild 11.7)

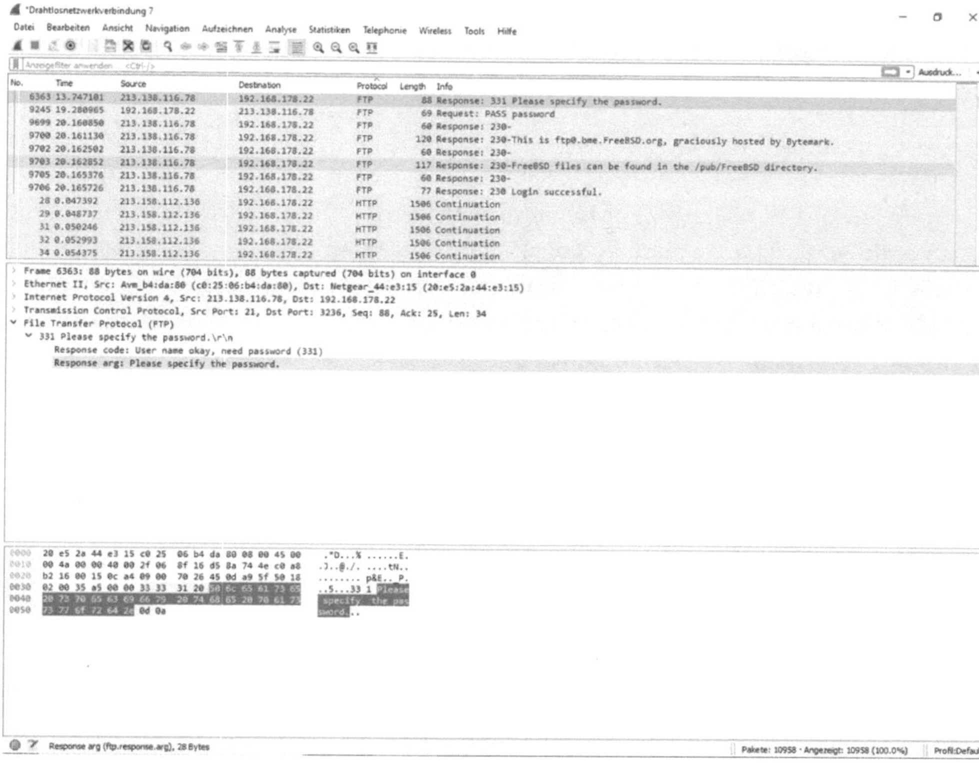

Bild 11.7 Passwortidentifikation

Durch den Mitschnitt lässt sich das Passwort leicht identifizieren. Die Nachricht mit der Nummer 9245 zeigt die Eingabe.

Analyse von verschlüsselten TLS-Paketen

Um das Mitlesen von Daten zu unterbinden, wird das **Transport Layer Security Protokoll (TLS)** eingesetzt. Es bietet in Kombination mit gängigen Application Layer Protokollen, wie HTTP, FTP, SMTP oder POP, eine verschlüsselte und authentifizierte Verbindung.

Zur Fehlersuche kann es wichtig sein, den verschlüsselten Datenverkehr zu entschlüsseln. Dies ist nur mit Hilfe eines Schlüssels möglich, in dessen Besitz nur die Endpunkte der Verbindung sind. Wird Wireshark dieser Schlüssel mitgeteilt, ist eine Entschlüsselung möglich.

Um den Inhalt von TLS-Paketen zu analysieren, sind drei Schritte erforderlich:

- Setzen einer Umgebungsvariablen unter Windows, sodass die Schlüssel der Verbindungen gespeichert werden.

- Konfigurieren von Wireshark, sodass die Schlüssel der Verbindungen gespeichert werden.
- Pakete gezielt analysieren und aufzeichnen.

Das Setzen der Umgebungsvariable SSLKEYLOGFILE veranlasst Programme wie den Webbrowser, die verwendeten Schlüssel in der angegebenen Textdatei zu speichern, sodass Wireshark Zugriff auf diese bekommt. Um eine Umgebungsvariable zu definieren, ist zunächst der Aufruf der erweiterten Systemeinstellungen unter Windows notwendig: Systemeinstellungen -> System -> erweiterte Systemeinstellung (Link auf der rechten Bildschirmseite). Nach Auswahl der Registerkarte „Erweitert“ erscheint ein Button „Umgebungsvariable“. Nach dessen Anklicken lässt sich unter der Rubrik „Benutzervariablen für...“ nach Betätigen des Neu-Buttons eine Variable und dessen Pfad eintragen, z.B. Variablenname: SSLKEYLOGFILE und Pfad: C:\Wolf\Netzwerke\Wireshark\ssl-keys.log.

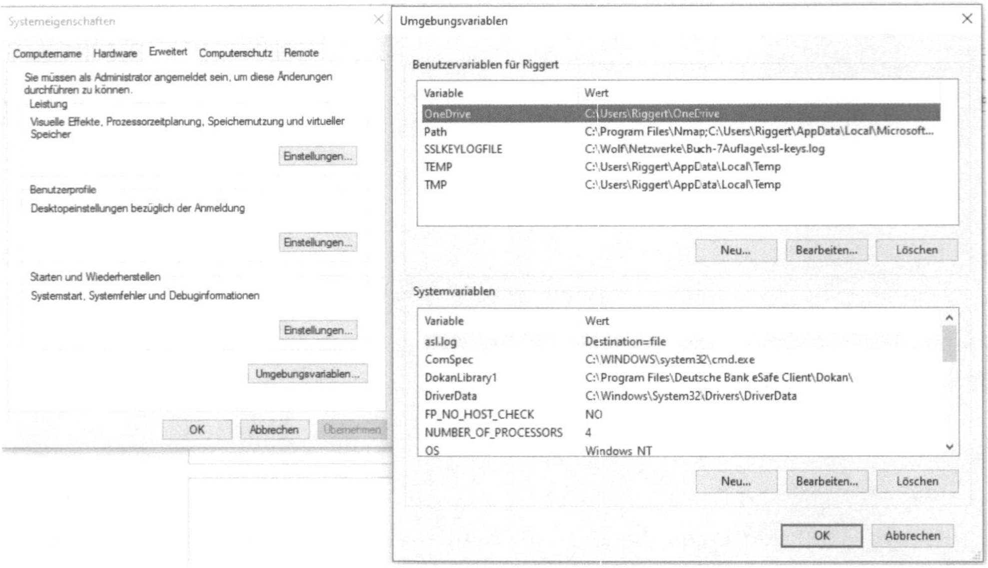

Bild 11.8 Definition einer Umgebungsvariablen

Sobald dieser Schritt abgeschlossen ist, kann der Erfolg überprüft werden, indem im Browser eine mit https aktivierte Web-Site aufgerufen wird. Im File ssl-keys.log im entsprechenden Verzeichnis finden sich dann Einträge folgender Art:

ssl-keys.log - Editor

Datei Bearbeiten Format Ansicht Hilfe

```
# SSL/TLS secrets log file, generated by NSS
CLIENT_RANDOM d3f77f2796301dea2ec9d8e878d4e63be5a8b3926efdd58de3e1c950e946e23a 6cbc3e64e8087c51af
CLIENT_HANDSHAKE_TRAFFIC_SECRET db226ffd8b04321045c96bd1628fced9a17c69c846adf58ace9425b866d4abfe
SERVER_HANDSHAKE_TRAFFIC_SECRET db226ffd8b04321045c96bd1628fced9a17c69c846adf58ace9425b866d4abfe
CLIENT_TRAFFIC_SECRET_0 db226ffd8b04321045c96bd1628fced9a17c69c846adf58ace9425b866d4abfe bd381132
SERVER_TRAFFIC_SECRET_0 db226ffd8b04321045c96bd1628fced9a17c69c846adf58ace9425b866d4abfe c85f0fa9
EXPORTER_SECRET db226ffd8b04321045c96bd1628fced9a17c69c846adf58ace9425b866d4abfe 85568732e054e798
CLIENT_RANDOM 5cf23a21b52cc216d4b36f317a8e3175bd1e9fbcf334b2e05808a1e830a2be43 2d651ce2931aa38946
CLIENT_RANDOM 098602247e48c10731e5178a6ce128f9b14cbf5670d2847a58bcc4859dd63612 d2b1f91b1017b60df9
CLIENT_RANDOM 0c2ca0d5416183e3f3e12eae7106d0adc047268c8695d54fb6e9351eec644781 6cbc3e64e8087c51af
CLIENT_RANDOM 646801931eca84e251d0512c4e60bfc0668ebc519cb2306c08a19564801507b7 4b55ccd2b7ae0c91a1
CLIENT_RANDOM 3e5d8ff72df8e3c2ebba35cdf70e021f5ca87c4a066a697bb562c62a0afd08f3 731d6127534d66e1e7
CLIENT_HANDSHAKE_TRAFFIC_SECRET 5139b75659ceff2ed4bfde08abb9a329c0bd423c5a4d7a968a1ab185498cfaeb
SERVER_HANDSHAKE_TRAFFIC_SECRET 5139b75659ceff2ed4bfde08abb9a329c0bd423c5a4d7a968a1ab185498cfaeb
CLIENT_TRAFFIC_SECRET_0 5139b75659ceff2ed4bfde08abb9a329c0bd423c5a4d7a968a1ab185498cfaeb fb7977b9
SERVER_TRAFFIC_SECRET_0 5139b75659ceff2ed4bfde08abb9a329c0bd423c5a4d7a968a1ab185498cfaeb f05d5e17
EXPORTER_SECRET 5139b75659ceff2ed4bfde08abb9a329c0bd423c5a4d7a968a1ab185498cfaeb 4cacd3d977d481c3
CLIENT_HANDSHAKE_TRAFFIC_SECRET 995f7b3c63f5ffee24e8ea90d1660cc15e57ab151d1acccd3b7b9ada2c332570
SERVER_HANDSHAKE_TRAFFIC_SECRET 995f7b3c63f5ffee24e8ea90d1660cc15e57ab151d1acccd3b7b9ada2c332570
CLIENT_TRAFFIC_SECRET_0 995f7b3c63f5ffee24e8ea90d1660cc15e57ab151d1acccd3b7b9ada2c332570 9a5dc90a
SERVER_TRAFFIC_SECRET_0 995f7b3c63f5ffee24e8ea90d1660cc15e57ab151d1acccd3b7b9ada2c332570 1c88bdef
EXPORTER_SECRET 995f7b3c63f5ffee24e8ea90d1660cc15e57ab151d1acccd3b7b9ada2c332570 78f0dbdfa1a25f8c
CLIENT_HANDSHAKE_TRAFFIC_SECRET 1a820bae81c6c7ce092fea8585c2bdaf3823a4f2da4b8f67fa7d7e3adfca1997
SERVER_HANDSHAKE_TRAFFIC_SECRET 1a820bae81c6c7ce092fea8585c2bdaf3823a4f2da4b8f67fa7d7e3adfca1997
CLIENT_TRAFFIC_SECRET_0 1a820bae81c6c7ce092fea8585c2bdaf3823a4f2da4b8f67fa7d7e3adfca1997 9e26cf6c
SERVER_TRAFFIC_SECRET_0 1a820bae81c6c7ce092fea8585c2bdaf3823a4f2da4b8f67fa7d7e3adfca1997 2f0c45c5
EXPORTER_SECRET 1a820bae81c6c7ce092fea8585c2bdaf3823a4f2da4b8f67fa7d7e3adfca1997 1fbb194d35fefd86
CLIENT_RANDOM 2adaabd5e19e58491d3471f80ece26d8ce5a0b68acdaf5684a9a763528976de3 896087ce995b0d7e81
CLIENT_RANDOM 3d55cc8dea4d4b7810cd864a42e6e8081c9c60ce96517ede342191c59eab22fa fdf2ffdbf23e3d5e68
CLIENT_RANDOM d83d20dbcc9091382237ecba05ef3a52e518434d4aafbc09a1eb2b029d082686 b610d6e9f7a7887ce6
CLIENT_RANDOM 1365f498873ad394bf0382e94f80032e1e99a468e285ddfe0d140e75abcd3342 dc85739d3a2ef5d103
CLIENT_HANDSHAKE_TRAFFIC_SECRET 7c17e1458c9c83553ccf31cae537ba9342c73e11278e2cd820a0137a5e1d5ecb
SERVER_HANDSHAKE_TRAFFIC_SECRET 7c17e1458c9c83553ccf31cae537ba9342c73e11278e2cd820a0137a5e1d5ecb
CLIENT_TRAFFIC_SECRET_0 7c17e1458c9c83553ccf31cae537ba9342c73e11278e2cd820a0137a5e1d5ecb 8dbfefad
SERVER_TRAFFIC_SECRET_0 7c17e1458c9c83553ccf31cae537ba9342c73e11278e2cd820a0137a5e1d5ecb 132576d7
EXPORTER_SECRET 7c17e1458c9c83553ccf31cae537ba9342c73e11278e2cd820a0137a5e1d5ecb 6e8bd52cc31aea9b
CLIENT_HANDSHAKE_TRAFFIC_SECRET a900b45b79a62f821c5726014092f0aaa188f3f1f0fadf00e4ffdc09464ce7c6
SERVER_HANDSHAKE_TRAFFIC_SECRET a900b45b79a62f821c5726014092f0aaa188f3f1f0fadf00e4ffdc09464ce7c6
CLIENT_TRAFFIC_SECRET_0 a900b45b79a62f821c5726014092f0aaa188f3f1f0fadf00e4ffdc09464ce7c6 887eccc7
SERVER_TRAFFIC_SECRET_0 a900b45b79a62f821c5726014092f0aaa188f3f1f0fadf00e4ffdc09464ce7c6 9395b6f7
EXPORTER_SECRET a900b45b79a62f821c5726014092f0aaa188f3f1f0fadf00e4ffdc09464ce7c6 20535e97347e0ecd
CLIENT_HANDSHAKE_TRAFFIC_SECRET 062635798c7602ac228bd372dce4c175b8b6eb36462c98ed690bf991f7de7325
SERVER_HANDSHAKE_TRAFFIC_SECRET 062635798c7602ac228bd372dce4c175b8b6eb36462c98ed690bf991f7de7325
CLIENT_HANDSHAKE_TRAFFIC_SECRET 8edc9dbdaa087117dd858ee64e4e9c2cddb102e52c4fa028f424cf340298f76d
```

Zeile 35, Spalte 62 | 100% | Windows (CRLF) | UTF-8

Bild 11.9 Ausgabe einer sys.log-Datei

Der Folgeschritt besteht in der Konfiguration von Wireshark. Dazu wird unter der Registerkarte „Bearbeiten" die Verzweigung „Einstellungen" ausgewählt und dort unter „Protocols" das Protokoll TLS. Dort wird der Pfad des Logfiles eingetragen und die Konfiguration abgeschlossen.

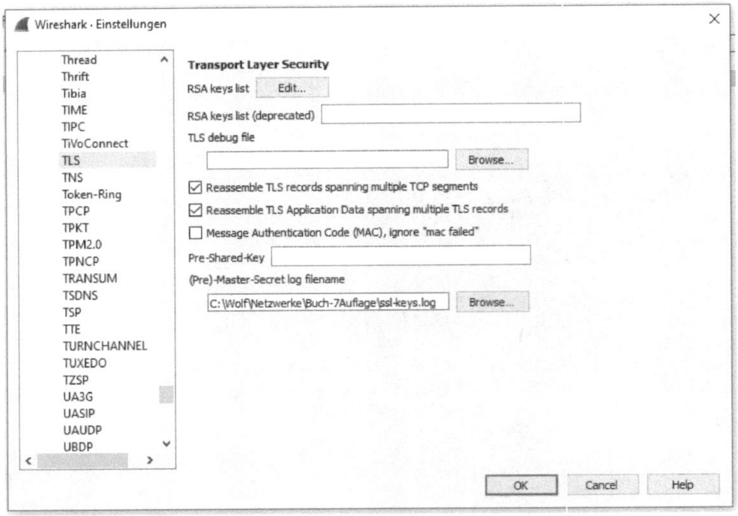

Bild 11.10 Definition von TLS

Der letzte Schritt zeigt den Inhalt eines TLS-Paketes an. Dazu werden Pakete einer mit https gesicherten Web-Site aufgefangen und in Wireshark untersucht.

Bild 11.11 Ausgabe eines entschlüsselten TLS-Paketes

Die Markierung verweist auf den Inhalt des ausgewählten TLS-Paketes. Das Vorgehen und weitere Details zur Verschlüsselung sind in [Phil18] zu finden.

11.2.3 Übungen

Die folgenden kleinen Übungen zeigen mögliche Anwendungsfälle der Paketfilterung. Sie können ohne großen Aufwand einfach nachvollzogen werden.

TCP-Verbindungsaufbau

Öffnen Sie eine Website z. B. *https://www.microsoft.com*. Zeigen Sie den Three-Way-Handshake optisch auf (Menüpunkte: Statistics, Flow Graph).

Erklären Sie die folgende Grafik. Was wird hier ausgetauscht?

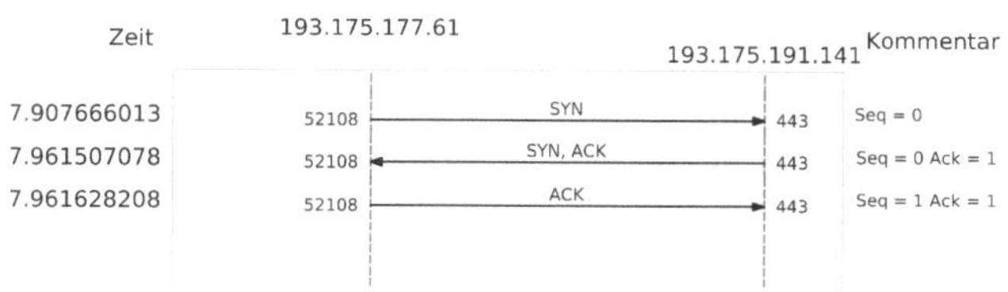

Bild 11.12
Three-Way-Handshake

Analyse des Protokoll-Ablaufs

Mit Filtern kann man damit einige interessante Informationen aus dem Netzwerk-Traffic gewinnen. Nachfolgend einige Beispiele dazu:

- Telnet als unsicheres Protokoll lässt sich durch einen Filter wirkungsvoll überwachen. tcp.dstport == 23 identifiziert sämtlichen Verkehr des TCP-Ports 23.
- Um sämtlichen ausgehenden Datenverkehr des Hosts 193.174.250.22 zu überwachen, dient der Filter: ip.src == 193.174.250.22. Auf diese Weise lässt sich ein möglicherweise kompromittiertes System isolieren.
- Um einem DoS-Angriff zu begegnen, kann mittels wireshark eine Verteidigungsstrategie auf der Grundlage von Filtern entworfen werden. Der folgende Filter erfasst sämtlichen Web-Traffic, der Richtung Server mit der IP-Adresse 193.174.250.1 geht: ip.dst == 193.174.250.1 and tcp.dstport == 80

Unter dem Link: *https://www.pearson.com/us/higher-education/program/Kurose-Computer-Networking-A-Top-Down-Approach-7th-Edition/PGM1101673.html?tab=resources* finden Sie eine Vielzahl von Übungen zu diesem Thema.

11.3 Zusammenfassung

Eine der wesentlichen Aufgaben für die Überwachung und Fehlersuche in Netzwerken ist die Festlegung einer „baseline“. Diese zeigt das Netzwerk mit seinen kritischen Parametern im laufenden störungsfreien Betrieb. Sie spiegelt faktisch die „Netzwerkgesundheit“ wider und stellt die Referenz beim Auftreten von fehlerhaften Situationen dar. Die Messung der Funktionsfähigkeit eines Netzwerkes ist häufig das Ergebnis der Reports des Netzwerkmanagements oder von konkreten Messungen durch ping oder traceroute.

Für die Behebung unmittelbarer Fehlerzustände wird ein strukturiertes Vorgehen empfohlen, dem mehrere Phasen zugrunde liegen:

1. die genaue Identifikation und Isolierung des Problems,
2. die Prüfung, ob das Problem wiederholt erzeugt werden kann,
3. die Lokalisierung der Ursache durch ein Vorgehen nach dem Prinzip des divide-and-conquer,
4. die Formulierung und Implementierung einer Lösung des Problems,
5. die Prüfung, ob der Fehlerzustand tatsächlich behoben ist,
6. die Dokumentation des Problems mit seiner Lösung für die Behebung zukünftiger, ähnlich gelagerter Fälle.

Die ideale Strategie ist naturgemäß eine proaktive, bei der Fehler gar nicht erst auftreten, sondern bereits im Vorwege erkannt werden. Um dieser Vorstellung zu genügen, muss der Netzwerkverkehr überwacht und hinsichtlich seines Durchsatzes und seiner Güte beurteilt werden. Hierzu bedarf es ausführlichen statistischen Materials und realistischer Prognosen der zukünftigen Entwicklung des Datenaufkommens. Damit wird klar, dass es sich hier um eine schwierige und bedeutsame Frage handelt, die vor allem die Zukunftsfähigkeit der bestehenden Infrastruktur und die Zufriedenheit der Nutzer betrifft. Ohne ein ausreichendes Antwortzeitverhalten bei gleichzeitig hohem Sicherheitsniveau ist keine Benutzerakzeptanz zu erlangen. Netzwerkmanagement und Sicherheit werden folglich zu Themen, die zentrale Bedeutung für die Basisinfrastruktur heutiger Unternehmen besitzen.

Weiterführende Literatur: [KuRo14, Pohl19, Wend18]

Weiterführende Internetquellen:

- SNMP-Software: [Irea00, Snmp00]

11.4 Wissensüberprüfung

1. Können Bootsektoren von Viren infiziert werden und was wäre der Schaden?
2. Wie unterscheiden sich Würmer von Trojanern?
3. Welche SNMP-Aktion wird von einem Agent ausgelöst und warum?
4. Können Einträge in einer MIB verändert werden?
5. Geben Sie einen Überblick über die Mächtigkeit des Befehls netstat.
6. Welche Bedeutung besitzt der Community-String in SNMP?
7. Welche Basisfunktionalität sollte ein Netzwerkmanagementtool besitzen?

12 Wireless Local Area Networks

Lernziele

Nach der Beendigung dieses Kapitels sollte der Leser in der Lage sein, folgende Fragen zu beantworten:

- Was sind die Komponenten eines Wireless LANs?
- Wie arbeitet ein WLAN?
- Welche Architekturen stehen zur Auswahl?
- Welche Pakettypen dienen welchem Zweck?
- Wie steht es um die Sicherheit?

Kapiteleinführung

Drahtlose lokale Zugangsnetze (Wireless Local Area Networks - WLANs) stellen heutzutage eine weitverbreitete Technologie zur Anbindung von Stationen wie Notebooks, Smartphones, Drucker oder auch Desktop-PCs an drahtgebundene Netze dar. Die Nutzung eines lizenzfreien und somit kostenlosen Frequenzspektrums und neue Entwicklungen wie die Erhöhung des Datendurchsatzes und die Verbesserung der Zuverlässigkeit haben zu einer allgegenwärtigen Verbreitung geführt.

WLANs gehören in die Gruppe der lokalen Netze, wie es der Name bereits ausdrückt. Ziel ist die Abdeckung von Gebäuden und Campusbereichen. Allerdings besteht eine Abhängigkeit von lokalen Gegebenheiten. Im Idealfall werden in Gebäuden 30 m und im Freiraum 300 m überbrückt. Der Einsatz von Antennen mit einer Richtcharakteristik, d. h. die Bündelung des Signals in eine bestimmte Ausbreitungsrichtung, erlaubt es, diese Entfernungen auszudehnen. Heutzutage liegen die Übertragungsraten im Bereich einiger Hundert Mbit/s und reichen damit an die Leistung kabelgebundener Netzwerke heran. Im Idealfall können in drahtlosen Netzen basierend auf dem aktuellen Standard (Wi-Fi 6) Datenübertragungsraten von nahezu 10 GBit/s erreicht werden. Der Begriff WLAN bezieht sich i. d. R. auf Standards der Reihe IEEE 802.11, welche die Grundlage heutiger drahtloser lokaler Netze bilden. Die Konformität von Geräten bzgl. der Standards wird durch die Wi-Fi Alliance zertifiziert, wobei diese auch einprägsamere Begriffe für die Standards prägt. Die aktuelle Erweiterung IEEE 802.11ax wird mit dem Namen Wi-Fi 6 beworben.

WLANs vergrößern die Netzausdehnung durch die Abdeckung von kabelgebunden nicht erreichbaren Bereichen. Ihre Vorteile schöpfen sie aus mehreren Eigenschaften:

- **Installationsgeschwindigkeit und Einfachheit:** WLANs können leicht und ohne den Verlegeaufwand kabelgebundener Netze installiert werden.
- **Flexibilität:** Bereiche, die durch Kabel nicht zugänglich sind, oder wo aufgrund von Denkmalschutzbestimmungen keine Kabel verlegt werden dürfen, werden problemlos abgedeckt.
- **Skalierbarkeit:** WLANs können an praktisch jede Topologie angepasst werden. Ihr Einsatzspektrum reicht von Netzen mit wenigen Nutzern bis zu Infrastrukturen mit Tausenden von Knoten.

Im Gegensatz zu LAN-Technologien wie Ethernet, die ihre Signale durch eine kabelgebundene Infrastruktur transportieren, werden bei WLANs elektromagnetische Wellen über die Luft übertragen, ohne eine Infrastruktur vorauszusetzen. Mehrere Sender können, ohne sich zu stören, im gleichen Raum zur gleichen Zeit existieren, sofern sie in unterschiedlichen Frequenzbereichen übertragen. Um Daten zu extrahieren, wählt der Empfänger den entsprechenden Frequenzbereich des Senders. Senden Stationen zur gleichen Zeit auf der gleichen Frequenz überlagern sich die Signale und Empfänger können ggf. die überlagerten Signale nicht fehlerfrei empfangen. Diese Überlagerung von Wellen wird auch als Interferenz bezeichnet. Wenn die Interferenz durch Daten unterschiedlicher Stationen entsteht, spricht man wie bei Ethernet auch von Kollisionen. In einer typischen WLAN-Konfiguration verbindet ein **Access-Point (AP)** das kabellose Netz mit der kabelgebundenen LAN-Technologie. Dieser AP empfängt und überträgt die Daten zwischen WLAN und LAN. APs sind Teil der drahtgebundenen Infrastruktur und als solche nicht mobil. Sie sind vergleichbar den Basisstationen in Mobilfunknetzen. Im Aufbau vereinen sie einen Hub und eine Bridge in der Form, dass das Hub-Element die Verbindung der Stationen herstellt und die Bridge-Komponente die Weiterleitung und Konvertierung des WLAN-Paketes an das LAN vornimmt. Nahezu jeder Endknoten besitzt heutzutage eine WLAN-Karte. Sie besteht aus ein oder mehreren Antennen, einer Übertragungseinheit und der Möglichkeit analoge elektromagnetische Wellen in digitale Informationen zu konvertieren. Die Realisierung der Kommunikationsstrecke, ob drahtlos oder drahtgebunden, ist für höhere Schichten des Netzwerkprotokollstapels weitestgehend transparent.

12.1 IEEE 802.11-Standards

Seit 1997 existiert für WLANs der Standard IEEE 802.11, der Übertragungen von ein oder zwei Mbit/s im 2,4-GHz-Band auf dem physikalischen Layer und der Sicherungsschicht definiert. Der LLC-Bereich der Sicherungsschicht wird wie im Ethernet durch IEEE 802.2 standardisiert (siehe Kapitel 3). Wie die anderen IEEE 802-Standards wird eine 48-Bit-Adressierung verwendet, sodass ein einfaches Bridging zwischen Wireless und Wired LAN möglich ist. Der Standard wird kontinuierlich erweitert, die letzte Revision erfolgte 2016 mit dem Standard IEEE 802.11-2016. Auch zwischenzeitlich erfolgten Ergänzungen, gekennzeichnet durch Buchstaben am Ende, wie IEEE 802.11ax, welche dann später in die nächste Revision übernommen werden.

Für die drahtlose Übertragung kommen verschiedene lizenzfreie Frequenzbänder in Frage. Einige dieser Bereiche werden vom Standard IEEE 802.11 genutzt. Ein hervorstechender Unterschied liegt in der Reichweite. Hier gilt: Je geringer die Wellenlänge (höhere Frequenz) ist, desto größer fällt die Signaldämpfung aus, bzw. je länger die Wellenlänge (geringe Frequenz) ist, desto geringer ist die Signaldämpfung. Daher fällt tendenziell die Dämpfung bei höherer Frequenz stärker ins Gewicht. Bild 12.1 zeigt das Spektrum elektromagnetischer Wellen. Insbesondere der Bereich um 2,4 GHz wird von verschiedenen Funkstandards verwendet, da dies einer der Bereiche ist, der zur allgemeinen Nutzung freigegeben wurde.

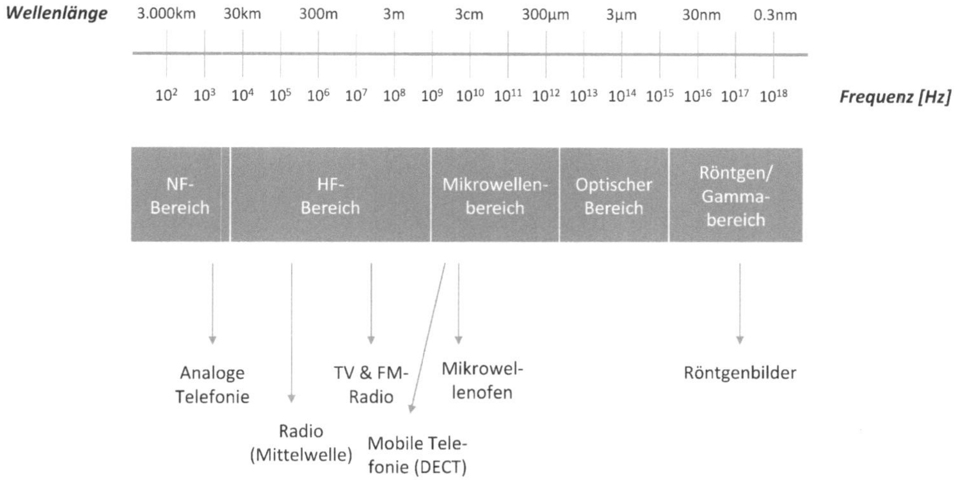

Bild 12.1 Spektrum elektromagnetischer Wellen mit einigen Anwendungen

In Deutschland wird das Frequenzspektrum durch die Bundesnetzagentur verwaltet. Drahtlose Netze für Endverbraucher nutzen hierbei in der Regel lizenzfreie

Frequenzbänder. Insbesondere sind dies Frequenzbereiche für industrielle, wissenschaftliche und medizinische Anwendungen (Industrial, Scientific, Medical – ISM) oder weitere Frequenzbänder, die von der Bundesnetzagentur durch Allgemeinzuteilungen freigeben werden. Insbesondere im Bereich 5 GHz sind hierbei einige Besonderheiten bzgl. der Sendeleistung, der Anwendung im Freien, der Unterstützung von dynamischer Frequenzselektion (DFS) und der Anpassung der Sendeleistung (TPC) zu beachteten. Im Jahr 2021 ist ein weiterer Frequenzbereich für die Nutzung im Bereich 6 GHz hinzugekommen. Je nach Einsatz im Innen- oder Außenbereich ist hierbei auf die maximale Sendeleistung zu achten. Weltweit wird eine Vereinheitlichung der Frequenzbänder angestrebt. Dennoch gelten regionale Unterschiede, sodass je nach Region andere Frequenzbereiche zur Nutzung freigegeben sind. Ein Beispiel ist der Frequenzbereich um die 6 GHz, in Europa umfasst dieser 480 MHz, in den USA hingegen ganze 1200 MHz mit höheren zugelassenen Sendeleistungen.

Tabelle 12.1 Frequenzbänder in Deutschland[1]

Frequenzbereich	Name/Zuteilung	Verwendung
433,05 MHz - 434,79 MHz	Industrial, Scientific, Medical (ISM)	Sensornetzwerke (Long Range Wide Area Network), Smart Home
863 MHz - 868 MHz	Allgemeinzuteilung von Frequenzen zur Nutzung durch Funkanwendungen mit geringer Reichweite für nicht näher spezifizierte Anwendungen	Sensornetzwerke (Long Range Wide Area Network, SigFox), IEEE 802.11ah, Zigbee
2,4 GHz - 2,5 GHz	Industrial, Scientific, Medical (ISM)	IEEE 802.11b,g,n,ax, Zigbee, Bluetooth, Mikrowellen
5,150 GHz - 5,250 GHz (indoor, 200mW) 5,250 GHz - 5,350 GHz (indoor, TPC/DFS, 200mW) 5,470 GHz - 5,725 GHz (indoor, outdoor, TPC/DFS, 1000mW) 5,725 GHz - 5,875 GHz (indoor, outdoor, 25mW) (Broadband Fixed Wireless Access, 4000 mW, anzeigepflichtig)	▪ Allgemeinzuteilung von Frequenzen in den Bereichen 5150 MHz - 5350 MHz und 5470 MHz - 5725 MHz für Funkanwendungen zur breitbandigen Datenübertragung, WAS/WLAN ▪ Allgemeinzuteilung von Frequenzen zur Nutzung durch Funkanwendungen mit geringer Reichweite für nicht näher spezifizierte Anwendungen	IEEE 802.11a,n,ac,ax

[1] Die Bundesnetzagentur bietet eine Übersicht der Frequenzbänder in Deutschland: *https://www.bundesnetzagentur.de/DE/Sachgebiete/Telekommunikation/Unternehmen_Institutionen/Frequenzen/Grundlagen/Frequenzplan/frequenzplan-node.html.*

Frequenzbereich	Name/Zuteilung	Verwendung
	▪ Allgemeinzuteilung von Frequenzen im Frequenzbereich 5755 MHz - 5875 MHz für gewerblich öffentliche Funkanwendungen für breitbandige ortsfeste Verteilsysteme	
5,945 GHz - 6,425 GHz (indoor, 200mW) (indoor und outdoor, 25mW)	Allgemeinzuteilung von Frequenzen im Bereich 5945 MHz - 6425 MHz für drahtlose Zugangssysteme, einschließlich lokaler Funknetze WAS/WLAN	WiFi 6E
57 GHz - 64 GHz	Allgemeinzuteilung von Frequenzen zur Nutzung durch Funkanwendungen mit geringer Reichweite für nicht näher spezifizierte Anwendungen	IEEE 802.11ad,ay

Ende 1999 wurde die erste Definition des Standards zur Version IEEE 802.11b erweitert. Bei ausreichender Qualität des Funkweges erhöht sich die Übertragungsgeschwindigkeit von 1 bzw. 2 Mbit/s auf 5,5 bis 11 Mbit/s. Das Umschalten zwischen den einzelnen Geschwindigkeiten erfolgt adaptiv in Abhängigkeit von der Qualität der Funkverbindung. Zeitgleich entstand der Standard IEEE 802.11a, der allerdings im 5-GHz-Frequenzbereich arbeitet. Seitdem wurde die Technologie kontinuierlich weiterentwickelt, was u.a. zu den Erweiterungen IEEE 802.11n, IEEE 802.11ac und IEEE 802.11ax führte. Mit dem Standard IEEE 801.11ax, für welchen erste Geräte existieren und welcher zeitnah finalisiert wird, sollen Datenraten von bis zu 10 GBit/s möglich sein. Ein weiterer aktueller Standard ist IEEE 802.11ah, der 2016 verabschiedet wurde. Dieser zielt auf dem Bereich der Sensornetzwerke ab. Insbesondere relevant sind hier Eigenschaften bzgl. Energieeffizienz und Reichweite. Für den Einsatzbereich extrem hoher Datenraten existieren WLANs im Bereich 60 GHz. Der aktuelle Standard IEEE 802.11ad für WLANs im 60-GHz-Bereich hat sich in der Praxis kaum durchgesetzt. Hier soll der zukünftige Nachfolgestandard IEEE 802.11ay durch höhere Reichweiten und Datenraten eine bessere Verbreitung finden. Durch die sehr hohen Frequenzen ist die Reichweite gering. Einsatzgebiete sind z.B. die Übertragung von Multimediadaten auf kurzen Distanzen, wie es bei drahtlosen Geräten im Bereich Virtual oder Augmented Reality erforderlich ist. Tabelle 12.2 stellt die wichtigsten Merkmale der bisherigen Standards einander gegenüber.

Tabelle 12.2 WLAN-Standards

Merkmal	IEEE 802.11a	IEEE 802.11b	IEEE 802.11g	IEEE 802.11n (Wi-Fi 4)	IEEE 802.11ac (Wi-Fi 5)	IEEE 802.11ah (Wi-Fi HaLow)	IEEE 802.11ax (Wi-Fi 6)	IEEE 802.11ay
Datenrate	6, 9, 12, 18, 24, 36, 48, 54 Mbit/s, abhängig von SNR	1, 2, 5.5, 11 Mbit/s, abhängig von SNR, Nutzdatenrate max. ca. 6 Mbit/s	6, 12, 24 Mbit/s Pflicht, 18, 36, 48, 54 Mbit/s optional	150, 300, 450, 600 Mbit/s	Bis zu 6,933 GBit/s, abhängig von Modulation, Anzahl Antennen, Kanalbandbreite	Bis zu 346,8 Mbit/s (16 MHz Kanal), 34,6 (2 MHz Kanal)	Bis zu 9,6 GBit/s	Bis zu 176 GBit/s
Standardisierungsjahr	1999	1999	2003	2010	2013	2016	Geplant 2023	2021
Modulationsverfahren	Orthogonal Frequency Division Multiplexing (OFDM)	Direct Sequence Spread Spectrum (DSSS)	OFDM	OFDM + Multiple Input Multiple Output (MIMO)	OFDM + Multiuser-MIMO (MU-MIMO)	OFDM, MU-MIMO	OFDM, MU-MIMO	OFDM, MU-MIMO
Reichweite	100 m Außen-, 10 m Innenbereich	300 m Außen-, 30 m Innenbereich	300 m Außen-, 30 m Innenbereich	300 m Außen-, 70 m Innenbereich	100 m Außen-, 10 m Innenbereich	1 km Außenbereich	Größer als bei IEEE 802.11n	Wenige Meter bei Sichtverbindung
Frequenz	5 GHz	2,4 GHz	2,4 GHz	2,4 GHz und 5 GHz	5 GHz	863 - 868 MHz	2,4 GHz, 5 GHz	60 GHz
Kanäle (Europa, bei 20 MHz)	24	13 davon 3 nicht überlappend	13 davon 3 nicht überlappend	13 (2,4 GHz), 24 (5 GHz)	24	5 (1 MHz Bandbreite) oder 2 (2 MHz Bandbreite)	13 (2,4 GHz), 24 (5 GHz)	4

Merkmal	IEEE 802.11a	IEEE 802.11b	IEEE 802.11g	IEEE 802.11n (Wi-Fi 4)	IEEE 802.11ac (Wi-Fi 5)	IEEE 802.11ah (Wi-Fi HaLow)	IEEE 802.11ax (Wi-Fi 6)	IEEE 802.11ay
Kanalbandbreite	20 MHz	20 MHz	20 MHz	20 MHz, 40 MHz	20, 40, 80, 160 MHz	1, 2, 4, 8, 16 MHz	20, 40, 80, 160 MHz	2,16, 4,32, 6,48, und 8,64 GHz
Antennen (MIMO)	1x1	1x1	1x1	4x4	8x8	4x4	8x8	8x8
Sicherheit	WEP/WPA/WPA2	WEP/WPA/WPA2	WEP/WPA/WPA2	WPA2	WPA2	WPA2/WPA3	WPA2/WPA3	WPA2/WPA3

Entwicklungsschwerpunkt für IEEE 802.11 ist die Kommunikation in Gebäuden. Es unterstützt, wie die bisherigen Konzepte auf Ethernet-Grundlage einen Best-Effort-Dienst mit der Option, zeitkritische Anwendungen zu einem späteren Zeitpunkt zu integrieren.

Neuere WLAN-Standards wie IEEE 802.11n, IEEE 802.11ac und IEEE 802.11ax versprechen steigende Geschwindigkeiten. Die Erhöhung der Datenraten wird wesentlich durch drei Entwicklungen erreicht: Der Einsatz neuer Modulationsverfahren wie OFDM und OFDMA, welche im Abschnitt 12.3 näher beschrieben werden; und der Verbreiterung der Kanalbandbreite von 20 MHz auf bis zu 160 MHz, wobei der Durchsatz hierbei theoretisch proportional steigt. Somit ist der Durchsatz bei Kanälen mit 160 MHz bis zu achtmal größer als bei den ursprünglichen 20-MHz-Kanälen. Die nächste Entwicklung ist der Einsatz mehrerer Antennen bei Sender und Empfänger. Auch hierbei gilt zumindest in der Theorie ein proportionaler Zusammenhang zwischen Anzahl der Antennenpaare von Sender und Empfänger und der Durchsatzsteigerung. Dieser Mechanismus wird als „Multiple Input Multiple Output“ (MIMO) bezeichnet. Er beruht auf der Mehrwegeausbreitung der Signale, d. h. unterschiedliche Ausbreitungswege eines Funksignals durch Reflexionen an Wänden, Einrichtungsgegenständen und Menschen. Dabei trifft das gesendete Signal mehrfach, zeitlich verzögert und mit unterschiedlicher Signalstärke beim Empfänger ein. Dort werden die Signale überlagert und erscheinen als Verwischung des Ausgangssignals. Die MIMO-Technologie nutzt diesen Effekt für die Übermittlung der Signale über mehrere Pfade (ein Pfad pro Antennenpaar am Sender und Empfänger) und etabliert damit simultane Datenübertragungen im selben Frequenzbereich zwischen zwei Stationen. In neueren Standards sind bis 8 Antennenpaare vorgesehen, in der Praxis werden häufig 2 bis 4 Paare genutzt. Sind Empfänger mit mehreren Antennen vorhanden, kann das Gemisch aus unterschiedlichen Datenströmen entwirrt werden. Voraussetzung hierbei ist, dass sich die Signale der einzelnen Pfade am Empfänger wieder trennen lassen. Dies wird dadurch erreicht, dass für jeden Pfad eine Signatur erstellt wird. Durch die Signatur pro Pfad lässt sich das Signal, das als Überlagerung aller gesendeten Wellen am Empfänger eintrifft, wieder in die Signale der einzelnen Pfade zerlegen. Das Prinzip funktioniert nur, wenn sich die Signaturen der Pfade unterscheiden. Ein wichtiges Kriterium hierbei ist der Mindestabstand der Antennen, welcher der halben Wellenlänge der Trägerfrequenz entspricht.

Mehrere Antennen sind auch die Grundlage für **Beamforming**. Hierbei werden beim Senden Signalstärke und Zeitpunkt (Phase) der zu sendenden Signale angepasst, um eine Richtcharakteristik zu erzielen. Dies führt zu stärkeren Empfangssignalen beim Empfänger und schwächeren Signalen bei anderen Stationen. Dies wiederum minimiert die Interferenzen untereinander. Hier setzt **Multi-User-MIMO** (MU-MIMO) an, wobei die verschiedenen MIMO-Datenströme unterschiedlichen Stationen zugeordnet werden. Multi-User bedeutet in dem Zusammenhang, mehrere Stationen können gleichzeitig und auf der gleichen Frequenz auf den Funkkanal zugreifen. Sowohl Beamforming als auch MU-MIMO erfordern eine Schätzung der Kanaleigenschaften und ein Aushandeln, welche Funktionen bei den Sendern und Empfängern tatsächlich unterstützt werden. Hierzu werden explizit Datenpakete zwischen den Sendern und Empfängern gesendet. Der Einsatz von Beamforming und MU-MIMO minimiert die Störungen der Stationen untereinander und erhöht somit die Anzahl der Stationen, die an einem Netz teilnehmen können.

Gerade bei mobilen Geräten, wie Laptops und Smartphones, ist die Energieeinsparung für eine möglichst lange Akkulaufzeit wichtig. Im WLAN wird dies durch Ausschalten der Sende- und Empfangseinrichtungen erreicht. Dies muss koordiniert werden, um die Stationen zu den richtigen Zeitpunkten wieder aufzuwecken. Ein Beispiel sind Voice-over-IP-Geräte, bei denen das Verkehrsmuster durch kurze Übertragungsdauern und längere Ruheperioden gekennzeichnet ist. Der ursprüngliche Mechanismus ist Delivery Traffic Indication Map (DTIM). Hierbei teilt ein AP periodisch (in Beacons, Abschnitt 12.5) den Stationen mit, ob Daten für diese vorliegen. Ist dies nicht der Fall, kann die Station bis zur nächsten Benachrichtigung wieder in den Energiesparmodus gehen. Erweitert wurde dies in IEEE 802.11n mit dem PSMP-Mechanismus (Power Save Multi Poll). Der AP kann hierbei Intervalle für die Stationen festlegen, sodass Stationen weniger häufig aufwachen müssen. Wiederum erweitert wurde dies für IEEE 802.11ah und IEEE 802.11ax. Hier handeln APs und Stationen die Schlafintervalle aus (Target Wake Time (TWT)). Dies verringert den Energieverbrauch und die Kanallast, wenn durch die Planung weniger Stationen gleichzeitig aktiv sind.

12.2 Wireless-Architekturen

Ein IEEE 802.11-WLAN basiert in seiner üblichen Form auf einer Zellenstruktur. Jede Zelle wird als Basic Service Set (BSS) bezeichnet. Obwohl für den Aufbau eines WLANs bereits eine einzelne Zelle ausreicht, bestehen die Installationen in Firmennetzen aus mehreren BSS, deren APs eine Art Backbone (Distribution System) bilden. Dieser Backbone zwischen den APs nutzt üblicherweise Ethernet als LAN-Technologie. Das gesamte WLAN wird von den höheren Schichten des OSI-Modells als einzelnes IEEE 802-Netz betrachtet. Zur eindeutigen Kennung wird in jedem Netzwerk ein Service Set Identifier (SSID) vergeben. So lassen sich Netze, die im Empfangsbereich einer Station liegen, unterscheiden und die Station kann das für sie richtige Netzwerk auswählen.

Für die Topologie von WLANs existieren fünf Möglichkeiten:

- Bei **Ad hoc-Netzen** sind zwei oder mehrere mobile Funkstationen in Reichweite, die untereinander Daten austauschen können. In diesem Modus kommuniziert jeder Rechner mit jedem anderen, ohne die Existenz eines Servers oder eines LAN-Anschlusses zu benötigen, d.h. es existiert keine feste Kommunikationsinfrastruktur. Diese Art des Netzaufbaus bildet die Alternative für den kurzfristigen Aufbau für Konferenzen oder temporäre Arbeitsgruppen. Dieses BSS wird Independent BSS (IBSS) genannt.
- Einen Schritt weiter geht das „Basic Service Set", das als **Infrastruktur-Modus** den einzelnen Funkstationen Zugang zum drahtgebundenen LAN über einen AP gewährt. Daher benötigt der AP einen Ethernet-Anschluss. Der AP konvertiert IEEE 802.11 Frames in Ethernet und umgekehrt und wird deshalb oft als Translation Bridge bezeichnet. Die gesamte BSS-Kommunikation läuft über den AP. Stationen kommunizieren nicht direkt miteinander, sondern immer über den AP.

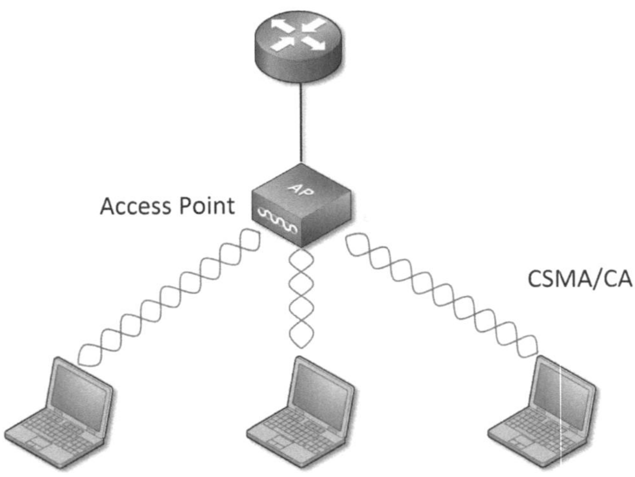

Bild 12.2
Infrastruktur-Modus

- Eine Erweiterungsmöglichkeit stellt ein **„Extended Service Set"** (ESS) dar, das aus mehreren BSS-Zellen besteht. Mehrere APs bilden ein Wireless LAN, das einen höheren Abdeckungsbereich hat und Roaming erlaubt. Die SSID ist die gleiche für alle BSS im ESS (wenn nicht mehrere BSSs eingerichtet werden). Die Verbindung der APs findet i. d. R. über Ethernet statt.
- **Mesh-Netzwerke** nach dem IEEE 802.11 s Standard sind eine weitere Erweiterungsmöglichkeit. Ein Netz besteht hier aus mehreren APs, wobei diese Daten der Stationen untereinander drahtlos weiterleiten. Dies vereinfacht die Installation, da zwischen den APs keine Kabel verlegt werden müssen. Häufige Anwendung ist, dass ein AP auch eine Verbindung zum Internet herstellt und

weitere APs das Netzwerk ausdehnen, sodass für alle Stationen eine Verbindung zum Internet zur Verfügung steht. Nachteilig ist, dass die drahtlose Verbindung der APs selber Frequenzbereiche belegt. Neben dem Standard IEEE 802.11s existieren noch verschiedene proprietäre Lösungen zum Aufbau von Mesh-Netzwerken sowie die EasyMesh-Zertifizierung auf Basis der Mulit-AP-Spezifikation der Wi-Fi Alliance.

- Ferner können APs als **Funkbridges** miteinander kommunizieren und auf diese Weise zwei drahtgebundene LANs koppeln, die sich in zwei unterschiedlichen Gebäuden befinden. Dabei dürfen auch Grundstücksgrenzen überschritten werden. Hierfür bedarf es keiner Genehmigung durch die Regulierungsbehörde, sondern lediglich der Anzeige einer eingerichteten Funkverbindung. Durch Antennen mit Richtcharakteristik können hierbei mehrere Kilometer überbrückt werden.

12.3 Modulationsverfahren und Kanäle

Wie die Ethernet-Standards der Reihe IEEE 802.3, deckt auch der IEEE 802.11-Standard den MAC- und den physikalischen Layer ab. Dazu definiert der Standard eine MAC-Schicht, die mit mehreren möglichen Schicht-1-Modulationsverfahren zusammenarbeitet:

- **Direct Sequence Spread Spectrum** (DSSS),
- **Frequency Hopping Spread Spectrum** (FHSS),
- **Orthogonal Frequency Division Multiplexing** (OFDM) und
- **Orthogonal Frequency Division Multiple Access** (OFDMA).

Die Techniken nutzen, die in Tabelle 12.1 angegebenen Frequenzbereiche.

Der ursprüngliche Standard IEEE 802.11 basiert auf dem FHSS-Verfahren. Das Prinzip dieses Verfahrens besteht darin, dass sowohl Sender als auch Empfänger ein- bis zweimal pro Sekunde die Trägerfrequenz wechseln. Die genaue Abfolge kennen nur der Absender und der Adressat. IEEE 802.11 sieht bis zu 79 nicht überlappende Frequenzbereiche mit einer Bandbreite von 1 MHz vor, wobei drei Gruppen zu je 26 Mustern zusammengefasst werden.

Das DSSS-Verfahren, welches bei IEEE 802.11b eingeführt wurde, verwendet zur Erhöhung der Übertragungsrate ein spezielles Modulationsverfahren, das allerdings die Reichweite verkürzt. Es teilt das 2,4-GHz-Band in 13 Kanäle mit einer Breite zu je 22 MHz auf, sodass sich die Kanäle teilweise überschneiden und nur drei Kanäle existieren, die keine gemeinsame Frequenz besitzen. Hierbei kommen auch höherwertige Modulationsverfahren zum Einsatz, d. h. ein einzelnes Symbol überträgt mehr als 1 Bit. Im einfachsten Fall überträgt ein Symbol ein 1 Bit, d. h. die Zustände 1 und 0. Durch die Einführung von verschiedenen Amplitudenstufen und Zeitverschiebungen können auch mehr Bit pro Symbol übertragen werden. Bei IEEE 802.11b können hierbei bis zu 8 Bit pro Symbol übertragen werden. Damit der Empfänger diese verschiedenen Zustände auch zuverlässig unterscheiden kann, werden diese Modulationsverfahren nur bei guter Signalqualität eingesetzt.

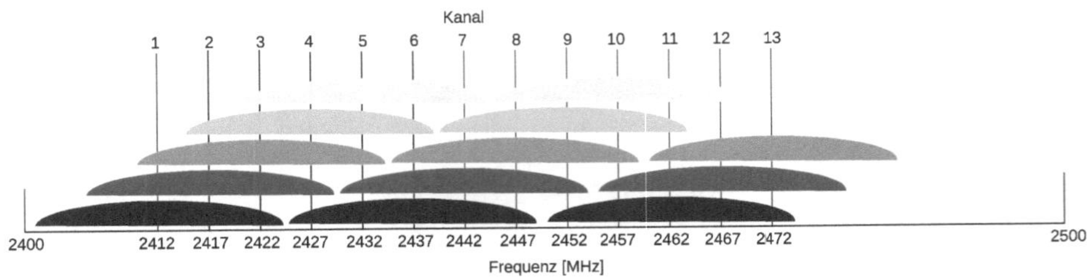

Bild 12.3 Überschneidungsfreie Kanäle bei IEEE 802.11b (DSSS-Modulation) im ISM Band von 2,4 GHz - 2,5 GHz

Für die Übertragung bei DSSS wird ein Kanal ausgewählt und das Signal mit zwei Methoden behandelt:

1. DSSS verwirklicht die Frequenzspreizung durch die Verknüpfung der Daten mit einer Zufallszahlenfolge.
2. Die Kombination mit Pseudozufallszahlen dehnt das Leistungsspektrum über den verfügbaren Frequenzbereich aus. Dabei ergibt sich eine Bandbreite von 22 MHz pro Sequenz. Allerdings werden für eine zuverlässige Implementierung 25 MHz benötigt, um Interferenzen zwischen den Kanälen zu vermeiden. Im verfügbaren 80-MHz-Spektrum lassen sich daher drei gleich breite, sich nicht überlappende Kanäle unterbringen. So ist es z. B. möglich, drei APs in unmittelbarer Nähe zueinander zu platzieren, um die Bandbreite auf das Dreifache zu steigern. Das bedeutet aber nicht, dass eine Endstation über die gesamte akkumulierte Bandbreite verfügen kann, da ein Endgerät zur gleichen Zeit nur mit einem AP verbunden sein darf.

Das Modulationsverfahren OFDM wird von IEEE 802.11a und darauf folgenden Standards verwendet. OFDM teilt den Frequenzbereich eines 20-MHz Kanals in Unterkanäle auf. Zum Beispiel erfolgt eine Aufteilung in 52 Unterkanäle mit einem Abstand von 312,5 KHz. Achtundvierzig dieser Teilkanäle werden für die Datenübertragung und vier für die Kontrollinformationen genutzt. Neuere Standards, wie IEEE 802.11n verwenden 64 Unterkanäle mit dem gleichen Abstand. Wie zuvor beschrieben können die Kanäle bei IEEE 802.11n und neueren Standards auch bis zu 160 MHz breit werden. Die einzelnen Unterkanäle interferieren untereinander kaum durch die Verwendung orthogonaler Frequenzen. Gerade bei hohen Frequenzen (durch die geringe Wellenlänge) ist die Empfangsqualität stark von der Frequenz abhängig, d. h. selbst bei kleinen Frequenzänderungen kann sich die Qualität in den einzelnen Unterkanälen durch Abschottung, Brechung, Reflexion und Streuung stark ändern. Durch die Unterteilung in Unterkanäle kann jeder dieser Kanäle ideal an die Bedingungen des Übertragungskanals angepasst werden. Bei guten Empfangsbedingungen können hohe Modulationsstufen und somit hohe Übertragungsraten erreicht werden. Durch die Aufteilung und Kanalanpassung nutzt OFDM den Kanal sehr effizient. IEEE 802.11ax kann hierbei bis zu 10 Bit pro Symbol übertragen.

Beim IEEE 802.11ax kommt als weiteres Verfahren OFDMA hinzu. OFDMA teilt den Kanal wieder in Unterkanäle auf, wobei hier 256 Unterkanäle in einem 20 MHz-Bereich genutzt werden. Dies führt zu einer feineren Anpassung an die jeweiligen Kanäle. Bei OFDM nutzt eine Station zu einem Zeitpunkt alle Unterkanäle exklusiv. Bei OFDMA werden die Unterkanäle den einzelnen Stationen zugewiesen, sodass mehrere Stationen zeitgleich auf unterschiedlichen Unterkanälen Daten übertragen können. Der Kanal wird sowohl in der Zeit - Zeitschlitze kurzer Dauer - als auch in der Frequenz aufgeteilt. Die Kombination aus Zeit und Frequenz wird auch als Ressource Unit (RU) bezeichnet. Ein AP kann die RUs den Stationen individuell zuweisen. Bei OFMDA wird der Vorteil ausgenutzt, dass jede Station eine andere Position hat und somit andere Kanaleigenschaften. Das heißt ein Unterkanal, der bei der einen Station schlecht ist, kann bei der anderen Station gut sein. In diesem Fall erhält jede Station, die für sie guten Unterkanäle, wodurch in diesen Kanälen hohe Modulationsstufen und somit hohe Datenraten erreicht werden können.

WLAN funktioniert im Halbduplex-Betrieb. Zu einem Sendezeitpunkt kann nur eine Station senden, ansonsten kommt es im Empfangsbereich der APs und Stationen zu gegenseitigen Störungen. Generell sinkt der dem Benutzer zur Verfügung stehende Datendurchsatz bei hoher Dichte an Stationen. Diese Dichte ist wiederum abhängig von der Sendeleistung der einzelnen APs und deren Abdeckungsgebiet. Demzufolge ist die richtige Platzierung der APs eine wichtige Aufgabe. Werden in einer Umgebung zwei APs parallel eingesetzt, so verdoppelt sich die verfügbare Bandbreite. Voraussetzung ist allerdings, dass nicht überlappende Kanäle verwendet werden. Mögliche Kanalpaare wären: 1 und 6, 1 und 11 bzw. 6 und 11 im 2,4-GHz Frequenzbereich.

Gerade durch eine dichte und unkontrollierte Installation von APs und Stationen, die jeder betreiben kann, und die Verwendung von sehr breiten Kanälen von bis zu 160 MHz ist eine Überschneidung und Störung nur schwer auszuschließen. Im nächsten Kapitel wird beschrieben, wie in solchen Umgebungen sichergestellt wird, dass nur eine Station zu einem Zeitpunkt sendet und somit Kollisionen vermieden werden.

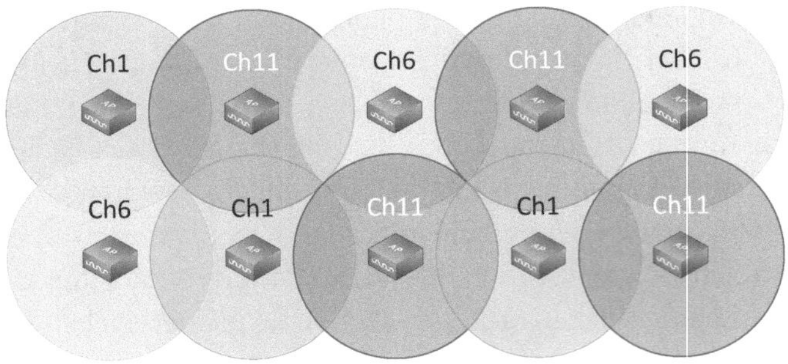

Bild 12.4
Beispiel für die Vergabe überschneidungsfreier Kanäle im 2,4-GHz-Frequenzbereich

12.4 Zugriffsmethoden: CSMA/CA

Anders als bei der drahtgebundenen Switching-Technologie für Ethernet lässt sich das Funksignal nicht isolieren. Stationen, die zur gleichen Zeit auf der gleichen Frequenz senden, erzeugen Kollisionen. Diese haben zur Folge, dass der Empfänger die Nachricht nicht zweifelsfrei erkennt. Zusätzlich kann eine WLAN-Station nicht gleichzeitig senden und empfangen und damit auch keine Kollision identifizieren. Um diese Schwierigkeiten zu umgehen, wird das Carrier-Sense-Multiple-Access-Verfahren mit Collision Avoidance (CSMA/CA) eingesetzt. Dieses Verfahren dient als zwischen den Stationen verteile Steuerungsinstanz, die jeder Station Sende- und Empfangsmöglichkeiten einräumt, Sendekonflikte vermeidet und die fehlerfreie Übertragung sicherstellt. Das Verfahren wird in IEEE 802.11-Netzen auch als Distributed Coordination Function (DCF) bezeichnet. Der Verfahrensablauf stellt sich wie folgt dar:

1. Wie im bekannten CSMA/CD-Ablauf des Ethernets hört eine sendewillige Station das Übertragungsmedium ab.
2. Um ein gleichzeitiges Senden mehrerer Stationen zu verhindern, wird die Zeitspanne Distributed Interface Space (DIFS) gewartet. Nach Ablauf der DIFS können Knoten sich um den Zugriff bewerben. Die Zeitspanne entspricht dem Intervall Short Inter Frame Space (SIFS) plus 2-mal der Slottime. Die Slottime beträgt z. B. bei IEEE 802.11ac 9 µs, variiert aber nach Standard und Frequenzbereich.
   - Hat die Station zuvor einen unvollständigen/beschädigten Frame empfangen (beinhaltet auch Frames an andere Stationen), muss diese anstatt der Zeitspanne DIFS die längere Spanne Extended Inter Frame Space (EIFS) warten. Dies stellt sicher, dass ein Empfänger den Frame erfolgreich dekodieren und ein Acknowledgement versenden konnte.

3. Für die konkrete Zuteilung der Sendeberechtigung wird eine weitere Zufallszeitspanne gewartet, die jede Station zufällig wählt. Die Nutzung dieses sogenannten Random-Backoff-Algorithmus dient zur differenzierten Zuteilung des Mediums an die sendewilligen Stationen. Hierbei wird beim ersten Sendeversuch eine Zahl zwischen 0 und 17 zufällig gewählt. Jede Station muss anschließend diesen Wert multipliziert mit der Dauer einer Slottime warten. Danach kann die Station auf das Medium zugreifen. Somit gewinnt die Station, die den kleinsten Wert gezogen hat. Diese greift zuerst auf das Medium zu, andere Stationen erkennen den Sendevorgang und Pausieren ihren Backoff. Schlägt die Übertragung fehl, wird der Zahlenbereich, aus dem die Zufallszahl gezogen wird, auf bis zu 255 exponentiell gesteigert. Diese Steigerung verringert die Anzahl der Zugriffe durch längere Wartezeiten. Hierdurch sinkt die Last auf den Kanal. Dies dient zur Minimierung der Last gerade bei überlasteten Netzen mit häufigen Kollisionen. Wurde das Medium während der DIFS-Zeitspanne als frei erkannt, kann auf den Backoff verzichtet werden.
4. Nach Ablauf der Zufallszeitspanne vergewissert sich die Station, dass das Medium weiterhin unbelegt ist und beginnt die Übertragung. Andere Stationen sehen die Übertragung und müssen warten, da es sich wie im ursprünglichen Ethernet um ein Shared Medium handelt.
5. Nachdem der Rahmen vollständig übertragen ist, wartet der Empfänger die Zeitspanne SIFS, z. B. 16 µs bei IEEE 802.11ac im Frequenzbereich 5 GHz, und sendet ein Acknowledgment zum Sender.
6. Trifft dies beim Sender ein, ist die Übertragung abgeschlossen. Trifft keine Bestätigung ein, wird der Rahmen erneut gesendet.

Ein beispielhafter Ablauf ist im Bild 12.5 gegeben: Zuerst greift Station 3 auf den Kanal zu. Da dieser zuvor unbenutzt war, wartet die Station die Zeitspanne DIFS. Während der Übertragung stehen auch Daten bei den Stationen 1 und 2 zum Senden bereit. Da der Kanal belegt ist, warten die Stationen. Nach der Datenübertragung, wartet der Empfänger die Zeitspanne SIFS ab und versendet das ACK zurück an Station 3. Da die Zeitspanne SIFS kleiner als DIFS ist, hat das ACK eine höhere Priorität. Im Anschluss warten die weiteren Stationen die Spanne DIFS plus eine zufällige Backoff-Zeit ab, da der Kanal zuvor belegt war. Station 2 hat eine geringere Backoff-Zeit von 3, somit greift diese zuerst auf den Kanal zu. Station 1 stellt den Sendewunsch zurück. Nach erfolgreicher Übertragung der Station 2, kann nun Station 1 nach erneuter Wartezeit DIFS und Fortführung des Backoffs auf den Kanal zugreifen.

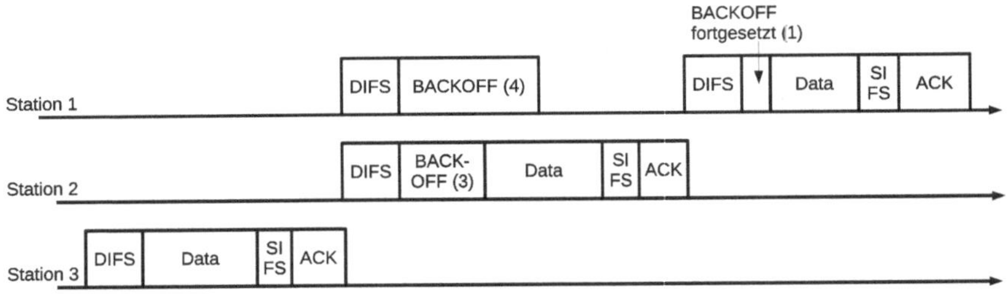

Bild 12.5 Belegungszeiten des Kanals beim Zugriff nach CSMA/CD

Das zuvor beschriebene Backoff ist eine Methode, um Stationen, die gemeinsam um ein Medium konkurrieren, einen gesicherten, wohldefinierten und fairen Zugang zu verschaffen. Diese Art des Vorgehens ist bei geringer Auslastung sehr effektiv, der Wirkungsgrad nimmt aber ab, wenn viele Stationen simultan senden möchten.

In drahtlosen Umgebungen tritt ein weiteres Problem auf: Es kann nicht vorausgesetzt werden, dass sich alle Stationen gegenseitig „hören". Dieses Problem wird als „Hidden Node" bezeichnet und tritt auf, wenn zwei Knoten im Bereich des APs liegen, sich aber nicht „hören".

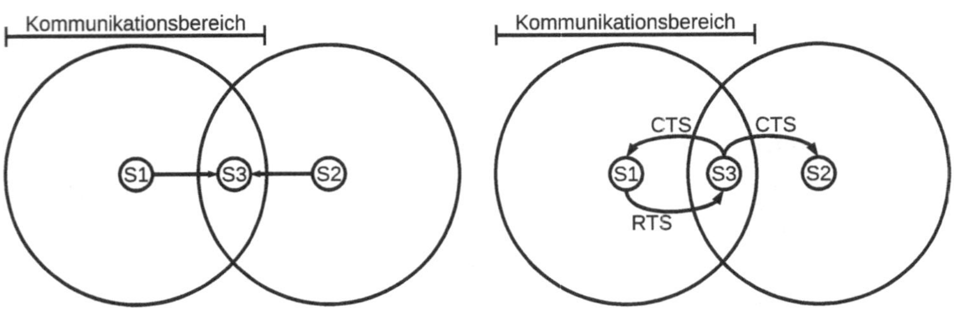

Bild 12.6 Darstellung des Hidden-Node-Problems mit den Stationen S1, S2, S3 (links), Lösung des Problems mit RTS/CTS Mechanismus (rechts)

Die Tatsache, dass eine Station das Medium als frei identifiziert, bedeutet folglich nicht, dass keine andere Station bereits eine Übertragung eingeleitet hat. Um die Wahrscheinlichkeit zu reduzieren, dass die Sendungen zweier Stationen kollidieren, die sich nicht hören, also über eine dritte Station miteinander kommunizieren, führt der Standard ein Virtual-Carrier-Sense-Konzept ein. Sind z.B. drei Stationen S1, S2 und S3 in einer Funkzelle vorhanden und S1 möchte Daten an S3 senden, könnte bereits eine Kommunikation zwischen S2 und S3 stattfinden, die außerhalb des Empfangsbereiches von S1 liegt. S1 erkennt dieses Muster nicht und überträgt ebenfalls an S3, was zu einer Kollision bei S3 führt. Um diese Situation zu vermeiden, werden vor jeder Übertragung kurze Request to Send (RTS) und Clear to Send (CTS) Pakete versendet (Bild 12.6):

- Eine sendewillige Station verschickt zunächst nur ein verkürztes Paket RTS, das die Quelle, das Ziel und die Dauer der nachfolgenden Übertragung enthält und als Anmeldung interpretiert wird. Durch die Kürze des Paketes hat dieses eine geringere Kollisionswahrscheinlichkeit als größere Datenpakete.
- Der AP empfängt das RTS-Paket und antwortet mit einem Kontrollpaket CTS, das die gleichen Informationen ergänzt und die Dauer der Übertragung enthält. Alle Stationen des WLANs empfangen bei diesem Ablauf entweder das RTS- oder das CTS-Paket und stellen für die darin angegebene Dauer ihren Übertragungswunsch zurück.
- Die sendewillige Station muss das CTS-Paket zurückerhalten, bevor sie die Datenübertragung beginnen darf.
- Dieser Mechanismus reduziert die Wahrscheinlichkeit einer Kollision erheblich, da während des RTS-Zeitfensters keine weiteren Übertragungen eingeleitet werden können. Der RTS/CTS-Handshake kontrolliert also die Nutzung des Shared Mediums.
- Allerdings gilt auch, dass für den Fall, dass das WLAN keine Hidden Nodes aufweist, RTS/CTS lediglich den Overhead vergrößert und keine positiven Auswirkungen auf die Übertragungsgeschwindigkeit ausübt.

Der Ablauf zeigt, dass im IEEE 802.11 Netzen ein erheblicher Overhead durch den Kanalzugriff entsteht, welcher aus Wartezeiten (DIFS, SIFS, Backoff), ggf. RTS/CTS Pakete inkl. Wartezeiten und Acknowledgements besteht. Ältere Standards wie IEEE 802.11a und IEEE 802.11 g können hierdurch maximal Nettodatenraten von ca. 50 % der Bruttodatenrate erreichen. Folgende Erweiterungen verbessern diese Einschränkung in neueren Standards:

- **Frame Aggregation:** Kleine Datenpakete können zu einer Übertragung zusammengefasst werden. Dies benötigt nur einen Paketheader und einmalig den oben beschriebenen Ablauf aus Wartezeiten und Acknowledgments. Die Bestätigung erfolgt durch Block Acknowledgements. Bei der Aggregation kann die MTU von 2312 Bytes ausgenutzt werden, welche deutlich größer ist als im Ethernet mit 1500 Byte.
- **Block Acknowledgement:** Diese Acknowledgements ermöglichen die Bestätigung mehrerer Datenpakete mit einem Acknowledgement-Paket.
- **OFDMA:** Wie bereits in Abschnitt 12.3 beschrieben, werden den Stationen RUs zugewiesen, in denen diese Daten senden und empfangen können. Diese Zuweisung durch den AP ermöglicht sowohl zufälligen Zugriff mehrerer Stationen in einzelnen RUs als auch eine feste Zuweisung. Die feste Zuweisung eliminiert Kollisionen anderer Stationen, was gerade die Effizienz in Netzen mit vielen Stationen verbessert.

- **BSS Coloring:** Bei dichter Installation von Stationen erkennen diese den Kanal als belegt, wenn Signale auf dem gleichen Kanal von entfernten Stationen stammen. Durch Hinzufügen einer Farbe (Nummer) zu den Kontrolldaten, erkennen Stationen den Kanal nur als belegt, wenn die Signale von APs mit der gleichen Farbe stammen oder die Signale anderer Stationen mit unterschiedlicher Farbe eine hohe Signalstärke haben.

Neben der zuvor beschriebenen DCF existiert auch noch die Point Coordination Function (PCF). Hierbei werden Sendevorgänge zentral vom AP koordiniert und Stationen werden einzeln abgefragt. Damit entfällt der Wettbewerb der Stationen um den Kanal wie bei der DCF. In der Praxis hat sich diese Zugriffsmethode nicht durchgesetzt und wird kaum unterstützt. Der Standard sieht zur Realisierung hierfür das Intervall Point Coordination IFS (PIFS) vor, welches kürzer als die Zeitspanne DIFS ist. Durch die kürzere Wartezeit entsteht ein privilegierter Zugriff.

12.5 Rahmentypen

WLANs verlangen einen hohen Koordinationsaufwand. Diese Notwendigkeit kommt im Aufbau des Paketheaders und in den Paketarten zum Ausdruck. Der Standard IEEE 802.11 kennt drei Rahmentypen:

- **Datenframes**, die die Nutzlast übertragen.
- **Kontrollframes**, die für den Zugriff auf das Medium benutzt werden, wie z. B. RTS, CTS und ACK.
- **Managementframes**, die für den Austausch von Steuerinformationen zuständig sind, wie z. B. Beacon Frames.

Jeder Typ enthält wieder mehrere Subtypen gemäß der speziellen Aufgabe. Die Grundstruktur aller 802.11-Rahmen besteht aus vier Feldern:

Präambel	PLCP-Header	MAC-Daten	Prüfsumme

- Die **Präambel** dient zur Synchronisation mit dem Empfänger und beinhaltet einen Start Frame Delimiter (SFD) zur Signalisierung des Paketbeginns. Die Ausprägung variiert je nach Standard, z. B. IEEE 802.11b nutzt eine Präambel der Länge 56 oder 128 Bit plus ein SFD von 16 Bit.
- Der **PLCP-Header** enthält logische Informationen für die Dekodierung der physikalischen Schicht. Dieser wird so übertragen, dass er von Stationen verschiedenster IEEE-802.11-Standards dekodiert werden kann. So kann eine Station, die nur den alten Standard IEEE 802.11a implementiert auch den Beginn

des PLCP-Headers von Stationen nach neueren Standards wie IEEE 802.11ac dekodieren. Dies garantiert, dass das Zugriffsverfahren wie zuvor beschrieben auch funktioniert, wenn Stationen unterschiedlicher Standards sich in einem Netz befinden. Die ältere Station kann anschließend weitere Inhalte des Paketes und des Headers nicht dekodieren, was für eine Koexistenz auch nicht notwendig ist, da die Station selber nicht der Empfänger ist. Das Wissen, dass aktuell eine andere Station den Kanal belegt, reicht aus. Der Header enthält Informationen wie:

- der Wortlänge, die die Anzahl der Bytes des Paketes anzeigt und die genutzt wird, um das Paketende zu erkennen,
- das Signalisierungsfeld, das die aktuelle Übertragungsrate angibt,
- die Prüfsumme aus 16 Bit.
  Details variieren je nach IEEE 802.11-Standard.

- Die **MAC-Daten** können in der Struktur eine sehr große Variationsbreite einnehmen. Die folgende Skizze zeigt ein allgemeines MAC-Format. Ein Teil der Felder tritt nur in besonderen Rahmen auf:

Byte 2	2	6	6	6	2	6	0-2312	4
Frame Control	Duration	Adresse 1	Adresse 2	Adresse 3	Sequence Control	Adresse 4	Frame Body	Checksum

Das Frame-Control-Feld besitzt eine komplexe Unterstruktur:

Protocol Version	Typ	Subtyp	ToDS	FromDS	More Frag-ments	Retry	Power Mgm.	More Data	WEP	Order

Die **Protokollversion** besitzt momentan den Standardeintrag null, das **Typfeld** identifiziert, ob es sich um einen Daten-, Kontroll- oder Managementrahmen handelt, und der **Subtyp** spezifiziert zu diesen Klassen jeweils eine Teilstruktur wie z. B. RTS, Beacon oder Daten. Das **ToDS**-Bit enthält eine Eins, falls der Rahmen an den AP gerichtet ist, sonst eine Null; das **FromDS** ist auf eins gesetzt, wenn das Paket vom Distribution System kommt. Das **More-Fragment-Bit** zeigt an, ob die Sendung aus mehreren Fragmenten besteht. Das **Retry-Bit** wird auf eins gesetzt, falls es sich um ein wiederholt übertragenes Fragment handelt. Das **Power-Management-Bit** signalisiert, dass die Station nach erfolgter Sendung in den Power-Save-Modus schaltet, ein gesetztes **WEP-Bit** verweist auf eine verschlüsselte Nutzlast und das **Order-Bit** deutet auf eine unveränderte Sendereihenfolge hin. Die kurze Vorstellung der einzelnen Steuerbits skizziert die Komplexität des Übertragungsverfahrens.

Das **Duration-Feld** der MAC-Daten kann zwei Bedeutungen annehmen:

- Im Falle einer Power-Save-Poll-Nachricht enthält es die Stations-ID.
- In den übrigen Fällen steht hier die Dauer gemäß der RTS- oder CTS-Nachricht.

Im Gegensatz zu den zwei Adressangaben in Ethernet oder IP, kennen WLANs vier Adressen, abhängig davon, ob die Stationen direkt miteinander kommunizieren oder APs als Vermittlungsstelle benötigen. In einem Distribution System (DS) kann eine Nachricht zwischen zwei Stationen über zwei APs vermittelt werden, wenn sich die Stationen im gleichen Netz befinden, aber mit unterschiedlichen APs verbunden sind. Die Adressangaben schwanken je nach Eintrag im ToDs- oder FromDS-Feld des Frame-Control-Feldes:

- **Adresse 1** ist die Empfängeradresse. Falls das ToDS-Bit gesetzt ist, steht hier die AP-Adresse, sonst die Adresse der Zielstation.
- **Adresse 2** enthält die Angabe der Übertragungsstation. Falls das FromDS-Bit gesetzt ist, ist dies die AP-Adresse, sonst die Stationsadresse.
- **Adresse 3** enthält bei gesetztem FromDS-Bit die Quelladresse, bei gesetztem ToDS-Bit die Zieladresse.
- **Adresse 4** wird nur in den Fällen genutzt, in denen eine Übertragung über mehrere APs erfolgt. Da dann sowohl ToDS als auch FromDS gesetzt sind, würden sonst Quell- und Zieladresse fehlen.

Tabelle 12.3 Adresseinträge

ToDS	FromDS	Adresse 1	Adresse 2	Adresse 3	Adresse 4
0	0	Ziel	Quelle	AP	N/A
0	1	Ziel	AP	Quelle	N/A
1	0	AP	Quelle	Ziel	N/A
1	1	AP 1	AP 2	Ziel	Quelle

Der erste Fall bildet die Kommunikation von Endgerät zu Endgerät, der zweite von AP zu Endgerät, der dritte von Endgerät zu AP und der letzte Fall von AP zu AP ab.

Die Sequenzkontrolle wird benötigt, um die korrekte Reihenfolge der Fragmente zu rekonstruieren und um eventuelle Duplikate zu erkennen. Sie besteht aus zwei Teilfeldern, der Fragment- und der Reihenfolgenummer, die den Frame und innerhalb des Frames die Lage des Fragmentes beschreiben.

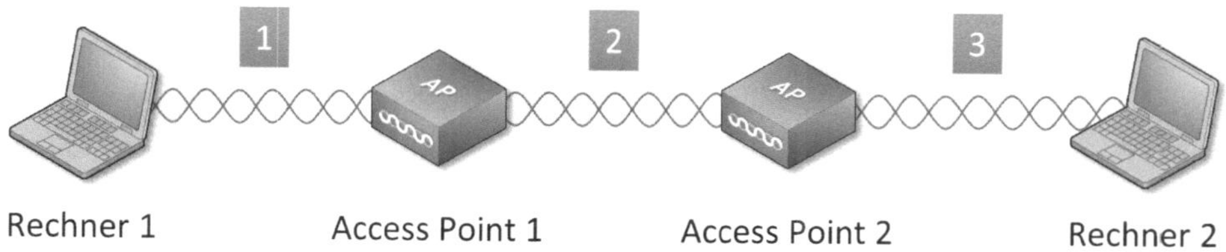

1	Frame Control	Duration	Access Point 1	Rechner 1	Rechner 2	Sequence Control	
2	Frame Control	Duration	Access Point 2	Access Point 1	Rechner 2	Sequence Control	Rechner 1
3	Frame Control	Duration	Rechner 2	Access Point 2	Access Point 2	Sequence Control	Rechner 1

Bild 12.7 Beispiel des Kommunikationsablauf mit verwendeten Adressen (Quelle: Piger, Grimm RRZN Hannover)

Weitere auftretende Rahmen in einem WLAN sind der RTS, der CTS und das ACK. Ihr Aufbau ähnelt sich stark, besitzt aber naturgemäß einige Besonderheiten. Der folgende ACK-Frame enthält z.B. kein Senderfeld. Die Empfängeradresse ist der Adresse 2 des Vorgängerrahmens entnommen. Falls dort das More-Fragment-Bit auf null gesetzt war, wird der Duration-Wert ebenfalls zu null, sonst wird der Wert des Vorgängers um die Zeit reduziert, die die Übertragung des ACK-Frames verlangt.

Byte 2	2	6	6	4
Frame Control	Duration	Empfänger	Sender	CRC

Viele frei verfügbare Softwarewerkzeuge liefern Informationen über WLANs. So können mit dem Tool Wireshark auch WLAN-Pakete abgefangen und analysiert werden. Die Freeware inSSIDer oder die OpenSource Software LinSSID liefern Informationen über die in Reichweite liegenden WLANs sowie über die Güte der Sendeleistung und die eingerichteten Sicherheitsmerkmale. ■

12.6 Anmeldeverfahren

Aufgrund des „unsicheren“ Mediums Luft begnügt sich eine WLAN-Karte nicht wie ihre kabelgebundenen Gegenstücke mit einem einfachen Link-Status. Sie verlangt eine Einbuchung beim AP nach festgelegten Regeln. Dieser Prozess durchläuft drei Phasen:

Als ersten Schritt muss eine Station herausfinden, bei welchem AP sie ankoppeln darf, um die Mitgliedschaft zu einem BSS zu erhalten. Dazu ermittelt die Station die verfügbaren SSIDs auf allen Kanälen und prüft, ob die SSID des empfangenen WLANs mit der konfigurierten SSID übereinstimmt. Um diese Prüfung durchzuführen, existieren zwei Methoden:

- Beim **passiven Scanning** wartet die Station ohne eigene Aktivität auf den Erhalt eines Beacon Frames vom AP. Beacon Frames werden vom AP in regelmäßigen Abständen verschickt. Sie enthalten die SSID und die Station vergleicht die empfangene mit den konfigurierten SSIDs. Diese Methode bietet sich bei öffentlich zugänglichen WLANs an.
- Im Falle des **aktiven Scanning** fordert die Station Information von den APs an. Die Station versucht durch sogenannte Probe Request Frames auf allen Kanälen die gewünschte SSID ausfindig zu machen. Die Station registriert die Antworten auf diese Broadcasts und besitzt demzufolge nach kurzer Zeit ein genaues Bild der verfügbaren WLAN SSIDs. Aus der Tabelle aller vorhandenen APs wird gemäß der SSID der entsprechende AP ausgewählt.

Anschließend durchläuft die Station eine Authentifikationsphase. Die einfachste Form ist die Open-System-Authentifizierung. Hierbei wird die Station ohne weitere Prüfung zugelassen. Des Weiteren gibt es im Standard IEEE 802.11 Wired Equivalent Privacy (WEP), eine Shared-Key-Authentifizierung. Diese gilt heutzutage als unsicher und wird von neueren Standards nicht mehr unterstützt. Daher wird Wi-Fi Protected Access (WPA) in der Version 2 oder 3 zur Sicherstellung von Schutzzielen wie Vertraulichkeit und Integrität verwendet. WPA selber wird nicht in dieser Phase durchgeführt, sondern erst nach Abschluss der folgenden Phase, d. h. üblicherweise wird in der Phase die Open-System-Authentifizierung genutzt.

Nach erfolgreichem Abschluss dieser Phase beginnt der Assoziationsprozess. Dazu sendet die Station einen Association Request MAC-Frame. Der AP übermittelt als Reaktion eine Association ID, die die Beziehung zwischen Teilnehmer und AP identifiziert. Erst nach Beendigung dieses Schrittes ist eine Station in der Lage, Daten zu senden und zu empfangen. Die Assoziierung entspricht damit einem aufgebauten Ethernet-Link.

Wandert der Teilnehmer über die Grenzen eines APs hinaus und die Verbindung soll trotz des Wechsels der Zelle aufrechterhalten bleiben, kommt es zum Roaming.

Wenn sich die Funkbereiche der Access Points gegenseitig überlappen, dann kann sich die Station zwischen den Access Points bewegen, ohne dass die Netzwerkverbindung unterbrochen wird. Der einfachste Weg dies zu realisieren ist, alle Access Points mit der gleichen SSID auszustatten. Ferner müssen die Access Points die erweiterte Form der SSID unterstützen: ESSID (Extended Service Set Identifier). Dabei ist zu beachten, dass die Access Points unterschiedliche Kanäle belegen, da sich sonst die Funkverbindungen überlagern.

Der Roamingablauf lässt sich wie folgt vorstellen:

1. Die Station erkennt, dass die Sendeleistung eines AP zu niedrig ist.
2. Sie sucht daraufhin nach einem neuen AP:
   - passiv (durch Mithören),
   - aktiv (durch das Versenden spezieller Frames).
3. Ist die Suche erfolgreich, registriert sie sich und der neue AP muss Zellenwechsel-Information im Netz bekannt geben, da der alte AP erfahren muss, dass er nicht mehr zuständig ist.

12.7 Sicherheit

Der Sicherheit eines WLANs dienen mehrere Mechanismen:

Die erste Maßnahme ist die Vergabe einer SSID. Allerdings muss eine Station keinen Netzwerknamen (SSID) kennen, um sich an einem AP anzumelden. Eine Station kann die Namen durch aktives oder passives Scanning ermitteln, da Namen sowohl periodisch durch die im vorherigen Kapitel erwähnten Beacon-Frames vom AP übermittelt werden als auch durch das Probe-Request-Paket von Stationen angefragt werden können. Selbst wenn die SSID-Übertragung unterdrückt wird, erfährt eine neue Station die SSID, in dem sie zum Verbindungsaufbau ein Probe-Request-Paket versendet. Der AP antwortet auf die Anfrage nämlich mit einem Probe-Response-Paket, das die SSID enthält. Dieser Mechanismus bietet somit nur eine unzureichende Sicherheit.

Die nächste Stufe der Beschränkung ist ein Zugriffsschutz in Form von **Access Control Lists**. Hierbei wird nur ausgewählten Geräten mit ihrer spezifischen MAC-Adresse der Zugriff gestattet. Da wie in Abschnitt 12.5 beschrieben die MAC-Adressen in den Frames enthalten sind, können sich durch Mitschneiden des Datenverkehrs Angreifer auf einfache Weise erlaubte MAC-Adresse beschaffen. Da viele WLAN-Karten auch die Konfiguration von MAC-Adressen gestatten, ergibt sich kein wirksamer Schutz. Außerdem scheitert der Einsatz der MAC-Filter daran, dass die Pflege der entsprechenden Tabelle auf dem AP einen erheblichen administrativen Aufwand verursacht. Während in Heimnetzwerken dieser Aufwand zu leisten ist, erweist er sich im Unternehmenskontext als nicht praktikabel oder in öffentlichen Netzen als unerwünscht.

Die entscheidende Sicherheitsfunktion von WLANs ist die Verschlüsselung von Datenverkehr und Authentifizierung von Stationen. Das ursprüngliche Verfahren hierzu ist **Wired Equivalent Privacy** (WEP), welches Teil des IEEE 802.11-Standards ist. Heutzutage gilt WEP als unsicher und sollte nicht mehr eingesetzt werden. Neuere Standards unterstützen WEP nicht mehr. Der WEP-Algorithmus erfüllt zwei wesentliche Aufgaben: Erstens soll er verhindern, dass unerwünschte Lauscher den WLAN-Verkehr abhören, zweitens soll er ein unerlaubtes Einbuchen in das WLAN unterbinden. Die Funktionsweise des WEP basiert darauf, dass zwischen einer mobilen Station und einem AP ein geheimer Schlüssel ausgetauscht wird, d. h. WEP dient zum einen dazu, eine Station an einem AP zu authentifizieren und zum anderen die Übertragung zu verschlüsseln. Die Authentifizierung und Verschlüsselung kann auch unabhängig voneinander genutzt werden. Statt allerdings komplizierte Key-Management-Systeme zu verwenden, wird lediglich ein Schlüssel genutzt, der von einem AP und seiner zugeordneten Station angewendet wird. Hierbei kommt die Stromverschlüsselung RC4 (Rivest Cipher 4) zum Einsatz. Der Ablauf der Verschlüsselung ist in Bild 12.8 dargestellt. Vor den geteilten Schlüssel wird ein 24-Bit-Initialisierungsvektor (IV) gesetzt, sodass ein 64- bzw. 128-Bit-Schlüssel entsteht. Mittels des WEP-Schlüssels erzeugt der Sender durch die RC4 Verschlüsselung als Pseudozufallsgenerator eine Bytefolge (Keystream), die er durch die XOR-Operation mit der eigentlichen Nachricht verknüpft. Die zuvor über das Cyclic Redundancy Check (CRC)-Verfahren gebildete 32-Bit-Prüfsumme wird anschließend verschlüsselt und beide Teile sowie der unverschlüsselte Initialisierungsvektor werden übertragen. Der Empfänger erzeugt mithilfe des Initialisierungsvektors und des RC4-Schlüssels den ursprünglichen Keystream und führt die XOR-Operation auf die verschlüsselten Daten aus, was der Umkehrung der vorherigen XOR-Operation entspricht. Hierdurch erhält der Empfänger den Ausgangstext.

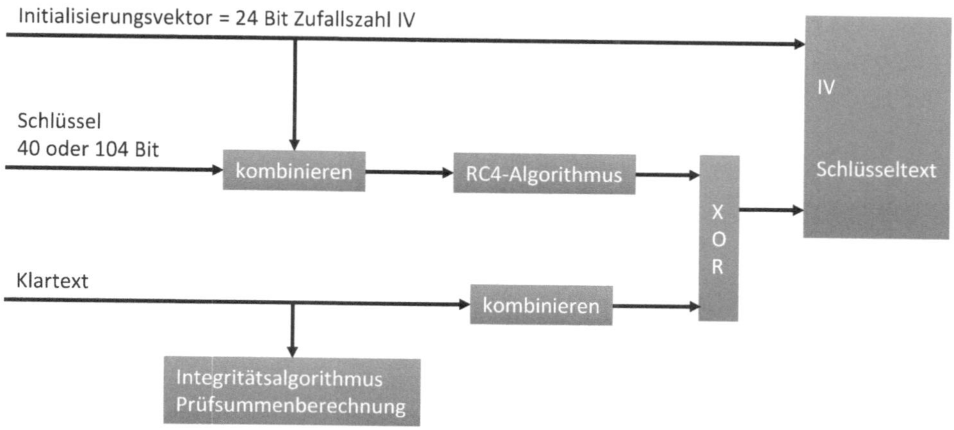

Bild 12.8 WEP-Verschlüsselung (Quelle: Klaus, Hochschule Winterthur)

WEP weist viele Schwachstellen auf, die bereits 2001 veröffentlicht wurden. Eine davon ist die Prüfsumme durch das CRC32-Verfahren. Durch die Linearität des CRC-Verfahrens kann ein Angreifer sowohl die Nutzdaten ändern als auch dafür eine gültige Prüfsumme berechnen. Gezielte Modifikationen von Nutzdaten inklusive der Prüfsumme können somit vom Empfänger nicht erkannt werden. Eine weitere Schwachstelle liefert der nur 24 Bit lange IV. Der IV sollte sich bei jedem Paket ändern, um keinen Rückschluss auf den eigentlichen Schlüssel zu liefern. 24 Bit liefern nur 2^{24} Kombinationen, sodass in einem ausgelasteten Netzwerk sich der gleiche IV nach wenigen Stunden wiederholt. Pakete, die den gleichen IV verwenden, vereinfachen die Ermittlung der Originalnachricht durch statistische Analysen. Auch das Challenge-Response-Verfahren für die Authentifizierung bei WEP bietet eine Schwachstelle. Hierbei sendet der AP der Station eine Zufallszahl (Challenge) im Klartext, die Station verschlüsselt diese und schickt die verschlüsselte Antwort. Ein Angreifer, der die Nachrichten mithört, erhält somit die Challenge im Klartext und die verschlüsselte Antwort. Durch eine XOR-Verknüpfung dieser Informationen kann ein Angreifer somit auf den verwendeten Keystream zurückschließen und sich selbst am Netzwerk authentifizieren.

Heutzutage sind Angriffe auf WEP bekannt, die den Schlüssel in wenigen Minuten ermitteln können. Zur Behebung der Schwächen von WEP wurde 2003 Wi-Fi Protected Access (WPA) eingeführt. WPA war von vornherein als Zwischenlösung entworfen worden; einerseits, um einen besseren Schutz als WEP zu bieten, und andererseits, um auch auf leistungsschwacher Hardware, welche für die WEP-Verschlüsselung ausreicht, lauffähig zu sein. WPA verwendet das Temporal Key Integrity Protocol (TKIP) als Verschlüsselungsalgorithmus. TKIP kann auf der unveränderten Hardware betrieben werden, da es weiterhin RC4 zur Verschlüsselung nutzt. Zur Verbesserung der Sicherheit wird ein 48 Bit IV verwendet, sodass Wiederholungen des gleichen IVs unwahrscheinlicher werden. Des Weiteren wird das Prüfsummenverfahren CRC32 gegen einen Message-Integrity-Check auf Basis der Hashfunktion Michael ausgetauscht, sodass ein Angreifer bei Änderungen der verschlüsselten Nutzdaten die entsprechenden Änderungen in der Prüfsumme nicht mehr berechnen kann. Zusätzlich werden Sequenznummern genutzt, die das Wiederholen von Paketen (Replay-Attacken) unterbinden. Die Sequenznummern werden bei der Verschlüsselung und Entschlüsselung einbezogen, sodass jedes Paket einen einzelnen Schlüssel besitzt, abgeleitet u.a. aus einem temporärem Schlüssel und der Sequenznummer. Der temporäre Schlüssel wird aus dem der Station und AP bekannten gemeinsamen Schlüssel abgeleitet und regelmäßig erneuert. Obwohl WPA einen Fortschritt in der Sicherheit eines WLANs bedeutet, gilt es heutzutage als unsicher und sollte nicht mehr verwendet werden.

Daher entwarf die Wi-Fi Alliance 2004 einen neuen Standard WPA2, der offiziell 2005 zusammen mit WPA zur Erweiterung IEEE 802.11i wurde. WPA2 tauscht den als unsicher geltenden Verschlüsselungsalgorithmus RC4 aus und setzt auf den Advanced Encryption Standard (AES). Dieser Modus wird als CCMP (Counter-Mode Cipher Block Chaining Message Authentication Code Protocol) bezeichnet. Um die Migration zu unterstützen, ist WPA2 Hardware rückwärtskompatibel. Dieser Umstand ermöglicht es, auf neue APs zu migrieren und weiterhin die älteren Geräte mit WEP oder WPA zu nutzen. WEP hatte einen weiteren Nachteil, der bei WPA und WPA2 korrigiert wurde. WEP nutzt eine Authentifizierung auf Basis von gemeinsamen Schlüsseln. In Firmennetzen wird allerdings i.d.R. eine Authentifizierung auf Basis von Nutzername und Passwort genutzt. Eine Authentifizierung von Stationen durch Nutzernamen und Passwort wurde durch die Integration von IEEE 802.1X ermöglicht. Dieses wird auch als **Enterprise Mode** bezeichnet im Gegensatz zum zuvor beschriebenen **Personal Mode**. IEEE 802.1X teilt den Netzwerkport in zwei logische Ports auf, von denen der kontrollierte Port zum LAN zeigt und der unkontrollierte Port die Authentifizierungsanfrage an einen entsprechenden Authentifizierungsserver leitet. Erst wenn der Authentifizierungsserver die Station identifiziert hat, gibt der AP den kontrollierten Port frei und der Anwender kann auf das LAN zugreifen. Das Protokoll IEEE 802.1X setzt zur Authentifizierung auf das Extensible Authentication Protocol (EAP), welches in RFC 3748 definiert ist. Dieses Verfahren bietet den Vorteil der Benutzerauthentifizierung über separate Dienste, wie z.B. Remote Authentication Dial-In User Service (RADIUS) oder das Lightweight Directory Access Protocol (LDAP). Letzteres findet sich in Form eines Windows Domain Controllers in vielen Firmennetzen.

Aktuell gilt WPA2 weiterhin als sicher, auch wenn Angriffe wie KRACK (Key Reinstallation Attacks) bekannt sind. Dieser Angriff lässt sich durch ein Update von WPA2 unterbinden. Um dennoch einige Schwächen auszuräumen, wurde WPA3 von der Wi-Fi-Alliance zertifiziert. Eine Verbesserung betrifft die grundsätzliche Verschlüsselung auch von Daten in offenen WLANs. An öffentlichen Plätzen werden in der Regel offene Netze angeboten, sodass bisher keine Verschlüsselung auf der Luftschnittstelle verwendet wird. Jede Station kann direkt das Netz nutzen. Bei WPA3 wird hier Opportunistic Wireless Encryption (OWE) eingesetzt, sodass der Datenverkehr grundsätzlich verschlüsselt wird. OWE basiert hierbei auf den RFC 8110. Auch der Personal Mode, in dem ein gemeinsamer Schlüssel genutzt wird, wird durch Simultaneous Authentication of Equals (SAE), was auf RFC 7664 beruht, verbessert. Hierbei wird eine Authentifizierung erreicht, ohne das Schlüsselmaterial über die Verbindung ausgetauscht wird. SAE erschwert Wörterbuchangriffe, d.h. die Entschlüsselung durch Ausprobieren üblicher Passwörter durch einen Angreifer. Auch wird Perfect Forward Secrecy (PFS) erreicht, was bedeutet, dass Sitzungsschlüssel, welche bei jeder Verbindung und ggf. in regelmäßigen Abständen erneuert werden, nicht im Nachhinein aus dem gemeinsamen Schlüssel ermittelt werden können. Dies garantiert, dass selbst wenn der gemeinsame geheime Schlüssel bekannt wird, vorheriger aufgezeichneter Datenverkehr nicht entschlüsselt werden kann. Für den Enterprise Mode sind sicherere Kryptografieverfahren vorgeschrieben; dies wird durch längere Schlüssel und die Anwendung modernerer Verschlüsselungsalgorithmen erreicht. Eine weitere Verbesserung der Sicherheit ergibt sich durch die Verschlüsselung von Management-Frames. Zur Kompatibilität mit älteren Stationen unterstützen APs sowohl WPA2 und WPA3.

Fallbeispiel

Die Restaurantkette Quick-Burger möchte für ihre Gäste einen kostenlosen Internetzugang einrichten. Die Gäste sollen mit ihrem Laptop ins Restaurant kommen und sich uneingeschränkt mit dem Internet verbinden können. Um dies kabellos zu ermöglichen, muss zunächst ein AP eingerichtet werden. Dabei muss beachtet werden, dass der AP so aufgestellt/montiert wird, dass eine komplette Ausleuchtung des Restaurants gewährleistet ist. In Abhängigkeit von der Größe und den baulichen Umständen können mehrere APs erforderlich sein. Der/die APs müssen anschließend mit dem hauseigenen LAN verbunden werden.

Doch wie bekommen nun die Gäste eine Verbindung zum AP? Obwohl auf den Laptops die Existenz der WLANs angezeigt wird, muss den APs gesagt werden, wer sie nutzen darf. Die manuelle Zuweisung einer IP-Adresse an die Gästerechner scheidet dabei als eine zu aufwendige Maßnahme aus. Es muss also einen Mechanismus geben, der eine IP-Adresse dynamisch zuweist. Dies ist die Funktion des Dynamic Host Configuration Protocols (DHCP).

DHCP funktioniert wie folgt: im ersten Schritt sendet der Client (hier der Gäste-Laptop) einen Broadcast, um einen DHCP-Server in Reichweite zu finden. Dazu bedarf es einer IP-Schnittstelle, die für die Verwendung von DHCP konfiguriert ist. Der DHCP-Server im AP des WLANs antwortet mit dem Angebot einer IP-Adresse und weiteren Informationen wie dem Default Gateway und dem DNS-Server. Die IP-Adresse stammt aus dem Bereich, der zuvor in der Konfiguration des DHCP-Servers (hier im AP) durch den Administrator von Quick-Burger festgelegt wurde. Der Client kann prinzipiell mehrere Angebote erhalten. Deshalb sendet er seinerseits einen Broadcast an die DHCP-Server, in der er die Annahme eines der Angebote mitteilt. Der ausgewählte DHCP-Server bestätigt dies und teilt die Dauer mit, für die der Client die Adresse nutzen darf. Dieser Ablauf scheint genau auf die Bedürfnisse von Quick-Burger zu passen.

Doch wie wird DHCP eingerichtet? Dazu muss DHCP auf dem AP aktiviert werden. Nachdem dem AP mitgeteilt wurde, dass er als DHCP-Server arbeiten soll, muss der IP-Adress-Vorrat definiert und die Dauer (Lease-Time) festgelegt werden, für die eine IP-Adresse vergeben wird. Hierbei sollte eine Dauer von wenigen Stunden vergeben werden, da Gäste in der Regel nur kurz im Restaurant verweilen. Dies garantiert, dass der Vorrat an Adressen nicht durch nicht mehr vorhandene Clients unnütz verkleinert wird. Sollte ein Client länger verweilen, verlängert der Client die Ausleihe über das DHCP-Protokoll. Abschließend muss Quick-Burger nur dafür sorgen, dass auf den Gäste-Laptops der automatische Bezug von IP-Adressen eingestellt ist.

Aus Sicht der Sicherheit darf der AP keine Filterung der MAC-Adressen vornehmen. Da die MAC-Adressen der Gäste-Laptops unbekannt sind, würde ein derartiger Mechanismus allen Gästen eine Verbindung untersagen. Zum anderen muss die Verschlüsselung entweder ausgeschaltet oder der Schlüssel muss den Gästen leicht zugänglich sein. Der verwendete WLAN-Standard dürfte kein Problem darstellen, da die meisten Karten und APs die gängigen „Dialekte" simultan beherrschen. Da i. d. R. kleinere Firmen keine eigenen öffentlichen IP-Adressen besitzen, werden den Geräten der Gäste Adressen aus dem privaten IPv4 Adressraum zugewiesen. Die privaten Adressen werden durch das NAT-Verfahren beim AP dann in die öffentliche Adresse, die die Filiale vom Provider bei der Einwahl bekommen hat, umgewandelt.

Idealerweise wird ein AP nach der Wi-Fi-6-Zertifizierung verwendet, da dieser sowohl den Standard IEEE IEEE 802.11ax unterstützt, welcher durch OFMDA, MU-MIMO, Beamforming und die Unterstützung vom 2,4 GHz und 5 GHz Frequenzband für Netze mit einer hohen Anzahl von Stationen ideal geeignet ist. Durch den Einsatz von WPA3, welches zur Wi-Fi-6 Zertifizierung gehört, ist der Datenverkehr auch in einem offenen drahtlosen Netzwerk verschlüsselt, wenn die Stationen auch WPA3 unterstützen.

Noch Fragen ...? Ja ...

Gibt es noch weitere Standards/Erweiterungen rund um WLANs?

Ja, im Folgenden eine kurze Übersicht:

IEEE 802.11e: Quality-of-Service zur Priorisierung von Stationen und Datenströmen

IEEE 802.11u: Automatische Selektion von verfügbaren Netzwerken

IEEE 802.11k,r: Optimierung des Roaming zwischen APs und Beschleunigung des Verbindungsaufbaus beim Roaming

IEEE 802.11ai: Auch bekannt als Fast Initial Link Setup (FILS) zum schnellen Einbuchen in Netzen.

IEEE 802.11mc: Ermöglicht durch präzise Messung der Laufzeit zwischen Signalen von Stationen und APs die Ortung von Stationen.

12.8 Zusammenfassung

Der durchschnittliche Mitarbeiter eines Unternehmens verbringt bis zu 60 Stunden im Monat in Besprechungen, viel Arbeitszeit vor dem Rechner und nutzt dabei überwiegend ein mobiles Gerät wie einen Laptop oder ein Smartphone. Die zusätzliche Möglichkeit, über drahtlose Netzwerke mit den zentralen Anwendungen verbunden zu sein, schafft Produktivitätsgewinne für die Unternehmen und spart dem Arbeitnehmer Arbeitszeit. Kein Warten auf Daten, die bei Sitzungsbeginn nicht vorlagen und kein aufwendiges Nachbearbeiten führen zu einer deutlichen Steigerung der Arbeitsproduktivität. Diese Beispiele unterstreichen die Attraktivität und die Bedeutung zuverlässiger WLANs.

Da künftige Infrastrukturen in großen Umfang auf mobilen Standards beruhen, ist eine Kenntnis der Basismechanismen selbst für den Gelegenheitsnutzer heute unerlässlich. Gerade für Administratoren ist die Kenntnis der Evolution des IEEE 802.11 Standards essenziell, um zuverlässige WLANs mit hoher Bandbreite und hohen Nutzerdichten in verschiedensten Umgebungen zu realisieren.

Weiterführende Literatur: [BoGW01, Cisc18, Colb19, CoMi18, Gast13, GSCK17, KKLB19, KLKG15, KuRo14, ZCHF18]

12.9 Wissensüberprüfung

1. Erklären Sie den Unterschied zwischen CSMA/CD und CSMA/CA.
2. Welche Informationen zeigen Freewaretools wie inSSIDer an?
3. Wozu wird die MAC-Filterung genutzt?
4. Warum nutzt ein Extended Service Set mehrere unterschiedliche Kanäle?
5. Wann ist der Einsatz von DHCP in einem WLAN sinnvoll?
6. Welche Bedeutung kommt der SSID zu?
7. Was versteht man unter Interferenzen und wo können Sie auftreten?
8. Können Clients auf der Basis unterschiedlicher WLAN-Standards über einen AP zusammenarbeiten?
9. Was ist unter der MIMO-Technik zu verstehen?
10. Welche Methoden setzen aktuelle WLAN-Standards zur Steigerung des Durchsatzes ein?
11. Welche Methoden wenden aktuelle WLAN-Standards zur Steigerung der Nutzerdichten an?

13 Literatur

Verwendete Quellen und weiterführende Literatur, sowie wertvolle Internetlinks

Lehrbücher zum Thema

[BaHo19] Badach, A. ; Hoffmann, E.: Technik der IP-Netze: Internet-Kommunikation in Theorie und Einsatz: Carl Hanser Verlag, 2019

[Schr19] Schreiner, R.: Computernetzwerke: Von den Grundlagen zur Funktion und Anwendung: Carl Hanser Verlag, 2019 - ISBN 978-3-446-46169-7

[Zisl18] Zisler, H.: Computer-Netzwerke: Grundlagen, Funktionsweisen, Anwendung. Für Studium, Ausbildung und Beruf. Inkl. OpenWRT, Galileo Computing : Rheinwerk Verlag, 2018

Literatur Vorwort

[PiSK19] Pierce, Lisa; Smith, Dennis; Kutnick: Invest in Networks to Achieve Digital Business Success. URL *https://www.gartner.com/en/documents/3933946/invest-in-networks-to-achieve-digital-business-success.* - abgerufen am 2020-02-12.

Literatur Kapitel 1

[Kara00] Karadeniz, Besim: Aufbau des Internet - Arten von Netzwerken. URL *https://www.netplanet.org/aufbau/netzwerk.shtml.* - abgerufen am 2020-02-12

[KuRo14] Kurose, J. F.; Ross, K. W.: Computernetzwerke: Der Top-Down-Ansatz, Always learning: Pearson, 2014

[Odom17] Odom, Wendell: Cisco CCENT/CCNA ICND1 100-105: Das offizielle Handbuch zur erfolgreichen Zertifizierung: Dpunkt.Verlag, 2017

[Seve00] Seven Layers of OSI Model and functions of seven layers of OSI model. URL *https://www.omnisecu.com/tcpip/osi-model.php.* - abgerufen am 2020-02-12

Literatur Kapitel 2

[AnBe09] Anderson, Al; Benedetti, Ryan: Netzwerke von Kopf bis Fuß, Von Kopf bis Fuß: O'Reilly Verlag, 2009

[Leoni20] Gigaline-Verkabelungssysteme. URL *https://www.leoni-data.com/de/produkte/kabelsysteme-kabelkonfektionen/gigaline-compact/*

[Netz00a] Netzwerkverkabelung im Lichtwellenleiter- und Twisted-Pair Netzwerk. URL *http://www.glasfaserinfo.de/*. – abgerufen am 2020-02-12

[Netz00b] Netzwerk-Konfigurator. URL *https://www.telegaertner.com/de/service/tools/netzwerk-konfigurator/*. – abgerufen am 2020-02-12. – Telegärtner

Literatur Kapitel 3

[Come11] Comer, D.: TCP-IP: Konzepte, Protokolle, Architekturen: mitp, 2011 – ISBN 978-3-8266-9111-9

[Ethe00] Ethernet. URL *http://www.firewall.cx/networking-topics/ethernet.html*. – abgerufen am 2020-02-12

[Fast14] Fast Ethernet Tutorial | Lantronix. URL *https://www.lantronix.com/resources/networking-tutorials/fast-ethernet-tutorial/*. – abgerufen am 2020-02-12

[Grun00] Grundlagen: Ethernet & Co. URL *https://www.tecchannel.de/a/grundlagen-ethernet-und-co,431828*. – abgerufen am 2020-02-12

[Ieee00] IEEE Registration Authority: Assignments. URL *https://regauth.standards.ieee.org/standards-ra-web/pub/view.html#registries*. – abgerufen am 2020-02-12

[KuRo14] Kurose, J. F.; Ross, K. W.: Computernetzwerke: Der Top-Down-Ansatz, Always learning: Pearson, 2014

[Spur00] Spurgeon, Charles: Managing Ethernet Networks. URL *http://www.ethermanage.com/resources/*. – abgerufen am 2020-02-12

Literatur Kapitel 4

[802.00] 802.3-2018 – IEEE Standard for Ethernet. URL *https://standards.ieee.org/standard/802_3-2018.html*. – abgerufen am 2020-02-12

[Come11] Comer, D.: TCP-IP: Konzepte, Protokolle, Architekturen: mitp, 2011 – ISBN 978-3-8266-9111-9

[Ethe00] Ethernet. URL *http://www.firewall.cx/networking-topics/ethernet.html*. – abgerufen am 2020-02-12

[Fast14] Fast Ethernet Tutorial | Lantronix. URL *https://www.lantronix.com/resources/networking-tutorials/fast-ethernet-tutorial/*. – abgerufen am 2020-02-12

[Grun00] Grundlagen: Ethernet & Co. URL *https://www.tecchannel.de/a/grundlagen-ethernet-und-co,431828*. – abgerufen am 2020-02-12

[KuRo14] Kurose, J. F.; Ross, K. W.: Computernetzwerke: Der Top-Down-Ansatz, Pearson, 2014

[Spur00] Spurgeon, Charles: Managing Ethernet Networks. URL *http://www.ethermanage.com/resources/*. – abgerufen am 2020-02-12

Literatur Kapitel 5

[Bara64] Baran, P.: On Distributed Communications Networks. In: IEEE Transactions on Communications Systems Bd. 12 (1964), Nr. 1, S. 1–9

[Come11] Comer, D.: TCP-IP: Konzepte, Protokolle, Architekturen: mitp, 2011 – ISBN 978-3-8266-9111-9

[Ecke18] Eckert, C.: IT-Sicherheit: Konzepte – Verfahren – Protokolle, De Gruyter, 2018

[Ipv400] IPv4 Tutorial – Tutorialspoint. URL *https://www.tutorialspoint.com/ipv4/index.htm*. – abgerufen am 2020-02-01

[Klei10] Kleinrock, Leonard: An early history of the internet [History of Communications]. In: IEEE Communications Magazine Bd. 48 (2010), Nr. 8, S. 26–36

[KuRo14] Kurose, J. F.; Ross, K. W.: Computernetzwerke: Der Top-Down-Ansatz, Pearson, 2014

[LCCK09] Leiner, Barry M. ; Cerf, Vinton G. ; Clark, David D. ; Kahn, Robert E. ; Kleinrock, Leonard ; Lynch, Daniel C. ; Postel, Jon ; Roberts, Larry G. ; u. a.: A brief history of the internet. In: ACM SIGCOMM Computer Communication Review Bd. 39 (2009), Nr. 5, S. 22 - 31

[Rfcs00] RFC Sourcebook. URL *http://www.networksorcery.com/enp/default.htm.* - abgerufen am 2020-02-01

[SoSh10] Son, Sooel; Shmatikov, Vitaly: The Hitchhiker's Guide to DNS Cache Poisoning. In: Jajodia, S.; Zhou, J. (Hrsg.): Security and Privacy in Communication Networks, Lecture Notes of the Institute for Computer Sciences, Social Informatics and Telecommunications Engineering. Berlin, Heidelberg: Springer, 2010, S. 466 - 483

[Wiss00] Wisser, Ulrich: Domain Name System absichern mit DNSSEC. URL *https://www.heise.de/ct/artikel/Domain-Name-System-absichern-mit-DNSSEC-903318.html.* - abgerufen am 2020-02-01. - c't Magazin

Literatur Kapitel 6

[Come11] Comer, D.: TCP-IP: Konzepte, Protokolle, Architekturen: mitp, 2011

[Dary00] Daryl's TCP/IP Primer. URL *http://www.ipprimer.com/#/calc.* - abgerufen am 2020-02-13

[Free00] Free Class C Subnetting Tutorial, What is CIDR, Subnet Mask, Directed and Limited Broadcast. URL *https://www.omnisecu.com/tcpip/internet-layer-ip-subnetting-part1.php.* - abgerufen am 2020-02-13

[Grun00] Grundlegendes zu TCP/IP-Adressierung und Subnetting. URL *https://support.microsoft.com/de-de/help/164015/understanding-tcp-ip-addressing-and-subnetting-basics.* - abgerufen am 2020-02-13

[Ipsu00] IP Subnetting Tutorial. URL *http://www.ralphb.net/IPSubnet/index.html.* - abgerufen am 2020-02-13

[KuRo14] Kurose, J. F.; Ross, K. W.: Computernetzwerke: Der Top-Down-Ansatz, Pearson, 2014

Literatur Kapitel 7

[Basi00] Basic IPv6 Training Course. URL *https://www.ripe.net/support/training/material/basic-ipv6-training-course.* - abgerufen am 2020-02-13. - RIPE Network Coordination Centre

[Come11] Comer, D.: TCP-IP: Konzepte, Protokolle, Architekturen: mitp, 2011

[Hage14] Hagen, S.: IPv6 Essentials: Integrating IPv6 into Your IPv4 Network: O'Reilly Media, 2014

[Inte00] Internet Protocol Version 6 Address Space. URL *https://www.iana.org/assignments/ipv6-address-space/ipv6-address-space.xhtml.* - abgerufen am 2020-02-13

[Ipv600a] IPv6 Dissemination and Exploitation - Tutorials. URL *https://www.6diss.org/tutorials/.* - abgerufen am 2020-02-13

[Ipv600b] IPv6 - Adresstypen & Formate - Tutorialspoint. URL *https://www.tutorialspoint.com/de/ipv6/ipv6_address_types.htm.* - abgerufen am 2020-02-13

[Ipv600c] IPv6 Forum: Driving IPv6 Deployment. URL *http://www.ipv6forum.com/.* - abgerufen am 2020-02-13

[KuRo14] Kurose, J. F.; Ross, K. W.: Computernetzwerke: Der Top-Down-Ansatz, Pearson, 2014

Literatur Kapitel 8

[Bere00] BEREC Opinion for the evaluation of the application of Regulation (EU) 2015/2120 and the BEREC Net Neutrality Guidelines. URL *https://berec.europa.eu/eng/document_register/subject_matter/berec/opinions/8317-berec-opinion-for-the-evaluation-of-the-application-of-regulation-eu-20152120-and-the-berec-net-neutrality-guidelines.* - abgerufen am 2021-11-02

[BNet00] Bundesnetzagentur: Netzneutralität. URL *https://www.bundesnetzagentur.de/DE/Sachgebiete/Telekommunikation/Unternehmen_Institutionen/Netzneutralitaet/Netzneutralitaet-node.html.* - abgerufen am 2020-02-12

[BNet01] Bundesnetzagentur: Rechtsgrundlagen. URL *https://www.bundesnetzagentur.de/DE/Sachgebiete/Telekommunikation/Unternehmen_Institutionen/Netzneutralitaet/Rechtsgrundlagen/rechtsgrundlagen-node.html;jsessionid=CDE357A1798DA0417A5630790E7BB64B.* - abgerufen am 2020-02-12

[Cisc00] Cisco Systems, Inc.: Cisco Annual Internet Report (2018 - 2023) White Paper. URL *https://www.cisco.com/c/en/us/solutions/collateral/service-provider/visual-networking-index-vni/white-paper-c11-741490.html.* - abgerufen am 2020-02-12

[Come11] Comer, D.: TCP-IP: Konzepte, Protokolle, Architekturen: mitp, 2011

[Eur-00a] EUR-Lex - 62018CJ0807 - EN - EUR-Lex. URL *https://eur-lex.europa.eu/legal-content/de/TXT/?uri=CELEX%3A62018CJ0807.* - abgerufen am 2021-11-02

[Eur-00b] EUR-Lex - 62020CJ0034 - EN - EUR-Lex. URL *https://eur-lex.europa.eu/legal-content/de/TXT/?uri=CELEX%3A62020CJ0034.* - abgerufen am 2021-11-02

[Eur-00c] EUR-Lex - 62019CJ0854 - EN - EUR-Lex. URL *https://eur-lex.europa.eu/legal-content/de/TXT/?uri=CELEX%3A62019CJ0854.* - abgerufen am 2021-11-02

[Eur-00d] EUR-Lex - 62020CJ0005 - EN - EUR-Lex. URL *https://eur-lex.europa.eu/legal-content/de/TXT/?uri=CELEX%3A62020CJ0005.* - abgerufen am 2021-11-02

[KuRo14] Kurose, J. F.; Ross, K. W.: Computernetzwerke: Der Top-Down-Ansatz, Pearson, 2014

[Mein00] Meinel, Christoph: Die Technologie, die die Welt veränderte - 50 Jahre Internet. URL *https://open.hpi.de/courses/internetworking2019.* - abgerufen am 2020-02-13. - openHPI

[PLMR06] Parziale, L.; Liu, W.; Matthews, C.; Rosselot, N.; Davis, C.; Forrester, J.; Britt, D. T.; Redbooks, IBM: TCP/IP Tutorial and Technical Overview, IBM redbook: IBM Redbooks, 2006

[Vero15] Verordnung (EU) 2015/2120 des Europäischen Parlaments und des Rates. Bd. 310, 2015

Literatur Kapitel 9

[KuRo14] Kurose, J. F.; Ross, K. W.: Computernetzwerke: Der Top-Down-Ansatz, Pearson, 2014

[Netw14] Network Switching Tutorial | Lantronix. URL *https://www.lantronix.com/resources/networking-tutorials/network-switching-tutorial/.* - abgerufen am 2020-02-14

[Swit00] Switches & Bridges. URL *http://www.firewall.cx/networking-topics/general-networking/236-switches-bridges.html.* - abgerufen am 2020-02-14

Literatur Kapitel 10

[Cisc00] Cisco Routers. URL *http://www.firewall.cx/cisco-technical-knowledgebase/cisco-routers.html.* - abgerufen am 2020-02-14

[Cisc16] Cisco Networking Academy: Routing and Switching Essentials V6 Companion Guide, Companion Guide Series: Cisco Press, 2016

[Come11] Comer, D.: TCP-IP: Konzepte, Protokolle, Architekturen: mitp, 2011

[Dcn-00] DCN - Network Layer Routing - Tutorialspoint. URL *https://www.tutorialspoint.com/data_communication_computer_network/network_layer_routing.htm.* - abgerufen am 2020-02-14

[Kara00] Karadeniz, Besim: netplanet - Aufbau des Internet - Übertragung im Netz - Routing. URL *https://www.netplanet.org/aufbau/routing.shtml.* - abgerufen am 2020-02-14

[KuRo14] Kurose, J. F.; Ross, K. W.: Computernetzwerke: Der Top-Down-Ansatz, Pearson, 2014

[PLMR06] Parziale, L.; Liu, W.; Matthews, C.; Rosselot, N.; Davis, C.; Forrester, J.; Britt, D. T.; Redbooks, IBM: TCP/IP Tutorial and Technical Overview, IBM redbooks: IBM Redbooks, 2006

Literatur Kapitel 11

[Irea00] iReasoning Inc. - Network Management/Application Management Solutions. URL *https://www.ireasoning.com/.* - abgerufen am 2020-02-14

[KuRo14] Kurose, J. F.; Ross, K. W.: Computernetzwerke: Der Top-Down-Ansatz, Pearson, 2014

[Phil18] Phillips, Aaron: How to Decrypt SSL with Wireshark - HTTPS Decryption Guide. URL *https://www.comparitech.com/net-admin/decrypt-ssl-with-wireshark/.* - abgerufen am 2021-10-28. – Comparitech

[Pohl19] Pohlmann, N.: Cyber-Sicherheit: Das Lehrbuch für Konzepte, Prinzipien, Mechanismen, Architekturen und Eigenschaften von Cyber-Sicherheitssystemen in der Digitalisierung: Springer Fachmedien Wiesbaden, 2019 - ISBN 978-3-658-25398-1

[Snmp00] SNMP Monitoring für Windows, Linux, macOS. URL *https://www.de.paessler.com/snmp_monitor.* - abgerufen am 2020-02-14

[Wend18] Wendzel, S.: IT-Sicherheit für TCP/IP- und IoT-Netzwerke: Grundlagen, Konzepte, Protokolle, Härtung: Springer Fachmedien Wiesbaden, 2018

Literatur Kapitel 12

[BoGW01] Borisov, Nikita; Goldberg, Ian; Wagner, David: Intercepting mobile communications: the insecurity of 802.11. In: Proc. of MobiCom: ACM, 2001, S. 180 - 189

[Cisc18] Cisco (Hrsg.): IEEE 802.11ax: The Sixth Generationof Wi-Fi (Technical white paper), 2018

[Colb19] Colbach, Gordon: The WiFi Networking Book: WLAN Standards: IEEE 802.11 Bgn, 802.11n, 802.11ac and 802.11ax, 2019

[CoMi18] Coleman, David; Miller, Lawrence C.: 802.11ax - Aerohive Special Edition, for Dummies. Hoboken, New Jersey: John Wiley & Sons, 2018

[Gast13] Gast, M. S.: 802.11ac: A Survival Guide: Wi-Fi at Gigabit and Beyond: O'Reilly Media, 2013

[GSCK17] Ghasempour, Yasaman; da Silva, Claudio R. C. M.; Cordeiro, Carlos; Knightly, Edward W.: IEEE 802.11ay: Next-Generation 60 GHz Communication for 100 Gb/s Wi-Fi. In: IEEE Communications Magazine Bd. 55 (2017), Nr. 12, S. 186 - 192

[KKLB19] Khorov, Evgeny; Kiryanov, Anton; Lyakhov, Andrey; Bianchi, Giuseppe: A Tutorial on IEEE 802.11ax High Efficiency WLANs. In: IEEE Communications Surveys Tutorials Bd. 21 (2019), Nr. 1, S. 197 - 216

[KLKG15] Khorov, Evgeny; Lyakhov, Andrey; Krotov, Alexander; Guschin, Andrey: A survey on IEEE 802.11ah: An enabling networking technology for smart cities. In: Computer Communications, Special Issue on Networking and Communications for Smart Cities. Bd. 58 (2015), S. 53 - 69

[KuRo14] Kurose, J. F.; Ross, K. W.: Computernetzwerke: Der Top-Down-Ansatz, Pearson, 2014

[ZCHF18] Zhou, Pei; Cheng, Kaijun; Han, Xiao; Fang, Xuming; Fang, Yuguang; He, Rong; Long, Yan; Liu, Yanping: IEEE 802.11ay-Based mmWave WLANs: Design Challenges and Solutions. In: IEEE Communications Surveys Tutorials Bd. 20 (2018), Nr. 3, S. 1654 - 1681

Index